陈正祥

著

中国历史文化地理

上册

山西出版传媒集团 山西人民出版社

图书在版编目（CIP）数据

中国历史文化地理 / 陈正祥著. -- 太原：山西人民出版社，
2021.10

ISBN 978-7-203-11913-5

Ⅰ.①中… Ⅱ.①陈… Ⅲ.①地理学史—中国—文集
Ⅳ.K90-09

中国版本图书馆 CIP 数据核字（2021）第 176975 号

中国历史文化地理

著　　者：	陈正祥	
责任编辑：	孙宇欣　　张志杰	
复　　审：	李　鑫	
终　　审：	梁晋华	

出 版 者：山西出版传媒集团·山西人民出版社
地　　址：太原市建设南路 21 号
邮　　编：030012
发行营销：010-62142290
　　　　　0351-4922220　4955996　4956039
　　　　　0351-4922127（传真）　4956038（邮购）
天猫官网：https://sxrmcbs.tmall.com　电话：0351-4922159
E-mail：sxskcb@163.com（发行部）
　　　　　sxskcb@163.com（总编室）
网　　址：www.sxskcb.com
经 销 者：山西出版传媒集团·山西人民出版社
承 印 厂：北京汇林印务有限公司
开　　本：880mm×1120mm　1/32
印　　张：20
字　　数：450 千字
版　　次：2021 年 10 月　第 1 版
印　　次：2022 年 11 月　第 4 次印刷
书　　号：ISBN 978-7-203-11913-5
定　　价：108.00 元

如有印装质量问题请与本社联系调换

　　陈正祥先生是20世纪享誉国际的地理学家，一生致力于学术研究，成果丰硕，造诣深厚，曾被誉为"东方的洪堡""中国地理学界的第一人"。遗憾的是，陈先生所取得的辉煌成就，如今已鲜为大众所知。因此，追怀这位卓越的地理学家，使当今的读者了解其学术成就，是出版这部作品的初衷。

　　本书分为上下两册，选录了陈先生的11篇视野宏阔、论证细密的文章，并对其次序进行了重新编排，以求在一定程度上展现作者的广博学识和独到的学术眼光。需要申明的是，由于时代变迁，书中提及的一些地名已发生变化，以避免读者产生误解为原则，酌情以编者按的形式予以说明。作者在提及一些国外著作及人物时，大多直接使用其外文名称。为便于中文读者理解，编者酌情将其翻译为中文，同时保留了外文，例如《中国沙漠中的遗址》（*Ruins of Desert Cathay*）、亚瑟·韦利（Arthur Waley）等。此外，文章中的部分措辞呈现出鲜明的个人特色甚至地方色彩，为尊重作者原有的行文风格，已尽可能地保留原貌，但另一方面，考虑到现代汉语的演变，为了使读者能够更清晰地理解，在不改变原意的基础上，对部分用词酌情进行了调整。

最后需要特别声明的是，本书出版前，出版方曾多方努力联系作者家人未果；敬请作者家人得知后与出版方联系，我们将郑重致谢，并立即支付相应稿酬。同时希望有作者家人联系方式的朋友能拨冗相告，非常感谢！

联系电话：010-62142290

电子邮箱：htyg999@vip.sina.com

谨以此书　纪念姑母

　　姑母是祖父母的独女，排行第三。她的两位兄长，在东京读书时奔走革命失踪，她后面的两个弟弟，居长的是我父亲。她十九岁出嫁，二十二岁开始守寡。祖母说那些年家境很凄惨，祖父从西楼搬住东楼，将最好的房间让给姑母，并用楠木修建了佛堂，给姑母读书念经。她虔诚拜佛，研究佛学，偶尔回家处理要事，多数时间住在我们家里。每年陪同祖母到名山进香，我第一次游览普陀山，便是跟姑母去的。

　　姑母阅读的古书，似较全家任何人多。我看古书遇到不明白处，喜欢求姑母讲解；这除了讲得细心外，她房中经常有最好的点心。祖母曾说："你姑母如要月亮，你爷爷会架云梯登天摘下来给她。"她是全家上下爱护的核心。

　　当时江南一带有许多望族，除图书外也收藏字画，数量且颇可观，形成星罗棋布的文化小中心。各家图书可以互借，古文物共赏，园林陪游览；学人往返，书香飘逸，精英辈出，文风盛极一时。由于比较观察多了，姑母鉴赏字画有独到之处，为时人所重。我对历史和文化的一些原始兴趣，主要受姑母博学的影响。

　　本书的部分篇章，曾在1981年出版了《中国文化地理》一书，同时有香港、北京、台北和汉城（今韩国首尔。编按）的版本。扉页标注用以纪念何伊人，她是姑母独女顺柳表姊的好学生，经常跟表姊到我家来，有时住得颇久，相处好像一家人。所以我用此书来纪念姑母，意义是双重的。

自
序

　　太空摄影技术的发明，可从人造卫星拍摄地球的相片，这对地球科学的冲击很大。当我收到第一批地球照片时，沉默了好一阵子；秘书笑问这是怎么回事，我说这是有关科技的无声革命，影响深远。

　　六十年代末期，世界农业地理委员会正忙于编印五大卷《世界土地利用》的研究报告，所消耗的人力和物力颇为可观；此一发明的成果如提早两三年公布，我们便可节省很多时间和精力。委员会的另一委员，联邦德国的特罗尔（Carl Troll）教授较早听到消息，曾同我认真讨论此事。现在我先看到了实物，当天就用电话通知了他，他说会尽快来看，商讨对策。

　　我觉得自己从此应该多做历史和文化地理方面的研究，轻松一下头脑，而让年轻人去追赶时代。时代实在变化得太快太多了。

　　此项研究旨趣的转变，可从我的著作目录看出来。先前零星收集的资料，包括人口和物产统计，乃至进士及诗人的籍贯分布，至此通通有了用场。我绘制了历代人口分布和人口密度，以及茶叶和矿产之类的产区分布图，共计六十多幅，都是历史学家从未见过的。1981年再访北京大学，坐镇北大地理系的侯仁之教授看了这些图，不得不又感叹地说："你总是走在我们前面！"

点绘人口分布不难，欲求人口密度就先要有可靠的行政区划图。你见过汉唐的州郡地图吗？分县地图就更谈不到了。州郡下面辖有县，有记录可查，可把所有的县治都按上地图；但想要把州郡界线画出来，就极困难，于是太空照相派上了用场。分界线划定之后，还得用求积仪测量，测量五次取其平均数值。做成人口密度图之后，尚须和周围州郡比较，审查是否合理。我在东京出版的《中国历史与文化地理图册》自序，对如何创制人口地图有详尽的说明。

1958年我应日本学术振兴会之邀前往讲学和指导研究一年，把所绘制的历史与文化地图都带去了，使朋友们感到惊喜。东洋文库理事长榎一雄说："这些正是东洋史家所渴望和期待的。过去有人想做而做不出来。已见的只限于沿革地图。"日本国土小而科技发达，学人之间信息灵通，我这次携带许多"珍贵有趣地图"的消息，很快就传开了；我尚未到达京都，京都的朋友竟先知道了。

按照日本学术振兴会安排的行程，我首先去了筑波。这是新兴的科学城，日本的国土地理院设在这里。它是日本地理学界最高的领导机构，前后两任院长都是我朋友。此一机构统管日本的地图，高崎正义院长看到了国际研究中国之家出版的盒装地图，立刻想复制成幻灯片，说给我一套带着演讲用，一套由他们保存。他又请求给他们全院工作人员讲演一次，经我同意之后，翌日下午就召开了我那次访问日本的首次讲演会。会后高崎亲自陪我参观了尚在保密的电脑绘图。

去京都须先回东京，过东京时电话告诉榎一雄兄，说明我在筑波多耽搁了两天的原因；没有时间再去看他了，待从广岛东归时再见。不意他说已知会东京大学的老学生，为我召开东洋史地图宣布会；因他原是东大东洋史教授，日本著名的东洋史学家，几乎全是他的学生。我告诉他所携89幅地图都制成了幻灯片，他说好极了，但应该将中国蝗灾分布图加进去，凑足90幅。那次在东京大学举行的讲演会非常热闹，时间之长和人数之多都是空前的，坐一二排的有不少白头的老朋友。这事已经有人报道过了。

榎一雄的念念不忘中国蝗灾分布图是有渊源的。我利用方志记载的八蜡庙追溯蝗灾，曾在东洋文库查阅方志，他听过我的解说后就赞叹这是一项发明。我1964年就任香港中文大学讲座教授的"就职讲演"（Inaugural Address），曾提到这幅地图绘制的经过；讲演稿出版后寄赠他一册，他回了一封长信，说为文库珍藏方志能得到我这样的人善加利用而高兴，又问何以要直等到我才知道把迷信同科学结合起来。

广岛成为我这次讲学的最西点，而滞留的时间又最长，主要是因为这座又名鲤城、第一个吃原子弹的城市，聚集了我很多好朋友，还包括1957年我在仙台东北大学讲学时的特别助手藤原健藏；他继米仓、石田两位教授之后任广岛大学地理系主任，三代人都成为我极要好的朋友，友情特别温暖。藤原君领队到南极考察，曾为我带回一块重3.6公斤的花岗片麻岩（Granitic gneiss），因为他知道我喜爱收集岩石。他在布袋上用红字书写"谨呈陈老师"，放在研究室内等待我两年多。此外他还为我带来一个企鹅标本，说是给我孙子的，可我哪有孙儿呢！日本早先学人怀旧之情以及对长辈的心意，弥足珍贵。日本也有很好的一面。

我到达广岛第二天，就开始正式讲演。接着有盛大的欢迎宴会，退休多年的米仓二郎，一早就从乡间赶来，盛情可感。我所讲的《中国文化中心的迁移》，随即在广岛大学《地理科学》第32卷首篇登刊。这也就是本书的第一篇论文。

讲演是不定期的，半个月或一个月一次，并事先通知邻近的几所大学。听讲者来自福冈、山口、冈山等地。多年前曾寄赠巨著《唐代邸店》的冈崎敬教授，有次也从福冈来了。我把盒装图册中的唐代地图都送给了他，他非常高兴。他说："你的讲演稿应集成为书，所有这些创制地图，是全日本所有对中国历史文化有兴趣的人都想看的，也应该出版让大家共享。"后来东京原书房出版了我的《中国历史与文化地理图册》，据说就是东京、京都、福冈、广岛等处许多教授朋友促成的。该书定价高达28,000日元，竟能在不到八个月的时间卖完第一版，被日本学术界传为美谈。

1981年我应母校南京大学之邀回去讲学42天，是和早稻田大学应邀的青木茂男教授同时到达上海的，同住锦江饭店。第二天中午在餐厅吃饭时，他跑来同我打招呼，我问他如何知道是我，彼此从未谋面。他说在地图册的著者介绍中看过我的照片。日本人读书是经常"越界"的，他说我的这些地图富有经济史价值，他也购买了一册。就他所知，早稻田大学同人中至少已有8人购买了此书。普通日本人和普通中国人的最大不同，就在于读书和不读书！后来我又到日本，他还两次来帝国饭店探访我；第二次并带我夜游浅草区，请我吃了一顿道地的日本宵夜。

我在南京大学讲学时也选用了一些历史文化地图。据说是一位旁听的著名人物说服北京三联书店出版《中国文化地理》的。1983年12月初版印了9,200册，预约的占去了8,800册，坊间很快就断市了。我书房中原有两册，现在也只剩下一册了。销量最大的，倒是台北盗印的缩小本，听说翻印了三次。1986年2月孙得雄航寄了一册给我，才知道此书已流入台湾。

1981年香港三联书店初版的自序，系1980年9月25日写于广岛。它严厉抨击了英国发动丑恶鸦片战争的滔天罪行。香港总督尤德1984年1月7日给我的信中，开头说：I very much enjoyed reading your book "*Chinese Cultural Geography*" and was fascinated by the article it contains on the distribution of Ba Cha Miao and the temples dedicated to General Liu Meng. In the map on page 53, which shows their distribution, there are a number which appear to be in the vicinity of Peking. I lived there for many years but do not recall seeing a temple dedicated to the spirit of the locust, but this may simply mean that I did not go to the right place.（我非常喜欢阅读您的著作《中国文化地理》。书中包含八蜡庙和刘猛将军庙分布情况的文章让我着迷。第53页的地图显示了它们的分布状况，其中有一些似乎在北京的周边地区。我在北京住过很多年，但不记得曾见过一座供奉虫王爷的庙。不过这也可能只意味着我没有走对地方。——编者译）

我同尤德会见过许多次，我住处距离他的粉岭别墅不远，中间只隔着高尔夫球场。他夫妇俩都精通中文，书房中有十多本我的著作。绝大多数香港人是不读书的，但他们的总督却细心阅读我的著作，而且这样深入。我特别欣赏他能用fascinated来形容阅读我书的感受，这和日本东洋文库理事长榎一雄在给我的信中所用的赞美词很接近，足证尤德也是颇有学问的人。他还颇有雅量，不但不恨我痛责"英夷"（我全书用"英夷"代替英国人），还想将此书译成英文。他当时的好意，是书内无数痛骂英国人的部分全部保留，只希望自序的第三段略予修改，我立刻拒绝了。拒绝的另一用意，是此书写作实在太匆促了，现在觉得必须彻底重写。

《中国文化地理》一书的扉页，原有"谨以此书 纪念伊人"字样，其下并有如下的几行字，是抨击日本军国主义者无端侵略中国罪行的，伊人则是我青梅竹马的女友何伊人。

谨以此书　纪念伊人

　　如果没有日本军国主义者无端发动疯狂的侵华战争，她绝不会病死在荒僻的深山；如果不是日本兵空前残酷的烧杀淫掠，我不致匆忙离开西子湖边逃难到了松林坡下；又如果不是日本帝国的战败投降，我绝少有机会来台湾进行长期的研究和调查。假如没有这一切，我可能有一极美满的家，以及成群受良好教养的儿孙——汉文化的真正继承者。而现在呢？除了国际地理学界的虚名，我一无所有；所剩下的，唯有回忆、失望、惆怅和哀伤！

　　在该书和上述图册出版的同时，东京和京都都有朋友嘱咐他们的老学生，组织班子合译我的书。这些老朋友包括榎一雄和贝冢茂树等，同时又建议翻译我的另一著作《草原帝国》，认为该书很不寻常。我感激他们的古道热肠，但当经手执行者希望我删去扉页的献词时，我同样摇头拒绝。

　　一位能言善道的中年助理教授，说我的生活太严肃了，也太重情义了。大家希望我忘却哀伤，免得影响健康。又说我的健康长寿是很重要的，受到很多人关注。我真的听不少日本朋友提起过，日本学术界高层有我不少朋友，都说世界上没有第二个人像我这样工作的。是的，我对工作的投入程度可能和常人不同。我原可享受欢乐的生活，却也有无穷尽的哀伤。长期以来，我一直认为这一代的中国人，每一个人都必须加倍努力工作，多想想国家的荣辱和民族的前途。

我还有大量的研究和著述要完成，有数不清的被麻痹的愚民要唤醒，数十年来抱定忍让、牺牲一切而不与人争，不愿浪费点滴的精力和时间。

本书所附插的图片，全部由国际研究中国之家提供。

1994年6月7日于格城

《中国文化地理》原自序

中国文化是全世界延续最久、影响最大的文化，它发源于黄土地带，然后向周边扩散，波及整个东亚和东南亚，并向西伸入西域。在秦汉和唐宋时代，中国文化曾放发无比的光辉。自北宋王朝灭亡，中国文化开始失落；但在广阔的汉文化圈内，经济开拓继续向南方发展，生产技术仍不断有所改进。

汉文化基本上是农耕文化，特别是水稻的栽培。稻米是人类最好的粮食。汉文化爱好和平，努力建造城池来抵御侵略。大批城池成为中国特有的地理景观。

农业的高度发展，需要适当的水热条件。中国文化中心的从西北移向东南，一方面固然是不断受到游牧民族的压力，但也受到东南地区较佳生产条件的吸引。科学实验知识告诉我们，在同样的耕作技术下，愈炎热湿润的地方，农业生产的效果愈好，但当然也有限制。从华南而南洋，乃至澳洲的北部，都很适宜汉文化的发展；又因为汉文化是缓进的、和平的，它的自然发展会给各地的原居民带来安定和繁荣。唯此项自然发展，受到了欧洲侵略势力的阻挠。

十五世纪初叶明王朝伟大航海事业的中止，是汉文化发展的一个重要转捩点，中国的势力从印度洋和非洲东部退缩，给欧洲人以机会，让他们纷纷抢夺新世界。明代中后期蒙古残余势力的侵扰长城内外，倭寇的不断袭击东南沿海，两面夹攻，更削弱了中国的势力。亚洲人内争方殷，欧洲人倾巢而出，侵占了全部所谓新土地。这是汉文化和欧西文明发生差距乃至优劣倒置的基本原因。到了十八、十九世纪之交，欧洲的残暴势力终于侵入亚洲。

欧洲人要掠夺亚洲的资源，并确保新侵占的土地，关键在乎能否阻挡中国势力的南下。因为当时在力量的对比上，可能抵抗他们邪恶势力的便只剩下古老的汉文化。于是他们首先残酷地屠杀汉文化前哨城市像马尼剌［拉］、巴达维亚［雅加达］等地的华侨，后来又想出利用鸦片毒害中国的狠办法。英国人大做鸦片生意，先摧毁中国人的健康，再麻痹中国人的意志，然后以真刀真枪，劫掠中华大地美好文物，并且破坏不能搬走的！

鸦片战争对汉文化的打击是空前的，它揭穿了当时中国人的虚弱，破坏了汉文化在东亚和东南亚的传统突出形象；科学和技术的相形见绌，使有烟毒后遗症的中国人失掉了自信。从此中国的经济和文化力量，无法继续向南扩张。中国过剩的大量人口无法向外移殖，接着连汉文化本身，也受到了可怕的腐蚀，直到今天！汉文化圈的外围，包括日本、朝鲜和越南等，一向崇尚汉文化的，都遭遇极大的震荡，开始怀疑这古老文化的优越性，争相摆脱汉文化的影响，转而接受欧西的文明。日本的明治维新以及稍后的所谓日英同盟，都是鸦片战争的附属产品。

优美中国文化的如此失落，好似美满家庭因不肖子弟吸食鸦片而突然破产，曾长期令人迷惘！中国文化经受这恶毒的打击，难道永远不得翻身？我不相信。中国文化如果真的不能复兴，中国人就要永远做世界的二等公民！于是我发奋努力，多多旅行，用功读书，一直使自己在地理学研究上遥遥领先，最后主持了包括各国专家学者的世界农业地理委员会。我在北非各国考察并指导沙漠灌溉，首先把中国人的影响力带回非洲！

据说我还是第一个直接选任英制大学讲座教授的人，但我从来不讲求这些！我只做每一个知耻中国人应做的事。1952年美国地理学会庆祝创会招请的地理学家中，我是亚洲的四人之一；1957年日本承担召开国际地理学会首次在亚洲举办的区域会议，因其时未脱穷困，举办方发表的邀请名单仅有十一人，我是亚洲的两人之一；1959年是现代地理学之父洪包德［堡］逝世一百周年，柏林地理学会联同国际地理学会邀请的亚洲学者，我是三人之一，并且是全体一百人中最年轻的一人。这些我做到了，其他只会空喊复兴汉文化的人，又做出了一些什么贡献？

我从台北转职到了香港，很想对鸦片战争的发源地做一番实地考察。英国人以香港作基地，对中国欺辱搜括了一百多年，我误认他们已知罪疚深重，要从事忏悔，想做点善事，才创办这所新大学，我可能对此做出贡献。但事实并非如此。我到香港后不久，便发觉鸦片战争的邪恶意识及犯罪形象依然存在！

要挽救中国文化的沉沦，阻止它的继续被腐蚀，进而恢复它固有的光辉，我想这一代的中国人实应负担较多的责任。为达成此项目标，首先要认识中国文化，而我愿以身作则。我一直是念理科的，有了这个信念之后，就得改变我的研究方向，用文史哲的知识代替脑海里的符号同公式。有几段颇长的时期，我只读中国的古书，乐而忘倦；所订购的科学书刊，任其尘封。终因文史的根基不够好，进步甚为缓慢。所写的有关论文，多数属于尝试性质。

本书所收的文章，大部分发表过，但不见得都很成熟。《中国文化中心的迁移》，是1979年在日本广岛大学和国土地理院的讲稿，稍后又刊载广岛大学《地理科学》季刊第32期。《方志的地理学价值》是1964年我就任香港中文大学讲座教授时的就职演说，也就是英国制大学的所谓Inaugural Address，曾经由该大学印刷发行。上述文章，皆或多或少经过了修订。《北京的城市发展》，是国际研究中国之家于1977年出版《中国研究丛书》第三号《北京》一书的摘要。《长城和大运河》是残卷。我在过去三十年间，对长城和大运河曾收集大批资料，包括地图和照片，两者皆可单独成书；但1977年底离开中文大学时，大部分稿子都不见了。大运河的因为摘要油印过，部分赖以保存。

在学习过程中，我体会到文化地理和历史地理实难以严格划分；譬如地名，它是文化地理的一个构成部分，但却追随历史而不断改变。我最近所写的另外七八篇论文，体系倒比较完整，有朋友劝我应先发表《中国历史地理》一书。但我总觉得中国靠历史吃饭的人太多，对此应该特别小心谨慎；同时内地近年从地下发掘出了许多古文物，必定有一些可充实我的历史地理著作，不妨再等待数年。因此才决定先出版这一本书。我知道应该提到而未能触及之处尚多，可是我目前的研究工作实在太忙，无法面面顾到；若有缺失或不妥当，希望读者指点和批评。

我的研究考察旅行，尤其是在东亚，使我深信汉文化并非单独属于中国人，而是为整个东亚人民所共有。我和我的许多日本朋友，都认定汉文化是很优美的文化，特别是在精神感召方面，否则它不可能延续得这么长久；汉文化圈是一个伟大的地理单元，否则它不可能养活十二亿人口。

放眼世界，局势激荡。我呼吁广大汉文化圈人民的大团结，用较大的经济、文化联合力量，迎接非常艰难但也可能转运的二十一世纪。我们要忘却过去的是是非非，而努力争取将来。日本人应该放荡胸怀，尽量消除因狭窄生存空间所产生的偏激。我们应该互相了解，加强合作。我一直就想通过我的学术研究，特别是文化地理的研究，能对促进汉文化圈人民的了解和合作有所贡献。或许也就是这个心愿，才引导我在艰苦的环境中不断努力工作。

1980年9月25日于日本广岛

新石器时代鱼蛙彩陶

仰韶文化最具代表性的半坡类型，口径35厘米，陕西临潼姜寨遗址出土。

新石器时代人形彩陶

仰韶文化庙底沟类型，高31.8厘米，甘肃省秦安县大地湾遗址出土。

马家窑原始文化半山类型彩陶

高27厘米，甘肃省会宁县出土，现藏会宁县文化馆。

大汶口文化的彩陶

　　高26厘米,山东省泰安县大汶口出土。其南二百多公里江苏省邳县大墩子（今邳州市。编按）,曾出土几乎完全相同的彩陶。

　　大汶口文化是黄河下游地区的新石器时代文化,因1959年发掘的泰安县大汶口遗址而得名。主要分布在山东省泰山周围地区,东到黄海之滨,北抵渤海南岸,西自鲁西平原东部边缘,南及江苏省淮河以北地带；此外在安徽省与河南省也曾零星发现。年代约从公元前4300年开始,到公元前约2500年发展为山东龙山文化。

　　大汶口文化的经济以原始农业为主,主要农作物为粟。陶器以灰砂红陶和泥质红陶为多,也有灰陶、黑陶和少量硬质白陶。迄今已发现的遗址约有200处。

　　大汶口文化的发现及其和山东龙山文化继承关系的确定,证明当时鲁南和苏北一带,是一个以大汶口文化、山东龙山文化为主体的自成系统的文化区。

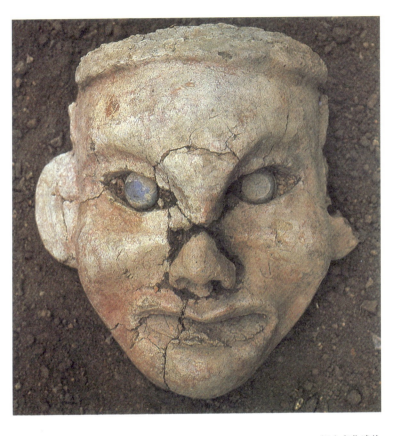

红山文化遗物

　　此一用蓝色玉片嵌眼的泥质女神像，约有5500年历史，说明辽西地区是极古老的另一文化核心。

商代末期到周朝初年的青铜人像

　　成都冲积扇北侧广汉市三星堆出土，显示西蜀存在另一古老文化中心，证实了我1955年发表《农作的演进与传播》时所说的中国文化多元论。

商代铜斝（酒器）

河南省安阳出土。

商代铜尊（盛酒器）

高50.5厘米，安徽省阜南县出土。

西周铜殷（食器）

安徽省屯溪出土。

战国金银镶嵌大壶

河南省洛阳金村出土，通高51厘米，现存日本细川护立家。

战国错金嵌银泡镶绿松石（turquoise）大铜镜

山东省临淄出土。

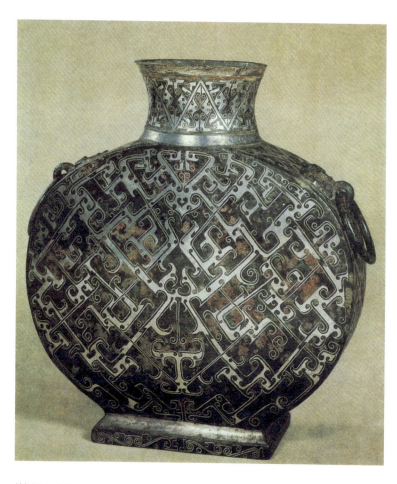

战国嵌银扁壶

　　高31.3厘米，宽30.5厘米，遍体饰纹，纹路粗细适中，对整个器面空间的安排恰到好处，是中国装饰艺术的杰作。制作年代约在公元前4世纪晚期到公元前3世纪初期。现存美国华盛顿佛利尔博物馆。

战国错金银云纹铜犀尊

1963年陕西省兴平县豆马村西汉墓出土，是一件酒器。现存西安陕西省博物馆。犀高34.4厘米，长57.8厘米，重13.3公斤。周身用金银丝镶嵌出流云纹，细致精美。（采自苏立文教授《中国艺术史》第72页，南天书局出版）

错金银乃战国时期一项新工艺，将金银或其他金属丝片和绿松石等，镶嵌在铜器表面，做成图案花纹，然后用错石（磨石）错平磨光，使器物格外美观。

中国古代多犀牛，史有明文记载。古代有关犀牛的雕刻，颇能做到形似，如上面的一尊。但后来犀牛少了，人们对犀牛的形象模糊了，雕刻作品也就失真了。开封北门外回龙庙的铁犀，明代名臣于谦所铸，高约两米，用以镇水；雕刻虽不俗，但模样根本不像犀牛。大概因为犀牛在唐宋逐渐消失后，人们对它的形象已很模糊。参阅另著《串城记》第十二章第232页。

龙门石窟群西山全貌

　　龙门石窟在洛阳市区以南约13公里，伊河两岸，南北延长约1公里，南距伊川县城18公里。此处面对的是西山，为石窟主区所在；对岸名东山，亦称香山，仅有看经寺等少数洞窟。《水经注》："两山相对，望之若阙，伊水历其间北流，故谓之伊阙。"石窟造像开创于北魏孝文帝迁都洛阳前后，经东西魏、北齐、隋、

唐、北宋四百多年大规模营造，终使窟龛密似蜂房。最具代表性的洞窟有北魏开凿的古阳洞、宾阳洞、莲花洞和唐代开凿的潜溪寺、万佛洞、奉先寺、看经寺等，共计窟龛2,100多个，造像10万余尊，题记和其他碑刻3,600多品，佛塔40多座。对面最大的石窟即奉先寺。

江陵楚墓出土的丝织品——"信期绣"烟色绢

秦铜杜虎符

秦国统一前的军令信物，为军政首长掌握。

西汉鎏金铜钟（盛酒器）

陕西省西安市出土。

汉代初年云纹漆鼎

长沙马王堆西汉墓出土。

西汉鎏金铜马

1981年咸阳市兴平县汉武帝茂陵东侧出土，高62厘米。现藏茂陵博物馆。

青铜狩猎扣饰

1975年云南省楚雄万家坝古墓出土，同时出土的青铜器甚多。

东汉织锦

新疆塔里木盆地南缘民丰县北尼雅废墟出土。

鎏金奇兽铜砚盒

江苏省徐州东汉墓出土。

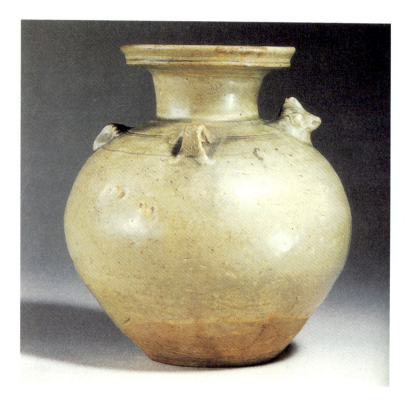

西晋青釉鸡首壶

高18.5厘米，口径10.9厘米。

《女史箴图卷》

相传为东晋顾恺之所绘，现在收藏在伦敦大英博物馆。

北魏鎏金铜释迦像

河北省满城县出土。

河南省巩县（今巩义市。编按）石窟寺的《帝后礼佛图》

　　该寺第一窟门内两侧雕刻《帝后礼佛图》，分三层六组，为中国现存较佳的浮雕。龙门石窟宾阳洞《帝后礼佛图》浮雕，较此更为精美，但被美国浪人盗窃，现藏美国堪萨斯博物馆。

中岳嵩山的嵩岳寺塔

　　中国现存最古老的砖砌佛塔，在登封城西北5公里太室山南麓嵩岳寺内，始建于北魏永平年间。高约40米，15层，平面呈十二角形。塔身分上下两部，下层为平坦壁体，其上施叠涩檐，逐层收缩，使整个外廓呈抛物线造型。塔身东南西北四面设入口，导至塔心室。塔心室自下而上，直达顶部。

隋开皇四年（584）鎏金铜佛像

唐长安启夏门内昌乐坊出土。

《洛神赋图》（部分）

　　中国古代绘画，人物画出现较早，各处所见的壁画，绝大多数为人物画。《洛神赋图》除了人物外，还有洛水沿岸的风光景观，性质实介于人物画和山水画之间。

　　此一图卷相传为东晋著名画家顾恺之根据天才诗人曹植（192—232）所写的《洛神赋》绘成。原画早佚，现存者为宋人摹本，纵27.1厘米，横572.8厘米。辽宁省博物馆的一幅，据说是较早的摹本；另两幅可肯定的北宋摹本，一在北京故宫博物院，一在美国华盛顿Freer博物馆。

　　曹植热恋号称北方第一美人的甄宓，但她却是他哥哥曹丕的妻子。曹操在建安九年（204）八月攻下邺城，曹丕抢先接收了甄氏，翌年即生曹叡，这就是后来的魏明帝。曹丕篡汉称帝后，甄氏遭谗被赐死，且死状甚惨。她儿子继位后，认真追究生母死因，导致曾受曹丕宠爱的郭后死亡。曹植深知甄宓的悲惨遭遇，遂用在洛水之滨遇见洛神的故事，以无奈的心情，用极雅美的词藻，塑造了洛神的美丽形象；并通过似梦似幻的境界，倾诉对甄氏的同情、思念及爱慕。

　　在《洛神赋图》之中，洛神多次出现于画面，这是颇不寻常的手法。画卷的首段，描绘洛神凌波现身，似来似往，飘忽无定。多情的诗人在暮色苍茫之中伫立，凝睇相视，可望而不可即。接着是洛神和众仙女在山崖水畔嬉戏，旌旗隐约，若忧若喜。最后她乘六龙云车冉冉离去，水中鲸鲵，天空飞鸟，上下扶持，交织成一个气息浪漫的神话世界，是中国古文物中最美好、最感人的一种。

　　《三国志·魏书·后妃传》："文昭甄皇后，中山无极人。……建安中，袁绍为中子熙纳之。熙出为幽州，后留养姑。及冀州平，文帝纳后于邺，有宠，生明帝及东乡公主。……黄初元年十月，帝践阼。践阼之后，山阳公奉二女以嫔于魏，郭后、李、阴贵人并爱幸；后愈失意，有怨言。帝大怒，二年六月，遣使赐死，葬于邺。""文昭皇后"是她儿子当了皇帝后追封的。

　　顾恺之是无锡人，同时擅长人物和山水，应是此画最理想的执笔者。他的画法生动传神，形神兼备。同时代的著名人物、淝水之战拯救了东晋王朝的谢安（320—385），称赞顾恺之在绘画上的造诣为"自苍生以来所未见"。

隋代白瓷双耳扁瓶

  1957年西安市李静训墓出土，高8.8厘米，口径2.5厘米。此瓶施白釉，造型美观，似为盛放香料之器。

目 录

第一篇　中国文化中心的迁移 …………………… 001

一、汉文化的原始中心 ………………………………… 003

二、逼使文化中心南迁的三次波澜 …………………… 006

三、南北地位的转换 …………………………………… 010

四、江南的开发 ………………………………………… 036

五、"东南财赋地，江浙人文数" ……………………… 044

第二篇　中国的城 ………………………………… 061

一、引　言 ……………………………………………… 063

二、城的发展 …………………………………………… 065

三、城的功用 …………………………………………… 080

四、城的规模和形制 …………………………………… 091

五、城的年龄 …………………………………………… 109

六、名城举例 …………………………………………… 121

七、沙漠中的古城 ……………………………………… 134

八、连城和复城 ………………………………………… 143

第三篇　北京的城市发展 ………………………… 153

一、自然环境 …………………………………………… 155

二、城市的初期发展 …………………………………… 162

三、元代大都的规划 …………………………… 174

四、明代北京城的重建与改建 ………………… 189

五、清代的园林营造 …………………………… 200

第四篇　北魏洛阳的繁盛 ……………………… 219

第五篇　水城扬州 ……………………………… 247

一、扬州城的发展 ……………………………… 251

二、广陵王玺 …………………………………… 259

三、河港兼海港 ………………………………… 266

四、瘦西湖 ……………………………………… 274

五、大明寺 ……………………………………… 279

六、鉴真纪念堂 ………………………………… 283

第一篇　中国文化中心的迁移

一、汉文化的原始中心

中国文化以汉族文化为主体，亦称华夏文化或中华文化。汉文化最先发祥于黄河中游的黄土谷地，包括汾河、渭河、泾河、洛河、沁河等大支流的河谷，也就是仰韶文化或彩陶遗物分布的核心地区。此一地区，自然条件便利于原始农业的发展。其后向东扩张，进入黄河的大冲积扇以及太行山麓成串较小的冲积扇。远在公元前4,000年，这一带便存在着农耕的村落；西安半坡的新石器时代遗址，是一个最好的例子。[1] 大致到春秋时代，汉文化圈已掩有黄河的中游和下游流域。

黄土高原东南部黄河各支流的河谷，特别是两岸的河坎（terrace），因为高出河流的洪水线，近水而可避免水害；又比较易于防御，常被初民选择为聚落地址。原生黄土有垂直的节理，便利于穴居；并且颗粒均匀，疏松易碎，性能肥沃，适宜于原始农耕。同时黄土高原东南部，因为雨水很集中于夏季，勉强足够农作物生长，所以便成为农耕和文化的发祥地。仅在关中地方，已经发现了四百多个仰韶文化的遗址，多数分布在靠近河床的第一级河坎上。沣水沿岸在全长40公里内，发现了13处遗址。山西省西南角发现了六十多处仰韶文化遗址，分布密集，多数位于河岸的第

一、第二级河坎上；面积在 10 万平方米左右，最大的超过 50 万平方米。

汉文化圈继续向外围扩展，开始和少数民族接触。在接触地带，先进的汉文化拥有较大的融合力量，于是文化圈继续扩大。战国时代，中原诸侯忙于互相征伐兼并，南方的楚族势力向北伸张，进至淮河流域。北方的匈奴也趁机崛起，侵入肥美的鄂尔多斯草原。[2] 西方，汉民族循渭河河谷继续向西发展，到达黄土高原的西埵。当时汉民族的政治和文化活动，以黄河及其最大支流渭河的河谷为轴线，是东西向的。中国的几个著名古都——长安、洛阳和开封等，皆分布在此一轴线上。此一古文化之轴，就汉文化圈的传统范畴说，偏在西北。

黄河下游流域的水、热条件较中游为佳，农耕地区向东扩充是很自然的。汉民族开拓华北大平原后，农耕线（和畜牧地区的分界线）逐渐向北推移，可以容纳较多的人口；而山东半岛沿海复有鱼盐之利。经济和文化相继迅速发展，手工业和商业萌芽，交通路线逐渐开辟。早在战国时代，邯郸和临淄等处，已形成颇具规模的城市。

秦汉统一帝国建立后，由于政治和战略上的原因，皆定都关中。为了供应京师，大力发展灌溉农业。但有一个颇长时期，关中的粮食供应仍需关东（黄河下游流域）补给。这些在史书上都有明确记载，东汉改都洛阳，原因之一是能够比较近便地接受东方粮食的接济。在汉代的地理图上，可见西汉的人口和物产，绝大部分集中在黄河的中下游流域，南方几乎等于空白。³伟大史学家司马迁曾经说过："关中之地，于天下三分之一，而人众不过什三；然量其富，什居其六。"[《史记·货殖列传》（卷一二九）]当时淮河以南的南方地区，尚属"地广人稀，火耕水耨"。⁴

东汉末年由于政局混乱和匈奴入侵，汉民族开始向南作较大规模的扩散；同时南方较佳的农业生产条件，也具有一定的吸引力。讨论中国文化中心的迁移，只注意北方少数民族的压力，而忽视南方土地的吸引力，那显然是不正确的。南方不但水、热的条件好，水利建设的成效高，而且河川满布，便利交通运输，对于经济开发和文化发展都有重大作用。

三国鼎立，南方出现吴、蜀两个政权。吴和蜀要维持军队，并收容南来的人口，必须加强土地开拓；这对于南方较大规模的开发，实有推动的作用。但此时中国的文化中心仍在北方；曹魏的人才济济，可视为明证；吴蜀的人才，基本上也来自北方。邺和洛阳之间，形成中原文化的核心地带。

《全晋文》卷五四记载了袁准劝曹爽宜捐淮汉已南书："吴楚之民，脆弱寡能；英才大贤，不出其土；比技量力，不足与中国相抗。然自上世以来，常为中国患者，盖以江汉为池，舟楫为用，利则陆钞，不利则入水；攻之道远，中国之长技，无所用之也。"看文章的语气，晋人尚未视南方为中国；认为南方的人民还是"化外之民"，至多也不过是"边民"。

二、逼使文化中心南迁的三次波澜

中国从上古直到西晋末年，也就是公元316年以前，北方经济和文化发展的水平，都远远超过南方。汉文化的核心地带，一直在黄河的中下游流域；关中和山东，曾是两个高度的开发区。永嘉之乱和晋室南迁，初步改变了此一传统形势。中原人士为了避难，进行大规模、长距离的迁移（因为是"异族"深入，逃难也就比较认真）。南方因劳动力和知识分子的增加，经济和文化发展都受到有利的影响。

文化进步总是跟在经济发展后面的。东晋时南方在比较安定的情况下，经济开发进行迅速。据《晋书·食货志》（卷二六）记载，东南地区到东晋末年，已经达到了"天下无事，时和年丰，百姓乐业，谷帛殷阜，几乎家给人足矣"。北方虽受到战争的大破坏，但经北魏王朝统一后，社会秩序也逐渐恢复。同时因推行"均田制"等改良措施，使过去曾有高度发展的黄河流域，颇快地得以继续繁荣，终于形成南北朝互相抗衡的局面。但在文化水平上，北方这时还占有传统的优势。

《宋书·列传第十四》（卷五四）："自晋氏迁流，迄于太元之世，百许年中，无风尘之警，区域之内，晏如也。……地广野丰，民勤本业，一岁或稔，则数郡忘饥。会土带海傍湖，良畴亦数十万顷，膏腴上地，亩直一金，鄠、杜之间，不能比也。荆城跨南楚之富，扬部有全吴之沃，鱼盐杞梓之利，充仞八方，丝绵布帛之饶，覆衣天下。"这已和《史记·货殖列传》（卷一二九）中"江南卑湿，丈夫早夭。……楚越之地，地广人稀，饭稻羹鱼，或火耕而水耨"的情况大不相同。

隋唐之际，北方依然十分繁荣；重要的政治和军事活动，尚局限于北方。唐代初年，黄河以北号称殷饶，百姓富实。不过在粮食供应上，已经开始靠东南接济。《新唐书·食货志》（卷五三）："唐都长安，而关中号称沃野，然其土地狭，所出不足以给京师备水旱；故常转漕东南之粟。"这个时候，南方的经济发展虽已赶上北方，南北均势开始打破，但文化的中心仍在北方。

第二个使汉文化向东南推进的大波澜是"安史之乱"，大唐帝国从此衰微。黄河中下游广大地区经过浩劫，残破不堪；继之以藩镇割据，政局动荡，于是居民离散，大量向南迁移；南方的州郡，人口显著增加。此后在经济发展上，南方已超越北方；北方依赖南方的接济，愈来愈殷切。《全唐文·故太子少保赠尚书左仆射京兆韦府君神道碑》（卷六三〇）："天宝之后，中原释耒，辇越而衣，漕吴而食。"唐宪宗时代李肇所撰的《唐国史补》（下卷）："凡东南邑郡，无不通水。故天下货利，舟楫居多。转运使岁运米二百万石输关中，皆自通济渠入河而至也。"由于商业及交通的发展，扬州和成都分别形成空前繁荣的城市。此时唐朝中央政府的财政，几全部仰给东南。唐宪宗在元和十四年（819）七月上尊号时所下的赦书，就公然说："天宝已后，戎事方殷，两河宿兵，户赋不入，军国费用，取资江淮。"也就在这个时候，韩愈指陈"赋出于天下，江南居十九"。[5]后来杜牧更进一步说"今天下以江淮为国命"。

安史之乱对于黄河中下游的破坏实在惨重！乱平之后，疮痍未复，而藩镇的割据势力又日臻强大；兼以外患相继，真是灾难重重。《旧唐书·郭子仪传》（卷一二〇）："东周之地，久陷贼中，宫室焚烧，十不存一。百曹荒废，曾无尺椽，中间畿内，不满千户。井邑榛棘，豺狼所嗥，既乏军储，又鲜人力。东至郑、汴，达于徐方，北自覃怀（今河南武陟），经于相土（今河南安阳），人烟断绝，千里萧条。"《新唐书·食货志》（卷五三）："（关中）北至河曲，人户无几。"

就人口减少的情形说，据李吉甫的《元和郡县志》记载，长安所在的京兆府，开元时共有36万户，元和时还只恢复到24万户，比原先减少了三分之一。洛阳所在的河南府，开元时共有12万户，到元和时仅有1.8万户，减少了七分之六。

唐朝末期和五代的大部分时间，北方继续混战，黄河中下游流域不断地遭受人祸、天灾的打击，终于暴露出衰敝和萧条的景状，居民流徙，田园荒废。北边又有契丹的侵扰，汉民族遭到蹂躏和劫掠。相反，偏安在江南的小国，为了巩固各自的政权，采取了一些有利于生产发展的措施，包括兴修水利、奖励农业，使南方的经济和文化得到进一步的发展。北宋王朝的重建，有赖乎北方的人力和南方的物力，包括四川和荆广的财富。[6]当时全国的经济重点虽已偏处东南，政治和文化中心仍在黄河下游流域。北宋的统治阶层，还是采择"竭三吴以奉西北"的政策。在中国历代的人口分布图上，北宋末年是南北均衡的（参阅图9、图10）。南方的经济继续稳定上升，南方人的政治和文化地位，也随着经济力量的上升而提高。北宋后期掌握中央政权的人物，南方人已占多数了。唯此时全国文化的重心，仍在开封、洛阳的东西轴线上。西京洛阳的文化地位，似乎还超出东京汴梁。

第三个逼使汉文化中心南迁的大波澜是金人入侵，也就是所谓"靖康之难"。北宋的后期，汉文化已由鼎盛而转趋糜烂；长期重文轻武的结果，是对外族侵略几乎完全丧失了抵抗的能力，以致很快就给女真族灭亡了。金人先后数度南侵，深入的程度和劫掠的剧烈，皆前所未见。[7]金王朝统治北方一百多年，以淮河及秦岭为界，跟偏安的南宋政权对立。于是在时间上，北宋统一王朝的毁灭是中国文化中心南迁的真正分野，从此文化中心搬到了江南；而在空间上，淮河曾一时成为南北文化的界线。

其后蒙古崛起，扑灭金人，黄河中下游再次受到严重的破坏，[8]人口和文物的南移继续进行。南方因受到地形，特别是长江的保护，所受的战争灾祸较少，有利于经济和文化的发展，所以到了明代，人口和财富集中东南的现象就更明显了。明代全国的商业，逐渐集中到长江下游和大运河两条线上。万历六年（1578）全国商税课钞，南直隶一省达一千三百多万贯，独占四分之一。

三、南北地位的转换

上节所说的永嘉之乱、安史之乱和靖康之难，都是北方的少数民族南侵，造成中原地区的混乱，逼使汉族作大规模地迁移。但这只是促成中国经济和文化中心搬迁的一部分原因，而并非全部原因。异族的侵扰，仅是一项推动（push）的力量。

中国南方的自然条件，特别是雨水和气温——就江南说，还包括冬季的温暖和湿润，对于农业经济的发展远较北方为有利；单位面积的生产量较高而且生产比较稳定。这些较好的水、热条件，对于北方农民具有吸引（pull）的作用。此外，南方河川在交通运输上所提供的方便，秀丽山水对文学和艺术的启发和熏陶，以及长江天堑所给予的安全感，也具备一定的影响。

和中国文化有密切联系的蚕丝，现在虽盛产于南方，但最初是在北方发展的。早在春秋时代，北方就有以桑为名之地。《诗经》之中，也不断提到了桑。[9]汉代几处著名的丝织工业中心，如临淄、常山、许昌、襄邑（今河南睢县）等，皆在北方。北魏的均田制，包括了桑田，可以证明当时的栽桑养蚕、缫丝织帛，是北方农民一项普遍的生产事业。经历南北两朝的著名文人颜之推说："河北妇人织纴、组紃之事，黼黻、锦绣、罗绮之工，大优于江东也。"［见《颜氏家训·治家篇》（卷一）］南朝的丝织品不但质量上不及北方，就是数量上也远比不上；直到唐代前期还是如此。《通典》赋税条所载唐全盛时各郡贡品，河北的定州博陵郡贡细绫1,270匹，两窠细绫15匹，瑞绫255匹，大独窠绫25匹，独窠绫10匹。南方的扬州广陵郡，则不过贡蕃客锦袍50领，锦被50张，半臂锦100段，新加锦袍200领；杭州余杭郡不过贡白编绫10匹；润州丹阳郡不过贡方纹绫7匹，水纹绫8匹而已。无论式样或数量，南方丝织物都还不及北方。

江南地区直到盛唐之际，尚未见大规模发展蚕丝生产，即迟至开元二十五年（737），政府还命令江南诸州纳布折米。[10]唐代主要的丝织工业中心，如定州、亳州、宋州和滑州，也都在北方。其后因为不断战乱，桑树被砍伐者甚多，丝织业渐见衰退。[11]江南的丝绸工业，大致要到南宋以后才转盛。[12]四川成都的织锦，则较早时便很著名。[13]到了明清时代，蚕丝生产已偏集江南。明代的"织染局"和清代的"织造"，多数设置于江宁、苏州、杭州三角地带。

因为丝织业是从北方向南方推广的，荆州和扬州接近北方，得风气之先，故丝织业的发展也较早。《宋书·孔季恭传·传论》（卷五四）曾说荆、扬二州："丝绵布帛之饶，覆衣天下。"《隋书·地理志下·江州豫章郡》（卷三一）："蚕四五熟，勤于纺绩。"

瓷器指示文化和生活水平，中国陶瓷生产也先盛行于北方，老早就是农村的副业。唐代河南府有贡瓷，直到北宋，精美陶瓷的产区，包括定窑、汝窑和柴窑等，尚多在北方。北方沦陷后，才转向南方发展。供应宫廷需要的修内司官窑，南渡后迁设在临安凤凰山下。民间的产业，则有越州窑、龙泉窑、吉州窑、建州窑和景德镇窑等。景德镇虽扬名于北宋，但到南宋才有较大的进步。[14]南宋时不但窑数增加，而且窑的规模也较大。元明时代，全国主要的陶瓷业生产中心，几乎全部转移到了江南。元代在浮梁设置磁局，专管景德镇瓷器生产，世称枢府窑，供应宫廷需要。民间则有宣州、临州、南丰诸窑。元蒋祈的《陶记略》，指陈景德镇"陶工、匣工、土工之有其局，利坯、车坯、釉坯之有其法，印花、画花、雕花之有其技；秩然规制，名不相紊"。说明了当时景德镇窑已有一定的分工，烧制瓷器划分出不同的工序和工种，显然是一项改进。

瓷器制作中心的南移，另一原因是南方水路交通便利；北方主要靠陆运，瓷器在运输途中容易破损。瓷器成为对外贸易的主要商品以后，南方水运的便利更见重要；有些专门为外销而生产的瓷窑旧址，曾在东南沿海接近贸易港口的地方发现。

南方另一类著名特殊陶器——紫砂陶生产中心的宜兴，其生产系开始于明朝万历年间（1573—1620）。

饮茶是汉文化圈人民日常生活的一部分，饮茶习惯的普及和陶瓷器制作实有连带关系。茶产于南方，中国人饮茶的习惯，到唐代才盛行。陆羽的《茶经》，撰述于肃宗上元年间（760—761）；[15]德宗时开始征收茶税。[16]南宋茶业大为发展，茶叶不但是全国性的商品，并且大量向国外输出；茶税成为重要的税收之一。当时福建所产品质最好的龙凤团茶，一斤价值黄金二两。[17]

宋代的商品经济已较前发达，丝绸、瓷器和茶叶皆成为输出商品，发展交通运输在商业上更见重要。不论内河运输和海外贸易，都需要大批船只。南方水道纵横，沿海复多港湾，山地盛产木材；造船和航运业的应时兴起，是可以想象的。扬州、楚州、杭州、明州、温州、婺州、衡州、吉州、泉州、广州等处，皆设有官营的造船场和作坊。当时所造的大型海船，载客量可达500—600人，货物载重约2,000斛；装置有罗盘针、碇石、转轴等先进设备。当时中国造船业的发达，航海技术的进步，在全世界是领先的。南方造船和航运的发达，也使北方相形见绌。

江淮沿海，又有鱼盐之利。南朝时江淮的制盐业，已经相当发达。《太平寰宇记》（卷一二四）引《南兖州记》，说南兖州的盐城县，有"盐亭一百二十三所，县人以鱼盐为业，略不耕种，擅利巨海，用致饶沃。公私商运，充实四远；舳舻往来，恒以千计"。《初学记》（卷八）江南道，说吴郡的海盐县"海滨广斥，盐田相望"。正因为盐的产量大，获利多，在陈文帝天嘉年间（560—566），政府就征收海盐税，控制盐的买卖了。

矿产的开发，南方盛于北方，特别是铜矿。《文献通考》（卷六）说当时"产铜之地，莫盛于东南"。[18]铜的主要用途是铸造铜钱，铸钱的作坊是各地的铸钱监。北宋的铸钱业规模宏大，铸钱的数量要比晚唐、五代超出十多倍。以东南地区为例，开宝八年（975）平江南时铸钱才7万贯；景德四年（1007）的铸钱额达183万贯，三十年内增加25倍。东南既是产铜最多之地，大多数的铸钱监也便分布在这里。

中国早期人口的分布，集中在黄河中下游流域，也就是所谓中原。会稽在汉代，尚被视为边区，要迁移关东的贫民去实边《汉书·武帝纪》（卷六）："（元狩）四年（前119）冬，有司言关东贫民徙陇西、北地、西河、上郡、会稽凡七十二万五千口，县官衣食振业，用度不足。"虽然会稽只是五个地区之一，但多少总分配到一些；足见远在二千多年前，中原人口就向江南迁移了。

唐代初年，因鉴于江南人口少，曾迁徙大批高丽人入居江淮以南各地。据《通典·食货》（卷七），唐高宗总章元年（668）十月，攻陷高丽城市117座，共计居民697,200户。《旧唐书·高宗本纪》（卷五）："（总章二年）五月庚子，移高丽户二万八千二百，车一千八十乘，牛三千三百头，马二千九百匹，驼六十头，将入内地，莱、营二州般次发遣，量配于江、淮以南及山南、并、凉以西诸州空闲处安置。"此处虽未说明江南分配到多少户，但在唐代的一个颇长时期内，江南普遍发生虎患，使皇帝不得不下诏书，派人到江淮传授捕杀老虎的方法，充分说明了江南人口的相对稀少。［见《全唐文·命李全确往淮南授捕虎法诏》（卷二七）］

中国人口分布南北的消长，北宋末期是一个转捩点；换言之，在此以前，中国人口北多于南，其后就倒转过来，南方人口超过了北方。根据正史的户籍记载，西汉元始二年（2），江南户口不过占全国的十五分之一；[19] 到北宋末年已占全国一半以上。元丰八年（1085）的全国户数为14,852,684

户，江南（包括四川）合计为9,852,016户，约占三分之二。当时两浙、淮南、江南东、江南西等四路，个别户数都超过100万；其中两浙路且接近200万户，冠于全国。

明朝万历六年（1578），官书统计南方计有8,200,180户，北方仅3,422,256户。南方的南直隶，独占2,069,067户；加上浙江的1,542,408户，便超过了整个北方的户数。又南直隶的苏州府，有户600,755，松江府218,359户，常州府254,460户，三府合计1,073,574户，超过中原河南、陕西两省的合计户数。

行政区域的划分，一般根据户口和财赋的多寡。人口增加了，经济繁荣了，政区就得细分。综观我国古代行政区划，特别是从唐代以后，南方多是愈分愈细，北方则很少分析而只见归并。[20]据《宋史·地理志》记载，北宋后期人口数超过20万的州郡，南方占44处，北方只得11处；而南方的44处中，江浙占了23处。

表1　中国南北户数增减的演变

时　代	北方户数	南方户数	南北对比（南方所占%）
汉［元始二年（2）］	965万	111万	10.3
唐［天宝元年（742）］	493万	257万	34.3
宋［元丰三年（1080）］	459万	830万	64.4
明［隆庆六年（1572）］	344万	650万	65.4

资料来源：《汉书·地理志》《新唐书·地理志》《旧唐书·地理志》《通典》《文献通考》《续文献通考》等。

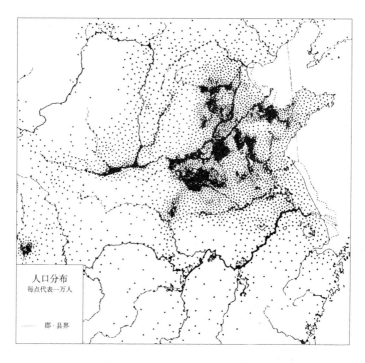

图1　西汉主要人口分布

［西汉平帝元始二年（2）登记之汉人口数。陈正祥根据《汉书·地理志》绘制。］

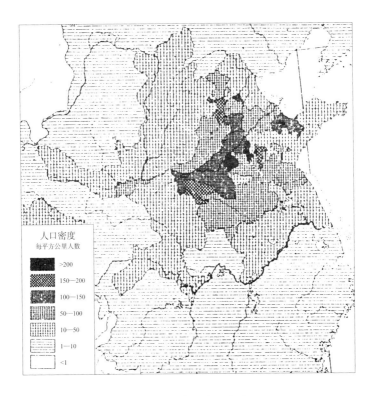

人口密度
每平方公里人数

>200
150—200
100—150
50—100
10—50
1—10
<1

图2 西汉主要人口密度

［西汉平帝元始二年（2）登记之汉人口数。陈正祥根据《汉书·地理志》
绘制。］

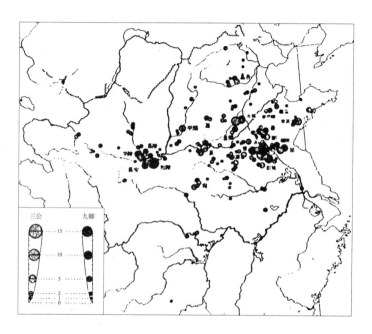

图 3 西汉的三公和九卿籍贯分布

（陈正祥根据《汉书·百官公卿表》等绘制。）

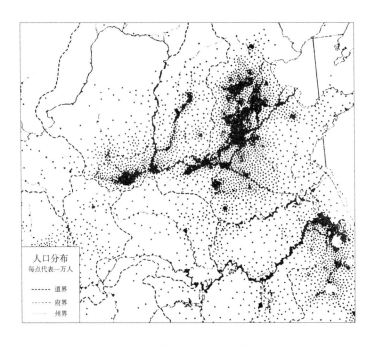

图4 唐代主要人口分布

［天宝年间（742—756）登记之汉人口数。陈正祥根据《旧唐书》《通典》《新唐书》等绘制。］

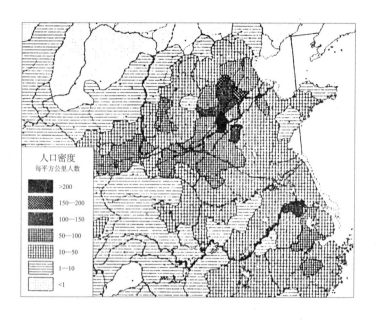

图 5　唐代主要人口密度

[天宝年间（742—756）登记之汉人口数。陈正祥根据《旧唐书》《通典》《新唐书》等绘制。]

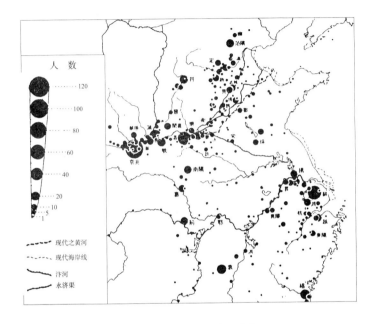

图6 唐代主要的诗人分布

[出生地点，618—907年（仅统计有准确信息的诗人）总计2625人。陈正祥绘制。]

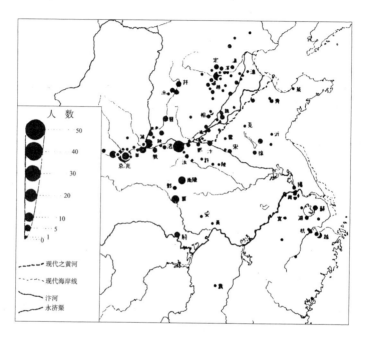

图 7　唐代前期的进士籍贯分布（局部）

（天宝十四载以前，618—755年，总计275人。陈正祥绘制。）

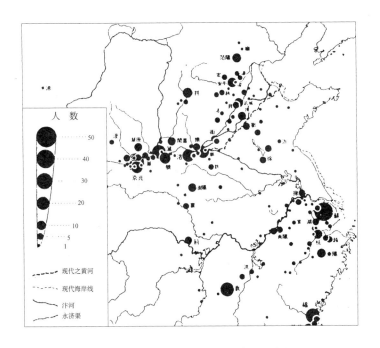

图8 唐代后期的进士籍贯分布（局部）

（安史之乱以后，756—907年，总计713人。陈正祥绘制。）

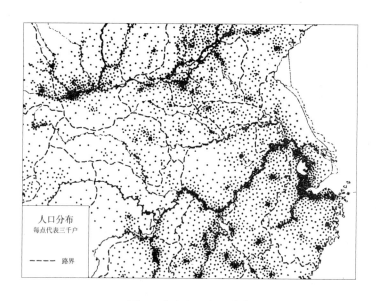

图 9　北宋主要人口分布

［北宋崇宁年间（1102—1106）登记之汉人口。陈正祥绘制。］

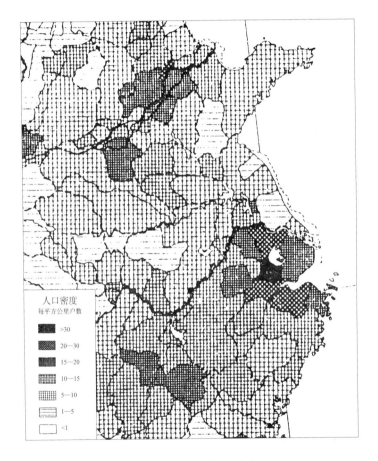

图 10　北宋主要人口密度

［北宋崇宁年间（1102—1106）登记之汉人口。陈正祥绘制。］

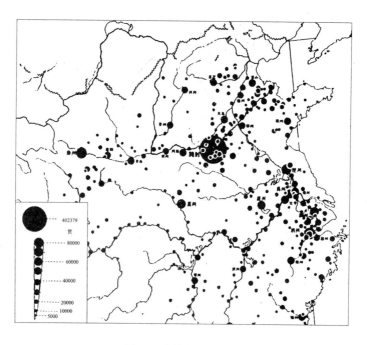

图 11　宋代主要的城市

［神宗熙宁十年（1077）根据商税。陈正祥根据《宋会要辑稿》绘制。］

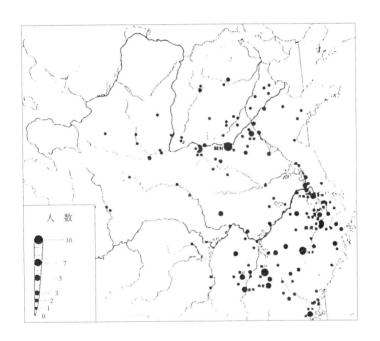

图 12　北宋主要的词人籍贯分布

（960—1127年总计347人。陈正祥根据《全宋词》绘制。）

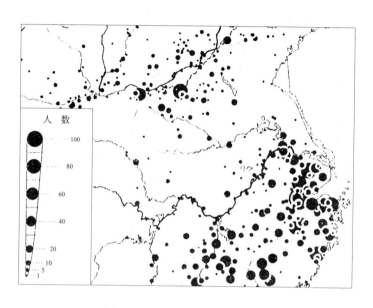

图 13　宋代主要的诗人籍贯分布

（包括辽代与金代诗人。陈正祥绘制。）

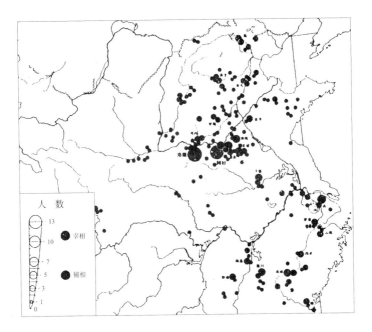

图 14 北宋主要的宰相籍贯分布

（陈正祥根据《宋史·宰辅表》绘制。）

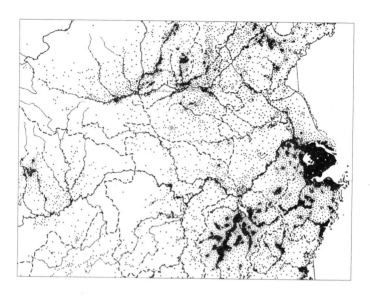

图 15　嘉靖年间（1522—1566）明代主要人口分布

（每点代表一千户。陈正祥绘制。）

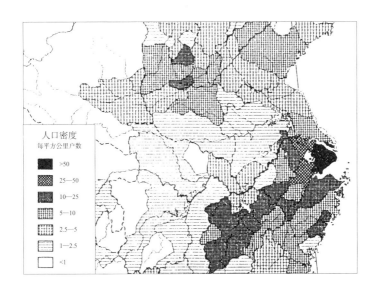

图16　嘉靖年间（1522—1566）明代主要人口密度

（陈正祥绘制。）

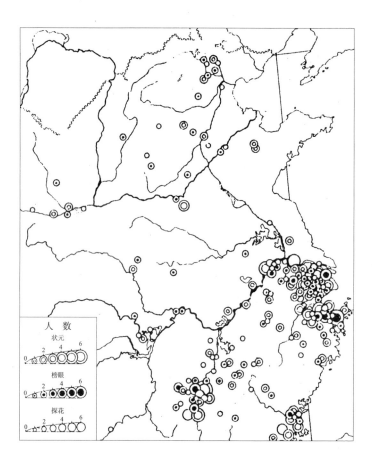

图 17　明代主要的三鼎甲分布

[洪武四年至崇祯十六年（1371—1643）总计267名。陈正祥根据明代进士题名录绘制。]

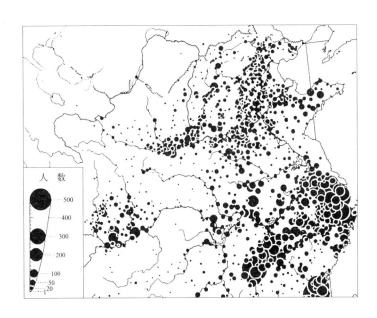

图 18　明代主要的进士籍贯分布

[洪武四年至崇祯十六年（1371—1643）总计24687名。陈正祥根据明代进士题名录绘制。]

盛唐开元间的州郡等级，有所谓六雄（陕、怀、郑、汴、魏、绛）和十望（虢、汝、汾、晋、宋、许、滑、卫、相、洛），全在北方。当时全国属于"望"级的县，共计85个，南方只占20个；而在此20县中，四川独占9县，江、浙、荆、襄仅有11县。宋神宗时全国划分为23路，淮河和汉水以北占8路、以南占15路；全国户数1,650万，淮、汉以南占1,100万户，以北仅约500万户。此处所指淮、汉以南地区，约略和东晋及南朝的疆域相当，但到北宋末年人口已增加了十五倍。

唐代以前，北方的粮食供应，并未仰赖南方；至少在正史中找不到记载。隋炀帝开运河，对东南和北方皆大兴水利，发展航运（大业元年开通济渠，大业四年开永济渠），在洛口置回洛仓，穿3,300窖，每窖可容8,000石，以纳东南、东北两渠所输之粟；主要是准备远征高丽，并非北方要仰给南方粮食。事实上直到唐玄宗天宝八载（749），各道储积仓粟的情况，尚以河南、河北两道为最多，次之为关内、河东两道，再次才轮到江南、淮南。[21]故当时中国的经济开发，北方明显地尚胜过南方。盛唐时虽曾经转输江南米粮供应幽燕，但那只是临时的给边性质。

黄河中下游流域经过长时期的开拓利用，水土难免失却保养。安史之乱，对本区的水利破坏甚剧。唐中叶以后，藩镇割据，互相征伐，河工失修，水灾的频率增加；下游的河道，时常变迁。[22]于是古代经济文化中心，遂沦为纵横糜烂之区。

关中平原的水利，唐代已不及汉代，唐以后更不如唐。据杜佑《通典》（卷一七四），秦汉时郑渠溉田四万余顷，白渠溉田四千五百余顷；唐永徽中，所溉惟万许顷，洎大历初又减至六千二百顷。盖因"沃衍之地，占为权豪观游林苑，而水利分于池榭碾硙"（张方平《乐全集》卷十九）。到了北宋初年，关中郑、白二渠灌溉面积再减少到不足二千顷，几乎等于全部荒废了。

宋代以后，黄河的水患增多，而且愈到后来愈严重。庆历八年（1048）的一次大决口，灾区遍及京东、京西、河北诸路。黄河下游的决口、泛滥、改道，对农田和城邑的破坏极大，耕地变成荒野，许多县城一迁再迁，北方的元气为之大耗。南宋高宗建炎二年（1128），杜充为了阻挡金兵，决黄河使其从泗水流入淮河；水系失去了自然平衡（natural equilibrium），连带引起了华北大平原整个水利系统的破坏。华北气候干旱，土地无水利设施，生产能力降低，无法容纳较多的人口，居民也只有徙移。

南方的水利，却在比较安定的情况下继续发展；换言之，南和北是相对的一兴一废。南方雨水丰沛，农田给水方便；水田的生产能力远比旱地为高，可出产较多的粮食，容纳较多的人口。这是南胜于北的最重要之点。《宋史·食货志》（卷一七三）："大抵南渡后水田之利，富于中原，故水利大兴。"加上冬半年雨水稍多，气候温润，土地可终年利用。故早在宋代，农作物已是一年两获。朱长文《吴郡图经续记》说两浙是："吴中地沃而物夥……稼则刈麦种禾，一岁再熟，稻有早晚。"

由于人口的聚集、耕地的增加和产业的发展，地方上需要增设州县来统治管理。查阅《太平寰宇记》，可知从唐代中叶到北宋初年，全国增设了113个县；其中南方占97个县，即占86%。这南方的97个县中，分布在长江以南的又独占79县；其余分布在长江以北、淮河以南的有11县，四川盆地有7县。

中国人的"南方"观念，越到后来越向南移；这和全国经济及文化中心南移是符合的。唐宋时代，一般指淮河、汉水以南为南方，也就是后来常用的淮河—秦岭连线。明代取士（进士考试之类）所定的南北界线，已向南推到长江了；长江成为官方批准或公示的南北界线。现代的中国人，又把此一界线向南推动，几乎要以南岭为界了，总以为南岭以南，才是真正的南方。

四、江南的开发

江南有广义和狭义之分。广义的江南一般泛指长江以南，但不包括四川盆地。狭义的江南是指长江下游段的南岸，也就是王安石诗句所称"春风又绿江南岸"的江南。它包括江苏省的南部、浙江省的北部和安徽省的东南部，以太湖为中心，面积约36,000平方千米；大部分为平原，小部分是丘陵；土壤肥沃，气候温润；有许多大小湖泊及河川，水道密布，交通运输便利；人烟密集，都市发达，工商业繁荣；长期以来是全国经济和文化最进步的地区。

就全国而言，此一地区在经济上和文化上的发展是比较后起的。在三国孙吴、东晋和南北朝时，虽曾经是偏安王朝的统治重心，但经济开发限于局部，文化并无根基，重要的人物皆来自北方。西晋的统一帝国，中央政府的大臣固全属北人，南渡后掌握中央大权的多数还是北人。据万斯同所编的《东晋将相大臣年表》，东晋的15位尚书令，北人占了12位；40位尚书仆射中，北人占了30位；31位吏部尚书中，北人占了24位。这一则是因为南方开发迟、人才少；同时在传统上也轻视南人。《南齐书·张绪传》（卷三三）："（上）欲用绪为右仆射，以问王俭。俭曰：'南士由来少居此职。'褚渊在座，启上曰：'俭年少，或不尽忆。江左用陆玩、顾和，皆南人也。'俭曰：'晋氏衰政，不可以为准则。'上乃止。"事实上，每当以北方为重心的统一王朝重建之后，南方就又相对地落后了。

直到唐代中叶以后，黄河中下游流域广大地区经长期战乱破坏，水利系统残废，土地生产力下降；水灾、旱灾和蝗灾愈来愈严重；此外还因民族间战乱频仍，人民大量离散。于是江南才受到注意，并认真从事开发。同时，割据的政权为了本身的利益，也要做出努力。五代的吴越建国，就设置专务治水的官，称为都水营田使。元任仁发的《水利集》，称钱氏有国一百余年，仅天福年间有过一次水灾；宋南渡一百五十余年，也只景定年间（1260—1264）一两回水灾。一千多年来，三吴水利保证了江南的高生产力，加速了经济和社会发展。较好的自然条件加上人为的努力，很快显示了区域的优越性，终于形成全国的经济核心或基本经济地带。

水乡泽国的江南，如能修筑圩堤阻挡潦水，河边湖滨皆可开辟为农田（称为圩田），生产力甚高。宋仁宗庆历（1041—1048）间，范仲淹守平江（苏州），上奏说："江南旧有圩田，每一圩方数十里，如大城。中有河渠，外有门闸；旱则开闸，引江水之利；涝则闭闸，拒江水之害。旱涝不及，为农美利。"南宋的江东路，便有官圩79万亩；宣州的宣城县，有官圩17万亩，私圩58万亩，合计占全县垦田的一半以上。浙东路越州鉴湖和明州广德湖周边，上百里都修筑了圩田。圩田因土质肥沃，灌溉便利，所以能经常保持丰收，粮食产量很高。南宋政府以圩田获利甚厚，屡次下令兴修圩堤，并在堤上种植榆树，以资加固。《宋会要辑稿·食货之七》记载宣州和太平州的圩田，"岁入租课浩瀚"。建康的永丰圩有田1,000顷，每年租米的数额达3万石。

除圩田外，江南农民还开辟梯田、沙田、涂田和架田。丘陵坡地，开拓梯田，引山泉灌溉，种植水稻。水稻是南宋首要的农作物。浙西、淮东、江西三路新垦的沙田，孝宗时已达280万亩。理宗时，建康府五县，共有沙田162,000亩。浙江沿海的居民，在涂滩上叠土石筑堤，以防潮水，开垦涂田。宁宗时代，台州临海县有涂田24,000亩，黄岩县有涂田11,000亩。在江河之上，还有所谓架田或葑田，是铺在木架上的浮田。诗人陆游在长江蕲州江面上看到的架田，是在木筏上铺土做蔬圃。范成大诗句"小舟撑取葑田归",是描写平江农民种植葑田的奇妙景观。

由此可知当时的土地利用,已颇为精密。《宋史·食货志》说南方水田之利富于中原,故水利大兴。农田的单位面积产量可能已经颇高,但没有找到可靠记录。江南在明末清初,每亩水田可收稻谷1—3石不等。据《日知录》(卷十)的记载,苏州府为1石弱到3石弱。《四友斋丛说》(卷十四)记松江府在嘉靖年间,西乡每亩可产2.5—3石,已是很好的产量;东乡则为1.5石左右。《乌程县志》(卷三)载湖州府乌程县,崇祯年间每亩的稻谷平均产量为2石。南宋时代的单位面积产量,可能相差不多,因为那时农民已知培育优良品种和讲究施肥。

当时仅两浙路六七个州县,就有粳稻、籼稻一百四十多个品种,糯稻五十多个品种,其中不少是优良品种。浙西路平江府所产粳米,被称为"玉粒香甜,为天下之甲"。浙东、江东的农民,还培育成好几个抗涝、耐寒、耐旱的水稻良种。[23]池州曾引进高丽的"黄粒稻",芒长而谷粒饱满,也是少见的良种。农民又知道利用粪土、河泥,以改进农田的肥力。毛翔的《吴门田家十咏》之一:"竹罾两两夹河泥,近郭沟渠此最肥。载得满船归插种,胜如贾贩岭南归。"便是描写苏州一带农民打河泥做肥料的情景。

宋室南迁以前,长江流域和沿海地区绝少种麦。北人南移,仍然喜欢吃面。因此麦价激升,种麦可获厚利。加上酿酒原料和军队的马料也需要大量的麦,政府曾三令五申劝诱农民种麦；官府的屯田和营田，也大面积种麦。[24]同时佃客交租，习惯上只限秋课；种麦的收获全归佃客，更鼓励了农民的种麦。故到了南宋后期，两浙、荆湖、江南、福建、成都府等路的农田，大都在水稻收割后种植麦子，基本上形成了一年两熟的农作制，也改变了土地利用的方式。

南宋时东南产茶的地区包括66州242县，已比北宋时推广甚多。绍兴三十二年（1162）产茶1,590万斤，收钞钱270万贯；淳熙元年（1174）岁收增加到420万贯。品质优异的吴兴紫笋、常州阳羡、绍兴日铸、婺源谢源、隆兴黄龙等，皆被称赞为绝品，足见制茶技术已很精进。山区并开始利用水力发动机械制茶。

南宋以前，中国的纺织原料主要是丝和麻。一般所称的布，就是指麻布。南宋时棉花的种植已见推广，但初期主要限于两广和福建，末叶推广到了江南。江南的沿江和沿海，土质适宜植棉，不久就得到较大的发展。南人所发明的一套擀、弹、纺、织的工具，利用棉花纺纱织布，是南宋经济发展上的一大成就。

江南的环境，适宜于园艺经营。所产花果，多甚著名。果品有柑、桔、桃、李、梅、杏、枇杷、杨梅、林檎、樱桃等；其中温州的柑，被誉为天下第一；[25]日本的"温州蜜柑"，便直接传自中国，后来又传到了美国加利福尼亚州。花卉则有菊有荷，有梅有桃，以及牡丹、芍药等等；单是菊花便有七十多种。杭州的荷花和菊花，自古为人所赞美！赞美花果，是文化向上的象征，也是商品化渐见发达的一面。

江南河川纵横，素称水乡泽国，自来就便利行船，造船业的发展是很自然的事。早在南朝，就能造出大量的战船。刘宋时的荆州作部，曾制造上千艘战舰。《初学记·舟》（卷二五）引《西巡记》："宋孝武度六合，龙舟翔凤以下，[26]三千四十五艘；舟航之盛，三代二京无比。"陈朝的华皎，也曾在湘州造金翅大舰二百艘。可见民间的造船业，亦已相当发达。隋文帝灭陈后，怕江南人民反叛，曾下令没收民间大船："吴越之人，往承敝俗，所在之处，私造大船；因相聚结，致有侵害。其江南诸州，人间有船长三丈已上，悉括入官。"

《太平御览·舟部二》（卷七六九）引《南州异物志》，说三国孙吴时外国来的船，"大者长二十余丈，……载六七百人，物出万斛"。到南朝时船就造得更大了，载重可达二万斛。所以颜之推在《颜氏家训·归心篇》（卷五）里说："昔在江南，不信有千人毡帐；及来河北，不信有二万斛船；皆实验也。"

早在三国孙吴时，江南的制瓷业已经有所发展。1958年在南京清凉山墓葬中发现的青釉瓷灯，上面刻有"甘露元年（265）五月造"字样，即为明证。制瓷到南朝时有了较大的进步，此时江南的瓷器多属青瓷系统。近年发现的六朝墓葬，出土青瓷器甚多；青瓷器成为当时最普遍的随葬品。在南京一带所发掘的六朝陵墓，无论大小，差不多都有青瓷器出土。

造纸业和印刷业相辅相成，二者有着密切的关系。由于印刷技术的进步，书籍得以大量流通，纸张的消费激增。当时造纸的原料，主要为麻、竹、桑皮、稻秆等，在江南皆有大量生产。成都、宣州、歙州、杭州、越州、池州、衢州、婺州、吉州、南康、抚州、泉州等地，皆为重要的造纸业中心。皖南、浙江一带因盛产好纸，故时人说"有钱莫买金，多买江东纸；江东纸白如春云"（见《宋诗钞初集》王令《广陵诗钞·再寄满子权》诗）。

自从东汉蔡伦用树皮、麻类、破布、渔网做原料，改进造纸技术成功后，造纸法迅速传播南北各地。当时用麻类纤维造成的纸，称为麻纸。到东晋时开始用藤制造藤纸。东晋范宁曾命令属官，作文书一律要用藤角纸。《初学记·纸》（卷二一）说东晋"秘府中有布纸三万余枚"。藤角纸就是藤纸，布纸就是麻纸，这两种纸在南朝都很流行。藤纸产于会稽郡的剡县，直到南宋时高似孙的《剡录》，还记载此地生产藤纸的情况。早在南北朝时，中国已发明防止纸张被虫蛀蚀的方法。《齐民要术》便载有染潢及治书法和雌黄治书法。[27]这时的纸张，已制造得相当洁白精美。梁萧詧的《咏纸诗》："皎白犹霜雪，方正若布棋。宣情且记事，宁同鱼网时！"当时的江南，既能制雪白美观的白色纸，也能制造颜色鲜丽的彩色笺。刘宋时的书法家张永，就是个造纸的能手，《宋书·张茂度传附张永传》（卷五三）："纸及墨皆自营造，上（宋文帝）每得永表启，辄执玩咨嗟，自叹供御者了不及也。"

此外，冶铸、织染、晒盐等产业，也都有了较快的发展。漆器、竹器、笔、墨、砚台、藤具以及玉石雕刻等手工艺，产品的质和量皆有所改进。在瓷器未普及之前，漆器向为珍贵的饮食用具。魏晋南北朝时期，上流社会所使用的食器饮器，实以漆器为主；《齐民要术》（卷五）所述漆器保存方法的郑重，便可证明。即使到了唐宋时代，漆器仍居重要地位。日本人的饮食方式模仿大唐，今日和式餐具中所使用的漆器，仍多过瓷器。温州的漆器，在北宋已是很著名的商品，号称全国第一。据《东京梦华录》（卷二）记载，温州漆器不仅运销淮安，而且汴京也有专卖温州漆器的店铺。

北宋文学家欧阳修，在《圣俞惠宣州笔戏书》诗中，对宣州的毫笔推崇备至。他把当时首都汴京所产的笔和宣州所产的笔做了一个有趣的比较："圣俞宣城人，能使紫毫笔。宣人诸葛高，世业守不失。紧心缚长毫，三副颇精密。硬软适人手，百管不差一。京师诸笔工，牌榜自称述。累累相国东，比若衣缝虱。或柔多虚尖，或硬不可屈。但能装管榻，有表曾无实。价高仍费钱，用不过数日。岂如宣城毫，耐久仍可乞。"

在农业和手工业兴盛、政府大力培养税源的大前提下，商业（包括对外贸易）得到了发展。南宋输出的商品，主要是瓷器和丝织品。《诸蕃志》记载，从东南亚到非洲，有16个国家购买南宋的瓷。印本书籍也大量运销海外，特别是输出到日本和高丽。这些都是文化水平高的地区向外输出的商品，现在日本能保有许多宋版书籍，应和此一事实有关。输入的商品，来自日本的有沙金、木材、珠子和手工艺品；来自高丽的有人参、药材、扇子、纸笔等；来自南亚和阿拉伯国家的，主要是药材、香料、象牙和珠宝。

南宋偏安东南，便利于发展海外贸易；同时因政府支出浩繁，也不得不大力发展海外贸易。高宗后期，每年市舶收入达200万贯，超过北宋最高年额的两倍多，在财政收入中占重要地位。据《岭外代答》《诸蕃志》等书记载，当时和南宋通商的国家共有五十多个；南宋商人泛海前往贸易的，也有二十多个国家。[28]从泉州、广州泛海到阿拉伯国家，往返一次约需两年时间。

广州、明州和泉州，是南宋的三大对外贸易港口。广州在唐和北宋时已是外商云集，南宋时贸易更盛，据绍兴十年（1140）的记录，一年收税110万贯。泉州在南宋发展成为另一大港口，阿拉伯各国商人来宋经商，多数侨居在泉州。明州为今天的宁波，主要是对日本和高丽贸易的港口。此外，秀州华亭县的青龙镇，南宋时也逐渐兴盛；绍兴二年（1132），两浙路市舶司曾移驻此处。华亭县的上海镇，也开始有对外贸易，稍后在此设置市舶司，终于形成今日全国最大的商埠。

五、"东南财赋地，江浙人文薮"

经济繁荣和社会安定之后，人民在谋生之余尚有闲暇——剩余的时间和精力，才会想到读书的好处，使文化随着人心的向上而进步。江南的经济取得稳定发展之后，人口尚未稠密，所生产的粮食有大量剩余，可以接济北方，遂有"苏常熟，天下足"或"苏湖熟，天下足"之谚。南宋高宗绍兴五年（1135）屯田郎中樊宾说："荆湖、江南与两浙膏腴之田，弥亘数千里，无人可耕……中原士民扶携南渡几千万人……若使流寓失业之人，尽田荒闲不耕之田，则地无遗利，人无遗力，可以资中兴。"

"东南财赋地"的赞许并不是好担当的。自从唐朝中叶以来，江南人民的负担便很沉重。宋代对江南的依赖更为明显，官方承认"自祖宗以来，军国之费多出于东南"。唐代的漕运，最高年额约为300万石，北宋时最高纪录达700万石，常年也在600万石左右。《续资治通鉴长编》（卷三八）引张洎的话："今带甲数十万，战骑称是，萃于京师。……甸服时有水旱而不致艰歉者，有惠民、金水、五丈、汴水等四渠，派分脉引，会于天邑。舳舻相接，赡足京师，以无匮乏也。唯汴之水，横亘中国，首承大河，漕引江湖，利尽南海；半天下之财赋，并山泽之百货，悉由此路而进。"同书卷一二八引富弼语："朝廷用度，如军食、币帛、茶盐、泉货、金、铜、铅、银，以至羽毛、胶漆，尽出九道。朝廷所以能安然理天下而不匮者，得此九道供亿使之然尔。"苏轼《东坡奏议集·进单谔吴中水利书状》（卷九）："两浙之富，国用所恃；岁漕都下米百五十万石；其他财赋供馈，不可悉数。"

中央政府在经济上是如此依赖江南，江南的知识分子自亦随经济的繁荣而抬头。在这种情况之下，政权无法不对南方人士开放，以换取南人的支持。北宋太祖、太宗两朝，所有将相重臣几乎全是北人；[29]真宗、仁宗父子先后起用王钦若（临江人）、丁谓（苏州人）做宰相，才打破了南人不为相的传统。真宗曾经说过："朝廷取士，惟才是求；四海一家，岂限遐迩？"但地区之间的利害冲突，终于导致长期党争的人祸！真宗朝的重臣寇准，极力反对让南方人参政，讥讽南方为"下国"；抚州人晏殊应中进士，他表示反对；临江人萧贯当中状元，他又全力攻击，说"南方下国人，不宜冠多士"。他的顽固意见得逞后，很高兴地逢人便说"又与中原夺得一状元"。极力反对王安石变法的北派领袖司马光，曾启奏神宗："闽人狡险，楚人轻易；今二相皆闽人，二参政皆楚人，必将援引乡党之士，充塞朝廷，风俗何以更得淳厚？"[30]神宗朝的七位宰相，六位是南方人。

进士科举为当时官僚人才的主要来源，南方读书人大批通过进士考试进入政界。又因为南人在进士考试中取得了绝大优势，势必相对地削弱北人的权力。于是北人集团便全力主张采用分区取士之制，企图增加北方进士的名额，从而扩大北人参政的机会。经北方派力争的结果，到哲宗朝不得不实行南、北分卷制；特许齐、鲁、河朔五路的北人别考，使南北取士的人数得到比较的均衡。但这么一来，南北进士学问的水准又发生差别了。《文献通考》（卷三二）："今东南州军进士取解者，二三千人处只解二三十人，是百人取一人。……西北州军取解至多处不过百人，而所解至十余人，是十人取一人。"

赵宋朝廷搬到了江南，南方人终于在权力斗争上取得了绝对的优势。南宋之定都临安，主要就在于控制江南的财赋。《建炎以来系年要录》（卷七）："东南久安，财力富盛，足以待敌。"陆游在《论选用西北士大夫札子》中说："伏闻天圣以前，选用人才，多取北人，寇准持之尤力，故南方士大夫沉抑者多。仁宗皇帝照知其弊，公听并观，兼收博采，无南北之异。于是范仲淹起于吴，欧阳修起于楚，蔡襄起于闽，杜衍起于会稽，余靖起于岭南，皆为一时名臣。……及绍圣、崇宁间，取南人更多，而北方士大夫复有沉抑之叹。"[31]

中国文化中心的迁移，也像秦汉以来的政治和经济中心一样，先作东西向的搬迁，即从长安向洛阳、开封移动。北宋全盛时，文化中心滞留在洛阳和汴京之间的轴线上；而且两地之间，交通也很利便。[32]仁宗末年，洛阳被称为士大夫渊薮。[33]李格非《洛阳名园记》提到富弼、文彦博、司马光等人的活动。熙宁、元丰之交，洛阳的物望，在中国文化史上放出了光彩。汉文化在唐代已很灿烂，到北宋更见成熟，《文苑英华》《太平御览》《册府元龟》《资治通鉴》《太平寰宇记》等伟大著述，皆完成于北宋。北宋的中期，学者辈出，学风鼎盛，讲学自由，著述流行，书籍刻印发达，[34]私家藏书蔚为风气，学人风格高尚，学术受到尊重。重臣退休、半退休，或因政见不合辞官，多退让或被安置到洛阳。北宋初年所置的西京留守司御史台，据《宋史·张旨传》（卷三〇一）所载，分司官照例"以老疾，权判西京御史台"。叶梦得的《石林燕语》（卷四）也说："两京留台，皆有公宇，亦榜曰御史台。旧为前执政重臣休老养疾之地。"司马光闲置时主编《资治通鉴》，地点就在洛阳的独乐园。[35]

宋代知识分子思想主流的理学，是糅合儒、道、佛三者而成的一种哲学，程颢、程颐兄弟将其发扬光大；二程毕生从事讲学，其活动中心也在洛阳。所以当时的洛阳，无疑是一个文化重镇。二程的学生满天下，但以南方人居多。《宋史·杨时传》（卷四二八），记程颢送他的大弟子杨时南归时，就说"吾道南矣"。[36]理学到南宋而极盛，由朱熹、张栻等集其大成。[37]

词为宋代文学的主体，起于中唐而盛于两宋。北宋的词家，多数产生于南方，前期如晏殊、欧阳修、张先、柳永等，便全部都是南人；后期的苏轼、黄庭坚、秦观、周邦彦、李清照等，也多数生于江南或其周边。南宋的辛弃疾、陆游、范成大、陈亮等，词的造诣亦高，其中除辛弃疾外，都是南人。

宋代的绘画在中国艺术发展史中，是一个极为重要的阶段，它一方面继承了唐画的传统，并加以发扬光大；另一方面又开创了元、明以下的画风。人物画渐次式微，山水、花鸟臻于极盛，我想这和江南如画的风景有关。宋代两位山水画的巨匠——董源和巨然，皆生长于江南，善于绘画江南的景物。杨维桢的《〈图绘宝鉴〉序》："书盛于晋，画盛于唐，宋书与画一耳。"指出宋代的书法和绘画都很发达；当时著名的书法家，绝大部分皆为南人。[38]

北宋毕昇发明了活字印刷，用胶泥制成字模，于是中国的印刷技术有了进一步提高，同时造纸方法也有所改进。这促进了印刷业的发展，对文化传播有很大影响。宋代书籍的印刷，有官营和私营两种方式。官营印刷以国子监书籍的刊刻最有名，北宋的监本，大半刊于杭州。南渡以后，杭州更成为刻书业荟萃之地。由地方官府主持刊刻的，有各处的转运使、安抚使、茶盐司、州学、县学等的刻本。[39] 从流传后世的版本看，也以出于江南地区的为独多。王国维《〈两浙古刊本考〉序》："自古刊板之盛，未有如吾浙者。"而宋代两浙的印刷业，实又以杭州为最发达。此外平江、绍兴、台州、严州、衢州、婺州等处刻书也多。《石林燕语》："今天下印书，以杭州为上，蜀本次之，福建最下。"

饶州人洪迈《容斋四笔》引嘉祐中吴某所撰《余干县学记》："宋受天命，然后七闽二浙与江之西东，冠带诗书，翕然大肆，人才之盛，遂甲于天下。江南既为天下甲，而饶人喜事，又甲于江南。盖饶之为州，壤土肥而养生之物多，其民家富而户羡，蓄百金者不在富人之列；又当宽平无事之际，而天性好善，为父兄者以其子与弟不文为咎，为母妻者以其子与夫不学为辱。"片面说明了江南人才出众的社会因素。

很明显的，中国文化发展到了北宋末年，中心已趋向东南。北宋政权的毁灭，只是加速这个中心的迁移，一下子从中原跳到了江南。换言之，也就是从开封、洛阳的东西向轴心，转移到了杭州、苏州的南北向轴心。联系中原和江南的汴河，在中国文化中心的迁移上起过很大的作用。但不久之后，这条水路交通的大动脉也就废弃了。

自此以后，中国的文化中心和经济中心相合并，更便利于发展。事实上，南宋的政治、经济和文化的中心，全在江南。长期以来，江南成为全国财赋的焦点，也是人才的渊薮。比较观察所附的人物分布图，[40]便很容易明白此一趋势。（参阅图3、图6、图7、图8、图12、图13、图14、图17、图18）

宋室南渡后，学校教育虽见衰退，但私家讲学日盛，书院林立，风气依然喜人。《陆象山年谱》："先生既归，学者辐辏，乡曲长老，亦俯首听诲。每诣城邑，环座率二三百人，至不能容，徙寺观。县官为设讲席于学宫，听者贵贱老少溢塞途巷。门人彭世昌，于贵溪应天山结庐，迎先生讲学；先生登而乐之，乃建精舍以居。又得胜处为方丈。学徒各来结庐。先生常居方丈，每旦精舍鸣鼓，则乘山轿至，会揖升讲座。"

南宋首都临安，即现在的杭州，又是江南的核心。它原为吴越钱氏在隋代郡城的基础上扩建起来的城市，被选为临时首都之后，发展甚速。到南宋末年，临安府的户籍有户39万、口124万，繁华超过了北宋的汴京。[41]事实上在北宋中叶以后，杭州就有"东南第一州"之称，被视为百事繁庶的地上天宫。柳永的《望海潮》词，描写了北宋中叶杭州的繁华："东南形胜，三吴都会，钱塘自古繁华。烟柳画桥，风帘翠幕，参差十万人家。云树绕堤沙。怒涛卷霜雪，天堑无涯。市列珠玑，户盈罗绮，竞豪奢。重湖叠𪩘清嘉，有三秋桂子，十里荷花。羌管弄晴，菱歌泛夜，嬉嬉钓叟莲娃。千骑拥高牙，乘醉听箫鼓，吟赏烟霞。异日图将好景，归去凤池夸。"

北宋末年除了首都开封外，其余重要城市如杭州、苏州、成都、江宁、越州、荆州、泉州、广州等，全在南方。南方物产丰富，经济条件较佳，人民讲究起居饮食。南人食物的优美，早已为北人所羡慕。欧阳修和沈括，皆为南人而久居北方，认为北方的食物不堪咀嚼。欧阳修的《送慧勤归余杭》诗，把越州和汴京做了一个有趣的比较："越俗僭宫室，倾资事雕墙。佛屋尤其侈，耽耽拟侯王。文彩莹丹漆，四壁金焜煌。上悬百宝盖，宴坐以方床。胡为弃不居，栖身客京坊。辛勤营一室，有类燕巢梁。南方精饮食，菌笋鄙羔羊。饭以玉粒粳，调之甘露浆。一馔费千金，百品罗成行。晨兴未饭僧，日昃不敢尝。乃兹随北客，枯粟充饥肠。东南地秀绝，山水澄清光。余杭几万家，日夕焚清香。烟霏四面起，云雾杂芬芳。岂如车马尘，鬓发染成霜？"

王应麟《玉海》（卷十七）引秦观语："今之沃壤，莫如吴越闽蜀。"扬州从唐代中叶起，便是东南名城，司马光《送杨秘丞通判扬州》诗："万商落日船交尾，一市春风酒并垆。"市民日常生活豪侈，风俗最爱戴花。熙宁间有朱姓花园，南北二圃种花五六万株；花盛开时，郡人来游者逾月不绝。成都自北宋中叶以来，文风盛极一时。其地每年从上元到四月十八，市民游赏几无虚日；元夕每夜用油五千斤，官民同乐。庄季裕《鸡肋编》上卷记成都浣花节："自城去僧寺凡十八里，太守乘彩舟泛江而下，两岸皆民家，绞络水阁，饰以锦绣。每彩舟到，有歌舞者，则钩帘以观，赏以金帛。以大舰作公库酒，应游人之家，计口给酒。……"

明代自洪武四年（1371）到万历四十四年（1616），先后245年之间，每科的状元、榜眼、探花和会元，共计244人：南方计215人，占88%；北方仅29人，只占12%。清乾隆元年（1736）诏举博学鸿词，先后选举者267人；其中江苏78人，浙江68人，江西36人，安徽19人，四省合计201人，占全部人数的75%；而江苏、浙江两省独占146人，超过全国的半数。

明洪武二十年（1387），政府鉴于北方学校缺乏优秀教师，以致生徒废学，特别派遣南方的学官到北方教授。

表2 明代文魁（状元、榜眼、探花及会元）的籍贯分布

南　方		北　方	
南直隶	66人	北直隶	7人
浙江	48人	山东	7人
江西	48人	山西	4人
福建	31人	河南	2人
湖广	8人	陕西（包括甘肃）	9人
四川	6人		
广东	6人		
广西	2人		
共　计	215人	共　计	29人

资料来源：陈建《皇明通纪》。

宰相为仕途的最上目标，也是一般文化人要争取的至高职位。就宰相籍贯的分布说，唐代宰相世族几乎全在北方。根据《新唐书·宰相世系表》，唐宰相全部有369人，属98族，十分之九皆为北人。北宋中叶以后，南方人当宰相的渐多。按宋代共有宰相134人：北宋72人，南宋62人。如果以河南代表黄河以南，浙江代表长江以南，河南共有21人做过宰相：北宋18人，南宋3人。浙江曾有24人担任过宰相：北宋4人，南宋20人。到了明代，据《明史·宰辅年表》，共得189人，南方占三分之二以上，分布形势倒转过来了。具有代表性人物籍贯分布的改变，是文化中心迁移的最好证明。

撰于清初全盛时期，被视为"风月宝鉴"的《红楼梦》，是中国文学最优秀的作品之一，小说所描写的大观园生活，系在长江三角洲顶点的南京。《红楼梦》里登场的人物，男232人，女189人，包括著名的金陵十二钗，几乎全属江南所产。

唐诗是唐代全国诗人的心血结晶，但九百卷的《全唐诗》，却在清朝初年刊于扬州。

甲骨文在上古埋入地下，成为殷墟之宝，但近代研究甲骨文的几位名家，几全部生长或长期生活在江南。

注释

1　此一遗址在渭河支流浐水的二级河坎上，建置于 6,000 年前，总面积约 5 万平方米；中心部分是居住区，有许多圆形的、方形的房屋地基，地面堆积有生产工具、生活用具、粮食朽粒以及吃剩的螺蛳壳和蚌壳等。每座房屋有一个或几个窖穴。居住区附近还有制作陶器的作坊和氏族公共墓地。在居住区的外边，围着一条深宽各约 5—6 米的沟，显然是作为防御用的。

2　鄂尔多斯在内蒙古自治区南部，包括黄河河套以南，陕西省长城以北。历史上曾为蒙古族鄂尔多斯部聚居之地。地形上为一典型高原，顶面的保存尚属完整，自中部向四周缓斜。中部海拔大多 1,300—1,500 米，东南边河谷约 1,100 米。水系属于黄河系统，但中部有大片内流区域；局部低洼处潴成许多小湖沼。气候从半干旱过渡到干旱，年平均气温 6℃—8℃，年平均降水量 150—500 毫米，自东南向西北递减。土壤为栗钙土和棕钙土。近百年来因中部和南部被开垦，草原受到破坏，流沙面积扩大。就整个高原而论，流沙面积占土地总面积 9%，半固定沙地占 11%，耕地占 6%；再除掉荒山及湖沼，绝大部分实为草地。因地势较高，雨水稍多，古代曾是主要牧场，成为汉族和匈奴争夺的对象。匈奴头曼单于侵入鄂尔多斯，秦始皇派遣将军蒙恬率领大军驱逐匈奴，收回鄂尔多斯。头曼之子冒顿继立，其势又张；东讨东胡，西破月氏，向北征服丁灵、鬲昆，南下又侵占鄂尔多斯，控制整个蒙古高原，和汉族南北对抗。

3　陈正祥《中国历史与文化地理图册》，第一册，国际研究中国之家出版，1979 年。

4　江南土地卑湿，人口稀少，农民向来用火耕水耨从事生产。所谓"火耕水耨"，便是烧去田间野草杂木，灌水种稻。草和稻并生，至高七八寸时一同割掉；再行放水灌田，于是草死而稻长。这种原始的耕作方法，生产量自然很低。《史记·平准书》应劭的注释："烧草下水种稻，草与稻并生，高七八寸，因悉芟去，复下水灌之，草死，独稻长，所谓火耕水耨也。"

5 韩愈《送陆歙州诗序》，见《全唐文》卷五五五。明代丘濬《大学衍义补》也曾指出天下的租赋，江南居其十九；浙东西又居江南十九；而苏、松、常、嘉、湖五府，又居两浙十九，而苏州尤甚。苏州之田，约居天下八十八分之一弱，而赋约天下十分之一弱。

6 王禹偁《东都事略》卷二三说宋太祖曾告诉他弟弟赵光义："中国自五代以来，兵连祸结，帑藏空虚。必先取巴蜀，次及广南、江南，则用用饶矣。"

7 在1129—1130年间，金兵继续南侵，战争范围扩大到浙江、江西及湖南，压迫淮南人民再向南徙，一时，渡江的人民充塞于途。

8 元世祖忽必烈的近臣邢州人刘秉忠，奔父丧后奉旨还和林，曾对世祖说道："邢州旧万余户，兵兴以来不满数百，凋坏日甚……"见姚从吾《张德辉〈岭北纪行〉足本校注》一文，刊载台湾大学《文史哲学报》第十一期。

9 中国的蚕丝，在史前已经发展。殷代卜辞之中，屡见桑、丝、帛等字。殷商时代，丝纺织已达颇高水平。《诗经》之中，桑字出现于二十诗篇，其中过半数肯定是人工栽培的桑树，间接证明了蚕丝业的存在。

10 唐代在桑蚕产区调绢丝，产麻地区调布。政府规定江南地区纳布折米，至少说明蚕丝生产未见重要。但《史记·吴太伯世家》曾记载公元前518年，吴楚二国边邑妇女争桑树，引起战斗。足见远在春秋时期，江南已有桑蚕事业，但可能不及北方普遍。

11 例如《辽史·兵卫志》（卷三四），说明契丹在中国北方用兵，"沿途民居园囿桑柘，必夷伐焚荡"。其作战办法，"必先斫伐园林，然后驱掠老幼，运土木填壕堑。……又于本国州县起汉人乡兵万人，随军专伐园林，填道路"。

12 靖康元年（1126），金兵侵入汴梁，索绢1000万匹。河北历年的贡赋，为之一空，而浙绢则以轻疏退回。足见当时江南丝织业尚未发达，生产技术不及北方。

13　成都出产的锦，称为蜀锦，很早便驰名全国。四川织锦的发达，远早于江南。《太平御览·布帛部二》（卷八一五）引《丹阳记》："江东历代尚未有锦，而成都独称妙。故三国时，魏则市于蜀，而吴亦资西道。"同记又说："斗场锦署，平关右迁其百工也。"这指出刘裕灭后秦时，曾将长安的锦工迁到了江南。郦道元论成都的锦官城："锦工织锦，则濯之江流，而锦至鲜明；濯以它江，则锦色弱矣，遂命之为锦里也。"

14　江西昌南景德镇在景德元年（1004）烧制了一批"进御器"，底书"景德年制"四字，成为景德镇得名的来源。蓝浦《景德镇陶录》（卷五）："其器尤光致茂美，当时则效，著行海内，于是天下咸称景德镇瓷器，而昌南之名遂微。"

15　陆羽《茶经》："茶者，南方之嘉木也。"可见茶本来就是南方的特产。《尔雅》中已经提到了茶。汉代中国人已开始饮茶。史载三国孙吴时韦曜不喜饮酒，吴主孙皓"或密赐茶荈以当酒"。晋代士人已有饮茶的习惯。刘琨给他弟弟的信中说："吾体中烦闷，常仰真茶，汝可信致之。"（《定州志》卷四引《琬琰录》）。南朝时，民间饮茶逐渐流行起来，制茶业也就得到了发展，而且知道浮梁所产的茶叶最好。《齐民要术》引《荆州地记》："浮梁茶最好。"

16　德宗贞元八年（792），因水灾减免两税；九年，诸道盐铁使张滂奏称："伏以去岁水灾，诏令减税。今之国用，须有供储。伏请于出茶州县及茶山外商人要路，委所由定三等时估，每十税一，充所放两税。其明年以后所得税，外贮之；若诸州遭水旱，赋税不办，以此代之。"诏可。这是专征茶税的开始。《宋史·王禹偁传》（卷二九三）："只如茶法从古无税，唐元和中，以用兵齐、蔡，始税茶。唐史称是岁得钱四十万贯，今则数百万矣，民何以堪？"

17　宋代传奇《李师师外传》说宋徽宗赏赐李师师"月团、凤团、蒙顶等茶百斤"。其中凤团就是龙凤团茶。

18　据《文献通考》《宋会要》等的综合记载，宋元丰元年（1078）各项官营矿场的产量，计为金 10,710 斤，银 215,385 斤，铜 14,605,969 斤，铁 5,501,097 斤，铅 9,197,335 斤，锡 2,321,898 斤，水银 3,356 斤，朱砂 3,646 斤。

19　陈正祥《中国的人口与资源》，国际研究中国之家《中国研究丛书》第 17 号，1980 年。公元 2 年全国人口计为 59,194,978 人，分布及于朝鲜、越南，长江以南却只得 409 万人。

20　范仲淹的"十事疏"曾说："唐会昌中，河南府有户一十九万四千七百余户，置二十县。今河南府主客户七万五千九百余户，仍置一十九县。……巩县七百户，偃师一千一百户，逐县三等，而堪役者不过百家。……请依后汉故事，遣使先往西京，并省诸邑为十县。其所废之邑，并改为镇。……候西京省毕……则行于大名府。"

21　《通典·食货》（卷十二），指天宝八载全国正仓储粮总计为 4,200 万石，其中江南道为 97 万石，仅占四十分之一，在十道中占第五位。淮南道为 68 万石，占六十分之一，居第六位。同年全国义仓储粮总计为 6,300 万石，其中江南道为 670 万石，约占九分之一，在全国十道中占第四位。淮南道 480 万石，约占十三分之一，居第六位，都落在北方的河南、河北、河东诸道之后。

22　军阀为了战斗，曾屡次决河。例如后梁贞明四年（918）、龙德三年（923）以及后唐同光二年（924），黄河都曾有人为的溃决。

23　越南占城稻也是一种比较耐旱而又早熟的稻，可种于山坡梯田。北宋真宗初传入福建。《宋史》卷一七三《食货志上一》之《农田》："大中祥符四年（1011）……帝以江、淮、两浙稍旱即水田不登，遣使就福建取占城稻三万斛，分给三路为种，择民田高仰者莳之，盖旱稻也。内出种法，命转运使揭榜示民。后又种于玉宸殿，帝与近臣同观；毕刈，又遣内侍持于朝堂示百官。稻比中国者穗长而无芒，粒差小，不择地而生。"此后早稻品种日见增多，种植面积逐渐扩充，对南方粮食增产很有贡献。宋代之引进占城稻，一方面固然鉴于此稻早熟耐旱，一方面也想用以加紧开发山坡梯田，以应付人口增加。明弘治《兴化府志》（卷十三）：“占城稻，……今择邑田高仰者种之，此谷耐旱。今按畲谷亦耐旱，然须伐山作畲，其地肥乃长。不二三年地力衰歇，则又他徙。此非平土农民所能也。”

24　战乱迫使农民逃亡，一部分为金人掳掠，耕地荒弃，南宋政府没收了大批无主荒地，大大扩充了官田面积，并将一部分转化为屯田和营田。屯田分军屯和民屯二种，营田始于绍兴初宗纲在荆南的措施，主要是租给民户佃耕。

25　张世南《游宦纪闻》（卷五）：“永嘉之柑为天下冠。”永嘉就是温州。左思《吴都赋》描写南方的果品：“其果则丹橘余甘，荔枝之林，槟榔无柯，椰叶无阴，龙眼橄榄，探榴御霜。”谢灵运《山居赋》中提到果实时说：“杏坛㮈园，橘林栗圃，桃李多品，梨枣殊所，枇杷林檎，带谷映渚，椹梅流芬于回峦，椑柿被实于长浦。”

26　南朝的战船，有飞龙、翔凤、金翅、青雀、舴艋等名称。

27　《齐民要术》中的雌黄治书法：“凡雌黄治书，待潢讫治者佳，先治入潢则动。书橱中欲得安麝香、木瓜，令蠹虫不生。”

28　罗盘针的发明，在航海和军事上，都有极大贡献。吴自牧《梦粱录》说海商船舶进入大洋，“风雨晦冥时，惟凭针盘而行”。周去非《岭外代答》说航行南洋的船只，舵长数丈，一船载数百人，积储一年粮食，还能在船上养猪和酿酒。朱彧《萍洲可谈》：“船舶深阔各数十丈，商人分占贮货，人得数尺许。下贮物，夜卧其上。货多陶器，大小相套，无少隙也。”

29　例如石守信是开封人，赵普是幽州人，高怀德是真定人，韩令坤是磁州人，王审琦是辽西人，范质是大名人，王溥是并州人，魏仁浦是卫州人，张令铎是棣州人。

30　宋人的所谓楚，就是指江西而言。司马光虽顽固地反对南人，但帮助他编《资治通鉴》的几位主要助手，像刘恕、刘攽、范祖禹等，却皆为南人。

31 见陆游《渭南文集》（卷三）。

32 洛阳和开封之间，直距约170公里。除陆路驿道外，还有汴河和洛水可通。文彦博《文潞公文集》（卷三四）随表札子，说过"自京至洛六驿"，以及"洛汴未冻间，乘舟至洛，稍得安稳"。

33 《墨庄漫录》（卷四）："许洛两都轩裳之盛，士大夫之渊薮也。党论之兴，指为许洛两党。"

34 中国的雕版印刷始于唐而盛于宋，现存最早的雕版书籍，为敦煌石窟发现刻于咸通九年（868）的《金刚经》。北宋庆历间毕昇发明了活字印刷，对世界文化有进一步的贡献，比欧洲早四百多年。

35 《东轩笔录》："皆一时文士，游宴吟咏，未尝不同。洛下多水竹奇花，凡园囿之胜，无不到者。"《洛阳牡丹记》："洛阳之俗，大抵好花。春时，城中无贵贱皆插花；虽负担者亦然。花开时，士庶竞为游遨，往往于古寺废宅有池台处为井，张幄帘，笙歌之声相闻。最盛于月陂堤、张家园、棠棣坊、长寿寺东街与郭令宅，至花落，乃罢。"张邦基《墨庄漫录》（卷九）："西京牡丹闻于天下，花盛时，太守作万花会；宴集之所，以花为屏帐。至于梁栋柱拱，悉以竹筒贮水簪花钉挂，举目皆花也。"

36 《宋史·道学二》（卷四二八）："杨时字中立，南剑将乐人。幼颖异，能属文，稍长，潜心经史。熙宁九年，中进士第。时河南程颢与弟颐讲孔孟绝学于熙丰之际，河洛之士翕然师之。时调官不赴，以师礼见颢于颍昌，相得甚欢。其归也，颢目送之曰：'吾道南矣。'……时安于州县，未尝求闻达，而德望日重，四方之士不远千里从之游，号曰龟山先生。……暨渡江，东南学者推时为程氏正宗。"

37 范仲淹（苏州吴县人）、欧阳修（吉州庐陵人）、周敦颐（道州营道人）三人，对宋代文化有很大贡献，都出生在南方。南宋永嘉学派陈傅良的《温州淹补学田记》指出了宋代学风的南渐："宋兴，士大夫之学亡虑三变。起建隆，至天圣、明道间，一洗五季之陋；知乡方矣，而守故蹈常之习未化。范子始与其徒抗之以名节，天下靡然从之，人人耻无以自见也。欧阳子出，而议论文章粹然尔雅，轶乎魏晋之上。久而周子出，又落其华，一本于六艺，学者经术遂庶几于三代，何其盛哉！则本朝人物之所由众多也。余掌求其故，三君子皆萃于东南，若相次第然，殆有天意云云。"（《止斋先生文集》卷三九）

38 五代的战乱，逼使中原的画家南移，投奔四川（前蜀、后蜀）和江南（南唐）。前蜀、后蜀和南唐，都追随唐制设置画院，征集绘画名手。后蜀的孟昶，南唐的李璟、李煜父子，都是爱好艺术的国主；他们之爱好艺术，必然和江南自然景观之美有关。蜀的贯休、石恪、黄筌，南唐的周文矩、徐熙、董源、巨然，都是杰出的画家。

39 元代还是如此，譬如元至元四年（1338）庆元路儒学刻版的《玉海》，便是利用浙东郡县学和书院的经费。东阳胡助所写的序："于是力行前议，召工从事，征费于浙东郡县学及书院岁入之羡有差。……凡二年后而成。"

40 陈正祥《中国历史与文化地理图册》第一册，国际研究中国之家出版，列为《中国研究丛书》第 7 号，1979 年。

41 汴京（开封）在北宋时，人口超过 100 万，曾是全中国，也是全世界最繁华的政治、经济和文化中心。遭到长期、反复的破坏之后，到南宋末年，繁华气象已荡然无存！周密《齐东野语》（卷五）说南宋军队会同蒙古人灭掉金国后，一度克复河南，但他们进入汴京时，"见兵六七百人，荆棘遗骸，交午道路。止存民居千余家"。战争对文化的蹂躏是何等惨烈！

第二篇　中国的城

一、引　言

城是中国文化的特殊产物，很突出的标志，构成了汉文化圈人文地理的独有景观。它在人类文化发展中占有重要的地位，在政治历史上曾起过巨大的作用。

在广大的汉文化圈内，存在着许多伟大的城。古代中国不像罗马帝国只有一座罗马城（东罗马也只有一个君士坦丁堡），而是有长安、洛阳、开封、北京、南京和杭州等许多著名的古城。汉唐时代的长安、元代的北京以及明初的南京，都对世界的政治、经济和文化有过贡献。张骞通西域是从长安出发的，郑和下西洋的空前庞大舰队是从南京龙江关启航的。

中国城主要是行政和文化的象征，城和乡基本上没有多大区别；城内城外人民的利害是协调的，并未因城墙的存在而被分割。在理论上，中国城主要是用以保护人民。《说文》就说过："城以盛民也。"因此中国城都建造得很大，城内土地面积达到一两平方公里是很平常的事。这和欧洲及日本等处的城堡大不相同。欧洲中古的城堡，主要因商业和军事而产生。欧洲的城堡常以教堂为核心，但中国的大寺庙和著名书院，却多散见深山。日本的城，简直等于要塞。城中最主要的天守阁，是城主的住宅。平民皆住在城下，市街称为城下町，得不到城的保护。马可·波罗所惊奇的，在于中国之城不仅多而且大！

城加上交通线，就编织成文化之网。汉文化广被之处，都出现中国式的城。朝鲜和越南，分布着很多中国式的城，而且连城门的名称也是中国式的。朝鲜最大的城市为汉城，汉城建于汉江之边，城墙循北汉山和南汉山而筑；有一座城门名叫大汉门。它是汉文化圈中很可爱的地方，曾经使我留恋而忘返。日本人侵占朝鲜后，嫉忌这个"汉"字，曾将其改名京城。

筑城和设治，并不一定同时进行，二者的年代可能相差颇远。某些国防上的重要据点，其筑城可能远早于设治。例如黑龙江省的瑷珲，早在康熙二十三年（1684）便筑了黑龙江城，作为黑龙江将军的驻地；但直到光绪三十四年（1908）才设置瑷珲厅，民国三年再改为瑷珲县。反之，南方有很多地方，虽早经设治，但因为没有必要，故迟迟才修筑城池。例如福建省的莆田，在隋开皇九年（589）便设治了，但直到宋太平兴国八年（983）才筑城，前后相距几已四百年。类似的例子很多。大致说来，在边疆地区，筑城常早于设治；在比较安全的内地，或没有"夷狄"威胁的边区，则设治远早于筑城。

但大多数的城，是设治之后便进行筑城。《三国志·吴书》（卷四七）：黄初二年（221），"（孙）权黄武二年（223），自公安都鄂，改名武昌……八月城武昌。"

1957年前后，我曾利用方志中蝗神庙的记录，制成了中国蝗灾地图。[1]为查阅方志，我曾遍访日本各著名大学及图书馆，像蜜蜂采蜜似的辛勤工作。中国方志数量极多，每一州县有数册或数十册，在书库用梯子爬上爬下取书，按目逐页地找寻；如果只找蝗神庙，浪费时间精力，实在很不经济。于是印了表格，同时找城，项目包括城的名称、初建年代、周长、高度、宽度、城门以及使用材料等等。经过情形，在我就任香港中文大学地理学讲座教授的演说中提到过。

1964年前后，敷明产业地理研究所拥有的关于城的记录卡片已超过了6,000张。我利用这些卡片绘制地图，包括城的规模、分布和年龄等，再参考其他文献，特别是正史中的记载，写成这篇论文。

二、城的发展

中国的城出现极早，几乎和中国历史同样古老。早在夏、商、周时代，中国人便开始筑城；这非但有明确的文献记载，并且还有地下的实物证据。但直到春秋时代，城的规模尚小。当时称为"国家"的，实际上就是"城邦"，几座城便构成一国。列国的都城，只是大小封建领主所居的城堡。后来经过不断的兼并，列国的疆域扩大了，人口增加了，城的规模也跟着大了。

《战国策·赵策》（卷二〇）："古者四海之内，分为万国。城虽大，无过三百丈者；人虽众，无过三千家者。……今千丈之城，万家之邑相望也。"

据《逸周书·世俘》记载，周武王灭殷之后，向武王臣服的诸侯共有652国，其中被武王征服的有99国。

《左传》隐公元年（前722），记郑国的叔段居京，谓之京城大叔；祭仲恐怕叔段据京城，可能对郑国不利，于是对郑庄公说："都城过百雉，国之害也。[2] 先王之制，大都不过参国之一，中五之一，小九之一。今京不度，非制也，君将不堪。"此处所谓都城，并非列国国都，仅指都鄙封邑之城。祭仲认为"百雉"为国之害，又说大城不能超过国都的三分之一；则列国都城的规模，也不过在三百雉左右。根据旧注："方丈曰堵，三堵曰雉；一雉之墙，长三丈，高一丈。"这样看来，百雉的长度不过三百丈；三百雉也不过九百丈而已。可见国都以外的城，规模就更狭小了。

到了战国时代，才出现较大的城。齐国的国都临淄，城内居民达七万户；韩国的宜阳县，县城周长八里。其他如赵国的邯郸、魏国的大梁、燕国的下都、楚国的纪南、秦国的咸阳以及经济中心城市宋国的陶邑，也都颇具规模。

《战国策·齐策》（卷八）苏秦说齐宣王："临淄之中七万户，臣窃度之，下户三男子，三七二十一万。不待发于远县，而临淄之卒，固已二十一万矣。"游说策士的话，虽不免有所夸张，例如信口把二十一万壮丁说成二十一万兵卒一样，但总不能距离事实太远，否则怎么可以说服国君？同样的，《战国策·东周策》（卷一）也曾说："宜阳城方八里。"

宜阳在今河南宜阳县东北，战国时属韩，为一军事重地，驻有十万士卒。《战国策·韩策一》（卷二六）载苏秦说韩王："韩北有巩、洛、成皋之固，西有宜阳、常阪之塞。"

山西侯马的晋、魏古城，发现于1956年，可作为春秋、战国之际较大城市的代表。根据钻探资料，这里似乎存在着若干城址。其中已经探明的有牛村和平望村两座相连的古城。牛村古城在平望村古城的东南，呈长方形，南北最长部分约1,700米，东西最宽部分约1,400米。四周的墙垣用夯土分段筑成，都已被埋埋在地下。南墙外发现一条和城平行、宽约6米、深3—4米的壕沟，墙内有一条沿墙的车道。城中偏北有一座纵横52米、高6米的夯土建筑基址。基址的顶上堆积着坍塌的建筑遗物，可能是宫殿或举行大典的场所。在城中建立一座突出的土台基，很可能是中国古代城邦都邑建筑的固定格式；事实上汉代的长安城，每一座主要建筑物就都建筑在高大的夯土台上。城的南部分布着许多铸铜、烧陶和制作骨器的作坊，应该是手工业区。

建于公元前四世纪的燕国下都，经过发掘，证明是一座长方形的城，规模也颇可观，东西长8,300米，南北广4,000米。城分内城和外城，内城在城的东南部分，约占全城面积的一半。内城的西侧是手工业区，分布着冶铁、铸铜、制陶的作坊。内城北墙正中纵横130—140米、高约10米的武阳台，为城市的中心建筑。王室的陵墓区，则在城的西北角。

由于生产力的发展，社会组织不断演进，于是主要的聚落扩大为市集。市集集中了较多的居民和财富，需要保护。

最初或编立栏栅，或堆土为垣，多少可起一些阻挡的作用。以后继续发展，就出现了城郭。人们知道利用夯土的办法分段填筑墙垣，这就产生了城。

《玉海》（卷一七四）：

> 御外之道，莫若设险；制胜之方，莫若因形。重门击柝，设险也；高屋建瓴，因形也。

夏、商、周三个古王朝，国都虽屡经搬迁，但皆建有城池。[3]郑州和偃师等地所发现的商代中期都城，已颇具规模。郑州商代的古城，在郑州市区二七广场以东。夯土的城垣周长6,960米，其中东墙长约1,720米，南墙长约1,750米，西墙长约1,770米，北墙长约1,720米；近似正方形。城墙高达10米，顶幅宽约5米。城墙全部分段版筑而成，每段长约3.3米。一般夯层的厚度为3至10厘米或20厘米。四周城墙共有11个大小不同的缺口，这些缺口有的可能是城门，有的是城墙废弃后所损毁。以全部城墙的长度、宽度和高度计算，郑州商城共有夯土量约87万立方米。在当时的劳动条件下，若按起土、运土夯筑1立方米需要15个劳动日计算，全部约需1,300万个劳动日。即使每天有上万个劳动力参加筑城，也得四五年的时间才可完成。夯土层内所包含的木炭，经过碳14测定，其树轮校正年代为3,750±135。郑州在商代的早期，很可能就是成汤所居的亳都。

郑州商城的外围，分布着手工业作坊的遗址，包括南郊和北郊的铸铜作坊，西城外的烧陶作坊，以及北城外的骨器作坊。

偃师商城和郑州商城同样古老，规模也相似。据最新的考古发掘报告，此城址坐落洛阳市区东30公里。1983年春天，中国社会科学院考古研究所洛阳汉魏故城工作队，在偃师县城西边发现一座大型商城城址，定名为"偃师商城"。其后十年之间，进行了二十多次发掘，揭露面积2万平方米，共出土各类文物3,000多件。1991年夏天，更发现了原认为已被洛河冲毁的该城址南城墙基址。

现已探明偃师商城遗址平面近似长方形，城墙南北长1,700多米，东西最宽处1,200多米，周长5,900多米，全部用夯土筑成。整个城址总面积190多万平方米，并探明城门基址七座，东西城墙各三座，北墙一座。城内大型建筑基址近十座，迄今已废掘城门基址两座，大型建筑群基址二处。

已发掘的东二号城门基址，位于东城墙中部偏南，门道全长22米，宽度近3米，两侧为木骨墙。在门道下边，发现了保存完好的大型石砌排水道，城内废水可循此排出城外。此一大型石砌排水道，长度超过800米，西端通到宫城。

在城内西南部，发现大型建筑基址近十处，是政治和宗教的活动区，居中的一座为宫城。宫城正中为主体宫殿基址，东西侧各有两座宫殿式建筑群，基址的保存颇为完好。已发掘的四号和五号宫殿基址，皆有正殿、庭院、庑址和排水道等，布局规整宏伟。城内北部有分布密集的陶窑遗址，并在城墙附近发掘出一批商代墓葬。

经过碳14测定，偃师商城约建于距今3,600多年前，使用时间约达150年。它的发现，对于探究中国文明起源、夏商文化、早期城市的形成和特征，皆具有很重大的意义。

事实上，河南省的西北和山西省的西南，亦即黄河中游大河曲的周边，可能正是夏人活动的范围，将来还会有更多故城遗址出现，包括夏代的古城。史籍一向把夏朝视为中国文明史的开端，认为夏朝是存在于公元前21世纪到前17世纪的一个王朝。

本篇第五节"城的年龄"，原绘有五幅地图，其中第一幅为城龄超过3,000年者，仅得16座城，肯定尚欠完备，故印成后将其抽出，未予流传；待将来发现更多故城址时，再补充插入。因此只有2,000—3,000年者，1,000—2,000年者，500—1,000年者以及不满500年者等四幅。到本书重版时，我已知道全国有23座古城的年龄超过3,000年，但我还要等待。

武汉市以北约5公里的黄陂滠口，也发现了商代建筑的盘龙城，年代几乎和郑州商城及偃师商城同样古老。它坐落在今天盘龙湖湖滨一个小山丘上，三面环水，北边和另一山丘相连。城垣随地势起伏，尚全部暴露地面，残高1—3米不等；形状接近正方形，城垣南北长约290米，东西长约260米；城内土地面积不过7万多平方米，只合郑州商城的四十五分之一。这座形制比较特殊的城，显然完全为了保护宫殿而修建，深得天然之利，但同时也受到地势的限制。

偃师县的二里头，曾发现另一个大型宫殿建筑的基址；

经考古工作者长期的发掘研究，发现共有四个文化层，从公元前2010年到公元前1625年，绵延386年，而这一段时间，正是史书所载夏的大致年代。遗址内有两座大型建筑基址，有大型墓葬，出土了大批陶器，为数不少的玉器、青铜器、漆器，包括礼器、乐器、武器、生产工具、生活用具、饰物、货贝。在大型建筑基址周围，还发现了铸造青铜器和烧制陶器的作坊。建筑基址中一号基址规模较大，居于遗址中心，是用围墙包围起来的封闭性建筑，可能属于宗庙祭祀的场所。此一结构复杂的夯土台基，坐北朝南，略呈正方形，东西长108米，南北宽约100米，总面积约1万平方米。《左传》庄公二十八年："凡邑，有宗庙先君之主曰都。"宗庙是古代王者供奉其祖宗的庙宇，也是重要的行政场所。二里头既发现宫殿宗庙，可证明二里头在远古曾经是一座都城。

安阳市西北三公里的小屯，曾是商代后期的王都，后称殷墟。《史记·殷本纪》正义引《竹书纪年》："自盘庚徙殷，至纣之灭，二百七十三年更不徙都。"同书《项羽本纪》："项羽悉引兵击秦军汙水上，大破之。章邯使人见项羽，欲约。……项羽乃与期洹水南殷墟上。"唐魏王李泰《括地志》："相州安阳本盘庚所都。……洹水，南岸三里有安阳城，西有城名殷墟，所谓北蒙者也。"这个著名的殷墟，从1928年起，已经过60多年的发掘，使埋没了3000多年的宫殿建筑基址重见天日。

殷墟的范围超过24平方公里，以小屯村附近的王宫为中心，东西5.6公里、南北4.5公里的范围内，都分布有商代后期的遗址和墓地。王宫在洹水南岸，王陵在洹水北岸。目前传世的十多万片有字甲骨，绝大部分在此出土。王宫的外围，发现了两处规模较大的手工业作坊遗址，一个是铸造青铜礼器的作坊，一个是制造骨器的作坊。可是直到今天，殷墟还没有找到有关城垣的任何迹象。近年在小屯村中心以西约200米处，却发现了一条巨大的晚商壕沟，已探查了750米长的一段，宽为7—21米，深5—10米，可能就是商代王宫周围用人工挖成的防御设施。作为商代晚期的王都，没有防御设施是很难想象的。

周族起源于西北地区的泾水和渭水流域，也就是陕西省中部和甘肃东部的黄土高原，最初和西北其他的氏族部落混居，过着半农半牧的生活。《国语·周语》记载周族的远祖曾经"自窜于戎狄之间"。到古公亶父时，为了避免"戎狄"的侵犯，才迁到今日陕西岐山、扶风一带定居下来。经过王季、文王几代的经营，势力已日渐强盛，到文王、武王迁居丰、镐时，已能和商王朝抗衡了。

古公亶父从豳迁到岐下时，也曾建造都城，并称为京，用以控制周原。[4]《诗经·大雅·绵》对这座都城的墙垣、门户、宫室、宗庙建筑等皆有所描述，但规模不得而知。晋杜预《左传注》："周城在美阳县西北。"《后汉书·郡国志》："右扶风：美阳，有岐山，有周城。"杨守敬《水经注疏》引王祎《周公庙记》："周城今为岐阳镇，其城址犹存，广袤可七八里，四围皆深沟。"《括地志》："故周城一名美阳，城在武功县西北二十五里，即太王城也。"这座古城的遗址，在今陕西岐山县属的岐阳堡附近。

周人称此城为"周"，以别于在洛阳新营建的"成周"和镐京的"宗周"，直到西周末年，此城尚在。后来大概在犬戎入侵、西周覆灭之际，和丰镐同时被破坏。自西汉迄今两千多年，这一带不断有铜器出土。在西周宗庙建筑基址出土的周文王、武王时期的甲骨文中，就有"周邑"字样。周人为了要向东方发展，后来又把国都迁到西安附近的沣水西岸，经营了丰和镐。周文王自己"作邑于丰"，又命儿子武王发营建镐京。这两处地方，原已有城，周人只是在原有基础上加以扩充增饰。

丰、镐这两座古城，在渭河南岸支流沣水的两岸。丰邑在沣水之西，镐京在沣水之东。《诗经·文王有声》："文王受命，有此武功，既伐于崇，作邑于丰，文王烝哉。……考卜维王，宅是镐京，维龟正之，武王成之，武王烝哉。"汉以来的文献，指出丰、镐在汉长安城西南，唐长安城之西，鄠县之东13里。这就可以推定丰、镐是在沣水的中游偏北地段，也就是今天的马王村、客省庄和西王村一带。公元前121年，汉武帝在长安城西南凿昆明池，破坏了镐京遗址的一部分。[5]

城市有慢慢发展起来的，也有因特定目的一下子造起来的。在后一场合，城址的选择常常很重要。周人灭殷之后，为便利统治东方，决定在洛阳筑城。他们选择洛阳，是因为洛阳在全国的位置适中。但到底要造在什么地点，还得观察地形环境，于是先后派召公和周公实地调查。《尚书》中的

《洛诰》，记述了西周初年，成王命叔父周公旦卜建洛阳城的经过。周公经实地考察选择后，把占卜选择城址的结果绘成地图，连同占卜的经过情形，一并献给成王。[6]其原文记载：

召公既相宅，周公往营成周，使来告卜，作《洛诰》。周公拜手稽首曰："……予惟乙卯，朝至于洛师。我卜河朔黎水。我乃卜涧水东，瀍水西，惟洛食。我又卜瀍水东，亦惟洛食。伻来以图及献卜。"

《史记》和《后汉书》中也有相关记载：

成王在丰，使召公复营洛邑，如武王之意。周公复卜申视，卒营筑，居九鼎焉。曰：此天下之中，四方入贡道里均。[《史记·周本纪》（卷四）]

雒阳，周时号成周，有狄泉在城中。（刘昭注补：《左传》僖公二十九年："盟于狄泉"，杜预曰："城内太仓西南池水，或曰本在城外，定元年城成周，乃绕之。案：此水晋时在东宫西北。"）《后汉书·郡国志》

周公所选择和设计，利用殷降民修建的洛邑，是中国最早有详细记载的城。

洛阳城周公所制，东西十里，南北十三里。城上百

步，有一楼橹，外有沟渠。（陆机《洛阳记》）

陆机所谓洛阳城，即成周也。后汉、魏、隋并都于此。城东西六里，南北九里。俗传亦云九六城。（华延隽《洛阳记》）

洛阳古城在洛州洛阳县东北二十六里，周公所筑，即成周城也。（《括地志》）

成周城，东西六里十一步，南北九里一百步。（《帝王世纪》）

王城去洛城四十里，城内南北九里七十步，东西六里十步，为地三百顷一十二亩有三十六步。（《晋太康地道记》）

《春秋》昭二十六年冬十月，"天王入于成周"。传：十一月癸酉，王入于成周。三十二年，"冬，仲孙何忌会晋韩不信、齐高张、宋仲几、卫世叔申、郑国参、曹、莒、薛、杞、小邾人城成周"。传：秋八月，王使富辛与石张如晋，请城成周。天子曰：昔成王合诸侯城成周，以为东都，崇文德焉。今我欲徼福，假灵于成王，修成周之城；俾戍人无勤，诸侯用宁，蛮贼远屏，晋之力也。冬十一月，晋魏舒韩不信如京师，合诸侯之大夫于狄泉，寻盟，且令城成周。己丑，士弥牟营成周，计丈数，揣高卑、度厚薄、仞沟洫、物土方，议远迩、量事期、计徒庸、虑财用、书糇粮，以令役于诸侯，……定元年正月，城成周，庚寅栽城，三旬而毕，乃归诸侯之戍。七年，王入于王城。[《玉海·周王城》（卷一七三）]

这座极为著名的西周王城，坐落在涧水和沣水中间。如今已在洛阳市中州路一带，发现了东周的王城；而西周的王城，也应该就在东周王城范围之内。但因这古城曾经多次修补，而且城中有城，西周旧城更难辨识了。这"城中有城"的城，指汉代河南县的县城。这座古县城已在涧水东岸发现，跨洛阳市中州路的南北两侧，每边1,400多米，略呈正方形。[7]《汉书·地理志》河南郡河南县条，班固自注："故郏鄏地，周武王……营以为都，是为王城，至平王居之。"《后汉书·郡国志》河南尹条："河南，周公时所城雒邑也，春秋时谓之王城。"

汉代河南县城的发现，对确定王城的位置提供了直接的线索。以此为基点，考古工作者继续在汉代河南县城的外围又发现了一座东周古城。该古城的北边城墙还保存得较好，全长2,890米；此墙之北，有一条深约5米而干涸了的渠道，可能就是原城墙的护城壕。城墙的西段，靠近涧水，残高0.9米，残宽7米；其上压有春秋时代文化层，其下有晚商到西周文化层。东墙和南墙（南墙靠近洛水），都经过战国及以后的数次修补，但其底层仍然是春秋时代的夯土。

东周古城的城墙，完全用夯土筑成，约建于春秋中叶以前；从战国时代以迄秦汉，迭经修补。到了西汉后期以后，这座古城便逐渐荒废了，代之而起的就是规模较小的汉代河南县城，面积不及东周古城的四分之一。从地理位置、规模、年代以及前引古文献的记载观察，这座古城应该就是东周的王城。

山西省西南角的曲沃盆地，在今曲沃和侯马等处，也发现了东周古城。侯马西北的牛村、平望、台神、白淀，共有四座古城，分布于汾河和浍河交汇之点，城墙都已经埋没地下，情况和洛阳的东周古城相似。四座古城相互套筑，年代以白淀古城为最早，牛村、台神古城次之，而以平望古城为较晚。

牛村古城筑在今日牛村的外围，略作梯形，南北长1,340—1,740米，东西宽1,100—1,400米。东墙被战国遗址破坏，可以确定牛村古城的年代不会迟于战国。古城的东南郊，出土了大批盟书，[8]说明这一带应该是晋国的政治军事要地；很有可能即为《水经注·浍水》所指的绛阳，也就是晋国晚期的都城新田（新绛）。《左传》成公六年（前585）：

> 晋人谋去故绛（今山西翼城），诸大夫皆曰：必居郇瑕氏之地……韩献子……对曰：不可。……不如新田，土厚水深，居之不疾，有汾、浍以流其恶……公说，从之。夏四月丁丑，晋迁于新田。

牛村古城的城墙用方块夯土筑成，宽约4—8米，残高

0.5—1米。沿南边墙根内发现有车道，墙外约2米处有宽6米、深3—4米似护城壕的遗迹。城墙内北部正中，有露出地面的建筑基址，略呈正方形，每边长52米，高出地面6.5米，周围堆积着很多筒瓦、板瓦及瓦当残片，说明此处是一座大型高台建筑的废墟。古城的南郊，分布着范围广泛的居住遗址和青铜、骨器、陶器等手工业作坊遗址。其中特别是青铜作坊遗址，内涵非常丰富，反映了当时晋国新兴城市手工业繁盛的景况。

山东的临淄，是一座更闻名的古城。据《史记·齐太公世家》记载，从公元前九世纪中叶齐献公由薄姑迁都临淄，经过春秋战国时期，直到公元前221年秦始皇灭齐，临淄作为齐国的国都共达六百三十多年。现在保存的临淄故城，主要属于东周时期；秦汉时期的临淄城，似乎完全沿用了齐故城；直到魏晋以后，齐城才逐渐荒废。因此临淄这座古城从西周末年直到魏晋，已相继沿用了一千多年。

临淄故城分大小二城，小城套筑在大城的西南隅。大城的规模略大于洛阳的东周王城，西墙长2,812米，北墙长3,316米，南墙长2,821米；东墙循淄河蜿蜒曲折，全长5,209米。大城的始建时期，虽可能早到西周晚期，但其最繁荣的阶段，似在春秋以后的战国秦汉时代。小城的东墙长2,195米，南墙长1,402米，西墙长2,274米，北墙长1,404米。在小城的北部偏西，有一座高台建筑遗址，高出现在地面14米，为椭圆形的夯土建筑，被称为桓公台，可能是宫殿的基址。

中国上古所筑的城，因年代久远，多已毁坏，或掩埋地下；又因为是泥土版筑的，破坏之后，回归大地，连痕迹也不见了。我觉得安阳的殷墟，理应筑有城池，但经多次广泛发掘，始终未见任何城垣的遗迹。另外有些古城，则为沙漠所埋没（另见本篇第七节），有些则为洪水或暴雨所冲毁。城给洪水冲毁的实例很多。商代祖乙所迁都的邢（即耿，在今河南省温县东），后来就是被黄河的洪水淹没圮毁。城被暴雨损坏的情况较少。

《明史·神宗本纪》（卷二一）："（万历三十二年）秋七月庚戌，京师大雨，坏城垣。……三十三年春正月，重修京师外城。"《三云筹俎考·险隘考》大同镇高山城条："本城密迩镇城，东与聚落为左右翼，而仓廒积贮与二卫等，诚重之也。城濒于河，冲决浸溃，渐至倾颓，大为可虑。近筑河堤，颇足捍御。"用泥土夯筑的城，对于水的破坏缺乏耐性。

近年发掘出来的舞阳、万荣、华阴、焦作、武安、磁县、怀来、唐县和湘阴等地的韩、魏、赵、燕、楚等国的城址，城垣皆用夯土筑成，只有城内较大的建筑物才部分用瓦。从汉代起，砖瓦的应用虽比较普遍，但尚属奢侈的建筑材料。西汉首都长安的城墙，全长25,100米，全部是版筑的夯土墙，连城门也全未用砖。

三、城的功用

刘邦和项羽打了多年的仗，争城夺地，知道了城的重要。所以刘邦当了皇帝之后，便命令全国筑城。《汉书·高帝纪》（卷一）："六年（前201）冬十月，令天下县邑城。"师古注："县之与邑，皆令筑城。"所以汉代创建的城，为数已颇可观。汉代不但在内地筑城，并且大力在边疆筑城。

> 元朔二年（前127）春正月，匈奴入上谷、渔阳，杀略吏民千余人。遣将军卫青、李息出云中，至高阙，遂西至符离，获首虏数千级。收河南地，置朔方、五原郡。……夏，募民徙朔方十万口。……三年秋，罢西南夷，城朔方城。……五年春……大将军卫青将六将军兵十余万人出朔方、高阙，获首虏万五千级。[《汉书·武帝纪》（卷六）]

> 偃盛言朔方地肥饶，外阻河，蒙恬筑城以逐匈奴，内省转输戍漕，广中国，灭胡之本也。上览其说，下公卿议，皆言不便。公孙弘曰："秦时尝发三十六万众筑北河，终不可就，已而弃之。"朱买臣难诎弘，遂置朔方，本偃计也。[《汉书·主父偃传》（卷六四上）]

边城的修建和布局，颇受国防线推移的影响。西汉盛时，边城分布于帝国边疆，《汉书·武帝纪》（卷六）载：

> 元封元年（前110）冬十月，……行自云阳，北历上郡、西河、五原，出长城，北登单于台，至朔方，临北河。勒兵十八万骑，旌旗径千余里，威震匈奴。……太初三年（前102）夏四月，……遣光禄勋徐自为筑五原塞外列城，西北至卢朐，游击将军韩说将兵屯之。强弩都尉路博德筑居延。秋，匈奴入定襄、云中，杀略数千人，行坏光禄诸亭障；又入张掖、酒泉，杀都尉。（师古注："汉制，每塞要处别筑为城，置人镇守，谓之候城，此即障也。"）

后汉的疆域较前汉为狭小，国防线内移，城堡多筑在内地。这从《后汉书·马成传》（卷二二）可得而知。

> 建武十四年（38），屯常山、中山以备北边，并领建义大将军朱祐营。又代骠骑大将军杜茂缮治障塞，自西河至渭桥，河上至安邑，太原至井陉，中山至邺，皆筑保壁，起烽燧，十里一候。

河西走廊自古为内陆东西交通孔道，原为匈奴部族牧地。汉武帝开辟河西四郡后，利用高山雪水发展灌溉农业，并从内地移民实边；在成串的大小绿洲上建立城堡，作为经营西域的联络线。《汉书·武帝纪》（卷六）："元鼎六年（前111）秋，乃分武威、酒泉地，置张掖、敦煌郡，徙民以实之。"同纪接着说："天汉二年（前99）夏五月，贰师将军三万骑出酒泉，与右贤王战于天山，斩首虏万余级。又遣因杅将军出西河，骑都尉李陵将步兵五千人出居延北，与单于战，斩首虏万余级。陵兵败，降匈奴。"

《后汉书·马援传》载：

> 建武十一年夏，拜陇西太守……时朝臣以金城、破羌之西，涂远多寇，议欲弃之，援上言，破羌以西，城多完牢，不可弃也……诏武威太守（梁统）令悉还金城客民。归者三千余口，使各反旧邑。援奏为置长吏，缮城郭，起坞候；开导水田，劝以耕牧。……十九年平峤南，援所过辄为郡县治城郭，穿渠灌溉。

河西走廊因位置重要，自古以来造了许多城，废弃的城，为数远超过现存的城。例如在张掖、酒泉之间，就有不少古城遗址。其中最著名的当推张掖以西15公里黑水河岸的黑水国城和高台西边戈壁滩中的骆驼城。公元397年，北凉王朝在骆驼城建都，后来沮渠蒙逊迁都张掖，这座城便废弃了。参阅另著《西北考察记》。

城在古代，有明显的防御功用。用城来抵抗胡骑入侵，最能收效。故筑城虽费财费力，但一直不断在进行。中国历史上，出现过许多守城英雄。城的存在，给居民和驻军都带来了安全感。此处只举两座西北的边城为例，说明城的价值。

《元和郡县志·陇右道下》载：

> 石脂水在玉门县东南一百八十里，泉中有苔，似肥肉，燃之极明。……周武帝宣政中，突厥围酒泉。取此脂燃火，焚其攻具；得水愈明，酒泉赖以获济。

北周武帝宣政元年（578）秋天，突厥进攻河西走廊中心的酒泉城。酒泉军民因为寡不敌众，闭城死守，同时燃起烽火求救。突厥兵破城心切，使用云梯登城；正当危急之际，有人想出用石脂水（石油）对付。守城军民居高临下，把石油泼向攻城的敌人，同时投下引燃火种，顿时火起，迅速蔓延；城下一片火海，连攀城云梯也给烧掉。突厥兵用水灭火，反倒助长了火势，于是只得退去，酒泉城才赖以保全。[9]

《唐会要》也说到盐州城防御吐蕃的功用："贞元九年（793）二月，诏复筑盐州城。先是，贞元三年，城为吐蕃所坏；自后塞外无保障，犬戎入寇。既城之后，边患顿息。"白居易有《城盐州》诗。参阅另著《诗的地理》。

北京城对于明王朝，也起过不同性质的防御功效。下面所举的是两个比较特殊的例子。朱棣靖难之变，初时政府军占优势，大军曾围攻北京，但没有成功。《明史·仁宗本纪》（卷八）："成祖举兵，世子守北平，善抚士卒，以万人拒李景隆五十万众，城赖以全。"正统十四年（1449）

秋八月，英宗朱祁镇在土木堡被瓦剌的也先俘虏，稍后也先挟英宗进攻北京城，也未能得逞。《明史·景帝本纪》（卷十一）："冬十月戊午，也先薄都城，都督高礼、毛福寿败之于彰义门。"

中国人所筑的城，有些在今日版图以外，如中亚有，朝鲜和越南也有。碎叶是西域著名的古城，在今中亚的托克马克，据说大诗人李白就出生在碎叶，唐代文献提到碎叶城的很多。《新唐书·王方翼传》（卷一一一）云："方翼筑碎叶城，面三门；纤还多趣，以诡出入，五旬毕。西域胡纵观，莫测其方略，悉献珍货。"

《旧唐书·裴行俭传》（卷八四）载：

> 至西州，人吏郊迎，行俭召其豪杰子弟千余人随己而西。……都支先与遮匐通谋，秋中拟拒汉使，卒闻军到，计无所出，自率儿侄首领等五百余骑就营来谒，遂擒之。……并执送碎叶城……于是将吏已下立碑于碎叶城以纪其功，擒都支、遮匐而还。

北宋王朝为防御辽和西夏，在北边兴建了许多城堡。《玉海》（卷一七四）："雍熙四年（987）二月二十三日，诏河北诸郡发镇兵增筑城垒。端拱二年（989）二月，令沿边作方田，列置寨栅。……咸平四年（1001）十二月壬戌，陕西漕臣刘综言镇戎军本古原州，请于军前后置堡寨，且耕且战。"

在边地筑城，特别在面对强敌的情况下，常有许多困难。《宋史·种世衡传》（卷三三五）："西边用兵，守备不足。世衡建言，延安东北二百里有故宽州，请因其废垒而兴之，以当寇冲，右可固延安之势，左可致河东之粟，北可图银、夏之旧。朝廷从之，命董其役。夏人屡出争，世衡且战且城之。然处险无泉，议不可守。凿地百五十尺，始至于石，石工辞不可穿，世衡命屑石一畚酬百钱，卒得泉。城成，赐名青涧城。"在缺少钻探记录的情况下，这150尺便可视为当地黄土的厚度。

另一件事，是庆历二年（1042）范仲淹在庆州柔远寨东北四十里大顺川建城。《宋史·范仲淹传》（卷三一四）载：

> 庆之西北马铺寨，当后桥川口，在贼腹中。仲淹欲城之，度贼必争，密遣子纯祐与蕃将赵明先据其地，引兵随之。诸将不知所向，行至柔远，始号令之；版筑皆具，旬日而城成，即大顺城是也。贼觉，以骑三万来战，佯北，仲淹戒勿追，已而果有伏，大顺既成，而白豹、金汤皆不敢犯，环庆自此寇益少。

宋代虽在北边修筑了许多城堡，对内地的城池却不注意。政府重文轻武，非但不多筑新城，而且连原有的城也听其损毁。《宋史·王禹偁传》（卷二九三）载：

> 易曰："王公设险，以守其国。"自五季乱离，各据城垒；豆分瓜剖，七十余年。太祖太宗，削平僭伪，天

下一家。当时议者，乃令江淮诸郡毁城隍、收兵甲、彻武备者，二十余年。……名为郡城，荡若平地。……臣比在滁州，值发兵挽漕，关城无人守御，止以白直代主开闭，城池颓圮，铠仗不完。及徙维扬，称为重镇，乃与滁州无异。尝出铠甲三十副，与巡警使臣，彀弩张弓，十损四五，盖不敢擅有修治，上下因循，遂至于此。今黄州城雉器甲，复不及滁、扬。万一水旱为灾，盗贼窃发，虽思御备，何以枝梧？

中国有许多地方，特别是华北平原，不少城寨系民间建置，用以自保，而并非为政府所筑。在二万五千分之一地形图上，可以看到较大的市集也围有城墙。战乱之际，此类城寨出现更多。《宋会要辑稿》："建炎四年六月四日，臣僚言：'切闻江北诸郡之民，有誓不从贼者，往往自为寨栅，群聚以守。在和州则有双山、鸡笼二山寨，麻胡、阿育二水寨；在庐州则有浮槎、方山等寨；在滁州则有独山等寨。每寨多至二万余家。'"这里最有趣的是方山一寨，按地形学上称顶平而周边陡峭的小山为方山（mesa），易守难攻，正适宜于建筑城寨。

华学澜的《辛丑日记》载：

又二十里至小冀镇，镇有土城，……五里又入一土城，门榜曰信庄寨。

我们知道多数现存的城，都是明代修筑的，这和明代继承了元朝这一事实有关。蒙古人是游牧部族，对妨碍他们横冲直撞的城，当然没有好感。在《元史》和《元一统志》等书，绝难看见造城的记载。有一个时期，曾禁止汉人筑城或补城。所以到元朝被推翻时，许多城已破损不堪，必须彻底修理或重建。事实上，在明代的初年和中叶，蒙古人南下的威胁仍然存在，故曾在北方造了很多城，包括著名的九边，规模很大。南方（特别是东南沿海）所造的城，主要是为了防御倭寇。明代倭寇之祸最为惨烈，故在东南沿海所筑的城也最多。[10]

（洪武）十七年命信国公汤和巡视海上，筑山东、江南北、浙东西沿海诸城。后三年命江夏侯周德兴抽福建福、兴、漳、泉四府三丁之一，为沿海戍兵，得万五千人。移置卫所于要害处，筑城十六。[《明史·兵志》（卷九一）]

二十年夏四月戊子，江夏侯周德兴筑福建濒海城，练兵防倭。……十一月……己丑，汤和还，凡筑宁海、临山等五十九城。[《明史·太祖纪》（卷三）]

东南沿海明代所筑的许多卫城和所城，对于防御倭寇的功用，可引《乐清县志》所载的盘石卫城为例。该志卷十四《寇警》载："（嘉靖）三十七年（1558）夏四月十二日，倭寇乐清琯头，逼盘石。时兵道袁祖庚在盘石城，督守甚严，城外焚掠殆尽。"

明代真是一个筑城的朝代，《明史》本纪中充满着筑城的记载：

洪武二十年九月城西宁。

……

永乐二十二年冬十月癸卯，诏天下都司、卫、所修治城池。

……

宣德五年夏四月戊寅，薛禄帅师筑赤城、雕鹗、云州、独石、团山城堡。

……

景泰元年春正月辛巳，城昌平。

……

景泰二年夏五月乙巳，城固原。

清代帝王在热河避暑山庄，也筑有围墙，称为宫墙，现仍存在。这条宫墙，在承德市北边，分隔了市区和避暑山庄，也分隔了避暑山庄和外八庙。依山临河，形制不规正。

另著《串城记》第五篇附有图片。

山西的运城，初建于元至元间，名凤凰城；性质也很特殊，专为保护盐业而筑。清张鹏翮《重修运城碑记》：

> 河东御史台与盐法使者所驻之地，曰运城，专城也……河东盐池百二十里，专属盐务官管辖，冀、豫、雍、梁四千里民食，仰给于此。国赋所储，群商所处；诸路所通，百物所聚；去郡治既远，而解州、安邑，又城小不足以容。城之特建，其势然也。城周垣九里，四门，计一千七百丈。肇始于元，迄今三百余年，其间或修或圮。

《河东盐法备览·运城》（卷二）：

> 城周九里一十三步，广袤各四之一，高二十四尺。旧制为门者五，与今稍异，说见元黄觉《新城记》中。明天顺二年（1458），运使马显改作四门，……正德六年（1511）御史胡止增高之，然犹未加石甃。嘉靖三年（1524），御史卢焕甃其东，四年御史初杲甃其西，十三年御史余光甃其北，十五年御史沈铎甃其南。随治四门重楼，并于城角各增望楼，……二十年御史舒迁重作外城。

中国城的发展，受政治的影响最大，军事防御次之，商业和交通等的需要都只是陪衬的。一个地方被选择为行政中心，就可以筑城；由政府出钱，人民出力，城很快便造起来了。如果损毁了，还得重新建筑。就国际研究中国之家所拥有的资料观察，中国目前至少约有 2,500 座城，其中绝大部分是各级行政区划的治所。一个地方成为行政中心之后，工商业必然会发生的，逐渐演变为综合性的城市。但不少著名的商业城市，并非行政中心；昔日的所谓四大镇——夏口镇、佛山镇、朱仙镇和景德镇，长期以来都是纯粹的商业城市。

古代的城，绝大多数使用夯土建筑。但边地的要塞，以及战略重地，则或用石及其他材料。《汉书》记载："蒙恬为秦侵胡，辟数千里，以河为竟，累石为城，树榆为塞，匈奴不敢饮马于河。"此处所说的河，是指鄂尔多斯高原北边的黄河。

在东北边地，也有利用泥炭（peat）筑城的，情况较为特殊。方式济《龙沙纪略》记载卜魁、墨尔根、艾浑等城："筑城不以土，视隰地草土纠结者，掘之，尺度如墼，曰垡块；厚数垡，高不盈丈，圮则按地分旗，饬兵修之。"但城内的官署，再植栅木保护。故同书又说："卜魁栅木为城，将军公署、私第皆在夹植大木中；实以土，宽丈许，木末高低相间，肖睥睨。四门，外环土城，累垡为之。周六里，西面二门，近南者临水，宽广可数百亩。江涨则通流。墨尔根、艾浑重城，皆植木为之。入土城南门，抵木城里许，商贾夹衢而居，市声颇嘈嘈。此外虽茅茨相望，然草寂烟寒，终是塞垣气象，且不若中土荒县郊外，惟庵刹四五而已。"同书说明卜魁户口20,027人，墨尔根5,738人，艾浑13,024人，又说"艾浑在墨尔根东三百四十里，距五站，一名艾浒，言可畏也。镇城在黑龙江西岸，江之东者有旧艾浑城，相传元黑龙卫城也"。

汉人对于城郭的形式，有固定的观念：必须是砖石建的或夯土筑的，才算是城；用木栅围起来的，不能算作城。桐城人方拱乾的《宁古塔志》，充分流露了此一观点："无疆界无城郭，枕河而居，树短柴栅，环三重，辟四门而命之曰城；……栅内即八旗所居。当事者厚待士夫，请旨居士夫于城内；余人则散居诸屯。"

四、城的规模和形制

国际研究中国之家所拥有的中国城资料，一小部分缺乏城周（circumference）的长度。有城周长度的，其长度单位又有里、步、丈之分；而历代的长度单位，亦复不同。此外，同一地点的城，规模又因朝代而异。例如西安，以唐代的长安城为最大，汉代次之；现有的城系明代建造，规模最小。我选择了现存的城，把城周一律换算为里，制作了图19。为保持地图的美观，无法把全部资料应用到地图上去，否则就太挤塞了。

在这幅图中，城依周围的大小分为五级。第一级的城，城周超过50里，全国只有南京、北京、凤阳等三处。[11] 第二级的城，城周介于25—50里，包括杭州、苏州、广州、太原、福州、西安、济南、成都、开封、庐州等。第三级的城，城周为10—25里，所有的省会，包括台北，都有此一规模。第四级的城，城周5—10里，所有府州的城，皆归属此一等级。第五级的城，城周不满5里，数量最多，全国多数的县城，特别是在边区的，城周概小于5里。

地方行政的等级，显然左右城的规模。国都之城概较省城为大，省城概较府、州城为大，而府州之城又较县、厅城为大。但因地区间经济和文化条件的不同，东部地区的县城，不少反比边区的府城州城为大。

事实上，中国从远古起，城池的大小便受到行政等级的限制。王国的都城大些，诸侯的城要小些。《左传》隐公元年《正义》："天子之城方九里，诸侯礼当降杀，则知公七里，侯伯五里，子男三里。"《五经异义》："天子城高七雉，隅高九雉；公之城高五雉，隅高七雉；侯伯之城高三雉，隅高五雉。都城之高，皆如子男之城高。"

唐代是中国历史上最强盛的帝国，唐都长安城也是中国历史上最大的城。详见下文名城举例（一）长安。

关于古代王城的规制，《玉海》有如下的一段记载：

王城面有三门，凡十二门，……每门有途，男子由右，妇人由左，车从中央。南北之道为纬，途阔十二步。王宫当途之经，左祖右社，面朝后市。王宫有五门，宫有六寝，……近郊三十里之地为明堂，以祀天。

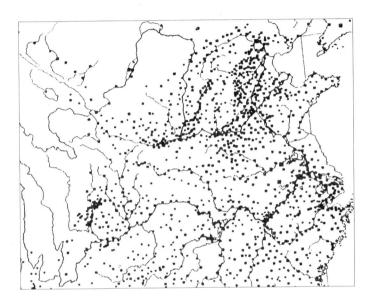

图 19　中国城之分布与规模（局部）

（陈正祥绘制。）

我曾经利用各式不同的城市地图，测算城所包围的土地面积。我的朋友章生道教授，也进行了类似的工作。只因事前缺乏联系，彼此的时间和精力都受到浪费。就现代的城而论，北京城所包围的面积达6,320公顷；南京城次之，达4,055公顷。其余像苏州、开封、杭州、西安、成都等，也都超过1,000公顷。接着是太原840公顷，泉州640公顷，武昌635公顷，广州520公顷，济南510公顷，庐州506公顷，福州505公顷。

章生道教授测算过浙江省的5座府城，平均面积为136公顷；又测算过浙江15座县城，平均面积为110公顷。县城平均面积比府城小，这是合理的结论。但相邻江西省的6座府城，平均面积只有107公顷，就比浙江省15座县城的平均面积小些。此项工作，似宜采用更大比例尺的地图，而且要选择更多的城。在较早的时候，我曾利用从日本各大图书馆收集到的大批中国城市地图，测算过较多的城，可惜现在此项研究成果连同地图都不见了。

在较早的时代，中国全部都市人口，可以说完全集中在城里。熙熙攘攘，自古为中国城市生活的特色。如《战国策·齐策一》（卷八）："临淄甚富而实，其民无不吹竽、鼓瑟、击筑、弹琴、斗鸡、走犬、六博、蹹踘者；临淄之途，车毂击，人肩摩；连衽成帷，举袂成幕，挥汗成雨。"《史记·货殖列传》："天下熙熙，皆为利来；天下攘攘，皆为利往。"这在经济中心城市表现得最为突出。

中国自古为农业社会，初期所发展的城市主要是农产品集散中心。农民把产品运送到市集去，回程要购买一些日用品或补充农具和陶器。这就使市集出现制陶和冶炼等手工业。在边界地区，还产生实物交换的贸易，例如以丝和茶交换马匹及毛皮之类。这也会产生市集。市集的人口增多，生活的需要也随之增加，而以商贩和手工业为生的，也渐向城市集中，于是城市的范围日益扩大。城市愈扩大，商业和手工业愈兴盛；这是互为因果、循环影响的事。

中国城的规模，尤其是城墙所包围的土地面积，远较欧洲及日本的城堡为大。中国城不但包括民居，还有农田、园圃、山林、川泉。这并非完全为了保护老百姓，也是为持久性的防御设想。城中有农田和水利，围城的威胁可以减少。若干大城，其内有大片空地；配合水源，开关为公园或游玩地区。古代长安的曲江，洛阳的天渊池，开封的龙池，南京的玄武湖，北京的三海以及济南的大明湖等，都是佳例。只有这样的格局，人民心目中才会起"大乱在城，小乱在乡"的念头。福建的泉州城，在1945年经航空测绘订正的地图上，仍有四分之一是空地。民国初年完成的二万分之一苏州城图，显示城内也还有不少农田。（参阅陈正祥《中国地图学史》附图，商务印书馆香港分馆1979年出版）

中国较大的城，特别是在北方的，给水每有困难，常须从城外远处引河水入城。我在《北京》一书中，已做出了详细的论述。[12]现再以洛阳为例，说明引水对于城内土地利用的影响。邵伯温《邵氏闻见录》（卷十）：

元丰初，开清汴，禁伊、洛水入城，诸园为废，花木皆枯死，故都形势遂减。四年（1081），文潞公留守，以漕河故道湮塞，复引伊、洛水入城；入漕河，至偃师，与伊、洛汇，以通漕运，隶白波辇运司。诏可之。自是由洛舟行可至京师，公私便之。洛城园圃复盛。

中国的城，多数造得很高大。根据方志的记载，低的也有5米，高的则达18米，防御的功用显著。用军队冲杀，很难越过城池。比较有效的攻城办法，是挖地道、架云梯或用水淹。中国历史上曾发生过和这些行动有关的无数故事！历史小说对这些故事的描写有声有色，非常生动精彩。

周文王征伐商朝西部主要同姓诸侯崇国，就是利用钩梯、临车、冲车等攻城器械，攻陷崇城，一举灭掉崇国。

西汉景帝三年（前154），以吴王刘濞为首、包括邯郸的赵王刘遂在内的七个诸侯王，发动叛乱，史称七国之乱。汉王朝为维护统一，坚决出兵打击。《汉书·高五王传》关于出兵赵国，有这样的一段记载：

汉使曲周侯郦寄击之，赵王城守邯郸，相距七月。吴、楚败……栾布自破齐还，并兵引水灌赵城。城坏，王遂自杀，国除。

《明史·庄烈帝本纪》（卷二四）：

崇祯十五年（1642）夏四月癸亥，李自成复围开封。……九月壬午，贼决河灌开封。癸未，城圮，士民溺死者数十万人。

在金朝末年，也就是灭亡前两年，蒙古兵围攻河南归德城，久攻不下，曾经发生过如下的一件弄巧成拙的趣事。

《金史·石盏女鲁欢传》（卷一一六）：

正大九年（1232）二月，以行枢密院事守归德。……方大兵围城，议决凤池大桥水以护城。都水官言，去岁河决敖游堌时，曾以水平量之，其地与城中龙兴塔平，果决此口则无城矣。及大兵至，不得已遣招抚陈贵往决之，才出门，为游骑所钞，无一返者。三月壬午朔，攻城不能下，大军中有献决河之策者，主将从之。河既决，水从西北而下，至城西南，入故滩水道，城反以水为固。求献策者欲杀之，而不知所在。……五月，围城稍缓，颇迁民出城就食。

内蒙古昭乌达盟（今赤峰市。编按）的宁城，曾是辽代的中京，1958年开始进行大规模的发掘。这座城经过辽、金、元、明四个朝代利用，也有外城、内城和皇城；城门、道路、宫殿、官署的布局，明显模仿了中原的都城制度，是契丹族接受汉文化的一种表现。从辽穆宗开始，契丹受汉族的影响逐渐加深，辽代墓葬中反映了此项演变；在兴宗重熙以后的辽墓中，表现得更为明显。

东北地区在草原和森林交接地带，也很早就建筑城堡了。黑龙江肇东县（今肇东市。编按）八里城的金代城堡遗址，曾经正式发掘，城周4公里，开有四门；门外有瓮城；城外壁布置马面，环绕壕沟。从城的建筑和出土的许多武器观察，这里可能是一处屯军的城堡，但同时又出土了大批的铁农具，而且种类繁多，形制和中原地区相似，表明农耕已到达这一带。牛、羊、猪骨和三股倒刺鱼叉的发现，证明居民兼营家畜饲养和捕鱼。就当时的政治情势说，这些农民可能大部分是金人从中原掳掠来的。类似八里城的屯军城堡，在松花江流域尚有不少。

中国所有的城，并非完全为汉人所筑。古代和汉族交错杂处的少数民族，稍后也学会了筑城，用以防范汉族的进侵。例如分布在陕西泾河和漆河以北的义渠，就曾经建造了许多城。《史记·匈奴列传》（卷一一〇）："当是之时，秦晋为强国。……岐、梁山，泾、漆之北有义渠、大荔、乌氏、朐衍之戎。……其后义渠之戎筑城郭以自守，而秦稍蚕食；至于惠王，遂拔义渠二十五城。"《水经注》引《晋书》："凉州城有龙形，故名卧龙城；南北七里，东西三里，本匈奴所筑也。"

云南洱海地区南诏早期所建的城，一般都很小。例如剑川县邓川旧城东北1公里的城址，建在背依大山、西凭深堑、东临弥苴河的山冈上，用夯土筑成，面积仅3,000平方米，显然是南诏学习汉人筑城，用来防御汉人的。大理的太和城、羊苴咩城以及剑川的罗鲁城，面积也都很小。但昆明一带九世纪中期以后所建的城，像拓东城和喜洲的大厘城，却在交通便利的平地上，面积也比以前的城扩大。这反映了南诏晚期政局的比较稳定和经济的发展。

西藏的主要寺院，也建有城。例如日喀则西南的萨迦，便有高大的城堡，形制完全模仿中原。萨迦分南寺和北寺，而以南寺为主寺。寺的东、南、西三面俱设街道，隔街建有石砌的多层平顶僧房。南北两寺共收藏三万函藏文书籍，除佛经外还有文学、传记、天文、医药等书籍，大多数是14世纪以前之物。日喀则东南的夏鲁万户府城址，平面作正方形，四隅有角楼基址，四壁各开一门；门外有瓮城，城周掘壕。著名的夏鲁寺在城的东南部，占了全城面积的三分之一以上。寺外壁的东墙上，镶嵌了以藏民生产为内容的石雕版画，其中有农耕、纺织、制陶、冶铁、营造等图像。寺的大殿使用了重檐歇山屋顶，铺有琉璃瓦；梁架结构也采用汉式，还有小木做装饰。这些表明了西藏文物和中原地区的渊源关系。

帝国声威空前强大，而国都之城非常简陋的，似仅有和林一例。和林亦作哈拉和林，为蒙古初年三帝驻跸之地，到元世祖迁都燕京，尚尊称其地为上都，并建置岭北行中书省以资守护。《元史·地理志》说太祖十五年（1220）建都和林，但当时只有行帐，到太宗七年（1235）才筑城垣。欧洲旅行家鲁不鲁乞（Guillaume de Rubru-quis，约1215—1270）到达和林时，其地已筑有土墙，位置在和林川的东岸。他描述此土城为庞大蒙古帝国商路的焦点，常有外国商人及使节来到，城内有许多从各国俘虏来的工匠。城四周的土墙，开有四个城门；在每一城门旁边，有一个指定的市场。东门旁边的市场买卖谷物，西门旁边的市场买卖绵羊和山羊，南门旁边的市场买卖牛只和车辆，北门旁边的市场买卖马匹。蒙古人当时建造这座土城，一定是很勉强的——因受到汉文化的传统影响，不得不筑以阻挡牛马骆驼而已。当时蒙古骑兵耀武亚欧大陆，各国使臣奔走和林，不绝于途。其中颇有些人，对和林做了记载。只是和林遗址，不在目前我国境内，暂且不去提它。

中国城市的形态，绝大多数是方形的。在平原地带，特别是较小的城，形状常呈正方形。使用二万五千分之一地形图，可在华北平原找到许多例子。正方形的城，包括的面积最大；中国人筑城，讲究以最低成本，取得较大的面积，于是正方形便成为中国城的传统形制。试观古代的国都，从西安、洛阳、开封到北京，所有的城都是方形的。北京一地，从战国时代燕国的蓟算起，曾建造过五个大规模的城，但都是方形的。

汉魏的洛阳城，在1954年进行过一次比较全面的勘探，发现城作长方形，东西北三面保存良好。东西城墙各长3,800米，北城墙长2,200米。南城墙因为洛水的变迁，早已毁没河道之中，估计长度和北城墙相差不多。城南的太学和灵台，城西的白马寺和城西北角的西晋金墉城等的位置，也在这次勘探中找到了新的证据。

北魏末年洛阳城的规模，从《洛阳伽蓝记》也可得到一个梗概："京师东西二十里，南北十五里。户十万九千余，庙社宫室府曹以外，方三百步为一里；里开四门，门置里正二人，吏四人，门士八人，合有二百二十里。寺有一千三百六十七所。天平元年（534）迁都邺城，洛阳余寺四百二十一所。"但此处所谓里，是"闾里"之里，亦即"方三百步为一里"的里，而并非"道里"的里。具体可参阅另著《草原帝国》一书。

隋唐东都洛阳的外郭城址、皇城和宫城遗址，经考古研究所洛阳发掘队的勘测，知道外郭城的周围为27.5公里，比长安城小8公里。南城墙的定鼎门、长夏门、厚载门和东城墙的建春门等的位置，也都已确定。皇城的右掖门、宾耀门和宫城的应天门、长乐门、玄武门等遗址，亦相继发现。总的说来，隋唐洛阳城地下遗址的保存情况，不如长安城完整；特别是洛水两岸的街坊，已破坏殆尽。

在丘陵地带筑城，特别是较大的城，形态常要受到地势的限制。南京和杭州的城，便是很好的例子。一则南方多山，二则偏安江南的王朝，都是退却的朝代，讲求防御，故南京和杭州的城，皆依山而筑，形状都不方正。就十九世纪末叶中国内地18省的省城说，南方6省的省会南京、杭州、广州、福州、桂林和贵阳，城的形态皆不方正。广东省的9个比较重要的府，包括广州，城池也不方正。

福建省的崇安县（今武夷山市。编按），早在西汉后期就建了城。城建在丘陵之上，故形状不规则；北面临江，城墙之外围绕土壕。城内西北角和西南角皆有土台，大概是军事防御设施的基台。城内又发掘出一座大型房基，一段砾石路面，出土大量的陶器、砖瓦和铁制生产工具等。有些历史学家，认为西汉时代中国的势力尚未到达福建，现在应该改正观点了。

中国的方志，卷首按例附有城池图，这对研究中国城市很有参考价值。我已选择了100个城，附录在另一著作《中国的方志》一书里。[13]

中国有不少的城是圆形的，例如1553年修筑的上海城就是圆形的（图20）。圆这个形状，也为中国人所喜爱。明太祖朱元璋，给他的故乡凤阳府造了一座很大的城，指定要造成圆形。凤阳府城西北近邻的凤阳县城，却是方形的。

台湾岛有好几座城，包括新竹、彰化、嘉义和宜兰等，形状也都是圆的。我在英文本的《台湾地志》下册，曾推测可能是为了节省经费，因为造圆形的城比较最节省材料，但也可能和防御的比较便利有关。[14]

某些游记，也报道城的形状。华学澜的《辛丑日记》就说湖北宜城的城是圆形的："此地城为圆形，周七里余，凡门六，东西南北外，有小南门、小东门焉。"有些喜爱城的，旅行时会注意到县治是否有城。上述《辛丑日记》的作者1901年过桃源时，曾写道："询知此地无城，无怪未见城门已到试院也。"

城的外围，紧包着一道大壕沟，称为城壕（moat）。城墙和城壕，二者关系密切；夯筑墙垣和挖掘城壕，常同时进行。挖壕所得的泥土，就用来筑墙。壕挖得深，城筑得高，一正一负，构成双重的防御体系。但在北方，因为缺水，有水冬天也要结冰，城壕所起的作用较小，往往不太受重视。北方重要的城，虽也都有壕，但因给水受限制，壕不可能很宽；北京和太原，城壕的宽度皆不出30米。南方多水，情况不同；南京和苏州，城壕的宽度都超过80米。

壕的深度也各城不同，但大多数在3—5米之间。现在因为城的机能丧失，很多城壕已经填塞了。

在城门附近，壕常较宽较深。因加宽加深所挖出来的额外泥土，正好用来填筑瓮城（enceinte wall）。但通常只有很重要的城，才在城门外加筑瓮城，增强防御力量。瓮城多数呈半圆形，但也有作长方形的。

城门之上，或在城墙转角处，皆起楼橹，其中有些建筑得极为美观。这些高大的楼或橹，可用以望远，并作为宿值士卒的住所；城被包围时，就变为守城者射击的据点。

重要的大城，像北京城，城墙上还建有高大的箭楼。各城门除了其上的城楼外，城门外还有一道瓮城（即曲城）；在瓮城正对城门的城墙上，筑有箭楼，据以向外射击。北京正阳门的箭楼，非常著名。

绝大多数的城，只围着一道墙。早期的城墙，皆用夯土版筑，所以很快就可建成；即使是王国首都，也不例外。但土筑的墙垣，容易受风雨侵蚀。因此比较重要的城，外加砖或石块，使其强化。综观方志记载，虽早在唐代，已有若干大城改用砖石修筑，但绝大多数的城要到14世纪以后，才普遍应用砖石加固。即使是北京城，也要到1421年以后，才全部加砌巨砖。近年在舞阳、万荣、华阴、焦作、武安、磁县、怀来、唐县和湘阴等地，发现了韩、魏、赵、燕、楚等国的城址。它们一般都建在近河的地方，城的平面大多作方形或长方形，面积由0.25—1平方公里不等。城的四周有用夯土筑成的墙垣，每边有一个或两个门道。

长安、洛阳、开封、北京、南京和杭州等伟大的古都，都曾有三重城墙，层层包围。在外城之内，分别构筑皇城和宫城。外城是老百姓的住宅区和商业区，皇城主要为中央衙署和官吏住宅区，宫城则为皇宫所在。此外如北京、济南、兰州、广州等城，因为市区扩张到了城外，为了安全着想，必须包套另一外城，把城外的居民包括进来，但这样的实例不多。北京在明代中叶，原拟在外城之外，加筑一道外城；因为经费没有着落，结果只是在南边包上一层，才使北京城的平面变得奇形怪状（详见第五篇《北京的城市发展》）。

城门的多少，视城的规模形制、行政等级以及商业和交通的情况而定。普通的城，特别是县城，只有四个城门，也就是城的每边开一个，开在城墙的正中。城门常取有文雅的名称，很容易从方志上查出来。当地的居民，喜欢以城门所朝的方向，简称为东门、西门、南门和北门。但也有只开三个门的，在这样的场合，一般是北边不开城门。以下是《同治上海县志》（卷二）《建置·城池》对于县城的描述，可视为中国城的标准格式：

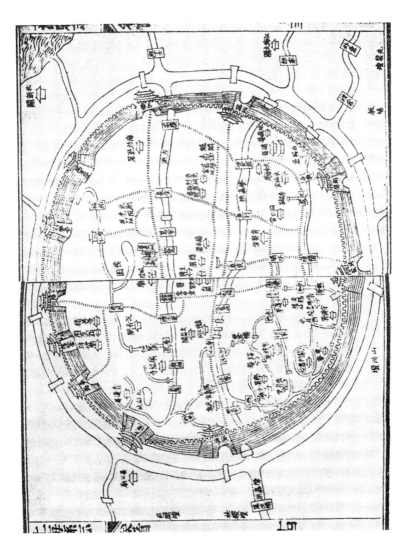

图 20　明嘉靖三十二年（1553）所筑上海县城图

城周围凡九里，高二丈四尺。门旧六，新一；凡大小七。东曰朝宗，南曰跨龙，西曰仪凤，北曰晏海。跨龙门迤东为小南门，曰朝阳；朝宗门迤北为小东门，曰宝带；晏海门迤东为新北门，曰障川。水门四，东西门者跨肇嘉浜；小东门者跨方浜；小南门者跨薛家浜。堞三千六百有奇，箭台二十所。濠环抱城外，长一千五百余丈，广可三丈。……元建县后二百六十余年，犹无城。故前明倭寇数躏焉。嘉靖三十二年（1553），邑人顾从礼疏请建城，知府方廉始筑之。[15]

山海关外著名的宁远城，袁崇焕曾借以拱卫明皇朝的，《锦州府志》（卷三）有如下的记载："宁远州城，本广宁前屯中屯二卫地。明宣德三年，总兵巫凯请建宁远卫于此。筑城，周围五里一百九十六步，高三丈。池周围七里八步，深一丈五尺。门四，东曰春和，南曰延辉，西曰永宁，北曰威远。外城周围九里一百二十四步，高如内城。明季增筑门四，东曰远安，南曰永清，西曰迎恩，北曰大定。四角俱设层楼。"这是重要边城的格局。

府城和州城，可能开有较多的城门。南方的城，很多跨在水道上，这就得另辟水门。水门是南方城市地理的另一特点。在江浙地区，有不少城的水门和陆门一样多。例如浙江绍兴府的旧城，共有九门，包括三个陆门、三个水门，另三个水陆兼用。

重要的古都，城的每边都开辟三座门。例如唐代的长安、北宋的开封，以及明嘉靖三十一年（1552）以后的北京，都有十二个以上的城门。在内地十八省的省城，有十三个的城门都超过四个。

城门的位置和城内主要街道的布局有连带关系。如果四边的城门都开在中央，则东、南、西、北四门相对，城内的主要街道便构成十字形。阅读方志，可知绝大多数的县城是这个模样的。政府的官署，以及城隍和孔庙，虽不必分布在中心位置，但报时报警的钟楼鼓楼，必然坐落在这个十字路口或附近。钟鼓楼一般造得颇为高大，有居高临下之势，具备防御的副作用。山西省的大同府城，可视为此一形制的标准。但主要街道相交的十字路口，能否成为最繁华的地段，则尚有其他因素的影响。如果有一个城门不开在城墙正中，城内的主要街道便不能成为十字形。

有不少的城北边不开城门，安徽省的凤阳县城，即为一例。在此一安排之下，城内北部地区的发展无疑会受到影响。中华民族的主要外患，长期以来来自北方；人民大众在心理上，随时要提防北方，最好是不开城门。这种潜伏的、下意识的心理威胁，逐渐演变成为风水式的观念。但有少数县城，北边虽不开门，却在别的城边多开一门，结果还是四个城门。

城内的街道，不一定都平直。出于防御乃至迷信的原因，有不少重要大街是弯曲的，台湾北部淡水河西北岸的新庄，便是一个很好的例子。[16]

穿过或接近城区的交通要道，包括水路，对城市的发展有很大影响。大运河通过苏州城的西边，因此西门外的商业特别发达。

因水路交通而兴起的临河城市，为了便利商业活动，易于到达码头、渡口或主要桥梁，城门多开辟在靠水的一边。但水位有季节性的涨落，就又不能不提防洪水；例如必须准备大批沙包，在涨水时紧急封闭城门。坚固的城墙，也兼有防洪的功用。在很多场合，城外受到了水淹，城内却赖城墙而保全。皖北的寿县城，最近还表现了它的此项功能。

在北方平原地带，特别是黄河和淮河下游，不少地势低洼的城，为了防御洪水，城外加筑了一道防水墙，但多数限于迎河的一面。例如河南省中牟县城北边，就筑有两道防洪的土墙。台湾北部的新竹城（原名竹堑城），夹在头前溪和客雅溪中间，夏季经常有水灾，因此筑了两重城；内部为砖城，建于清道光七年至九年（1827—1829），后来在道光二十二年（1842）又栽竹堆土，再添了一道墙，具备防洪和防匪的双重作用。我在《新竹市志》一书中曾有很详细的说明。[17]

城的位置，除受地形控制外，也同交通路线、水路航程（木船上水下水每天可到达的里程）、太阳光向以及民族迁移途径等有关。长江三峡一带，除了巴东以外，其他如巫山、奉节、云阳等，全在北岸，这显然和有较多太阳光的照射有关。汉水的上游，像勉县、汉中、城固、洋县、石泉、紫阳，皆在汉水北岸。四川的岷江，从新津以下，经彭山、眉山、青神、乐山以迄犍为，所有州县城池全筑在岷江西岸。

事实上，沱江沿岸的简阳、资阳、资中、内江，以及涪江沿岸的绵阳、三台、射洪、遂宁、潼南等县，县城也都筑在西岸。这是一项有趣而复杂的问题，我已在《中国地志》的四川盆地一区内，有很详细的解释，不拟在此重复。

中国的城，常因特殊的物产而有诨名。例如昆明四季多花，被称为花城；济南多泉水，被称为泉城；福州多榕树，被称为榕城；广州则因五羊的故事，被称为羊城。中国人移民到什么地方，便会把这个"嗜好"带去，于是新加坡被称为狮城，槟榔屿被称为槟城。甚至远在太平洋中心的火奴鲁鲁（Honolulu），也被称为檀香山或檀埠。日本人也颇受此一文化爱好影响，广岛城的城壕里多鲤鱼，故广岛又名鲤城。福建泉州的城，平面像一尾鲤鱼，故亦称鲤城。

五、城的年龄

各个朝代每建一城或重修一城，都有明确的记录。中国有这么多的城，而且多数很古老，此项记录就成为极宝贵的史料。国际研究中国之家所保有的六千多张关于城的卡片中，四千多张记有城的创建年代。所有的年期皆附注公历年份，并且和《中国古今地名大辞典》等书校对过。事实上，《中国古今地名大辞典》等书所引用的资料，绝大部分也来自方志。

城的年龄，要从创建之年算起。开发较早的地方，在很迟才开始修志的情况下，对于城的初建日期，往往模糊不清。这在决定城的年龄时，就发生了困难。重要如南京，正史明白记载是建安十七年（212）初建的。《三国志·吴主传》（卷四七）："十六年，权徙治秣陵。明年，城石头，改秣陵为建业。"但亦有传说，在此以前，南京早已建过城了。至于较小的地方，情形就更混乱；同一座城的创建，在不同文献中可发现好几个不同年代。

我曾经试绘中国"等城线"图，把全国所有城的创建年期，用不同彩色注在图上，然后从3,000年前起，每隔500年勾一条线（分3,000年以上者，2,500—3,000年、2,000—2,500年、1,500—2,000年、1,000—1,500年、500—1,000年以及500年以下者共7条线），把创建年期相同的线连起来。从这幅图中，明显地可以看出中原的城最为古老：年龄超过3,000年的古城，几乎完全分布在中原地区。今后考古工作继续推进，可能发掘出更多埋藏在地下的古城。从中原向外，城的年龄减轻；但在西北和东北，不少城的创建年代早得出乎常人意料之外。

我再将城的年龄粗分为五级（3,000年以上者，2,000—3,000年者，1,000—2,000年者，500—1,000年者，500年以下者），绘成五幅城的年龄图。由图可知，3,000年以上的城，数量较少，分布范围最狭，很可能有遗漏，并且肯定近年会从地下发掘出更多的古城。第二幅是年龄介于2,000—3,000年的城，分布偏集北方，和汉代的人口分布及其他事物的地理分布有吻合趋势；分布的地区范围，到达了朝鲜和越南。

第三幅是年龄介乎1,000—2,000年的城，分布比较散漫，南北无甚差异，和唐宋两代若干事物的地理分布有符合之处。

第四幅是年龄介乎500—1,000年的城，包括了元代和明代。明代当永乐时期，国势强盛，一度设置交趾承宣布政使司，东北的宗主权到达黑龙江口外的苦夷（今库页岛）。这幅图中的城，绝大部分是明代建造的，它的分布明显有如下三个特点：（一）沿长城线筑了许多城，防御蒙古人再南下；长城东端和东北地区的许多城，则是和女真族斗争时造的。（二）在东南沿海造了连串的城，多数是卫所城，主要对付倭寇的侵扰。（三）西南地区的城，多用以控制少数民族；在从湘西通到昆明的主要驿道两侧，部分的城用以保护交通路线。

第五幅是年龄不满500年的城，数量较少，主要是清代建造的。东北和西北的城，是为了对抗俄国的扩张。北京和大同一带的城为保卫京师。东南沿海的城，有些用以对付台湾的郑氏割据势力。台湾开发的历史短浅，所有的城比较最为年轻。

此外，我还绘制了汉、唐、宋、明、清各朝代创建的城。这些地图各有特点，换言之，都可以用历史事实加以解释。

宋代的军，是政军合一的行政单位，当然都建有城池，多数分布在边疆。寨和堡则是规模较小的城。宋代的军、寨、堡城，绝大多数分布在北边；西北防西夏，东北防辽（契丹）。可参阅图26。

其实城的年龄，并不容易断定。特别是中原古老的城，常找不到初建的年代。有些城初建时规模甚小，或仅是一座土堡，但后来因地位改变，改建为很大的城。在此一场合，应以土堡创建之年算起呢，还是以改建大城算起呢？颇费踌躇。

位于黄河古冲积扇前缘要冲的开封，地理位置优异，春秋战国时代曾是王国的都城，但我怀疑早在此时以前，开封或其附近已经有了城池。将来比较深入的考古发掘，可能会证明我的推测。

作为北宋统一王朝的都城，东京开封是在旧汴州城的基础上发展起来的。汴州城为唐德宗建中（780—783）初年节度使李勉所筑，周围20里155步。五代梁定都汴京，周世宗广而新之。显德二年（955）四月展筑外城，动员邻近州县民工十余万，筑成周围48里233步的大城，较旧城扩大了一倍以上；又整顿城内道路，拓宽街衢。

《资治通鉴》（卷二九二）显德二年十一月条：

> 先是，大梁城中，民侵街衢为舍，通大车者盖寡。上命悉直而广之，广者至三十步。又迁墓于标外。上曰："近广京城，于存殁扰动诚多，怨谤之语，朕自当之，他日终为人利。"

后周世宗柴荣是一位极有作为的皇帝，他对改造开封城有整套计划。《五代会要·街巷》（卷二六）记载了显德三年（956）六月世宗所下的诏书：

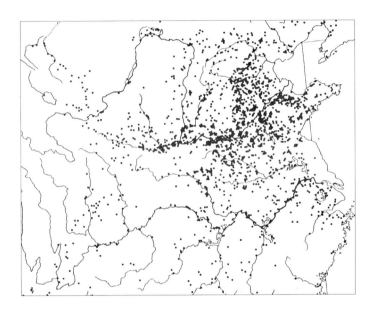

图 21　部分城的年龄（一）

（二千年至三千年。陈正祥根据《中国古今地名大辞典》等资料绘制。）

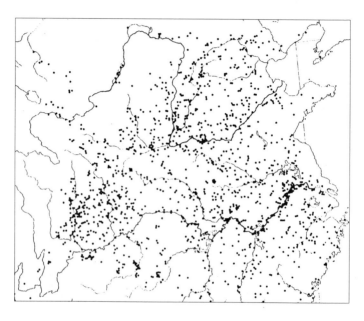

图 22　部分城的年龄（二）

（一千年至二千年。陈正祥根据《中国古今地名大辞典》等资料绘制。）

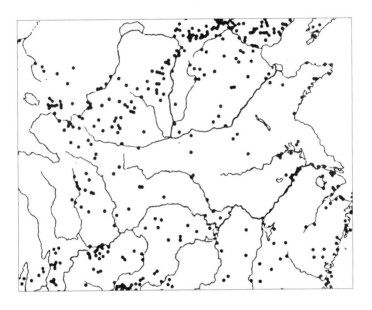

图 23　部分城的年龄（三）

（五百年至一千年。陈正祥根据《中国古今地名大辞典》等资料绘制。）

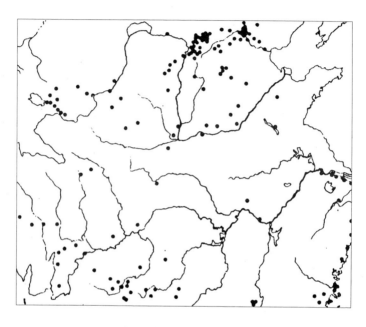

图 24　部分城的年龄（四）

（不足五百年者。陈正祥根据《中国古今地名大辞典》等资料绘制。）

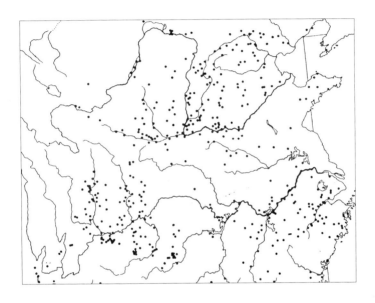

图 25　唐代创建的城（局部）

（每点代表一城。陈正祥根据《中国古今地名大辞典》等资料绘制。）

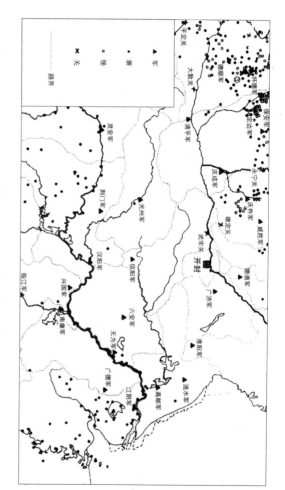

图 26 宋代之部分军寨堡

（陈正祥绘制。）

近建京都，人物喧阗。间巷隘狭，雨雪则有泥泞之患，风旱则多火烛之忧。每遇炎热相蒸，易生疾沴。近者开广都邑，展引街坊；虽然暂劳，终获大利，……其京城内街道阔五十步者，许两边人户，各于五步内取便种树掘井，修盖凉棚。其三十步以下至二十五步者，各与三步；其次有差。

汴州城发展到这个阶段，已进入壮年期。北宋王朝建立后，继续以此城为国都。当时的外城共有21个城门：东边5个城门名上善、通津、朝阳、含辉、善利；南边的5个城门名南熏、普济、宣化、广利、安上；西边的6个城门名顺天、大通、开远、宣泽、金耀、咸丰；北边的5个城门名通天、景阳、永泰、安肃和两顺。

建隆三年（962）正月，发动浚仪民工数千，扩建皇城的东北部；五月命有司按西京（洛阳）宫殿图修筑宫城。四年五月十四日，诏李怀义护役。乾德三年（965）四月，导五丈河通皇城为池。四年二月七日，帝亲视皇城版筑之役。六年正月，又发近甸丁夫增修京城（外城）。太平兴国四年（979）九月，改京城门名。至道元年（995）十一月，诏张洎改撰京城内外坊名八十余，分定布例，始有雍、洛之制。[18]东京汴梁，在时间上比较后起，建制要处处模效长安和洛阳。

真宗咸平年间（998—1003），汴京城内的道路又渐为权贵侵占。《续资治通鉴长编》（卷五一）咸平五年二月戊辰：

"京城衢巷狭隘，诏右侍禁阁门祗候谢德权广之。德权既受诏，则先撤贵要邸舍，群议纷然，有诏止之。德权面请曰：'今沮事者，皆权豪辈，吝屋室僦资耳，非有它也，臣死不敢奉诏。'上不得已，从之。德权因条上衢巷广袤及禁鼓昏晓，皆复长安旧制。乃诏开封府街司，约远近，置籍立表，令民自今无复侵占。"

此后开封城不断修筑增补，但除了神宗熙宁、元丰间的一次外，工程规模都不很大。《玉海》（卷一七四）有如下的许多记载：

祥符元年（1008）正月丙子，修东京外城。九年七月丁未，增筑新城；天禧二年（1018）三月毕工。天圣元年（1023）正月辛卯，发卒增筑京城。

皇祐元年（1049）八月十二日葺旧城。

嘉祐四年（1052）正月十一日修筑新旧城。治平元年（1064）十月十六日增筑。

熙宁八年（1075）九月癸酉，重修都城。元丰元年（1078）十月丁未告毕。诏知制诰李清臣记之，二年写成进上，绍圣元年（1094）九月六日，刻石于南薰门；由蔡卞篆书。

此记为中国城市建设史上极重要的石刻，也是中国地理学史中的重要文献。从此记中，得知东京城开封的最后规制是周围50里165步，基阔5丈9尺，高达4丈，埤堄7尺，共费工579万。

"浊河限其北，漕渠贯其内。气得中和，土号沃衍。霏烟屯云，映带门阙。……周世宗广而新之，逮此百二十有五年。"记中提到"创机轮以登土，为铁疏以固沟"，则显然说明这次重修都城，已经使用机械了。

至此开封城已进入了成熟阶段。

六、名城举例

中国著名的古城甚多，有关的资料也极丰富；此等伟大的古城，曾焕发中华文化的光辉！但中国靠历史吃饭的人，却对古城缺乏兴趣，少有可喜的有关著作。这真是可悲、可叹的事！日本学者却写过几篇，有些且被翻译成中文。吾友平冈武夫教授所著的《长安与洛阳》，便是其中一例。

国际研究中国之家有鉴于此，从1965年起，便进行中国古代城市的研究。初步选择作为研究对象的，包括长安、洛阳、开封、北京、南京、扬州、成都、杭州和大同等九处。但因为阻碍重重，较早时只完成北京一处。我接受特别邀请游览东北地区一个月后，即从哈尔滨转飞北京；会谈无成，随即赶返香港，在失望之余，迅即写了一册《北京》，自题书名，列为国际研究之家《中国研究丛书》第3号。其余各处，虽也已收集了不少资料，始终没有时间加以整理。在此约略举出的，只有长安和南京两处；而此二处详细成熟的报告，尚须等待数年。凡能明白我当时处境的，料能体谅。

（一）长安

　　长安在汉唐盛世，曾是全国乃至全世界最大的政治和文化中心。从1956年秋季开始，对西汉首都长安城进行了大规模的勘查发掘。探明城墙全部为版筑土墙，方向基本上作正南北向。东墙平直，其余三边的城墙皆有曲折；周长25.1公里，折合汉代的60里。城墙每面各开三个城门。发掘证实，汉长安城的城门各有三个门道，每个门道宽达8米；减去两侧立柱所占的2米，实宽6米。在东边南侧的霸城门内，车轨的宽度是1.5米，可见每个门道正好容纳四个车轨。三个门道，共可容纳十二个车轨，气魄宏伟。由城门通往城内大街，以三条并列的道路组成，宽度和门道相同，蔚为壮观。

　　刘邦平定中原，欲建都洛阳。娄敬反对，劝其定都关中。但当时咸阳被项羽放火烧了，只得先到秦的旧都栎阳。直到汉高祖七年二月，才从栎阳徙都长安。

　　　　（惠帝）三年，方筑长安城，四年就半，五年六年城就。诸侯来会，十月朝贺。索隐按《汉官阙疏》："四年筑东面，五年筑北面。"《汉旧仪》："城方六十三里，经纬各十二里。"[《史记·吕太后本纪》（卷九）]

元年（前194）春正月，城长安。……三年春，发长安六百里内男女十四万六千人城长安，三十日罢。六月，发诸侯王、列侯徒隶二万人城长安。……五年春正月，复发长安六百里内男女十四万五千人城长安，三十日罢。九月，长安城成，赐民爵，户一级。……六年夏六月，起长安西市。[《汉书·惠帝纪》（卷二）]

长安，高帝五年置。惠帝元年初城，六年成。户八万八百，口二十四万六千二百。[《汉书·地理志》（卷二八）]

汉之故都，高祖七年，方修长安宫城，自栎阳徙居此城，本秦离宫也。初置长安城，本狭小，至惠帝更筑之。……高三丈五尺，下阔一丈五尺，上阔九尺，雉高三板，周回六十五里。……《汉旧仪》曰："长安城中经纬各长三十二里十八步，地九百七十三顷。八街九陌，三宫九府，三庙十二门，九市十六桥。"[《三辅黄图》（卷一）汉长安故城]

长安城面三门，四面十二门，皆通达九逵，以相经纬。衢路平正，可并列车轨，十二门三途洞辟，隐以金椎，周以林木。左右出入为往来之径，行者升降有上下之别。(《三辅决录》)

建金城而万雉，呀周池而成渊。披三条之广路，立十二之通门。内则街衢洞达，闾阎且千；九市开场，[19]

货别隧分。人不得顾，车不得旋；阗城溢郭，旁流百廛。红尘四合，烟云相连。(《西都赋》)

城门未见用砖，而是木构；在两壁直立的阙口，密排几对柱础，础上建立大木柱，再在其中筑门楼。汉唐之间的重要城市建筑，都承袭这种城门形制。这样的城门，较易毁于兵火。发掘工作证明，汉长安城的城门，尽毁于新莽末年战火；而城内的宫殿建筑也遭到严重破坏。在此后的东汉、五胡十六国和北朝期间，虽然有不少王朝仍在长安建都，但都城的雄伟景象已不能和西汉比拟了。

隋唐时代，都城移到汉长安城的东南方。隋唐长安城的外郭，南北长达8,470米，东西长9,550米，周围35.5公里，比汉长安城周多10.4公里。隋唐长安的坊市制度，经过探测和发掘之后，较文献记载更加清楚了。根据文献记载和实地调查，可知此项棋盘式的都市规划，早在曹魏的邺城便已开始——曹操手下，原有各式各样的人才，包括城市设计的专家。经过北魏的洛阳，东魏、北齐的邺南城，终于发展成为隋唐长安的格局。从整个城市中宫殿区所占的地位、封闭式的坊制以及受严格统制的市场布局看来，此等古城和欧洲中古时期的城市有着很大的差别。

《隋书·高祖纪》(卷一)说开皇二年（582）六月，文帝认为长安从汉以来，"凋残日久，屡为战场，旧经丧乱"，又觉得"龙首山川原秀丽，卉物滋阜，卜食相土，宜建都邑"，于是就命令左仆射高颎、将作大匠刘龙等创造新都。

"十二月丙子，名新都曰大兴城。……三年三月丙辰，雨，常服入新都。……四年四月丁未，宴突厥、高丽、吐谷浑使者于大兴殿。"

大兴城的城垣，在文帝时期似未完成。《隋书·炀帝纪》（卷四）："大业九年（613）三月丁丑，发丁男十万城大兴。"

隋文帝开皇二年，自故都徙其地；在汉故城之东南，属杜县。周之京兆郡万年县界，南侵终南山子午谷，北据渭水，东临灞浐，西枕龙首原。……外郭城东西十八里一百一十五步，南北十五里一百七十五步，周六十七里。南面三门，正中曰明德门，东曰启夏门，西曰安化门；东面三门，北曰通化门，中曰春明门，南曰延兴门；西面三门，北曰开远门，中曰金光门，南曰延平门；北面一门，曰光化门。……皇城（俗号子城）东西五里一百一十五步，南北三里一百四十步。南面三门，正南曰朱雀门，东曰安上门，西曰含光门；东面二门，南曰景风门，北曰延喜门；西面二门，南曰顺义门，北曰安福门。城中南北七街，东西五街。（宋敏求《长安志》）

《隋书·地理志》（卷二九）京兆郡所记的大兴城，和《长安志》所述符合，接着是"里一百六，市二"。

宫城东西四里，南北二里二百七十步。周一十三里一百八十步。其崇三丈五尺。掖庭宫，广一里。（毕沅注：隋开皇三年（583）六月，诏规建制度，先筑宫城，次筑皇城，次筑外郭城。）（《长安志图》）

京城前直子午谷，后枕龙首山，左临灞岸，右抵沣水，其长六千六百六十五步，广五千五百七十五步，周二万四千一百二十步，其崇丈有八尺。[《新唐书·地理志》（卷三七）]

皇城在西北隅，谓之西内。[20]正门曰承天，正殿曰太极。……京师西有大明、兴庆二宫，谓之三内。有东西两市。都内，南北十四街，东西十一街。街分一百八坊，坊之广长，皆三百余步。皇城之南大街曰朱雀之街，东五十四坊，万年县领之。街西五十四坊，长安县领之。京兆尹总其事。东内曰大明宫，在西内之东北，……禁苑，在皇城之北。苑城东西二十七里，南北三十里，东至灞水，西连故长安城，南连京城，北枕渭水。苑内离宫、亭、观二十四所。[《旧唐书·地理志》（卷三八）]

唐都城三重：京城、皇城、宫城；三都：上都、东都、北都。（此处东都指洛阳，北都指太原。）[《玉海》（卷一七四）唐京城条]

其中左宗庙（在安上门内之东），右社稷（在含光门内之西）。百僚廨署，列乎其间；凡省六、寺九、台

一、监四、卫十有八。[21]东宫官属，凡府一、坊二、寺三、率府十。(《唐六典》)

唐代长安的皇城和宫城，以及大明宫、兴庆宫、芙蓉园等主要宫殿、园苑，都已经勘探清楚。其中大明宫宫墙范围和宫内建筑群的平面布置，可准确地加以复原。大明宫内的含元殿、麟德殿、重玄门和兴庆宫西南隅勤政务本楼等主要宫殿遗址的发掘，已给研究唐代宫殿建筑形制提供了珍贵资料。含元殿面阔十一间，进深三间（59.2米×16米）。东西两侧有廊道通向翔鸾、栖凤二阁，殿前铺有踏道。全组建筑布局对称，是唐代宫殿中最常见的平面布置。麟德殿的平面设计和含元殿不同，它分前、中、后三殿，在建筑的结构上要比含元殿更为复杂。1963年日本东京落成的新皇宫，基本上还包括了唐长安宫殿布置的概念。汉文化影响日本之深远，由此可见一斑。

唐朝灭亡后的长安城，规模远比原先的缩小。《长安志图》："新城，唐天祐元年匡国节度使韩建筑。时朱全忠迁昭宗于洛，毁长安宫室百司及民庐舍，长安遂墟。建遂去宫城，又去外郭城。重修子城（即皇城也），南闭朱雀门，又闭延喜、安福门；北开元武门，是为新城（即今奉元路府治也）。城之制，内外二重；四门，门各三重。今存者惟二重，内重其址尚存。东又有小城二，以为长安、咸宁县治所。"于是雁塔和曲江都到了城外。

（二）南京

南京城是中国现存最大的城，也是全世界最大的砖石城。此城为明太祖朱元璋所扩建，其前身曾经历很多改变，有许多不同的名称。

关于南京城的初建，传说很早。但南京肯定地成为偏安的首都，系在三国孙吴。建安十六年（211），孙权把活动基地从丹阳（镇江）迁移到秣陵，第二年便开始造石头城，这是南京筑城的最早记载。1366年朱元璋大规模扩建南京城，已经与之相隔1,155年了。

十六年，权徙治秣陵。明年，城石头，改秣陵为建业。[《三国志·吴书·吴主传第二》（卷四七）]

《三国志·吴书》（卷四七）记载孙权黄龙元年（229）九月，自武昌迁都建业。晋改名建康。

《通鉴》："自晋以来，建康宫之外城，唯设竹篱而有六门。"齐建元二年（480）五月，命改立都墙。（《玉海》卷一百七十三）

郛郭周匝，重城结隅，通门二八，水道陆衢。（左思《吴都赋》）

《舆地志》曰："都城二十里十九步。"权虽城石头以镇江险，其都邑则在建业故城，历代所谓石头者，六

朝因之。诸葛孔明云："钟山龙蟠，石头虎踞。"则南朝都城，襟抱左右，概可见矣。（《玉海》卷一百七十三）

　金陵有古冶城，本吴铸冶之地。（《建康图经》）

　此后直到隋文帝开皇九年（589），除了280—317年这一段时间外，南京相继为东晋和南朝宋、齐、梁、陈的国都。公元589年隋灭陈，再统一中国，破坏了建康城，南京的政治地位乃相形见绌。

　《资治通鉴》（卷一六二）梁太清三年（549）胡注引《金陵记》："梁都之时，城中户二十八万。西至石头城，东至倪塘，南至石子岗，北过蒋山，东西南北各四十里。"可见当时建康所包括的范围颇广。《通典·食货典》杂税条，说建康秦淮河北有大市，其余小市十多所。所设置的市众多，反映了当地商业的发达。据《宋书·五行志四》（卷三三），自东晋以来，建康便是"贡使商旅，方舟万计"的大港口，无疑已成为江南商业中心。《隋书·地理志》也说建康是"旧京所在，人物本盛。小人率多商旅，君子资于官禄。市廛列肆，埒于二京（指长安和洛阳）"。建康东西两侧所置的方山津和石头津，即为检查行旅和向往来商贾征收税钱而设。

　南朝是佛教的狂热时代，因此建康城内出现很多寺院，到陈朝末年，全部共达1,232座。沈曾植《〈南朝寺考〉序》引《释迦氏谱》："东晋偏安一百四载，立寺乃一千七百六十有八，可谓侈盛；而金陵寺数，方志无文。自宋迄梁，代有增加。梁世合寺二千八百四十六，而都下乃有七百余寺。陈承梁乱，……末年都计寺一千二百三十二。"而《南史·郭祖深传》（卷七〇）指出，梁朝初年"都下佛寺五百余所，穷极宏丽。僧尼十余万，资产丰沃"。由于梁武帝的大倡佛教，京城建康的佛寺乃增加到了七百多所。唐人杜牧《樊川文集·江南春》（卷三）绝句："南朝四百八十寺，多少楼台烟雨中。"大致是经过了侯景之乱，建康的佛寺还剩下四百多所。有这么多的佛寺，也就说明了城市的规模。

南京的重要性依靠长江，因为有长江的掩护，才成为偏安王朝的政治和军事基地。扬州和苏州因为在运河线上，附近农业发达，经济发展得早而且快。但就战略位置说，南京却远比扬州和苏州重要，进可以攻，退可以守；占领了南京，便可控制富庶的江南。扬州水路交通的位置优越，水运的费用远比陆运低廉，故在商业上扬州占尽便宜，经济长期繁荣。但就陆地交通说，南京的位置却比扬州重要。

唐朝中叶以后，南京的地位重新抬头，成为藩镇的争夺对象。到五代时，南京是南唐的国都。南唐在军事上和政治上是弱者，但在文化上却焕发了光辉。宋开宝八年（975）灭掉南唐，南京未受大破坏。宋王朝被迫向江南播迁时，曾一度以南京为国都，但为时甚短。明太祖朱元璋在1356年攻克南京，改名为应天。

朱元璋所攻下的南京城，曾经五代后梁改建，约完成于贞明六年（920）；后来作为南唐国都时又修补加高，利用内城为宫城。这座城略作正方形，每边长约3公里，开有

8个门，城基宽约12米，顶宽及城高皆约8米。南宋定都杭州后，在南京一直设置行宫。元成宗元贞三年（1297），南京城内有居民9.5万人；朱元璋入城时，估计城内约有10万人口。其后五六年间，他忙于征战，一时没有注意到城的整修，到1360年时，才略加扩充和修补。1366年阴历八月，开始大规模扩建南京，主要是向东向北扩充。1369年建造新城，包括皇城和宫城。皇城每边长约1公里，呈正方形，正门朝南。和整座南京城比较，皇城就显得较小。宫城的面积，约占皇城的一半。洪武元年（1368）正月初一朱元璋称帝，南京成为第一个统一皇朝在江南所建的国都。到1373年八月，南京城大致完成，先后费时七年。

这个时候，全国的经济和文化中心虽迁移到了江南，南方人以南京为基地所建立的帝国，定都南京也顺理成章，但历史的传统观念，要求朱元璋迁都中原的压力仍然很大，以致他即帝位后二十年，还要求顾问们研究洛阳、西安及其他地点，并派遣皇太子巡视西北。因为在传统上，统一的帝国应建都北方。但形势比人强，他最后还是决定建都南京，修整了著名的南京城，并把自己的陵墓择建在城东的紫金山麓，是为明孝陵。

南京城的规制，和北京有很多相似处，显然是南京继承北京。宫城的南正门叫作午门，皇城的南正门称为洪武门，相当于北京的天安门。洪武门外是政府衙署的集中地区。从午门向南，经洪武门一直通到外城正阳门的大道，称为御道，是笔直的大道；其上有盖，可防风雨。天地坛和山川坛则在正阳门外东南。六部之中除了刑部外，都分布在御道以东，对面则为五军都督府第。只有刑部在宫城以北城外的玄武湖东岸。太学原在新城西南，但洪武十四年（1381）新建的部分却在新城，也就是后来"国立"中央大学（现南京大学）的所在。太平天国的末叶，特别是1864年，皇城曾受战火严重损毁；到辛亥革命时（1911），几已完全破坏。

《明史·地理志·南京》（卷四〇）载：

> 洪武元年八月建都，日南京。十一年日京师。永乐元年仍日南京。〔洪武二年九月始建新城，六年八月成。内为宫城，亦日紫禁城，门六：正南日午门，左日左掖，右日右掖，东日东安，西日西安，北日北安。宫城之外门六：正南日洪武，东日长安左，西日长安右，东之北日东华，西之北日西华，北日玄武。皇城之外日京城，周九十六里，门十三：南日正阳，南之西日通济，又西日聚宝，西南日三山，日石城；北日太平，北之西日神策，日金川，日钟阜；东日朝阳，西日清凉，西之北日定淮，日仪凤。后塞钟阜、仪凤二门，存十一门。其外郭，洪武二十三年四月建，周一百八十里，门十有六：东日姚坊、仙鹤、麒麟、沧波、高桥、双桥，南日上方、夹冈、凤台、大驯象、大安德、小安德，西日江东，北日佛宁、上元、观音。〕

这时南京城及其近郊，人口接近90万，比朱元璋初入城时增加了8倍。其中老百姓约占60万，散居24坊、24乡和39厢。洪武二十四年（1391）时，南京的卫和所共有20

万兵，大部分分布在城内；国子监有太学生约 8,000—9,000 人，各种文武官吏 72,000 人。据洪武二十六年的编户，应天府所领八县的总户口为 163,915 户，1,193,620 口。这个统计是中国人口史上最准确的数字之一，但到底有多少人居住城内，则不得而知。

我做学生时数度登临的南京城，气派雄伟。它不但是全国最大的城，而且城墙也最长、最高、最宽且最坚固。只因为是逐步扩建的，同时又受地形的限制，形状极不规正。北边到达玄武湖（后湖）南岸，西北包括了狮子山；狮子山为长江边的高点，有重大军事价值。钟楼和鼓楼，建在城的中央。此一名城用巨大的长条石块奠基，全部用特制的砖石砌成。城长 96 里，城基宽 10—18 米，城高 15—18 米，随地势而起伏。全部有 13,616 个雉堞，这些是开枪炮眼的工程。城顶平坦，宽 7—12 米，其上夯筑。外壁另涂石灰和糯米的混合液，城顶再铺泥土和桐油的混合物。皇城和宫城所使用的材料，尤其讲究。城门之外有瓮城，城门双重。著名的西洋传教士利玛窦（Matteo Ricci），在明万历二十三年（1595）到达南京，认为南京是全世界最美丽、最伟大的城市，比他所见过的所有欧洲城市都好。1600 年他又到了北京，报道北京的城市规模、房屋设计以及官厅和要塞的建筑，均远不及南京。郑和下西洋的庞大舰队，是从南京的龙江关出发的，可见南京又是一个大港口。

七、沙漠中的古城

秦代和西汉初年对鄂尔多斯草原及周边地区的兴趣，老早就使我怀疑当时这一带是否像今天那样全属荒漠。古书所提到的许多城，是否被流沙湮没了？近年的考古发掘，已找回了几座古城。现在狼山东南和黄河西北是乌兰布和沙漠，但二千多年前，这里却是汉武帝所置朔方郡的一部；当时引用黄河水灌溉，农耕和畜牧并盛；人口增加，还筑了几座城。《汉书·匈奴传》："数世不见烟火之警，人民炽盛，牛马布野。"古城废墟附近分散的汉墓群，可以证明此一事实。

乌兰布和沙漠北边，目前已发现的三座古城，一为临戎，在今磴口（巴彦高勒）之北偏东18公里，东距黄河7公里；一为三封，在临戎以西35公里，狼山东南麓；一为窳浑，在三封之北偏东20公里，靠近古屠申泽。关于临戎城，《水经注》明文记载："河水又北，迳临戎县故城西；元朔五年（前124）立，旧朔方郡治。"在临戎废墟未被发现之前，史学家根据郦道元的这段记载，总是在黄河以东的鄂尔多斯找寻这座古城遗址，始终不得要领，如今却在黄河以西被发掘出来了。而《水经注》所记并无错误，因为在今日黄河河道以西，已发现了三条古河道；这说明临戎古城的位置未变，而是黄河河道向东迁移了。

临戎古城作长方形，城垣用黄土筑成；南北二边长450

米，东边长638米，西边长620米，城垣宽约10米。古城的北部，地面上还保留高0.5—2米的残垣；南部除少数段落外，已被流沙湮没。城内暴露的地面，散布汉代的绳纹砖瓦和灰色陶片；中央有一东西狭长地带，地面稍微隆起，上面堆积的砖瓦特多，可能是一处重要建筑物的遗址。

三封古城亦称麻弥图土城，有内外两城。内城长宽各约118米，土垣已全被风刮蚀。在内城的东北边和西南边，发现各长100米的土垣痕迹，可能是外城的残留。这种大小两重城垣相套的土城，在内蒙古西部地区，曾经发现多座，可能是汉代西北边城的流行形制。废墟所见的砖、瓦、陶片，纯粹是汉代的；所见钱币皆为武帝到宣平前后的五铢和王莽时期的大泉五十。完全不见东汉古钱。

窳浑古城亦称保尔浩特古城，保尔浩特为蒙语，汉语亦称土城子。全城墙垣保存较好，绝大部分清晰可辨。形状不规则，东西最长处约250米，南北最宽处约200米；西北角有曲折，部分为流沙掩盖。墙垣宽9—13米，若干处还可以看出夯土层次，每层厚10—12厘米。全城只在南边开一个门，这是边城的特色。城的东北侧是一大片洼地，有如釜底，可能是汉代屠申泽的遗址。[22]城内所见的砖、瓦、陶片和五铢钱，皆为汉代之物。城西南角有一冶铁遗址，附近满布箭镞和铁铤。

阴山山脉西段狼山，山势比较险峻，只有少数沟谷可以通行。匈奴南下进入河套，必经沟谷而行。汉兵要防御匈奴，常在沟谷之口建立城障。《汉书》和《后汉书》中屡见的鸡鹿塞，就属于此类关塞，位于哈隆格乃峡谷的南口。《汉书·匈奴传》记载，宣帝甘露三年（前53），匈奴呼韩邪单于亲自到长安和汉王朝修好，汉王朝也以礼相待。回去时派官兵护送，直送出朔方鸡鹿塞；又赠予当地出产的粮食前后共三万四千斛。《汉书·地理志》在朔方郡窳浑城下的注文中说："有道西北出鸡鹿塞。"

汉代著名的鸡鹿塞是一座正方形的小石城，位于哈隆格乃山谷入口处西侧的一级阶地上；阶地高出谷底约18米。石城正南北向，紧挨沟谷的陡壁修筑，每边长68.5米。墙上端厚约3.7米，下端基部厚约5.3米。高一般在7米左右，最高处为8米。城墙两侧的外沿，用20—40厘米的石块砌筑，中间填以较小的石块和砂土。整座墙垣的外表，垒砌整齐，迄今还保存得很好。全城只在南边开一门，宽约3米；门的外侧，另加一道长方形的小围墙；南北长14米，东西长20.5米；东墙北端有一宽约2.5米的缺口，可供出入。城的四角，都筑有向外突出类似后代"马面"（墩台）的附加物。中国古代在西北边区所建这样的城堡，为数甚多。参阅另著《西北考察记》。

在毛乌素沙漠的东南边，无定河上游红柳河北岸，屹立着著名的统万城遗址。五世纪初年五胡十六国时代，匈奴首领赫连勃勃，曾在鄂尔多斯高原建立夏国，定都统万城，当地居民称为白城子。《晋书·赫连勃勃传》（卷一三〇）："以叱干阿利领将作大匠，发岭北夷夏十万人，于朔方水北、黑水之南营起都城。勃勃自言：'朕方统一天下，君临万邦，可以统万为名。'……勃勃还统万，以宫殿大成，于是赦其境内，又改元曰真兴。刻石都南，颂其功德。"这说明在公元419年以前，统万城已经建成，费时约七年。当时赫连勃勃掩有秦岭以北整个地区，可以建都长安或洛阳，但偏偏喜欢这座草原城市。想必因他是匈奴人，重视鄂尔多斯的全盘战略位置。他给都城城门定的名称，可以看出他的野心："名其南门曰朝宋门，东门曰招魏门，西门曰服凉门，北门曰平朔门。"统万城西北隅的敌楼，高达24米，在10公里之外，便可望见。一座经历1,560年的巍巍古城，基址至今仍屹立于茫茫沙海之中，足见建筑的坚固。

统万城的位置是经过选择的，所采用的建筑材料也很讲究，这可从赫连勃勃的秘书监胡义周所作的《统万城铭》和《水经注》的记载得到证明。这篇洋洋数千言的铭说："乃远惟周文，启经始之基；近详山川，究形胜之地，遂营起都城，开建京邑。背名山而面洪流；左河津而右重塞。……其为独守之形，险绝之状，固以远迈于咸阳，超美于周洛。"此处所谓"背名山"，指的是统万城北的契吴山，[23]"面洪流"正是傍城南而东注的红柳河。红柳河在《水经注》中又称为奢延水或朔方水。

北魏郦道元注《水经》，上距统万城的兴建，不过百年，所以能明确地记述统万城和奢延水的位置关系：

　　奢延水……出奢延县西南赤沙阜，东北流，……俗因县土，谓之奢延水，又谓之朔方水矣。东北流，经其县故城南，……赫连龙升七年（413），于是水之北，黑水之南，……改筑大城，名曰统万城，蒸土加功，……雉堞虽久，崇墉若新。

这段记载指出了两点，一为统万城是在汉代奢延城的原有基础上扩大改建的，二为郦道元本人可能看见过这座大城。

《太平御览》说赫连勃勃曾"北游契吴，升高而叹曰：美哉斯阜，临广泽而带清流；吾行地多矣，未有若斯之美"。此一带似乎当时还有一个广大的湖泊。同书又说赫连勃勃死后即葬于契吴山，称嘉平陵。

这都说明在建城当时，这一带非但未见沙漠，而且水草丰美，景色宜人。但后来风沙危害增加，鄂尔多斯出现流沙。这一带草原的沙漠化，想来和原始植被的彻底破坏有关。

唐代的夏州城，就是这座统万城。大概统万城建筑后四百多年已受到了流沙的威胁。《横山县志》中有"（唐）长庆二年（822）十月夏州大风，堆沙高及城堞"的记载。唐代咸通间（860—874）人许棠所写《夏州道中》诗，也有如下的两句："茫茫沙漠广，渐远赫连城。"北宋淳化间（990—994）曾任延州节度判官的宋琪，熟悉鄂尔多斯草原南边的情况，就曾说过："从银、夏至青白两池，地堆沙碛。"［见《宋史》（卷二六四）本传］，所以到淳化五年（994）决定毁废统万城时，便称这一带是"深在沙漠"的地方了。［《续

资治通鉴长编》（卷三五）淳化五年纪事〕

张穆《延昌地形志·夏州下》载：

> 太宗时以夏州深在沙漠，本奸雄窃据之地，欲隳其
> 城，迁民于银绥间，问宰相吕蒙正，对曰："自赫连筑
> 城以来，颇与关右为患；若遂废毁，万世之利也。"李
> 继隆闻朝议欲隳夏州，遣其弟洛苑使继和，与监军秦翰
> 等入奏，以为朔方古镇，贼所窥觎之地，存之可依以破
> 贼；并请于银、夏两州南界山中，增置堡戍，以遏其
> 冲，且为内属番部之蔽，而断贼粮道。不报。淳化五年，
> 诏隳夏州故城。

从此，统万古城沦为废墟。清道光二十五年（1845），
也就是建城1,430多年之后，地理学家徐松任榆林府知府时，
曾派横山县知县何炳勋亲自前往调查，肯定了当地居民所称
的白城子，就是显赫一时的统万城旧址。

在统万城的西南60公里，红柳河以西，安边东北，还
有一个古城遗址。夯土修筑的城墙，兀立地面之上，南北长
约750米，东西宽约500米。城内空空荡荡，大半辟为农田；
到处散布瓷瓦碎片，并挖得唐宋铜币。北京大学侯仁之教授
等根据遗址和统万城的相对位置及距离，再和有关的古代地
理文献相印证，推测这大概是唐代元和十五年（820）以后
的宥州城。

《旧唐书·地理志》载：

宥州，调露初（679）六胡州也。……开元十一年（723），克定康待宾后，迁其人于河南江淮之地。……二十六年，自江淮放回胡户，于此置宥州及延恩、怀德、归仁三县。天宝元年（742），改为宁朔郡。至德二年（757）又改为怀德郡都督府。乾元元年（758），复为宥州。宝应后废。元和九年（814），复于经略军置宥州，郭下置延恩。十五年，移治长泽县，为吐蕃所破。长庆四年（824），夏州节度使李祐复置。

另据《元和郡县志》（卷四）关于长泽县和夏州城之间相对位置的记载："长泽县东北至夏州一百二十里。"而上述统万城的遗址，恰好在宥州古城东北约60公里。这一带现在是东西狭长的草滩地，宽不过3—5公里，南北两侧皆为茫茫流沙。草滩地的地下水位颇高，一般在距地表0.5—2米之间；地表残存连串的湖沼，有些还相互沟通。最大的一个名为沙那淖尔，东西长约3公里，最大宽度1.5公里，平水期的最大水深达2.4米。这使我想起了《太平御览》引赫连勃勃所说的"临广泽而带清流"的话，此一狭长的草滩地，古代曾是广大的湖泊！这个广大的湖泊，可能就是奢延泽。

《水经注》："（奢延）水出奢延县西南赤沙阜，东北流，……汉破羌将军段颎破羌于奢延泽。"上面说到的长泽县，是后魏设置的，想来这个县的命名，必然也和此一大湖泊有关。如果没有这么一个狭长的大湖泊，为什么出现长泽这个县名呢？

《元和郡县志》："后魏于此置长泽县，属阐熙郡。隋罢郡，以县属夏州。皇朝因之。阐熙故城在今县西南二十里。"但现在距这座古城西南20里之处，已是连绵不断的沙丘，流沙深处，将来可能发掘出另一座古城。百年以内，中国的考古学术，希望能臻于极峰，替中国文化的恢复工作发挥更大的作用。

中国古代边城之中，形制复杂的无过于隋唐胜州的榆林城。在同一地点，至少有五座大小不同、时代各异的城，套筑在一处东西约1,200米、南北约1,100米的范围之内，四边周长4,387米。而当地传说，共有七座古城。另外在这座古城东南约7公里的城坡村（托克托对岸），还有三座古城。这一带合称为十二连城，现在行政上属伊克昭盟（今称鄂尔多斯。编按）准格尔旗北部的十二连城乡。

此一古城遗址，目前只能比较清楚地看到五座古城的城垣轮廓；如果还有其他古城，可能已湮没在地下了。这五座城址的城墙筑法和形制，都大不相同；各城址内所见的遗物，也有时代早晚的区别。从新石器时代到汉、唐、元、明各代的遗物都有。[24]这表示五座城并非同时兴建，而是在不同时期陆续修建和扩建起来的（参阅李作智《隋唐胜州榆林城的发现》，载《文物》1976年第2期）。

胜州榆林古城不但形制和结构复杂，而且所在地点也长期成谜。现在虽然已经知道是在内蒙古托克托西偏南10公里黄河南岸的十二连城，但过去因为历史学家只能根据古代文献推测，以致众说纷纭。我在编制《中国历史与文化地理图册》的过程中，曾因这一类的问题而受到困扰，延缓了整个工作的进行。

　　隋文帝开皇三年（583），于此置榆林关；七年又置榆林县，属云州。二十年，割云州之榆林、富昌、金河三县，置胜州，立嘉名也。炀帝大业五年（609），以胜州为榆林郡，领榆林、富昌、金河三县。十五年，郡民郭子和以城入突厥。武德四年（621），郭子和归国，其地又陷梁师都。贞观二年（628），平师都。三年，仍隋旧理置胜州，时柴绍、刘兰破灭匈奴，夺得河南之地，因置州，以决胜为名。[《元和郡县志》（卷四）]

　　榆林废县，故胜州治也。……五代梁贞明二年（916），契丹阿保机破振武军，胜州之民皆趋河东。石晋初，以代北地割属契丹，因置东胜州，县亦迁治焉。[《读史方舆纪要》（卷六一）]

　　东胜卫（元东胜州，属大同路）。洪武四年（1371）正月，州废，置卫，二十五年八月，分置东胜左、右、中、前、后五卫，属行都司。二十六年二月罢中、前、后三卫。永乐元年（1403）二月，徙左卫于北直卢龙县，右卫于北直遵化县，直隶后军都督府。三月置东胜中、前、后三千户所，于怀仁等处守御，而卫城遂虚。正统三年（1438）九月复置，后仍废。[《明史·地理志二》（卷四一）]

可知明代的东胜左右二卫，在被迁徙之前，仅有三十多年的历史，使用的时间并不长。

> 东胜州在归化城西南一百四十五里，……而明之东胜右卫当即河西之古城。其左卫当即今厅。[《山西通志》（卷三一）]

> 东胜州不治县，故城在今托克托厅。[《山西通志》（卷五四）]

> 东胜州故城，辽置，在今托克托县，黄河东岸。[《绥远通志稿》（卷十二上）]

> 东胜州故城，在托克托城地，黄河东岸，本唐东受降城也，辽置东胜州，属西京道。……大同旧志：东胜城在大同府西北五百里，与故胜州隔河相望。明洪武初，改建左右二卫，兵民皆耕牧河套中；永乐移置左辅，其地遂虚，按故城在归化城西南一百四十六里，湖滩河朔渡口，即今之托克托城也。（《大清一统志》）

八、连城和复城

看大比例尺地图，常可发现两座甚至三座城连在一起，我称它们为连城；再查阅比较准确的城市地图，又可看到城中有城，我称它们为复城。我曾翻阅新的和旧的二万五千分之一及五万分之一地形图，想知道中国有没有四座城或五座城连在一起的，直到目前尚未能如愿。

中国很多城市，因水路交通而兴起，在重要的港口，特别是在无法建造桥梁的情况下，可能在两岸同时发生市集。市集继续发展，等到地位重要了，就会筑城。四川省南边长江支流永宁河上游，永宁县的县城（东岸）和叙永厅的厅城（西岸）是相对立的，但在较小比例尺的地图上，现在只注叙永一个地名。嘉陵江汇于长江之处，南岸有重庆府城，北岸有江北厅城。像这样的双连城，为数甚多。浙江的余姚，江西的抚州，河南的光州，以及湖北的襄阳和樊城等，也都是很好的例子。

长江和它最大支流汉水相汇处，形成武汉三镇，同时有着三座城。汇口东南的武昌城曾是湖北的省城，同时亦曾为武昌府及江夏县治。对岸的汉阳，是汉阳府和汉阳县治所在。汉水北岸的汉口是后起的，在行政上原来隶属汉阳，现在却成为武汉市最主要的部分。

具体而微的还有河南省的周口，它位于淮河北岸大支流沙河之畔。在十九世纪，它曾是河南省东部最主要的农产品集散中心，市况繁盛。市区被沙河及其支流分割为三块，主要商业区在南岸，称为河南；河北和河西则为住宅区。三座城因受河水的限制，形状都不方正。河南城的北边和河北城的南边，面河都开辟了六个城门。

一般的情况，府城和县城（或厅城）总是合在一起的。

若干著名的城，例如杭州和福州，它们一方面是省城，又是府城和县城，实可视为行政上的连城。但也有少数例外，府城和县城分别在两个不同的地点，甚至连名称也不同。安徽省的凤阳，县城在府城的西北，相距颇远，但名称相同。广东省的惠州，府城在西，名归善；县城在东，名惠阳。

类似而性质略有不同的是外港。一个重要的行政中心和它所属的港口，包括海港和河港，如两地都建有城，也可能形成连城，但一般相距稍远。例子是海南岛的琼州和海口，浙江省的宁波和镇海，湖南的岳州和城陵矶，以及湖北省的光化和老河口等。

内蒙古自治区的首府呼和浩特，原名归绥，由绥远（在东北）和归化（在西南）合并而成，二城相距约两公里。归化城重建于明代末年，作为边防的要塞之一。绥远城很方正，建筑于清雍正十三年，亦即1735年。近年以来呼和浩特市有了很大发展，这两座古城已真的连接起来了。

《汉书·高帝纪》（卷一）："四年（前203）冬十月，汉王引兵渡河，复取成皋，军广武，就敖仓食。"孟康的注释："于荥阳筑两城而相对，名为广武城，在敖仓西三室山上。"《后汉书·郡国志·河南尹》："荥阳有鸿沟水，有广武城⋯⋯"注引《西征记》："有三皇山，或谓三室山。山上有二城，东者曰东广武，西者曰西广武，各在山一头，相去二百余步；其间隔深涧，汉祖与项籍语处。"

十九世纪后期，清政府为了维护边疆的和谐、平静，令左宗棠率领大军进入新疆平叛，并正式建立了行省。这支大部分由湖南人组成的军队，多数驻扎在城外，和当地居民保持一定的距离。后来这些汉人聚落也建了城，称为汉城，便和原有的回城形成连城了。像疏勒、和阗及哈密等地，都同时存在着回城和汉城。清朝末年的迪化，也就是现在新疆维吾尔自治区的首府乌鲁木齐，实包括三座分开的城——汉城、回城和满城。

较早时期的种族隔离，曾导致复城的产生。十七世纪中叶，满洲贵族入主中原，为以武力控制全国，曾在重要地点驻扎重兵，设置将军，使其成为地区的军事总督。大批的官兵及其眷属，集中居住在一区，称为旗人区。杭州著名的旗下营，就是这样来的。在好几个大城，包括成都、西宁、福州、济南、太原等，则在城内筑城，划出一块地方给满人居住，这就成为城中有城的复城了。

当时也有在原城邻近之处，另筑一座较小的城，来安置满洲人的。例如山东的青州府，满城就建立于城北一公里处。

《水经注》："高祖为汉王，都南郑，大城周四十二里，城内有小城。南凭北结，环雉金墉，皆汉所修筑。"此处说城内有小城，显然就是复城。

复城或复式城，性质和帝国首都的京城、皇城、宫城不同；后者是成套的，可称之为套城。长城边外的丰镇，三道土垣一个套一个，但形式不同。其地本来无城，事实上也很难防御。后来虽倚山砌石，环筑土墉，也只是象征性的，主要依赖住民的敌忾精神，使垦殖集团得以生存。居民增加了，再加一道土垣；于是三道土垣，一道比一道大。《丰镇县志书》（亦作《丰镇厅新志》）卷三的《营建城池》：

> 丰镇旧在得胜口边外，地名衙门口村，乾隆十八年（1753），大朔理事通判色明，率民创筑土城，周五百七十五丈，东、西、南三面均高一丈，厚四尺，各开门以司启闭。北面倚山砌石，高七尺，厚三尺。二十一年开放牧地，招民垦种，渐次烟户懋迁，廛舍鳞密；环土城而居者，较之城内更繁。三十八年，同知八格劝谕商农，捐资展筑；仍旧土垣，周八百四十五丈五尺，东、西、南均高一丈，基厚五尺，顶广一尺四寸；西北隅筑小土墙，高七尺，基厚三尺，顶广八寸；北面接砌石垣，高七尺，厚三尺，顶广一尺。西面濠广三尺、深七尺；南面濠广三尺、深二尺。门五……嗣后居民比栉，毫无隙地。道光二十年（1840），同知兴龄捐俸劝输，复行展拓，仍筑土墉，周一千六百七十三丈五尺；东、西、南均高一丈五尺，基厚五尺，顶广二尺；北面仍砌石墙，高九尺，基厚四尺，顶广二尺。又建浮图于北山岭，名文笔塔，今圮。

一座普通的州县城池，在特殊的政治环境下，也可能出现子城，也便是城中有城。《长安志·华原县》（卷十九）：

> 天祐三年（906），李茂贞据凤翔，僭行墨制，以

华原县置耀州，建义胜军节度，领华原一县；析同州美原县为鼎州，以为属郡。……子城周二里二百八十四步，上阔七尺，下阔一丈，崇二丈一尺。罗城周七里四十步，上阔七尺，下阔三丈，崇二丈五尺；夹城壕阔三丈八尺。羊马城上不通人行，下阔二丈五尺，崇二丈五尺，外城壕深二丈五尺，阔六十尺。

还有一种双连的城，系从老城分出，或可称之为母子城。当一座城建成之后，因受交通路线等的影响，城外的某一部分迅速发展；必须在新发展的地区，添筑一城加以保护。新城所包的面积，可能和老城相埒甚或超过。山西的汾州城，城东的新商业区和原有的行政区，实成东西对立之势。江南在南宋以后发展起来的城市，到了明清时代，有不少城的城外部分，扩充得比城内还大些，把整座老城包围起来。比较新旧地图，可看到许多有趣的变迁。个别的城，也可能在城外另建独立的城，把城外新发展的部分包围起来。大同城的东、南两个城门之外，都另外建有独立的小城。大同城不但形制方正、建筑壮丽，而且在历史过程中，也真的防御过无数次持续的进攻。

上面说到过的隋唐榆林城，是筑在黄河南岸的要塞城，性质有点像复城，但只剩下残余的痕迹。现存的榆林城，是陕西省北部长城边内的要塞城，却可视之为连城，并且是很特殊的连城。榆林到明代中叶以后，因军事地位重要，曾在同一地点屡次扩建，但受到地形限制（东边是驼山，西侧是清水河），只能作南北方向的发展。每扩建一次，就把被包围在城内的墙垣拆除。于是在镇远门到广榆门的南北轴线上，出现鼓楼、凯歌楼（建在1492年扩建的南城城基上）、新楼、台基（在1515年扩建的南城城基上）和万佛楼等等。

明代初年修建长城以前，榆林只是一座小村庄，称为榆林庄。永乐初置塞，因此又称榆林塞。正统初叶明朝在陕北一带兴建城堡，就榆林塞建立了榆林堡。成化八年（1472）前后，因见其地交通冲要，把榆林堡升级为榆林卫，并在榆林堡的基础上向北扩建城址，成为长城沿线一个军事重镇。

榆林城向北扩建的部分，当时叫作"北城"；旧有的部分则称为"南城"。其后北城和南城，分别在成化二十二年（1486）和弘治五年（1492）又各有扩展。正德十年（1515）更增修南关外城。隆庆元年（1567），再加筑一段外逻城。到清朝后期，曾改筑榆林城的北墙，向南收入了大约160丈。在这540年间，榆林城虽经历了多次扩建，但新旧城总是连在一起，并没有脱离原先的位置。《榆林府志》曾把上述1472年前后、1492年和1515年的三次扩建，称之为"三拓榆林"；于是有人误会榆林因受风沙逼迫，曾三迁城址，那是完全错误的。

注释

1 陈正祥《中国方志的地理学价值》，香港中文大学首任讲座教授就职讲演，香港中文大学出版，1965 年。

2　原注：侯伯之城方五里，径三百雉，故其大都不得过百雉。《公羊传》："城雉者何？五板而堵，五堵而雉，百雉而城。"

3　中国可能早在夏代就开始筑城，最近在山西省夏县的埝掌镇东下冯，发现了小规模的上古城垣，其年代很可能早于商代。而壕沟之作为防御工程，时间当更早。

4　豳应该是在陕西西边长武、邠县和栒邑（今旬邑。编按）一带。《史记·周本纪》记载古公亶父"逾梁山，止于岐下"。

5　丰、镐接近中原，经济和文化比较发达，已有铸造（主要造青铜器）、丝织、酿酒、制衣和玉器等手工业。周武王营建镐京，并未废弃丰邑；丰仍然有宫殿、宗庙乃至辟雍，所以史书上每丰镐并称。

6　陈正祥《中国地图学史》，商务印书馆香港分馆，1979 年。

7　这座河南县古县城，在 1955 年做过较大规模的发掘。城内中央有两处建筑基址，南北相对，皆作正方形，每边长约 10 米，形制极为相似。

8　盟书是古代为了某项重要事件举行集会，制定公约，对天盟誓的辞文。在牛村古城遗址东南约 2.5 公里的郊区，东距今日秦村约 1.5 公里处，发现了大批盟书，分布面积广达 55 米 × 20 米。出土盟书的遗址，称为"盟誓遗址"。《左传》成公十三年、襄公九年、定公四年皆有"盟誓"之称。

9　陈正祥《中国的石油》，天地图书有限公司，香港，1979 年。

10　《明史·世宗纪》（卷十八）记载了 1555 年春夏秋冬四季倭寇的侵扰："（嘉靖）三十四年春正月丁酉朔，倭陷崇德，攻德清。二月……是月，俺答犯蓟镇，参将赵傾葵等战死。三月甲寅，苏松兵备副使任环败倭于南沙。"

"夏四月戊子，俺答犯宣府，参将李光启被执，不屈死。五月甲午，总督侍郎张经、副总兵俞大猷击倭于王江泾，大破之。乙巳，倭分道掠苏州属县。"

"秋七月乙巳，倭陷南陵，流劫芜湖、太平。丙辰，犯南京。八月壬辰，苏松巡抚都御史曹邦辅败倭于许墅。九月乙未，赵文华及巡按御史胡宗宪击倭于陶宅，败绩。丙午，俺答犯大同、宣府。戊午，犯怀来，京师戒严。"

"冬十月辛卯，倭掠宁波、台州、犯会稽。……十一月庚申，倭犯兴化、泉州。……"

11　《明史·地理志·凤阳府》（卷四○）："太祖吴元年升为临濠府。洪武二年九月建中都，置留守司于此。六年九月曰中立府。七年八月曰凤阳府。（洪武二年九月建中都城于旧城西，三年十二月始成，周五十里四百四十三步。立门九：正南曰洪武……中为皇城，周九里三十步，正南门曰午门……）"

12　陈正祥《北京》，国际研究中国之家《中国研究丛书》第 3 号，1977 年。

13　陈正祥《中国的方志》，国际研究中国之家《中国研究丛书》第 21 号，1980 年。

14　Chen Cheng-siang, Taiwan, *An Economic and Social Geography*, Vol.II, Research Report No.96, Fu-Min Geographical Institute of Economic Development, 1964.

15　顾从礼所提出的筑城理由，主要也就是上海地方渐见重要，生命财产需要保护。他的奏疏说："上海，宋市舶司所驻之地，元至元二十九年（1292）设县，治原无城垣可守。盖一则事出草创，库藏钱粮未多；一则地方之人，半是海洋贸易之辈，武艺素所通习，海寇不敢轻犯。虽未设城，自无他患。今编户六百余里（按每里 110 户），殷实家率多在市；钱粮四十余万，四方辐辏货物尤多。而县门外不过一里即黄浦，潮势迅急，最难防御；所以嘉靖戊子等年，屡被贼劫烧杀，伤地方乡官商人居民百余家。盖贼自海入，乘潮劫掠，如取囊中，皆由无城之故。伏望轸念钱粮之难聚，百姓之哀苦，敕工部会议，开筑城垣，以为经久可守之计。"

16 陈正祥《台湾地志》中册，敷明产业地理研究所研究报告第94号，1960年。

17 陈正祥《新竹市志》，敷明产业地理研究所研究报告第91号，1959年。

18 《宋会要辑稿·方域一》，东京杂录，至道元年十一月二十五日条："诏张洎，改选京城内外坊名八十余，分定布列，始有雍洛之制。"以下列了121个坊名。同条又说："太宗以旧坊名多涉俚俗之言，至是命美名易之。唯宝积、安业、乐台、利仁四坊，仍旧名。"宋敏求《春明退朝录》（卷上）："京师街衢，置鼓于小楼之上，以警昏晓。太宗时，命张公洎制坊名，列牌于楼上；按唐马周始建议，置冬冬鼓，惟两京有之；后北都亦有冬冬鼓，是则京都之制也。二纪以来，不闻街鼓之声，金吾之职废矣。"

19 《汉宫阙疏》："长安立九市，其六市在道西，三市在道东。"

20 《新唐书·地理志》："皇城长千九百一十五步，广千二百步。宫城在北，长千四百四十步，广九百六十步，周四千八百六十步，其崇三丈有半。"

21 包括左右卫、左右金吾卫、左右骁卫、左右武卫、左右威卫、左右领军卫、左右监门卫、左右千牛卫、左右羽林军卫。

22 《水经注》："河水又北迤西溢于窳浑县故城东，……其水积而为屠申泽。泽东西百二十里，故《地理志》曰：'屠申泽在县东'，即是泽也，阚骃谓之窳浑泽矣。"

23 李吉甫《元和郡县志》夏州朔方县条："契吴山在县北七十里。"

24 城址内所见的遗物，除少数新石器时代的石斧、陶钵、篮纹陶片等之外，其余大部分属于汉唐到元明时期的遗物，其中以隋唐时期的遗物最为丰富。

第三篇　北京的城市发展

一、自然环境

北京位于华北大平原的北端，河北省的中部偏北。北面和西面为连绵的山岭所环绕，只有少数山口，例如南口和古北口等，才比较容易通过。东面也多是丘陵，阻碍着交通。只有南面是开阔的平原，濒临渤海。但在古代，渤海的海岸线远在今日海岸以西，而沿海地带复多沼泽和滩涂，通过困难，必须靠近北京，这就更显示了北京地理位置的扼要。

自古以来，凡是从华北去蒙古高原、热河山地或辽东地区的，都要经过北京附近，然后再分途通过特定的关口前往。凡从蒙古高原、热河山地或辽东地区南下中原，都要先经过这些天然关口，到达北京附近，然后再分途南下。因此就地理位置说，北京实为长城内外南北交通必经之处。现在从北京通向承德、山海关、包头、武汉几条主要铁路所采取的路线，具体地说明了此项事实。而且早在汉唐时代，循太行山麓到辽东的军事行动，概以北京为前进基地。北京的位置，和北京的城市发展有着密切关系，详见第二节。

燕山和太行山交会于北京西北，呈弧形拱卫着首都。燕山的东段，由潮白河河谷向东直到山海关，海拔约800—1,000米；雄伟的长城，便沿着燕山的山脊修筑。燕山的西段，有较高的军都山，亦称南口山脉，大部分海拔超出

1,500米。燕山的西南端和太行山交会处，形成一个山结，包括百花山和小五台山等；著名的西山就在这个山结的边缘部分。[1]燕山以南、太行山以东，高度陡然降落，通过狭窄的山麓丘陵带，便是很坦荡的平原。此一平原主要由滦河、潮白河和永定河形成的冲积扇及沿海平原组成，沿海平原地势十分低平，排水不畅，很多处仍存在着沼泽。燕山和太行山虽构成交通的障壁，但有不少河流切山而过，形成若干横谷和隘口。它们是山地和平原间的交通孔道，在军事上甚为重要。

北京市行政区域的地形，可分为平原和山地两部分；平原约占全市面积的十分之四，山地约占十分之六。地势从西北向东南倾斜。西北部的山地，对降水有一定的影响。东部和南部的平原，地势平坦，海拔仅约50米。北京城完全坐落在平原之上，东南距渤海仅约150公里。

北京有地震有温泉。1976年7月28日唐山大地震，强度达7.8级，波及北京和天津，带来了严重灾害；古老民居损毁甚多，数百万人移住路边和旷地的帐篷。我从哈尔滨飞入北京，已是大地震后一个月，犹见多数胡同巷口，堆满碎砖烂泥；故宫、外交部和北京图书馆里，也还搭着帐篷。从明清两代的文献中，可找到北京地震的许多记录。[2]其中以康熙七年（1668）、十八年（1679）和雍正八年（1730）的三次为大，延续时间较长。《清史稿·灾异五》（卷十九）记康熙十八年七月九日起的那次大地震："七月初九日，京师地震。通州、三河、平谷、香河、武清、永清、宝坻、固安地大震。声响如奔车，如急雷，昼晦如夜，房舍倾倒，压毙男妇无算，地裂涌黑水，甚臭。"《清世宗实录》和《东华录》（雍正朝），同有一条谕旨，指出康熙十八年七月和雍正八年八月的两次地震，持续时间都超过一个月，皇帝也为了避震而移住帐幕。《东华录》（卷八）："庚寅谕内阁，今年八月十九日地动，朕恐惧修省，以凛天戒，……今经一月矣，地气尚未全宁，又值两次阴雨，朕轸念露处之民恫瘝，乃身未尝不愿与之共此苦也。……虽当日曾经皇考训谕曰：'大动之后，必有微动。'康熙十八年地动，至一月有余。……朕身居帐幕之中，寤寐悚惕，寝食靡宁者，已一月有余矣。愿尔大臣、官员、士庶、兵丁等人，人人诚心感激上天示儆之深恩，返衷自问，思过省愆……"

关于温泉的利用，北京近年勘探地下热水，已有了初步成就，在城区内打出温度高达58.8℃的热水。目前勘探范围正逐步扩大，所得水量也比较丰富，已被用于印染、医疗、澡浴和养鱼等方面，对经济生产和市民生活起了一定作用。

北京的气候，属温带大陆性季风型，基本特征：夏季炎热多雨，冬季寒冷干燥，春季干旱有风沙。四季的长度：冬155天（开始于10月28日），夏105天（开始于5月26日），春55天（开始于4月1日），秋50天（开始于9月8日）。七月份最热，平均气温为26.1℃，极端最高气温曾达42.6℃。一月份最冷，平均气温为-4.7℃，极端最低气温曾低至-22.9℃。九月和十月凉爽宜人，是一年中最好的季节。全年平均气温日较差为11.9℃；春秋两季较大，夏季最小。

平均无霜期192天，从4月4日到10月13日。

表3　北京的物候记录（1841—1956）

	一月	四月	七月	十月	全年或年平均
平均气温（℃）	-4.7	13.7	26.1	12.8	11.8
气温日较差（℃）	11.3	13.8	10.2	13.5	11.9
降水量（mm）	3.5	16.9	239.1	16.7	636.8
降水日数	2.3	3.7	13.4	3.5	65.1
平均风速（m/s）	2.4	3.2	1.7	2.1	2.4
平均相对湿度（%）	50	45	73	59	57
日照时数	204.6	243	223	241.8	2,700

资料来源：朱炳海《中国气候》，科学出版社，北京，1963。

　　全年降水量为637毫米，是华北降水最多的地区之一；大部分集中于六至八月，占全年降水量74%（如包括九月份则占83%）；七月份的雨量独占全年降水量38%，且常以暴雨形式降落，极端最大日降雨量曾达225毫米。逐年之间雨水的变化很大，1891年仅168毫米，1893年达1,084毫米。常有长期干旱，例如从1974年十月到1975年五月上旬，郊区各地雨水累积不过23毫米，仅及正常年份的两三成。冬季甚少降雪，平均11月5日初雪，3月31日终雪，但实际雪日只有9.8天。[3]积雪期开始于12月10日，终止于2月26日，实际积雪日数仅13.6天。春季少雨多风，兼以气温迅速上升，蒸发强盛，是一年中最干旱的季节。

　　北京的风向，如以一、四、七、十等月份代表冬、春、夏、秋，则四季皆以北风为最多，分别占26%、20.5%、

18.5%及28.5%；次之为西北风，一月份占15%，十月份占14%。年平均云量为4.7，以七月份为最多，十二月份为最少；晴天日数为142天，以一月份为最多（19天），七月份为最少（4天）；阴天82天，以七月份为最多（13天），一月份为最少（3天）；雷电日数为27.4天，七月份最多，占8.6天；沙暴日数3.3天，以三月份为最多，占0.7天；全年有雾的日数为19.8天。

因受雨水集中于夏季以及地形条件的影响，北京附近河川水位有猛涨暴落的现象，过去常常造成干旱和水涝等灾害，长时期以来严重威胁着都市给水和农业生产。为克服此等自然灾害，北京近年建设了一系列的水利工程，其中较大的有官厅水库、密云水库、十三陵水库以及永定河引水工程等。因此水旱灾的威胁已稍见减轻，而城市和工业给水也有了较多的保障。

北京有冰雹，多发生于四月到九月，特别是在邻接山地之处。全市各地平均每年降雹18次，最多年份曾达32次。

北京的位置并不临河，而是介乎海河的两条支流——永定河和潮白河之间，而这两条河的性质，颇似底格里斯河（Tigris River）和幼发拉底河（Euphrates River）。北京城的远离河岸，显然和这两条河，尤其是永定河的特殊秉性有关。永定河原名无定河，非但水位猛涨暴落，而且河床也不稳定；为了城市安全，必须远离河岸。北京城虽不临河，但接近西山山麓，而西山一带正是华北雨水较多之处，泉水丰富。过去北京城的给水，几乎全靠地下水和泉水。清朝皇宫里面用的水，就是每天专派水车，老远从西郊玉泉山运载来的泉水。那时候，每天早晨北京西直门一开城门，首先进城的就是皇宫的运水车。

山区的原始植被主要为耐旱的落叶阔叶林，并混杂暖温带的针叶林。但在1,600米以上的山地，存在着针叶林的垂直分带。[4]山地的阴坡和阳坡，植被有明显的差别。虽然平原地区的植被早经破坏，山区的植被也绝大部分是次生的，但根据近年的若干调查研究，可推知平原地区的原始植被，是比较耐旱的以栎林为主的落叶阔叶林，并混有稀疏的暖温带针叶林（主要是油松林）。北京附近平原第四纪地层中植物群的花粉组合，木本植物的花粉一直占很高的比例。乔木中花粉最多的是栎属（Quercus）和松属（Pinus），并有少量的胡桃属（Juglans）、鹅耳枥属（Carpinus）、桦木属（Betula），以及云杉属（Picea）和落叶松属（Larix）。草本植物花粉中，数量较多的是禾本科植物和蒿属，次之为水龙骨科、蔷薇科、伞形科、藜科、百合科、兰科等。此一花粉谱已使得"北京一带原始植被是草原"的说法难以立脚。

就古代的"中原"地区说，北京偏在北边，时令和物候较迟。长江下游的南京，桃李的平均始花日期为3月31日，北京则为4月19日，相差约20天。南京柳絮始飞的平均日期为4月22日，北京则为5月1日，也相差10天。如果拿广州和北京比较，物候相差就更大了。

从三月份开始，北京就有春天的气息。北海最先解冻，平均日期为3月12日。土壤表层日融夜冻，野草开始发青，榆树开始萌芽，接着山桃、柳树芽膨大，蜜蜂出现，雁向北飞。仲春季节，山桃、杨柳、杏树、紫丁香次第始花。进入四月，毛桃、海棠、桑树、胡桃次第始花；燕子出现了，蛙开始鸣叫。接近五月，牡丹始花，柳絮飞扬。当洋槐盛花时，夏天就快到了。于是芍药、枣树和柿树等次第始花，布谷鸟鸣，桑椹成熟，樱桃上市；冬小麦抽穗，水稻插秧。北京的农历五月是火红的五月，人家院子里的石榴花、夹竹桃开得火红。《燕京岁时记》："京师五月榴花正开，鲜明照眼。凡居人等往往将夹竹桃列中庭，以为清玩。榴、竹之间，必以鱼缸配之，朱鱼数头游泳其中，几乎家家如此。"

仲夏时令，北京最热，白昼甚长。[5]板栗、合欢、木槿、梧桐、槐树次第开花；冬小麦黄熟，棉花现蕾。稍后平均气温便从26℃下降到21℃，溽暑渐消；中午仍热，蟋蟀始鸣，早晚已有凉意。北京夏天的早晨和夜晚，因受"山风"的影响，常吹轻微的偏北风，故略带一点寒意。这时海棠果实和紫丁香种子先后成熟，芦苇扬花，燕子南飞。

秋天是北京最好的季节，也是四季中最短促的一季。梧桐子和板栗成熟，棉花吐絮，木槿花落。仲秋的日平均气温，从17℃下降到14℃；九月下旬，野菊开花，水稻黄熟，冬小麦播种，野草开始枯黄，树木叶子变色。十月中旬，初霜出现，日平均气温下降到10℃左右；较早落叶的树木像白蜡等开始落叶，雁向南飞，蟋蟀停止鸣叫。

冬季是北京四季中最长的一季，超过五个月。从十月下旬起，开始出现薄冰；夜间冻结，白昼消融。落叶较早的胡桃、枣树叶子落尽，落叶较迟的桑树也开始落叶。十一月上旬，日平均气温已降到0℃以下；土壤开始冻结，野草完全枯黄。到了十二月，最迟落叶的垂柳，叶子已经落尽；降雪的频率增加，河川湖沼冰冻，到处呈现隆冬景象。

二、城市的初期发展

北京虽也是我国著名的古都之一，但正式成为全国性的京都，在时间上远较长安、洛阳和开封为迟。

自秦始皇统一中国，最初几个朝代的京都皆设在长安及其附近。从西汉建国到唐代末年，1,100多年之间，长安作为国都先后共达580年（包括西周镐京及秦咸阳则为954年）。后汉迁都洛阳，但仍以长安为西京。从后汉建国到后唐灭亡，先后911年之间，有五个朝代合计477年建都洛阳（包括东周则为863年）。从五代后梁到北宋的220年间，另有五个朝代合计206年建都开封（包括战国时的魏国则长达348年）。显而易见，中国古代的国都系在长安、洛阳、开封的政治轴线上逐渐向东迁移。这是历史趋势，有国防上和经济上的双重原因。

中国历史上的主要边患，早期多偏在西北，例如汉初的匈奴和唐初的突厥。当时定都长安，乃正视敌人，使有所警惕。加上初期关中富庶，灌溉农业发达，经济中心和政治中心大致符合。经过汉代末年的长期大乱之后，全国的经济重心已开始东移；中唐以后，长江下游已成为全国最富庶的地区。[6]在接受东南地区物资支援这一点上，洛阳和开封的位置都比长安更为便利。

另一方面，唐代末年以后，中国的边患主要来自东北。契丹崛兴于蒙古高原的东部，趁五代的衰乱，建立起辽朝；势力迅速侵入华北，割得燕云十六州后，北京地区成为他们南侵的基地。北宋再统一中国，初期的主要敌人仍是契丹；它的建都开封，在国防上是要防御契丹，在经济上是利用漕运取得东南的接济。但北宋建国时无力收复燕云十六州，形成国防上致命的空缺。女真灭辽建立金朝后，不久便把国都迁到北京（辽国的"南京"），建为中都，后来终于灭掉北宋而掩有整个华北。蒙古兴起，攻灭金朝，将中都改建为大都，北京才正式成为全国性的都城。从元初直到现在，除了两个短暂的时期外，七百年来北京一直是全国性的首都，这和北京的地理位置有密切关系。

北京位于华北大平原的北端，是我国古代东北方面的一大交通枢纽，地理位置重要。早在汉唐时代，循太行山麓到辽东的军事行动，概以北京为前进基地。隋炀帝和唐太宗远征高丽，皆以北京为屯集军队的起点。

大业七年（611）春，下诏讨高丽。……先是，诏总征天下兵，无问远近，俱会于涿。（司马光《资治通鉴》卷一八一）

贞观十八年（644）十一月，……又以太子詹事、左卫率李世绩为辽东道行军大总管，帅步骑六万及兰、河二州降胡趣辽东，两军合势并进。庚子，诸军大集于幽州。（司马光《资治通鉴》卷一九七）

上引所指的涿和幽州，都在今天的北京附近。

长城和大运河，这两项伟大的中国古代工程，几乎就在北京附近交会；大运河的北端，距长城不过54公里。这也说明了北京位置的重要性，而伟大的工程又给著名的古城增添了光彩。长城保护北京的安全，大运河给它输送物资，特别是粮食。

北京的原始聚落出现极早，到战国时代就已发展成为都市。《史记·货殖列传》（卷一二九）："夫燕亦勃、碣之间一都会也，南通齐、赵，东北边胡。"这里的燕是指燕国的国都蓟城，北京最初名蓟。关于古代蓟城的确定地理知识，大致可上推两千两百多年，也就是战国七雄并立的时代。当时在今日河北省北部的燕国，即为七雄之一，定都于蓟。[7]

自从秦始皇灭燕（前226），一直到唐代（618—906）末年，前后一千一百多年间，蓟城保持为中国北方的局部政治中心和商业大城市，并逐渐发展为军事和交通重镇。每当华北大平原汉族势力强盛的时候，常以蓟城为经略东北边外的前进基地。反之，每当东北游牧部族势力膨胀时，中原汉族又必然以蓟城作为边防的中心抵抗入侵。《元和郡县志》称蓟城南北九里，东西七里，足见当时已颇具规模。

《史记·匈奴列传》："燕国置上谷、渔阳、右北平、辽西、辽东五郡。"秦灭燕后，蓟城属于上谷郡，降格为郡治。西汉在蓟城附近设置燕国，先后封臧荼、卢绾为燕王，国除后改称燕郡。后又设为广阳郡、广阳国以及幽州刺史部，皆以蓟城为治所，故蓟城又名幽州。史书上所谓燕蓟、幽蓟、幽燕，都是指今日的北京。三国、两晋改广阳郡为燕郡，仍治蓟县。但幽州在晋代曾移治范阳郡（两汉涿郡的易名），治于涿县（即今河北省涿州市），在北京城西南60公里。到拓跋魏时，幽州又改以燕郡的蓟县为治所；北齐、后周皆沿袭未改。隋代初年废郡存州，以蓟县为幽州的治所。到炀帝大业三年（607）因为要改州为郡，遂改幽州为涿郡，仍治蓟县。所以隋炀帝在大业七年坐龙舟循通济渠和永济渠巡行到涿郡时，[8]所到之处就是今天的北京。

北京一带在唐代仍称幽州，到玄宗时改名范阳郡，皆设治蓟县。唐代所置的范阳节度使，也就以蓟城为治所。[9]五代时后梁、后唐皆仍沿用唐代的旧名，到后晋石敬瑭割幽云十六州给辽国，[10]幽州被辽国定为南京，又称燕京；并设置析津府，以析津、宛平二县为府治。于是从战国时代燕国到后唐1,400多年名称不变的蓟县，受到废弃。

辽太宗耶律德光在会同元年（938）升幽州为南京，作为南侵的据点，但并非首都，只是四个陪都之一。当时辽国的首都在临潢〔今内蒙古自治区昭乌达盟（今赤峰市。编按）的巴林左旗〕，称为上京；另设中京（大定），东京（辽阳）、西京（大同）和南京（析津，即今北京），皆为陪都。

辽有五京，上京为皇都，凡朝官京官皆有之。余四京随宜设官，为制不一；大抵西京多边防官，南京、中京多财赋官。[《辽史·百官志》（卷四八）]

辽太宗会同元年，升幽州为南京，又曰燕京。圣宗开泰元年，改幽都府为析津府。(《光绪顺天府志·京师志·辽古城考》)

南京析津府，本古冀州之地……晋高祖以辽有援立之劳，割幽州等十六州以献。太宗升为南京，又曰燕京。城方三十六里，崇三丈，衡广一丈五尺，敌楼战橹具。八门：东曰安东、迎春，南曰开阳、丹凤，西曰显西、清晋，北曰通天、拱辰。大内在西南隅……[《辽史·地理志·南京道》（卷四〇）]

辽国的南京故城，因袭唐代的幽州城。这个城做过节度使的治所，安禄山造反就从这里发动，而唐末刘仁恭又曾在此割据僭称大号，想必已经颇具规模。（在辽国和北宋对峙时期，宋人仍称燕京为幽州城。金灭辽后，曾一度将该城归还宋朝，宋朝改称为燕山府。）根据考古记录，可以推定此一古城在今日北京外城西部广安门内外之地；[11] 现在广安门外的天宁寺塔，便是辽代"南京"城遗留下来的古建筑。宣武门外的法源寺，为辽南京城的著名大寺之一，位于当时南京城的东南角，已从碑刻上证明为唐代的悯忠寺。[12] 宋朝宰相王曾《上契丹事》中说道："幽州东门内悯忠寺，本唐太宗为征辽将士所造。"过去在清郑王府内发现的唐高宗咸亨元年（670）仵钦墓志，记载墓地在蓟县城东北5里。乾隆年间在正阳门外琉璃厂海王村发现的辽保宁十年（978）李内贞墓志，称其地为燕京东门外的海王村。此外如《三朝北盟会编》说郭药师袭辽，由固安渡卢水，夺迎春门，阵于悯忠寺前，也可佐证辽代南京城的东门，系在悯忠寺附近。

"唐幽州藩镇城，在今城之西南，辽之南京即因之。至金重加增拓，逮元至元间建都城，而故址渐废。至于元之大都，则今安定、德胜门外，尚为城中地。自明初缩城之北面，而元之规制以改。永乐中重拓南城，又非复明初之旧矣。"（《光绪顺天府志·京师志一》）

北京正式成为皇都，开始于金海陵王贞元元年（即天德五年，1153），在灭辽之后二十八年，[13]到现在已有八百多年。《金史·本纪第五·海陵》（卷五）："贞元元年……二月庚申，上自中京如燕京。三月辛亥，上至燕京……乙卯以迁都诏中外，改元贞元，改燕京为中都，府曰大兴。汴京为南京，中京为北京。"当时经过扩建的中都城，规模远比辽南京城为大（参阅图27），是在北京的原始城址上发展起来的最后、最大的一座城。中都的东南城角在今永定门火车站西南，东北城角在今宣武门内翠花街，西北城角在今西郊军事博物馆南边，西南城角在今凤凰村。

事实上在天德元年（1149），海陵王完颜亮就想迁都；在天德三年做出决定，立即开始营建宫室。他事先曾派遣画工，到开封去描绘汴京宫室规制。天德五年初步建成，才正

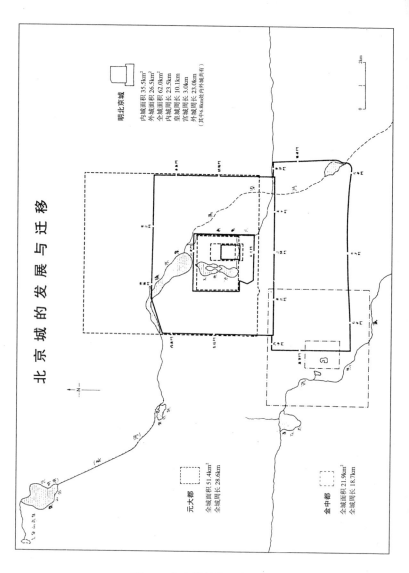

北京城的发展与迁移

明北京城

内城面积 35.5km²
外城面积 26.5km²
全城面积 62.0km²
内城周长 23.5km
皇城周长 10.1km
宫城周长 3.0km
外城周长 23.0km
（其中6.8km为内外城共有）

元大都

全城面积 51.4km²
全城周长 28.6km

金中都

全城面积 21.9km²
全城周长 18.7km

图 27　北京城的发展与迁移

式宣布迁都。

天德元年海陵意欲徙都于燕。上书者咸言上京临潢府僻在一隅，[14]官艰于转漕，民难于赴诉；不如都燕，以应天地之中。言与意合，乃命左右丞相张浩、张通，左丞蔡松年调诸路民夫筑燕京，制度如汴。[15]诏曰：燕本列国之名，今立京师，不当称燕京，改号中都。以析津府为大兴府。［《元一统志·大都路》（卷一）］

（天德）三年四月丙午诏迁都燕京，辛酉有司图上燕城宫室制度。［《金史·本纪》（卷五）］

天德三年，始图上燕城宫室制度，三月命张浩等增广燕城，城门十三，东曰施仁、曰宣曜、曰阳春，南曰景风、曰丰宜、曰端礼，西曰丽泽、曰颢华、曰彰义，北曰会城、曰通玄、曰崇智、曰光泰。浩等取真定府潭园材木，营建宫室及凉位十六。应天门十一楹，左右有楼门，内有左右翔龙门及日华月华门，前殿曰大安，左右掖门内，殿东廊曰敷德门。大安殿之东北为东宫，正北列三门，中曰粹英，为寿康宫，母后所居也；西曰会通门，门北曰承明门，又北曰昭庆门；东曰集禧门，尚书省在其外，其东西门左右嘉会门也。门有二楼，大安殿后门之后也。其北曰宣明门，则常朝后殿门也。北曰仁政门，傍为朵殿，朵殿上为两高楼，曰东西上阁门，内有仁政殿，常朝之所也。宫城之前廊，东西各二百余间，分为三节，节为一门。将至宫城，东西转各有廊百许间，驰道两傍植柳，廊脊覆碧瓦，宫阙殿门则纯用碧瓦。应天门旧名通天门，大定五年（1165）更。七年改福寿殿曰寿安宫。明昌五年（1194），复以隆庆宫为东宫，慈训殿为承华殿；承华殿者，皇太子所居之东宫也。[《金史·地理志》（卷二四）]

都城之门，每一面分三门，一正两偏；其正门旁又皆设两门。正门常不开，惟车驾出入，余悉由旁两门焉。周围三十七里，[16]城壁高四十尺，楼计九百一十座，地埑三重。筑城用涿州土，人置一筐，左右手排立定，自涿至燕传递；空筐出，实筐入；人止土一畚，不日成之，正隆四年（1159）二月丁未修。（《光绪顺天府志·京师志·金故城考》）

金中都的宫殿布局，正史记载不多。事实上从贞元元年（1153）建都到元太祖十年（1215）为蒙古兵攻毁，中都仅存在了62年。由于条约遣使的关系，南宋颇有一些著名人物到过中都。1169年底（南宋乾道五年，金大定九年）楼钥以书状官的身份，随贺正旦的使节团到过中都，写了一篇《北行日录》，对当时北京有颇详细的描述。1170年范成大以国信使出使金廷，在所撰《揽辔录》中也有关于中都的扼要记载。

入丰宜门，即外城门也。过石玉桥，燕石色如玉，上分三道，皆以栏楯隔之，雕刻极工。中为御路，亦阑以权子。两旁有小亭，中有碑曰龙津桥。入宣阳门，金书额，两头有小四角亭，即登门路也。楼下分三门，中门为御路，常闸，皆画龙；两旁门通行，皆画凤，入门北望其阙，由西御廊首转西，至会同馆。

戊子早入见，上马出馆，复循西御廊至横道，至东御廊首转北，循檐行，几二百间。廊分三节，每节一门，路东出，第一门通街，第二门通球场，第三门太庙。庙中有楼。……东西廊中，驰道甚阔，两旁有沟，沟上植柳。两廊屋脊，皆覆以青琉璃瓦。宫阙门户，即纯用之。驰道之北即端门，十一间，曰应天之门。……端门之内，有左右翔凤门、日华月华门。前殿曰大安殿，使人入左掖门；直北，循大安殿东廊后壁行，入敷德。自侧门入，又东北行，直东有殿宇，门曰东宫，墙内亭观甚多。直北，面南列三门，中曰集英门，云是故寿康殿，母后所居。西曰会通门，自会通东小门北入承明门，又北则昭庆门，东则集禧门。尚书省在门外，又西则有右嘉会门。四门正相对。入右嘉会门，门有楼，与左嘉会门相对，即大安殿后门之后，至幕次，有顷，入宣明门，即常朝后殿门也。门内庭中列卫士二百许，人贴金双凤蹼头，团花红锦衫，散手立。入仁政门，盖隔门也。至仁政殿下，大花毡可半庭，中团双凤，两旁各有朵殿。朵殿之上两高楼，曰东西上阁门，两旁悉有帘幙，中有甲士。东西两御廊，循檐各列甲士，东立者红茸甲，金缠杆枪，黄旗画青龙；西立者碧茸甲，金缠杆枪，白旗画青龙。直至殿下皆然。……金主幞头红袍玉带，坐七宝榻，背有龙水大屏风，四壁帘幕皆红，绣龙，拱斗皆有绣衣。两槛间各有大出香金狮蛮地铺，礼佛毯[17]可一殿，两旁玉带、金鱼或金带者十四五人，相对列立，遥望前后殿屋，崛起处甚多；制度不经，工巧无遗力。所谓穷奢极侈者。炀王亮始营此都，规模多出于孔彦舟。役民夫八十万，兵夫四十万，作治数年，死者不可胜计。（范成大《揽辔录》）

辽代的南京城，因袭唐代幽州蓟城的旧址，并无多大改更。金代改燕京为中都，曾就辽城旧址加以扩充，使北京成为一座壮丽的大城。当时中都城的面积，约相当于现在北京内城的三分之二，规制十分完整。城中央是皇城（参阅图27），城外建有豪华的离宫别馆。《金史·地理志》："京城北离宫，有太宁宫，大定十九年（1179）建，后更为寿宁，又更为寿安；明昌二年（1191）更为万宁宫。琼林苑有横翠殿。宁德宫西园有瑶光台，又有琼花岛，又有瑶光楼……"范成大于乾道六年（1170）使金时，看见中都的侈华，所咏《燕宫》诗，自注："宏侈过汴京，炀王亮所作。"该诗的后两句："他日楚人能一炬，又从焦土说阿房。"后来果然给蒙古人焚毁了。范成大的另一首诗《龙津桥》："燕石扶栏玉作堆，柳塘南北抱城回。西山剩放龙津水，留待官军饮马来。"指出当时中都有些桥梁是用汉白玉建造的。

当金朝的统治者在中都不断营建宫室，享受荣华时，蒙古人已崛起于漠北，接着不时入侵。元太祖十年（1215），中都即为蒙古兵攻陷，改称燕京。当时蒙古人无意在此建都，故城内宫殿，尽遭焚毁；只有东北郊外的离宫（今北海公园）还大致完好。蒙古人灭金后，过了33年，忽必烈才决定迁都北京。他以东北郊外的离宫为核心，建造了一座新的都城，称为大都。

元大都开始兴建于1267年，格局宏大，规划整齐，为当时全世界最大的城市，也曾一度是世界政治的中心。元朝亡后，明朝利用元大都南部加以改建扩建，逐渐发展为明清两代的北京城。因此元大都实为明清北京城的前身。

位置因素常决定城市的初期发展，局部的地形则影响城市的规划或布局。古代北京的城市设计，曾将河湖水系的导引以及市区的规划结合起来。在小比例尺地图上，北京很靠近永定河；但事实上北京并不临河，北京城距离永定河最接近处也有12公里。永定河冬期河水枯竭、冰冻，没有什么防御的作用；夏秋洪水暴发，每易泛滥成灾。建立聚落的地点，必须远离河岸。事实上，北京城坐落在永定河及西山诸小河所形成的洪积冲积扇的脊部，对于引水相当便利。

最早的北京城，从战国时代的蓟城一直到金朝的中都，都是在今莲花池[18]以东（后来北京城的西南）同一原始聚落的基础上逐渐发展起来。城市范围虽不断扩大，但原来的城址始终没有改变。而此一城址的选择，实和莲花池以及其东的一条小河有密切关系。

元朝营建大都时，放弃了莲花池水系上历代相传的旧址，另在其东北郊外选择新址。此一转移，主要因为：（一）元朝是一个统一了的大帝国，规模和以前的局部王国辽、金等不同，它要建立一个名副其实的全国性的更大的京城；（二）金中都城在争夺战中遭受严重破坏，不易修复，只有东北郊外湖泊区的离宫，还比较完整；（三）前述莲花池水系的水源有限，不足以应付更大都城的用水需要，稍后还包括了开凿运粮河的需要，必须转移到一个较大的水系上去，也就是原来城址东北郊外的高粱河水系。其实当金代营建中都城时，这一带的湖泊已被开辟为风景区，后来并建立了一座称为大宁宫的离宫。

高粱河原是永定河北岸的一条小支流，天然上游在今日的紫竹院公园。《水经注·漯水注》："漯水（永定河）又东南，高粱之水注焉。水出蓟城西北平地，泉流东注。"金代营建中都之后，为了开辟近郊水源，曾经开凿一条引水渠道，穿过一带平缓的分水岭，把玉泉山和瓮山泊（今昆明湖扩大以前的旧称）的流水，引向现在的紫竹院公园，给高粱河增加了一段人工的上源。

三、元代大都的规划

中国少数民族之一的蒙古族，在十三世纪早期曾建立全世界空前的大帝国。在向东方的发展方面，蒙古人在太祖十年（1215）攻入中都，太宗六年（1234）灭掉金国，但到世祖忽必烈至元元年（1264）才定中都为陪都，这时距中都第一次陷落已有半个世纪。根据《元史》的零散记载，大致可知在至元元年改燕京为中都，至元四年（1267）动工筑城，同时营建宫殿。至元八年（1271）建国号大元，次年改称中都为大都。至元十一年（1274）宫殿建成，十六年（1279）灭掉南宋，二十九年（1292）大都城墙完工。筑城的时间前后达25年。

《光绪顺天府志·京师志·元故城考》："元太祖十年克燕，初为燕京路总管大兴府。世祖中统二年（1261）修燕京旧城。至元元年都中都，四年始于中都之北建今城而迁都。九年改大都。城方六十里二百四十步，分十一门。正南曰丽正，南之右曰顺承，南之左曰文明；北之东曰安贞，北之西曰健德。正东曰崇仁，东之右曰齐化，东之左曰光熙。正西曰和义，西之右曰肃清，西之左曰平则。时诏旧城居民之迁京城者，以资高及有官者为先，乃定制以八亩为一分；其或地过八亩及力不能筑室者，皆不得冒据，听他人营筑……二十九年七月癸亥完大都城。"

《元史·世祖本纪》："至元元年八月乙卯，诏改燕京为中都，其大兴府仍旧。……四年春正月，立开元等路转运司，城大都。……夏四月甲子，新筑宫城。……九月壬辰，作玉殿于广寒殿中。……五年十一月，免南京河南两路来岁修筑都城役夫。……七年二月丁丑，以岁饥，罢修筑宫城役夫。……八年二月丁酉，发中都、真定、顺天、河间、平滦民二万八千余人筑宫城。……九年五月辛巳，敕修筑都城，凡费悉从官给，毋取诸民。十一月壬戌，发北京民夫六千伐木乾山，蠲其家徭赋。十一年春正月己卯朔，宫阙告成，帝始御正殿，受皇太子诸王百官朝贺。"

《元一统志·大都路》（卷一）："（至元）九年二月改号大都，迁居民以实之，建钟鼓楼于城中。"《洪武北平图经志书》："（金）宣宗奔汴，元世祖改为燕京路，今旧南城是也。至元四年，始定鼎于中都之北（按：应为东北）三里，筑城围六十里。九年，改为大都。"

蒙古人迁都北京，显然是为了便利统治全中国，和金朝之将国都从哈尔滨附近迁到北京，意义是相同的。就中国而言，蒙古初都和林，固然太偏西北，后来虽迁到开平，也还不方便，特别是粮食的供应。所以把开平称为上都，另建大都作为实际的首都。忽必烈在位时，每年只有部分时间留在北京，夏天退回到开平避暑。《元史·地理志》（卷五八）："至元元年，中书省臣言：'开平府阙庭所在，加号上都。燕京分立省部，亦乞正名。'遂改中都，其大兴府仍旧。四年始于中都之东北，置今城而迁都焉。（京城右拥太行，左挹沧海；枕居庸，奠朔方。）……九年改大都，十九年置留守司，二十一年置大都路总管府，户一十四万七千五百九十，口四十万一千三百五十（用至元七年抄籍数）。"

"蒙古自和林而南，混一区宇，其创起之地僻在西北，而仍都燕京者，盖以开平近在漠南，而幽燕与开平形援相

属，居表里之间，为维系之势，由西北而临东南，燕京其都会矣。"（《读史方舆纪要·直隶序》）

元大都城的建设规模十分宏大，如城墙、城门、皇宫、水道、街坊、道路、府第、衙署、仓库等等，皆远超过了金中都城的规模。更重要的是，大都按照一个完整的规划建造；在古代都市设计中，可算是一个最突出的典型。这个设计，第一次把中国古代营建国都的理想，配合实际的地理环境，在最近似的程度上，富有创造性地表现出来。

中国古代理想的都城，见于《周礼·考工记》："匠人营国，方九里，旁三门；国中九经九纬，经涂九轨，左祖右社，面朝后市。"大意是说：都城的营造，要作正方形，每边长九里，各有三门。城中有纵横垂直交错的大道各九条。在城内的左方（东部）建筑太庙，右方（西部）建筑社稷坛。前面（南部）是朝廷，后面（北部）是商业中心。这个理想的都城设计，强调城市布局的方正和规划，并把朝廷（宫城）布置在全城的核心部位上。试看中国各著名古都，其规划都没有符合此一理想。汉代长安城虽有"面朝后市"的迹象，但其他皆不符合《考工记》的理想。

大都的城墙近于正方，宫城在城内南部中央。宫城正北，中心阁周围是商业最集中的地区，[19]太庙在宫城之东（齐化门内），社稷坛在宫城之西（地点不很确定），符合《考工记》前朝后市，左祖右社的布置原则。[20]此外城内的大街，连同顺城街计算，也和《考工记》的九条之数相符。大都城内的布局，以南北向的中轴线为基准。全城的中轴线，南起丽正门，穿过皇城的灵星门，宫城的崇天门、厚载门，经过万宁桥（又称海子桥，就是现在的地安门桥），直达大天寿万宁寺的中心阁；这也就是明清北京城的中轴线。[21] 近年经过钻探，在景山以北发现的一段南北向的道路遗迹，宽达 28 米，便是大都中轴线上大道的一部分。中心阁可以说是全城的几何中心，环绕中心阁的周围一带（积水潭东岸）又是全城商业最繁荣的地区。但大都城的真正几何中心，尚在中心阁以西 23 米，原有石碑刻"中心之台"四个大字，作为城市设计所树立的重要测量标志。元抄本《析津志》："中心台在中心阁西十五步，[22] 其台方幅一亩，以墙缭绕，正南有石牌，刻曰'中心之台'，实都中东南西北四方之中也，在原庙之前。"[23]

1966 年到 1975 年之间，中国科学院考古研究所和北京市文物管理处，共同进行了元大都的考古工作，先后勘查了元大都的城郭、街道和河湖水系等遗址，发掘了十多处各种不同类型的建筑基址；特别是 1969 年以后，配合建设工程，对和义门瓮城城门及雍和宫后等处的若干居住遗址，进行了大规模的发掘工作。经过广泛的勘查和重点的发掘，探明了元大都外廓城址的形制和范围。全城平面呈南北略长的方形，周围长 28.6 公里。北面的城墙和东西两面城墙的北段，至今地面上仍留有遗址，就是今天北京北郊的所谓"土城"；东西两面城墙的南段，与明清北京城的东西墙一致；南面城墙的位置，在今东西长安街的南侧。南边城墙在靠近庆寿寺双塔的地点，稍向外弯曲，以便绕过双塔；因此南墙内的顺城街，在双塔附近也跟着向南弯曲；此一痕迹一直保留到大战后拓宽西长安街时。

《日下旧闻考》（卷三八）："元时都城本广六十里，明初徐达营建北平，乃减其东西迤北之半；故今德胜门外土城关一带，高阜联属，皆元代北城故址也。至城南一面，史传不言有所更改，然考《元一统志》《析津志》，皆谓至元城京师，有司定基正直庆寿寺海云、可庵二师塔，敕命远三十步许，环而筑之。庆寿寺今为双塔寺，二塔屹然尚存，在西长安街之北，距宣武门几及二里。由是核之，则今都城南面，亦与元时旧基不甚相合。……"

大都城的城墙全部用夯土筑成，基部宽达24米。为了加固城墙，在夯土中使用了竖柱和横木。城墙的收分很大，[24] 根据已发掘的城墙的收分推算，它的基宽、高和顶宽的比例约为3：2：1。肃清门和健德门的瓮城土墙，还部分地残存于地面之上。肃清门和光熙门基址的钻探情况表明：城门的地基夯筑得很坚固，城门建筑是被火焚毁的；大量的木炭屑和烧土的堆积层证明，城门建筑可能仍为唐末以来的"过梁式"木构门洞。[25] 城的四角都建有巨大的角楼。现在建国门南侧的明清观象台，就是元大都东南角楼的旧址。城的外部，等距离地建有加强防御的墩台，其外再绕以又宽又深的护城河。土城的防雨排水设施，可能是采用城顶管道泄水的方式，以免雨水冲刷城壁。因为最近在拆除北京西城墙时，在明清城顶三合土之下，发现了大都土城顶部中心安有排水的半圆形瓦管，顺城墙方向断断续续长达三百余米。但在元代初年，却曾用苇草编排来保护城壁。

《日下旧闻考》（卷三八）引《析津志》："世祖筑城已周，乃于文明门外向东五里，立苇场，收苇以襄城，每岁收百万；以苇排编，自下砌上，恐致摧塌，累朝因之。至文宗有警，用谏者言，因废此苇，止供内厨之需，每岁役市民修补。"尽管有此等预防雨水冲刷的措施，土城本身还得经常修葺。据《元史·诸帝本纪》，从世祖至元九年（1272）到顺帝至正十年（1350），前后约八十年间，有关大都城修缮的记录，多至十五六次；役军数目，动以万计。

皇城位于全城南部的中央偏西，它的东墙在今南北河沿的西侧，西墙在今西皇城根，北墙在今地安门南，南墙在今东、西华门大街以南，南墙正中的灵星门在今午门附近。大都的皇城俗称"阑马墙"，墙基宽三米左右。萧洵的《故宫遗录》："南丽正门，内曰千步廊，可七百步，建灵星门，门建萧墙，周回可二十里，俗名红门阑马墙（相等于明代的皇城，城周十八里）。门内数十步许有河，河上建白石桥三座，名周桥，皆琢龙凤祥云，明莹如玉；桥下有四白石龙，擎戴水中甚壮。绕桥尽高柳，郁郁万株，远与内城西宫海子相望。度桥可二百步，为崇天门（为宫城正门，相当于今午门），门分为五，总建阙楼其上，翼为回廊，低连两观；观傍出为十字角楼，高下三级。两傍各去午门百余步。有掖门，皆崇高阁。内城广可六七里，方布四隅，隅上皆建十字角楼。其左有门为东华，右为西华。……"

宫城偏在皇城的东部，太液池之东。宫城的南门崇天门，约在今故宫太和殿的位置；北门厚载门，在今景山公园少年宫前，它的夯土基础已经发现。东边和西边的城垣，在今故宫的东、西两垣附近；换言之，元大都宫城的范围，东西两侧的界限和明故宫相差不多，只是偏南一些。宫城的墙基，由于明代的拆除改建，保存的不多；就残存的部分而言，最宽处超过十六米。

元人陶宗仪《辍耕录·宫阙制度》（卷二一）："宫城周回九里三十步，东西四百八十步，南北六百十五步，高三十五尺，砖甃。至元八年八月十七日申时动土，明年三月十五日即工。分六门，正南曰崇天，十二间，五门，东西一百八十七尺，深五十五尺，高八十五尺。……凡诸宫门，皆金铺、朱户、丹楹、藻绘、彤壁、琉璃瓦饰檐脊。崇天之左曰星拱，三间，一门，东西五十五尺，深四十五尺，高五十尺。崇天之右曰云从，制度如星拱。东曰东华，七间，三门，东西一百十尺，[26]深四十五尺，高八十尺。西曰西华，制度如东华。北曰厚载，五间，一门，东西八十七尺，深高如西华。角楼四，据宫城之四隅，皆三趓楼，琉璃瓦饰檐脊。直崇天门，有白玉石桥三虹，上分三道，中为御道，镌百花蟠龙。星拱南有御膳亭，亭东有拱辰堂，盖百官会集之所。东南角楼东差北，有生料库；库东为柴场；夹垣东北隅有羊圈。西南角楼南红门外，留守司在焉。西华南有仪鸾局，西有鹰房。厚载北为御苑；外周垣红门十有五，内苑红门五，御苑红门四，此两垣之内也。大明门在崇天门内，大明殿之正门也，七间三门，东西一百二十尺，深四十五尺，重檐。……大明殿，乃登极、正旦、寿节、会朝之正衙也，十一间，东西二百尺，深一百二十尺，高九十尺。"

大都的宫殿宏丽，分布于太液池东西两岸；东岸是大内，较今紫禁城略偏西北，包括大明殿（相当于太和殿）及延春阁（相当于乾清宫）。西岸有隆福宫及兴圣宫，制度约略如大内，只是规模稍小。萧洵《故宫遗录》也说隆福、兴圣二宫"殿制比大明差小"。太液池东西两岸之间，以仪天殿为枢纽，就是今天的团城，亦即《故宫遗录》所指的瀛洲圆殿。向北为万寿山，亦作万岁山，[27]便是今日的琼华岛。绝大部分宫殿，皆用珍异工料建筑，玉石雕刻精美。主持营建的是"将作院"，下设采石、大木、小木、泥瓦等局；在雕刻方面另设有玉局和石局。参与营建的人物，有刘秉忠、张柔、段天佑、杨琼、也黑迭儿丁（亦作亦黑迭儿丁，大食国人）、丘士亨、李郝宁、憨剌令儿、养安等，多为一代宗匠。[28]宫殿内部的装饰，工艺亦极精巧。

《辍耕录》（卷一）描述万岁山："万岁山在大内西北太液池之阳，金人名琼花岛。中统三年（1262）修缮之。其山皆以玲珑石叠垒，峰峦隐映，松桧隆郁，秀若天成。引金水河至其后，转机运斛，汲水至山顶，出石龙口，注方池，伏流至仁智殿后，有石刻蟠龙，昂首喷水仰出，然后东西流入于太液池。"以及明人《卓异记》所述的水晶宫漏："备极机巧，中设二木偶人，能按时自击钲鼓。"

当时旅居北京的意大利人马可·波罗，对北京城曾有如此的描写：

大汗常在名曰汗八里之大城中，每年居留三月。……此城在契丹之东北端，其大宫殿之所在也。宫与新城相接，在此城之南部。其式如下：先有一方墙，宽广各八哩。其外绕以深壕，各方中辟一门，往来之人由此出入。墙内四面皆有空地，广一哩，军队驻焉。空地之内，复有一方墙，宽广各六哩，南北各辟三门，中门最大，常关闭，仅大汗出入时一为开辟而已。余二门较小，在大门之两侧，常开以供公共出入之用。此内墙四角及中央，各建一壮丽城楼。由是全墙周围共有八楼，贮大汗战具于其中。……此第二方墙之内，有一第三城墙，甚厚，高有十步，女墙皆白色。墙方，周围有四哩，每方各有一哩。[29]此第三城墙辟六门，布置与第二城墙同。……第二第三两墙之间，有树木草地甚丽，内有种种兽类。……此周围四哩墙垣之内，即为大汗宫殿所在。其宫之大，素所未见。……内殿及诸室墙壁刻画涂金，代表龙、鸟、战士、种种兽类、有名战事之形象。天花板之刻画亦只见有金饰绘画，别无他物。宫之四方各有一大理石级，从平地达于环绕宫殿之大理石阶上。朝贺之殿极其宽广，足容多人聚食。宫中房室甚多，可谓奇观，布置之善，人工之巧，无逾此者。屋顶为红绿蓝紫等色，结构之坚，可以延存多年。窗上玻璃明亮有如水晶。……大汗宫殿附近，北方一箭之地，城墙之中（按：即皇城之中），有一丘陵，人力所筑，高百步……名曰绿山。……更北城中，有一大坑，深而广，即以其土建筑上述之丘陵，掘后成湖。有一小渠贯注流水于其中，布置与一鱼池无异，诸兽皆来此饮水。此渠由上言丘陵附近旁之一水道流出，注入别一湖中，其湖亦宽广，处大汗宫及其子成吉思之宫间，其土曾供筑丘之用。后一湖中畜鱼，种类甚多，以供御食，大汗取之惟意所欲。渠水由别端外流，其两端间以铜铁格子，畜鱼不能外出。其间亦见有天鹅及其他水禽。两宫之间有桥，通行水上。……（冯承钧译《马可波罗行纪》第八十三章）

大都的街道整齐，城内民居划分为五十坊，《元一统志》载有这五十坊的坊名。近年勘查工作证明，大都城内街道分布的基本形式是棋盘形，东西和南北各有九条大街；在南北向大街的东西两侧，等距离地平排着许多东西向的胡同。大街宽约25米，胡同宽6—7米。现在北京城内的许多街道与胡同，仍然可以反映元代大都街道布局的旧迹。在南北主干大街的两旁，筑有排水渠。例如在现今"西四"地下发现的排水渠，便是用石条砌筑的明渠，宽约1米，深1.65米；在通过平则门内大街（今阜内大街）时，顶部覆盖了石条。渠内石壁上，还留有当时工匠刻凿的字迹："致和元年（1328）五月日，石匠刘三。"

马可·波罗曾盛赞大都城内规划完美，划线整齐："各大街两旁，皆有种种商店屋舍。全城中划地为方形，划线整齐，建筑房舍。每方足以建筑大屋，连同庭院园圃而有余。以方地赐各部落首领，每首领各有其赐地。方地周围，皆是美丽道路，行人由斯往来。全城地面规划有如棋盘。其美善之极，未可言宣。"（冯承钧译《马可波罗行纪》第八十四章）

大都城内的市场，散布各处。但主要的商业区，集中在三个地方。一是积水潭东北岸的斜街，叫作斜街市；接近全城中心，属日中坊，坊名"日中"，似是取"日中为市"的意思。积水潭为当时新开凿的通惠河的终点，水运便利，成为最大的商业荟萃中心。一处在今西四牌楼附近，名为羊角市，是羊市、马市、牛市、骆驼市、驴骡市集中分布之处。第三个地方在今东四牌楼西南，叫作旧枢密院角市，属明照坊。

忽必烈营建大都宫殿，系从金代离宫大宁宫着手。这个大宁宫的主要部分，包括现在北海公园的琼华岛（白塔山）以及团城附近的一带地方。当时环绕琼华岛的湖泊，即后来所称的太液池，只包括今日的北海和中海，南海尚未开掘。新建大都的宫城，位于太液池东岸；另在西岸建筑隆福宫和兴圣宫。今日团城所在之处，当时称为瀛洲或圆坻，也就是东西两岸通过一条长木桥相互联系的中心。忽必烈营建大都之前，在中统三年（1262）先修缮了大宁宫，所以这一带可能是当初营建大都发号施令的中枢。《元史·世祖纪》："至元四年九月，作玉殿于广寒殿中。"[30]《辍耕录》指出广寒殿在白塔所在处。

　　兴圣宫丹墀皆万年枝，殿制比大明差小。殿东西分道为阁门，出绕白石龙凤阑楯，阑楯上每柱皆饰翡翠，而置黄金，雕鸟狮座。中建小直殿，引金水绕其下，甃以白石，东西翼为仙桥，四起雕窗，中抱彩楼，皆为凤翅飞檐，鹿顶层出，极为奇巧。楼下东西起日月宫，金碧点缀，欲象扶桑沧海之势。壁间来往多便门出入，有莫能穷。楼后有礼天台，高跨宫上，碧瓦飞甍，皆非常制，盼望上下，无不流辉，不觉夺目，亦不知蓬瀛仙岛，又果何似也！（萧洵《故宫遗录》）

仪天殿在池中圆坻上，当万寿山（亦作万岁山），十一楹，高三十五尺，围七十尺，重檐，圆盖顶，圆台址。以文石，藉以花茵；中设御榻，周辟琐窗。东西门各一间，西北厕堂一间；台西向，列甃砖龛，以居宿卫之士。东为木桥，长一百廿尺，阔廿二尺，通大内之夹垣。西为木吊桥，长四百七十尺，阔如东桥，中阙之，立柱，架梁于二舟，以当其空；至车驾行幸上都，留守官则移舟断桥，以禁往来；是桥通兴圣宫前之夹垣。后有白玉石桥，乃万寿山之道也。（陶宗仪《辍耕录》卷二一）

大都城内的水源比较缺乏，要从西北郊导引许多小流泉来解决城内的给水问题。当时供应大都用水的水道有两条：一条是由高粱河、积水潭、通惠河构成的漕运系统；一条是由金水河、太液池构成的宫苑用水系统。

元代的高粱河从和义门北入城，汇为积水潭（俗称海子），当时积水潭的面积，略大于今日太平湖、什刹前后海的范围。为了使南方的漕运船只经通州直达大都城内，开挖了通惠河，置闸节水。通惠河绕皇城东边而行，在皇城东北角处的宽度约达27.5米。流出大城南墙后，和金朝所开金口河的下游故道相汇，转东流注潮白河，这就是后来所谓南北大运河的上游。至元三十年（1293）河工完成，粮船可经通惠河径入大都，停泊在积水潭内。此一水利工程系由郭守敬设计，不但改善了从通州陆运的困难，而且也促进了积水潭东北岸钟鼓楼、斜街一带商业区的形成。

金水河导源于玉泉山，从和义门南约120米处入城；入城的水门是最近拆除西城墙时发现的。金水河入城后，先向东流，然后折向南流，再转东南流，到现在灵境胡同西口分为二支：北支沿皇城西边，直向北流，再沿皇城北边折向东流，注入太液池；南支一直向东流，也注入太液池，再从太液池东南角流出，汇入通惠河。这条金水河专门供给宫苑用水，民间不得汲引。终元一代，"金水河濯手有禁"，悬为明令。

《元史·河渠志》（卷六四）：

> 通惠河，其源出于白浮、瓮山诸泉水也。世祖至元二十八年（1291），都水监郭守敬奉诏兴举水利，因建言："疏凿通州至都河，改引浑水溉田，于旧闸河踪迹导清水，上自昌平县白浮村，引神山泉，西折南转，过双塔、榆河、一亩、玉泉诸水，至西门入都城，南汇为

积水潭，东南出文明门，东至通州高丽庄入白河。总长一百六十四里一百四步，塞清水口一十二处，共长三百一十步，坝闸一十处，共二十座，节水以通漕运，诚为便益。"从之。首事于至元二十九年之春，告成于三十年之秋，赐名曰通惠。凡役军一万九千一百二十九，工匠五百四十二，水手三百一十九，没官囚隶百七十二，计二百八十五万工，用楮币百五十二万锭，粮三万八千七百石，……船既通行，公私两便。[31] 先时通州至大都五十里，陆挽官粮，岁若干万，民不胜其悴，至是皆罢之。……成宗元贞元年（1295）四月，中书省臣言："新开运河闸，宜用军一千五百以守护，兼巡防往来船内奸究之人。"从之。……武宗至大四年（1311）六月，省臣言："通州至大都运粮河闸，始务速成，故皆用木，岁久木朽，一旦俱败，然后致力，将见不胜其劳，今为永固计，宜用砖石，以次修治。"从之。后至泰定四年（1327），始修完焉。文宗天历三年（1330）三月，中书省臣言："世祖时开挑通惠河，安置闸座，全藉上源白浮、一亩等泉之水，以通漕运。今各枝及诸寺观权势，私决堤堰，浇灌稻田、水碾、园圃，致河浅妨漕事，乞禁之。"奉旨：白浮、瓮山直抵大都运粮河堤堰泉水，诸人毋挟势偷决，大司农司、都水监可严禁之。

到了元朝末年，因天下大乱，统治者想借城池的坚固来维持局面，下令在大都的十一个城门赶筑瓮城并架设城门外护城河上的吊桥，以加强大都的防御设施。这些瓮城和吊桥，仅一年多的时间就全部完工了。《元史·顺帝纪》（卷四五）："至正十九年（1359）冬十月庚申朔，诏京师十一门，皆筑瓮城，造吊桥。"但据最近发掘所得和义门瓮城门洞内青灰皮上刻画的"至正十八年四月廿七日记"题记，则和义门瓮城于此时已经建成，足以证明《元史》所记有误。可能至正十九年十月是大都十一门瓮城和吊桥全部完工的年月。再隔八年，元朝就灭亡了。

四、明代北京城的重建与改建

元代立国不足百年，终被朱元璋推翻，建立了明朝（1368—1644）。明朝最初定都南京，北京在战争中的破坏不大，明太祖命令把大都的宫殿拆除，将材料搬到南京营造皇宫。这原因不单是经济的，而且也是政治的：他既然不建都北京，就无须保存堂皇华丽的宫殿，故除留下一小部分次要的宫殿备为将来应用外，[32]其余完全拆迁。于是原先大都金殿耀日、玉宇连云的宫阙，就给毁掉。

《明太祖实录》（卷三二）：

> 改湖广行省参政赵耀为北平行省参政。耀尝从徐达取元都，习知其风土民情、边事缓急；上命改授北平，且俾守护王府宫室。耀因奏进工部尚书张允所取北平宫

室图，上览之，令依元旧皇城基改造王府。三年七月，诏建诸王府；工部尚书张允言，燕国用元旧内殿（隆福宫），上可其奏。

　　明代初年的北京，因不再是全国的政治、经济中心，商业随之萧条，人口跟着减少。[33] 所以洪武三年（1370）徐达重建北京城墙时，因嫌北城一带空旷，居民稀少，为便利防守，就把北边的城墙向南缩了五里，改建为日后安定门和德胜门一线的城墙；其北原址在抗战前尚有土墙，高二三十尺，居民即称其地为土墙。徐达将北京城的北边向南收缩，主要是因为运河终点的南移。元至元二十九年（1292）郭守敬采用水闸方法，引山泉开成通惠河后，粮船可从通州以南的高丽庄，循通惠河径入大都城内，停泊在皇城以北的积水潭，使附近成为商业中心。但其后积水潭淤缩，通惠河失修，漕运只能到达城南，商业中心随之迁移城南，于是北城市况衰落，人烟稀少。

《顺天府志·京师志》载：

　　洪武初，改大都路为北平府，缩其城之北五里，废东西之北光熙、肃清二门，其九门俱仍旧。大将军徐达命指挥华云龙经理故元都，新筑城垣，南北取径直，东西长一千八百九十丈。又令指挥张焕计度故元皇城周围一千二百六丈，又令指挥叶国珍计度南城周围，凡五千三百二十八丈，南城故金时旧基也。改元都安贞门为安定门，健德门为德胜门。旧土城周围六十里，克复后以城围太广，乃减其东西迤北之半，创包砖甓，周围四十里。其东、南、西三面各高三丈有余，上阔二丈；北面高四丈有奇，阔五丈。濠池各深阔不等，深至一丈有奇，阔至十八丈有奇。

明成祖朱棣夺得皇位后，一方面鉴于北方边防重要，必须严防蒙古人的再起；同时也感觉到北平为"龙兴之地"，故决心迁都。先建北京为行在所，进行宫殿营造。因南城缺少修建衙署的土地，到永乐十七年（1419）又将南边的城墙拆了，向南推出一里，拓展到日后内城南边的线上。南城所拓宽的地方，主要用以修建衙署，开辟了一个新的行政区。永乐十八年九月，宫殿告成，十九年元旦御新殿受朝贺，正式改北京为京师，而将原来的京师改称南京。

《读史方舆纪要·直隶序》载：

蒙古之余裔犹炽，习见燕都之宫阙朝市，不无窥伺之情。太宗（成祖）靖难之勋既集，切切焉为北顾之虑，建行都于燕，因而整戈秣马，四征弗庭，亦势所不得已也。

《明史·地理志》（卷四〇）："永乐元年（1403）正月，建北京于顺天府，称行在。二月罢北平布政使司，以所领直隶北京行部。"在永乐二年九月迁徙山西省居民一万户到北京。《明实录·太宗永乐实录》（卷三一）："徙山西太原、平阳、泽、潞、辽、沁、汾民一万户实北京。"《顺天府志·京师志》："永乐元年……以北平为北京，府为顺天府。四年闰七月诏建北京宫殿，修城垣（按：实际修建在五年五月开始），十七年十一月拓北京南城，计二千七百余丈。"

在北京兴建期中，成祖朱棣多住在南京，但曾数次北巡。第一次在永乐七年三月抵北京，八年九月回南京；中间在八年二月到七月亲征蒙古。第二次北巡在永乐十一年四月到达北京，十二年三月第二次亲征瓦剌等"胡虏"，到十四年十月又回到南京。第三次北巡在十五年五月，以后他就不再回南京了。最初因为皇帝要经常在南京、北京之间往来，所以在永乐四年闰七月，文武群臣就以"备巡幸"为理由请建北京宫殿。这是臣下附和成祖内心计划的建议，当然马上被接受。于是就动员全国的人力物力，大兴土木来建筑北京的宫殿。

《明实录·太宗永乐实录》（卷四四）载：

> 壬戌，文武群臣淇国公丘福等请建北京宫殿以备巡幸。遂遣工部尚书宋礼诣四川，吏部右侍郎师逵诣湖广，户部左侍郎古朴诣江西，右副都御史刘观诣浙江，右佥都御史史仲成诣山西，督军民采木。人月给米五斗，钞三锭。命泰宁侯陈珪，北京行部侍郎张思恭督军民匠造砖瓦，人月给米五斗。命工部征天下诸色匠作，在京诸卫及河南、山东、陕西、山西都司，中都留守司直隶各卫选军士；河南、山东、陕西、山西等布政司，

直隶凤阳、淮安、扬州、庐州、安庆、徐州、和州选民丁，期明年（1407）五月俱赴北京听役，率半年更代，人月给米五斗。其征发军民之处，一应差役及闸办银课等项，悉令停止。

明朝建设北京，遗留下了三项伟大的工程：北京城、皇宫和明陵。明代的北京城是在元大都的基础上建立起来的，最初因为北边收缩了五里，所以远比元大都城小（参阅图27）。永乐十七年到十九年间，虽将南边的城墙向南扩展了一里，还是远小于大都城。直到中叶以后，城南人口大增，正阳门外已很繁荣，同时又须提防瓦剌、俺答等部落的南侵，故在嘉靖三十二年（1553）增筑了外城，三面全长二十八里，到嘉靖四十三年（1564）完成。（原本准备在京城四面再筑一圈防御性的外城，后来因财政困难改变计划，只筑了南城一方。）于是造成了日后北京城凸字形的形式，并且有了内城和外城之分。内外城合计，面积达六十二平方公里，超过了元代的大都城。[34]

《顺天府志·京师志》载：

嘉靖二十一年，掌都察院毛伯温等言宜筑外城。二十九年命筑正阳、崇文、宣武三关厢外城，既而停止。三十二年，给事中朱伯辰言：城外居民繁夥，不宜无以围之。臣尝履行四郊，咸有土城故址，环绕如规，周可百二十余里；若仍其旧贯，增卑补薄，培缺续断，可事半而功倍。乃命相度兴工。……上又虑工费重大，成功不易，以问嵩等。嵩等乃自诣工所视之，还言宜先筑南面，俟财力裕时，再因地计度，以成四面之制……前此度地画图，原为四周之制，所以南面横阔凡二十里，今既止筑一面，第用十二三里，便当收结，庶不虚费财力。今拟将见筑正南城基，东折转北，接城东南角；西折转北，接城西南角；并力坚筑，可以刻期完报。其东、西、北三面，候再计度以闻。报允。重城包京城南一面，转抱东西角楼，止长二十八里，为七门，南曰永定、左安、右安，东曰广渠、东便，西曰广宁、西便。城南一面长二千四百五十四丈四尺七寸，东一千八十五丈一尺，西一千九十三丈二尺，各高二丈，垛口四尺，基厚二丈，顶收一丈四尺。四十二年增修各门瓮城。四十三年六月丁酉京师重城成。

北京城的内城计有三重，最内的一重为宫城，亦即紫禁城，周围3公里，开有8个城门。第二重为皇城，周围约9公里，开有6个城门。皇城地段为当时内府官员的住宅区和各衙署所在的行政区。第三重为京城，周围约23公里，城墙高约12米，开有9个城门，城外有壕。北京内外城和宫城的城墙，皆用最好的城砖建造。在内外城的四角和各城门上，屹立着十多个环卫的突出点——城楼和角楼。内城的9个城门，外城的7个城门，每个门上都建有城楼。城门之外又筑有箭楼。箭楼的两侧又有弧形的或方形的墙和城墙相接，形成瓮城。箭楼和瓮城，都是防御性的建筑。北京内城的城楼和城壕，实际上要到正统年间（1436—1449）才次第完成。

《明史·地理志·京师》（卷四〇）："宫城周六里一十六步，亦曰紫禁城。门八：正南第一重曰承天，第二重曰端门，第三重曰午门；东曰东华，西曰西华，北曰元武。宫城之外为皇城，周一十八里有奇，门六：正南曰大明，东曰东安，西曰西安，北曰北安；大明门东转曰长安左，西转曰长安右。皇城之外曰京城，周四十五里，门九。……领州五、县二十二。弘治四年（1491）编户一十万五百一十八，口六十六万九千三十三。万历六年（1585）户一十万一千一百三十四，口七十万六千八百六十一。"

《顺天府志·京师志》："城垣南面广二千二百九十五丈九尺三寸，北二千二百三十二丈四尺五寸，东长一千七百八十六丈九尺三寸，西一千五百六十四丈五尺二寸。下石上砖，共高三丈五尺五寸，堞高五尺八寸，址厚六丈二尺，顶阔五丈。设门九，门楼如之，角楼四，城垛一百七十二，旗炮房九所，堆拨房一百三十五所，储火药房九十六所，雉堞一万一千三十八，炮窗二千一百有八。凡门楼均朱楹丹壁，檐三层，封檐列脊均绿琉璃。……正阳门东西、崇文门东、宣武门西、朝阳门东、东直门南、德胜门西，各设水关一，均内外三层，每层皆护以铁栅。外城环京城南面，转抱东西角楼，长二十八里，为门七，南为永定门，左为左安门，右为右安门，东为广渠门，西为广宁门。在东西隅而北向者，东为东便门，西为西便门。明嘉靖三十二年建，四十三年成。本朝重加修整，外城南面二千四百五十四丈四尺七寸，东长一千八百五丈一尺，西一千九十三丈二尺，下石上砖，共高三丈，堞高四尺，址厚二丈，顶阔一丈四尺。设七门，门各有楼。……东便门东，西便门东，水关各一，皆三洞，每洞内外均有铁栅。东便门西，水关一，内外二层，铁栅如之。"

旧北京城区的结构大致形成于明代，北半是内城，南半是外城，由一条长达8公里的中轴线纵贯南北，作为全城布局的依据。外城南边正中的永定门，是这条中轴线的起点。从永定门北行，左右有天坛和山川坛两个约略对称的大建筑群。[35]再往北就是进入内城的第一个重点正阳门（前门），接近了皇朝的统治中心。由正阳门进大明门（清代改称大清门，中华民国改称中华门，现已拆除），可见一条宽阔的"御道"，两旁有联檐通脊的千步廊，直达承天门（天安门）前，组成一个巨大的"T"字形广场；其东有长安左门，其西有长安右门。

作为皇城正门的承天门，建筑稳重辉煌，形象威严壮丽，点缀着金水桥、华表和石狮等。由承天门起，开始进入中轴线的中段，也是最重要的一段；先是太庙和社稷坛的东西并列，再前进就到达宫城的正门午门。午门以内有前三殿和后三殿，为皇宫所在，是举世无匹的大建筑群。宫城背后的景山，处于内城中央，是全城的最高点，正好堆筑于元代宫城延春阁的旧址上，而延春阁是元朝皇帝起居之所，故带有迷信的镇压意义。有明一代，把景山视为镇山；但明代的最后一个皇帝，却在景山自缢而死。登临景山，可俯瞰旧北京全城。中轴线的终点在钟鼓楼，在皇城后门之北，建筑在元代中心阁的位置上，南北相对，作为全城的报时中心。

　　永乐对北京城的改建，最主要的是在全城的中轴线上，把宫城的位置略向南移。由于宫城的南移，皇城和京城的南墙，也不得不随之南移，从而决定了承天门和正阳门的位置。利用皇城和宫城之间新开拓的空地，仿照明初南京城的规划，在中轴线左右两侧建筑太庙和社稷坛，仍然保持着"左祖右社"的传统意义。此一布局增加了中轴线的重量，以及从承天门到正阳门之间的深度。同时又在社稷坛以西开凿了南海，扩大皇城中心的水面。再利用承天门以南到大明门之间的扩建部分，遵循唐宋以来的旧规，把中央政府的主要官署，沿着宫廷前的中轴线，左文右武，对称地排列在东西两侧，[36]彻底改变了元大都城内中央衙署分散的情况。至于大明门和正阳门之间的地段，有计划地保留了东西城交通往来的孔道，称为棋盘街。此一格局一直保持到清朝末年，只是若干官署的名称略有改变。

　　皇宫也是在元大都宫城的基础上建筑起来，先后的中轴线相一致。我们从萧洵的《故宫遗录》及陶宗仪的《辍耕录》等著述中，可看到明代宫殿的建制，深深受到元大都宫殿布局的影响。[37]事实上，明太祖拆毁元大都宫殿，把材料搬到南京去造宫殿，以元故宫建制的完备，南京所建新宫，必然受到影响。朱棣少年时居住南京宫殿，熟悉这些宫殿的形制。封燕王就藩后，住的是元代的隆福宫。后来他自己在北京重建宫殿，自然会想起拆迁时的一些经手人，要他们仿照旧制而参加营造。孙承泽《春明梦余录》（卷六）："初燕邸因元故宫，即今之西苑，……太宗登极后，即故宫建奉天三殿，以备巡幸受朝。至十五年（1417），改建皇城（按：实指宫城）于东，去旧宫可一里许，悉如金陵之制而弘敞过之。……新宫既迁旧内，东华门之外逼近居民，喧嚣之声至彻禁御，宣德七年（1432）始加恢扩，移东华门于河之东，迁民居于灰厂西之隙地。"这说明永乐时的东华门乃照元代旧址，到宣德七年才向河东展移。明宣德以后宫城东边城墙位置和元代宫城的不同，在于元代宫城东墙在通惠河以西，而明代则在通惠河之东。

北京城的经营缔造，是中国古代建筑艺术的一种集中表现。它的平面设计和宫殿建筑的配置及造型上，体现了皇朝统治者的政治要求和意识形态。曾动用极大的人力物力，[38]陆续完成规模宏伟的建筑工程，这也充分显示了中国古代劳动人民非凡的智慧和才能，以及他们在当时科学技术上所达到的水平。

旧北京城内的土地利用，大致根据当时的社会条件及生活要求进行区分，内城除了宫城内的皇宫外，皇城区是当时内府官员的住宅，东交民巷和西交民巷一带是各衙署所在的行政区（其中东交民巷在"辛丑条约"后曾被划为使馆区）；北城一带散布着一些王府，东四牌楼和西四牌楼是东西城的两个主要市场。这从附近街巷的名称也可以看出：例如东四牌楼附近的猪市大街、小羊市、多福巷（豆腐巷）和礼士胡同（驴市胡同），西四牌楼邻近的马市大街、缸瓦市、羊市大街、羊肉胡同、粉子胡同等街道，都是各种专业市场的名称。钟鼓楼一带，也曾经是热闹的街市。旧北京有句俗语，说城区最热闹的地方是"东四西单鼓楼前"。南城方面，大致正阳门以东是手工业区和商业区，这里有打磨厂、木厂胡同、梯子胡同、果子市、鲜鱼口、瓜子店等等；以西是商业区，有珠宝市、粮食店、钱市胡同、煤市街等等。这些街道的名称说明了当时土地利用的性质。旧北京所有的一百多所外省、外县会馆，也多数集中在南城方面。

城内的街道，基本上采取方格型的规划系统，这正是中国城市街道的传统规划方式。大街和小巷分工：大街是主要的交通干线；和大街相垂直的小巷（胡同），则是住宅区的道路。在较长的街道上，常建造一些点缀街景的附属建筑，像牌楼、门洞之类，用以分割街道的空间，调节漫长道路的单调感觉；另一方面，也起了街道的对景作用。像东四、西四牌楼，东单、西单牌楼，以及天安门广场两侧原有的三座门，都曾起着点缀街景的作用。[39]每一个城门之内，都有一条宽阔的大街，但相对的两个城门内的大街，并非完全平直贯通；实际上是一个交错的方格体系。皇城的存在，在很大部分隔断了全城的交通，给市民带来很大的不便。现在皇城已经拆除，宫城也已开放，并在故宫前后修筑了东西城交通的干线大道，形势已完全改变。

在结合城市规划与河湖水系的利用方面，明代的北京没有新的发展，反而比元朝退步了。金水河被废弃，积水潭下游的通惠河，因皇城北面和东面的开拓而被圈入城内，从此完全失掉了运河的作用。[40]另外，积水潭本身，因为淤塞以及豪门大户的与湖争地，面积日益缩小。[41]原在内城南边外侧的金口河故道，也因为外城的拓建终被全部湮塞。有明一代，只是部分地开凿了内外两城的护城河，借以引水和排洪。此后直到清朝末年，北京城的平面布局没有发生重大变动。

五、清代的园林营造

明清两代交替之际，北京没有受到多大破坏。由于文化水平上的显著差异，清朝乐于全盘接收北京作为他们新的国都。宫殿常能反映文化水平，试比较北京的明故宫和沈阳的清故宫，可体会此中很大的差别。清代对于北京城的总体布局，并无改变；主要做的是一些修建工作，但也只在明代原有基础上进行。[42]例如故宫的建筑群，便经过清代的重建和改建，但在中轴线上的布局，还完全是明代旧有的规模。《大清一统志·京师》（卷一），曾提到宫邑维旧："本朝世祖章皇帝统一寰区，抚有九域，声教广被，靡远弗届。幅员所暨，东包朝鲜，南越瀛海，北抵大漠，西逾流沙。而定都京师，宫邑维旧。"

清代对北京的贡献，主要限于园林的开拓和营造，也可说是京城的修饰工作；在这方面确有很突出的成就，远远超过了前代。像城内的三海（北海和中海、南海），城外的圆明园、畅春园、颐和园、静宜园和静明园等，[43] 都是规模巨大的造园杰作。

园林的营造不能缺乏山水，没有山要造假山，没有水可自他处导引。西郊从海淀以至西山一带，有山有水，是天然风景区，成为园林营造的重点。远在十一世纪初期，辽代便在西山修筑离宫；十二世纪末金章宗营造香山，进一步开发了香山的风景区。此后西山一带便逐渐成为历代帝王、显贵的游玩胜地。明代正德年间（十六世纪初），在瓮山原来的圆静寺一带经营园林，称为好山园。清代帝王更加奢侈，追求享乐，园林经营超越了元明两代。康熙时期的畅春园，乾隆时期的圆明三园（圆明、万春、长春三园，总称圆明园）、三山（玉泉山静明园、香山静宜园、万寿山清漪园），以及晚清大力经营的颐和园（原清漪园），都是大型的园林。北京所有的园林，不论皇家园囿或私人花园，皆深受江南园林的影响，但也有其独特的处理手法和风格。一般而论，北京园林较江南为端重，但缺少开畅通达的活泼情趣。

颐和园是北京西北郊的名园，也是全国现存最宏丽的园林，占地3.4平方公里（全园占地3.009平方公里，其中颐和园世界文化遗产区面积2.97平方公里。编按）。它是万寿山、昆明湖的总称，距西直门十多公里，西接玉泉、西山诸峰；北部万寿山约占全园面积的四分之一，南面山下的昆明湖约占四分之三。康熙四十一年（1702），在明代好山园的原址上扩建瓮山行宫，乾隆十五年（1750），弘历为了庆祝他母亲的六十寿辰，在此改建大报恩延寿寺，改称瓮山为万寿山，改湖名为昆明湖，开始大规模营造园林，命名清漪园；并疏浚昆明湖，在湖东筑堤，作为调节京城水源的蓄水库。当时在现今佛香阁的位置上建有九层宝塔，后湖沿岸一带建有仿照苏州街市的房屋，后山则有喇嘛大寺和西藏式碉楼。咸丰十年（1860）被英法侵略军焚毁劫掠，光绪十四年（1888）慈禧挪用海军军费将其修复，并改称颐和园。光绪二十六年（1900）又被八国联军劫掠破坏，光绪二十九年再度修复。

颐和园共有殿、堂、楼、阁、亭、廊、轩、榭等各式大小建筑三千余间，桥梁三十座，以及数十处奇巧山石和漫长的沿湖石栏；集中国建筑艺术的精华，被视为民族园林艺术的典范。全园大体可分为四部分：第一部分是东宫门内，有仁寿殿、德和园、乐寿堂、颐乐殿和玉澜堂等建筑，为帝后听政、住宿和娱乐之处。由此朝北可登万寿山，往西通长达728米的沿湖长廊；长廊的梁上绘着数百幅西湖风景画，可见当时皇室人员对江南风景的赞赏，但画得并不真切，据说已非原绘。第二部分是前山，亦即万寿山的南坡，正中有一座八角四层的佛香阁，周围环绕着许多建筑，包括最高处的智慧海以及两侧的转轮藏和五方阁等。由佛香阁而下，又有德辉殿、排云殿、芳辉殿、紫霄殿、玉华殿、云锦殿等，组成一条南北向的倾斜中轴线，直到昆明湖边的牌坊。第三部分是后山，包括"香岩宗印之阁"和"须弥灵境址"等，更为偏僻幽静；东边的谐趣园，模仿无锡的古园林，山光水色，如同图画，称为园中之园。第四部分是昆明湖，因在南边，故又称南湖。乾隆十六年（1751）加筑东堤，开拓湖面，周围增为15公里，面积比明代扩大两倍。湖中有小岛及长堤，也有六座桥，系模仿杭州西湖的六桥烟柳造成；湖东通龙王庙的十七孔桥，更是湖上突出的景物。

颐和园原不仅是一个纯供游玩的园林，同时也具有宫廷的作用。全园的总体布局继承了中国造园艺术的传统手法——"因、借、正、变"，经过周密设计。它效法自然，利用自然，并创造出和自然接近的景物来。它因地制宜，在不同的条件下利用地形建造适当的建筑。它应用了"借景"的手法，把西山诸峰的景色组织到颐和园来。淡蓝色的西山衬着玉泉山的白塔，组成了万寿山美丽的背景。园内则通过曲径、游廊、高台、亭阁，将各组景物联系起来；互相资借，彼此衬托，极尽变化之能事。但园中的若干亭阁，建筑艺术不及苏州和杭州。

圆明园位于北京西北郊的海淀区，在颐和园以东，清华园西北。园内的湖与池虽然利用了天然的沼泽，但小山都是挖湖堆积而成。该园开辟于康熙四十八年（1709），当初是一座御赐的亲王花园，规模甚小；雍亲王继承皇位后，在雍正三年（1725）着手全面修建。[44]除了整顿原有的山水亭榭之外，又增添了许多建筑。乾隆年间进行了大规模营建，模仿江南名园胜景规划全园，创造了所谓"四十景"，包括九州清晏、镂月开云、天然图画、碧桐书院等等；每一景中又有许多小景，一个小景就拥有亭、台、楼、阁等建筑群。这时向北拓展了圆明园，东面增修了长春园，南面又合并了王公花园修成绮春园（万春园），形成著名的三园。[45]

三园之中以圆明园为最大，共有十八座大门。三园的布局以水景为主，水面萦绕与陆地交错，多作小面积分割，仅圆明园东部的福海面积为较大。三园的建筑又各有不同的风格，圆明园前部为朝廷区，自大宫门经"出入贤良门"直到"正大光明殿"，建筑物分布有严肃的轴线；唯北部和东部福海的处理较为自然。长春园水面规划较圆明园稍为宽阔，北部有仿意大利文艺复兴式样建造的"西洋楼阁"群组和喷泉等西式园林建筑。万春园因借旧有名园的规模，设计水平较高；水陆规划较为自然生动，建筑意匠趋向于小巧玲珑。总而言之，圆明三园是一个极优美的园林作品，在湖溪、山石、殿阁、台榭之间，栽种无数珍贵花木，并收藏历代保存下来的文物精华，被全世界赞美为"万园之园"。不幸经1860年及1900年英法联军和八国联军的焚毁劫掠后，现在只剩下一个废墟，所可看见的是许多巨大的石基、断柱和残垣！

香山是整个西山风景区中最美的一处，燕京八景之一的"西山晴雪"就在此处。香山在各个季节都有不同的景色，秋季天高气清，红叶遍山；春天百花盛开，簇锦一片；夏期的云雾，也颇有诗情画意。因为地势高，是避暑的好地方。

早在金大定二十六年（1186），这里就兴建了香山寺，作为皇帝的行宫。清乾隆十年（1745）进行大规模扩建，在此创造了二十八景，命名为静宜园，作为皇家避暑消夏的离宫，与静明园（玉泉山）及清漪园（万寿山）合称为"三山"。[46]静宜园在香山东麓，环境幽静阴凉，但园中原有的殿宇、台榭、亭阁、塔坊，都先后被英法联军及八国联军焚毁，只有少数砖石建筑残留。现存的别墅和慈善机构，多数是民国以后建造。属于清代的名胜古迹，仅得昭庙和见心斋等。昭庙是一座藏传佛教建筑，建于乾隆四十五年（1780）；东面是一座琉璃牌坊，西面山腰有一座七层琉璃塔，每层塔檐上挂有许多铜铃，若遇微风吹动，铃声清脆悦耳。见心斋在眼镜湖的西南，初建于嘉庆年间，里面有半圆形的大水池，池的西面有轩，其余三面围以回廊。轩后两侧有假山和苍翠的树林；树林中建有一亭，清幽雅静。

北京两处最著名的园林，西北郊颐和园一带大致是利用自然地形修筑，城内的三海却完全是人工建成；都依照造园的共同原则，利用树木、山石及水面，把建筑物和自然背景配合起来。位于旧城中心部分的三海，是一片广阔的水面，不但具有调节局部气候的功效，而且创造了大片开阔的空间。对于一个作为首都的大城市，其存在就有很大贡献。更进一步利用水面建造了风景优美的园林，在美化北京城区方面，起了巨大的作用。

北海在十一世纪中叶，便是辽代南京城郊的瑶屿行宫。

金代在此修筑大宁宫，挖湖造山，堆筑琼华岛；岛上修建瑶光殿。岛及湖岸点缀着楼阁亭台，又将北宋京城汴梁皇家园林的山石搬来叠砌假山。元世祖以此为中心修建大都城，把这片湖泊命名为太液池，改称琼华岛为万寿山；山顶筑有广寒殿，元代的许多大典皆在此举行。万寿山南太液池中另有小岛（即今日的团城，当时尚四周环水），岛上建有仪天殿。太液池西岸建有兴圣宫及隆福宫。明初大修宫殿，扩展中海又掘了南海，于是并称三海，明清以来这里一直是宫廷内苑。明代在太液池东、北、西岸都有所营建，并在北岸修筑了钓鱼处所五龙亭。清初顺治八年（1651）在广寒殿旧址修建了喇嘛塔（白塔），高67米，并将琼华岛南面的宫殿改建为佛寺。乾隆朝更大事修建，前后三十年间，增添了许多建筑。白塔是全园构划中心，站在白塔的台座上，天气晴朗时可俯览全城。山南寺院依山势排列，从白塔前的普安殿、正觉殿、法轮殿到山脚岸边的牌坊，直至团城承光殿（原仪天殿），气势连通，遥相呼应。山北亭、阁、廊、榭的布局变化交错，富有奥妙的自然情趣。山下傍水有长达300米的半圆形游廊，和对岸的五龙亭遥望。

在北海和中海之间，有桥分隔。此桥前身在元代为木桥，明代改建为石桥；两旁阑楯，都是白石镌镂。东西两端有牌楼对峙，东曰玉蛛，西曰金鳌，故此石桥又名金鳌玉蛛桥。走在这座桥上，南瞻北望，在平远浩瀚的水面上，浮现出远山近树、亭台楼榭，自然和人工之美交相辉映，这在现代大都市中确是极为罕见的奇丽景色！近年随着城市的发展，交通频繁，这座旧日石桥已不能适应现代的需要，故决定加以改建；在原有的基础上把桥身放宽，引路提高；桥上除了广阔车行道外，又在左右两边保留传统艺术风格的石栏，增辟了平坦的人行道。这一带旧日的宫廷内苑，现在已改成北海公园，面积广达七十多公顷。

如果从金朝大定十九年（1179）在北海兴建大宁宫算起，则北海公园已有八百多年的历史。

此外，清代又在北京附近各地修建了许多行宫，例如小汤山、八大处、石匣城、桃花山、南石槽、丫髻山、盘山和南苑等，而此等行宫概附有小园林。《大清一统志》及《顺天府志》都有记载。《顺天府志·昌平州》（卷四）："行宫在州东三十里汤山，康熙年间建。"《大清一统志·京师南苑》（卷一）："在京城永定门外二十里，方一百六十里，元为下马飞放泊，明永乐中增广，亦名南海子。本朝设总管防御等官守之，内有新衙门、旧衙门、南红门三处。行宫周围缭以垣墙，四达为门，麋鹿雉兔繁育其中，时命禁旅行围以肄武事。乾隆四年十一月，皇上大阅于此，二十三年十一月，右部哈萨克及塔什罕众归诚入觐，亦于此大阅，俾得与观，并于行宫前赐观灯火。按苑中有一亩泉，经苑之东红门，由张家湾入北运河，又有团河东南流，为凤河之上源。"

在此可附带一提清代对北京地图的测绘，这和城市建设及园林营造也不无关系。康熙是一个自少年时就对地理很有兴趣的皇帝，他曾通过西洋传教士，大规模测绘中国地图，包括费时三十多年的《皇朝舆地全图》。在正式进行之前，康熙曾命令传教士先测绘北京及近郊地区，作为试验，并亲自加以校勘。可惜当时所测绘的北京地图，没有能够保存下来。

现存清代早期所测绘的大比例尺北京地图，似乎只有《皇城宫殿衙署图》（限于皇城以内部分）、乾隆时代的《北京河道沟渠图》以及《乾隆京城全图》等三种。[47]《乾隆京城全图》无疑为当时全世界最佳的都市地图；原图无名，比例为1∶650；据各方面考证，大约在雍正初年开始测绘，到乾隆十五年（1750）左右才完成。假设将该图全部图幅合并，则成为长16米、宽13米的巨制。远在二百多年前，能制成如此明细而准确的都市图，实为世界地图史上的奇迹。1940年7月伪兴亚院华北联络部政务局调查部曾将此图缩印，比例改为1∶2600，装订成17大册（17排），题名为《乾隆京城全图》，限印200部，列为非卖品，附有解说及索引。[48]此一明细地图，对北京城市发展的研究有特殊的参考价值。

注释

1　北京市的西南部，南起拒马河，北至南口附近的关沟，所有一系列东北、西南走向的褶皱山脉，总称为西山，属太行山系。

2　《明史·五行志三》(卷三○五)在永乐元年(1403)到崇祯十二年(1639)的237年之间,共记录了66次地震,平均每3.5年发生一次。例如:"永乐元年十一月甲午,北京地震,山西、宁夏亦震。""正德九年八月乙巳,京师大震。""天启四年二月甲寅,京师地震,宫殿动摇有声,铜缸之水腾波震荡。三月丙辰、戊午又震,庚申又震者三。"《清史稿·志十九·灾异五》记载了康熙四年(1665)到乾隆十一年(1746)间的16次地震。其后很长的时期,北京并非没有地震,只是记录不全。例如《清史稿·德宗本纪》就指出:"光绪八年(1882)十一月壬寅,以地震诏臣工勤职察史。……是冬,赈直隶地震灾。"

3　据1950—1972年的记录,北京的最早初雪日为11月9日,最迟初雪日为12月15日,相差36天。南宋乾道六年(1170),范成大出使金廷,于重阳日到达北京,住在西郊的宾馆。他所咏《燕宾馆》诗的自注,说那一年的九月初六(阳历10月17日),北京大雪,遍地尽白。

4　东灵山(海拔2,320米)北坡的桦林(Betula costata)可上升到2,200米以上,桦林的植株虽然弯曲、矮小,但杂在其中的华北落叶松(Larix Gmelini var Principis-Rupprechtii)植株,胸径可达45厘米,高可达10米。

5　北京城夏至日中午太阳高度为73°31′,冬至日仅26°37′;每年从五月中到八月初,每天日照可长达14小时,但冬至前后仅有9小时。

6　《新唐书·食货志》(卷五三):"关中号称沃野,然其土地狭,所出不足以给京师、备水旱,故常转漕东南之粟。"同书《权德舆传》(卷一六五):"江淮田一善熟,则旁资数道,故天下大计仰于东南。"

7　1952年在北京外城的陶然亭附近,因疏浚湖泊而出土的燕国文物,明确指示早在两千数百年前,北京一带已有一个繁盛的聚落存在。这个聚落,很可能就是燕国的首都蓟城。燕国都蓟,始见于《史记·燕世家》:"燕王喜二十九年,秦兵拔蓟。"《史记·乐毅传》注引《括地志》:"燕宫在(唐)幽州蓟县西四里。"古蓟城的位置,一般认定在北京旧城西南广安门以西约半公里处。另据 1975 年 1 月 6 日《光明日报》所载：最近在北京西南郊的琉璃河镇附近，发现一批与燕侯有关的西周初期墓葬。根据出土文物分析研究，琉璃河发现的墓葬，基本上都属于西周早期的成康时期，距今约 3,000 年前。这次出土的青铜器，主要是一件通高 62 厘米、口径 48 厘米、重 41.5 公斤的大鼎，内壁铸有铭文 26 字，进一步证实了周初燕国的封地就在北京，第一代燕侯为召公奭之子。

8 《隋书·炀帝纪》（卷三）："大业元年（605）三月辛亥，发河南诸郡男女百余万，开通济渠，自西苑引谷、洛水达于河；自板渚引河通于淮。……七年二月乙亥（611 年 4 月 7 日），上自江都御龙舟入通济渠，遂幸于涿郡。"

9 在唐代以前，范阳郡本治涿县。唐代则把设治在涿县的范阳郡改称涿州，而又改称涿县为范阳县，于是设治在蓟县的幽州，又有范阳之称。

10 《辽史·太宗纪》（卷四）："改元会同，是月（十一月）晋复遣赵莹奉表来贺，以幽、蓟、瀛、莫、涿、檀、顺、妫、儒、新、武、云、应、朔、寰、蔚十六州并图籍来献。于是诏以皇都为上京，府曰临潢；升幽州为南京，南京为东京。"

11 随着工业和市政建设的发展，1966 年以后在北京旧外城的西南角，不断地发现古代文化堆积层、古墓葬和古水井等，说明这里地下埋藏着成片的古代遗址。特别值得注意的是许多古代陶井。陶井是利用陶圈防止流沙崩塌，深挖造井的沉井技术；其建造方法是在地下先挖土井，然后把陶制井圈放入土井内，一节一节地套叠起来砌成筒状。据近年所发现的六十五座古陶井的出土情况看，可知其分布地区包括陶然亭、姚家井、广安门附近、北线阁、白云观、宣武门附近和琉璃厂海王村等地；分布最密集的地点是西便门向东经宣武门到和平门一带，共占五十余座。

12 《大清一统志·顺天府四·寺观》（卷九）法源寺条："在宣武

门外西南，旧为悯忠寺，唐贞观十九年（645），太宗为东征阵亡将士建。寺中有高阁，谚云'悯忠高阁，去天一握'是也。东西有砖塔，高可十丈，云是安禄山、史思明所建。又有唐《重藏舍利记》二，及苏灵芝行书《宝塔颂》。……雍正十一年（1733）奉敕重修，改今名。"

13　金太宗完颜晟在1125年灭辽，曾将辽南京城局部改建，《光绪顺天府志·京师志·金故城考》有如下一段记载："金太宗天会三年（1125），宗望取燕山府，因辽人宫阙，于内外城筑四城。每城各三里，前后各一门，楼橹墉堞，悉如边城；每城之内，立仓廒、甲仗库，各穿复道与内城通。"

14　此处的"上京临潢府"有双重错误。临潢府是辽的国都，并非金的国都。东北地区在古代曾有数地称"上京"，包括渤海国的上京、辽的上京和金的上京。渤海国的上京在今吉林省牡丹江市（今是黑龙江省的地级市。编按）西南65公里的东京城；辽上京在今内蒙古赤峰市正北190公里；金上京在今黑龙江省哈尔滨市东南30公里的阿城。三地距离甚远，而史家每混乱其说。金国迁都北京后，改上京为会宁府。详见另著《中国地学事典》上京条。

15　金中都宫阙制度模仿汴京，是势所必然的。女真是半游牧、半农耕的少数民族，文化很落后，而汴京开封在北宋末年，已发展成为全世界最灿烂的文化中心之一。《宣和乙巳奉使行录录》的若干记载，足以说明当时女真族文化的落后与幼稚。《三朝北盟会编》（卷二四四）引张棣《金虏图经》："金虏有国之初，都上京，府曰会宁，地名金源，其城邑宫室类中原之州县廨宇，制度极草创……迨亮弑熙而自立，粗通经史，知中国朝仪之尊密，有迁都意……遣画工写京师宫室制度，至于阔狭修短，曲尽其数，授之左相张浩辈按图以修之。城之四围九里有三十步，自天津桥之北曰宣阳门（如京师朱雀门）。门分三，中绘一龙，两偏绘一凤，用金镀铜钉实之。……正北曰千步廊，东西对焉；廊之半各有偏门，向东曰太庙，向西曰尚书省。……金虏本无宗庙，祭祀亦不修。自平辽之后，所用执政大臣多汉人，往往说以天子之孝在乎尊祖，尊祖之事在乎建宗庙。"更明白指出中都宫室制度尽力模仿汴京。

16 实测周长 18,690 米，近正方形。详见阎文儒《金中都》，载《文物》1959 年 9 月号。

17 楼钥《北行日录》（卷下）："殿下砌阶两道，枪子郎君紫衫幞头，执柱斧、佩弓矢刀剑，面殿分立，凡五十人。闻柱斧中藏枪刃，皆军官子弟也。大安殿十一间、朵殿各五间、行廊各四间、东西廊各六十间；中起二楼各五间，左曰广祐，后对东宫。……殿上铺大花毡，中一间又加以佛狸毯。主座并茶床，皆七宝为之；桌帏以珍珠结网，或云皆本朝故物。……"

18 关于莲花池的记载，最早似见于北魏郦道元的《水经注》，当时名叫西湖，是蓟城西郊的风景区。从西湖发源的一条小河古称洗马沟，现在叫作莲花池河。郦道元描写西湖："湖东西二里，南北三里，盖燕之旧池也。绿水澄淡，川亭望远，亦为游瞩之胜所也。湖水东流为洗马沟，侧城南门东注。"明清以来学者常把这个西湖当作现在的昆明湖，那是完全错误的。

19 从中心阁到丽正门这段距离，将近 3 公里。因为皇城先建了，如果要把此一距离缩短，则皇城和外城（大都城）之间的空地就很局促。如果再增长，全城的南北距离又嫌过大。况且再向南去不远，就是金代所开自西向东的金口河故道。在要建造一座四方形城市的前提下，此一基本距离一经确定，大都城南北两边的位置也就确定了。东西两边城墙的位置，原受到自然的限制。因为要把积水潭包括在城内，故西边的城墙只好建筑在积水潭西端的南北直线上，而明代改建北城时西北一角的偏斜，也显然受积水潭的影响。东郊原是一片低洼地，易于积水，为避免此一缺点，故东边城墙向内偏了一点。换言之，以中心阁为中心，到东边和西边城墙之间的距离是不等的，东部一段的距离要比西部短些。这有可能是原来的整个计划决定了以后，到施工时发现困难，才稍变通一下。

20 《元史·祭祀志》："世祖至元十四年（1277）八月，诏建太庙于大都；十六年八月，以江南所获玉爵及坫凡四十九事纳于太庙。"《元一统志》："太庙在都城齐化门之北。"《元史·祭祀志》："世祖至元七年（1270）十二月，有诏岁祀太社太稷；三十年（1293）正月，始用御史中丞崔彧言，于和义门内少南，得地四十亩，为壝垣，近南为二坛。"

21 过去研究元大都城的著作，都认为全城的中轴线在后来明清北京城中轴线以西，也就是今日的旧鼓楼大街的南北垂直线。到明代初年改建北京城时，才把全城中轴线向东移到现在钟鼓楼的南北垂直线上。现经勘查发掘，证明此项假设是错误的。元大都的钟鼓楼，并不在中轴线上，而是偏于中轴线稍西，亦即旧鼓楼大街。明永乐十八年（1420）才改建钟鼓楼于大天寿万宁寺中心阁的旧址附近。因此，明清北京的钟鼓楼才正建在全城的中轴线上。

22 元代一尺合0.308米，五尺为一步，一步合1.54米。元大都城市设计所用长度，皆以步为单位。

23 《日下旧闻考》（卷五四）也引有这一段文字，但漏去"西十五步"的"西"字和"在原庙之前"一句，以致方位不清。十五步约折合23米。

24 元大都城的收分约为3∶1。据《大清会典》记载，清代城垣做法规定城墙断面上下的宽度，约为3∶2。

25 过梁式木构门洞的建筑形式是门洞两壁排立木柱，木柱上再搭架梁、枋、椽、板，门洞上部作扁梯形。敦煌石窟的唐式壁画和宋代名画《清明上河图》中，都绘有过梁式木构城门洞的图像。

26 按东华门东向，《辍耕录》作东西一百十尺，深四十五尺；此处东西显然为南北之误。

27 《辍耕录》："至元八年（1271）赐名万寿；泰定以后，史作万岁，盖相沿互称耳。"《元史·泰定帝纪》："泰定二年（1325）六月朔，葺万岁山殿。四年十二月，植万岁山花木八百七十本。"

28 刘秉忠为大都城的主要设计人物，他和张柔皆为元世祖亲信大臣，死后分别赠太傅、太师，又皆封王，显然不参与实际营建业务。《元史·刘秉忠传》（卷一五七）："（至元）四年，又命秉忠筑中都城，始建宗庙宫室。八年，奏建国号曰大元，而以中都为大都。"《元史·张柔传》（卷一四七）："至元三年，加荣禄大夫，判行工部事，城大都。"

29 马可·波罗所指周围"四哩之墙"，亦即宫城之墙，周围实仅3,498 米，砖甃，高 11 米；东西宽 766.5 米，南北长 982.5 米。1271 年阴历八月十七日动工，经七个月完成。

30 《辍耕录》（卷二一）："广寒殿在山顶，七间，东西一百二十尺，深六十二尺，高五十尺，重阿藻井，文石甃地，四面琐窗，板密其里，遍缀金红云，而蟠龙矫蹇于丹楹之上。中有小玉殿，内设金嵌玉龙御榻，左右列从臣坐床，前架黑玉酒瓮一。玉有白章，随其形刻为鱼兽出没于波涛之状，其大可贮酒三十余石。又有玉假山一峰，玉响铁一悬。"《元史·世祖纪》："至元二年（1265）十二月，渎山大玉海成，敕置广寒殿。"

31 《元史·郭守敬传》（卷一六四）："守敬因陈水利十有一事。其一，大都运粮河，不用一亩泉旧原。别引北山白浮泉水，西折而南，经瓮山泊，自西水门入城，环汇于积水潭，复东折而南，出南水门，合入旧运粮河。每十里置一闸，比至通州，凡为闸七，距闸里许，上重置斗门，互为提阏，以过舟止水。帝览意奏，喜曰：'当速行之。'于是复置都水监，俾守敬领之。……先是，通州至大都，陆运官粮，岁若干万石，方秋霖雨，驴毙死者不可胜计，至是皆罢之。三十年，帝还自上都，过积水潭，见舳舻敝水，大悦，名曰通惠河，赐守敬钞万二千五百贯，仍以旧职兼提调通惠河漕运事。"

32 当时拆除的主要为宫城部分，其西的隆福宫和兴圣宫被保留下来。朱棣封燕王后，隆福宫便改为燕王府，也就成为日后重建北京城的指挥中心。朱棣是朱元璋的第四个儿子，洪武三年（1370）封燕王，十三年（1380）到达北平。大都宫殿至今还残存的，只有仪天殿（今承光殿）、妙应寺的白塔以及广寒殿的玉瓮而已。

33　据《太祖实录》（卷三〇、三一），可知明初攻克北京后，曾把一部分元朝官吏及其家属迁到南京。在决定以汴梁为"北京"之后，又把一部分居民迁到了开封。加上死亡、隐匿和流徙，据洪武二年北平府统计，全府才有 14,974 户，48,973 人；除掉大量驻军之外，北平城内居民很少。永乐元年顺天府全府居民为 189,300 户。

34　根据我们所绘的地图，再用求积仪测量，得出北京内城的面积为 35.5 平方公里，外城面积为 26.5 平方公里，合计为 62 平方公里，而元大都城的面积为 51.4 平方公里。

35　山川坛在西边，最初称地坛，后来改称先农坛。

36　长安左门外为宗人府、吏部、户部、礼部、工部、兵部、鸿胪寺、钦天监、太医院等。长安右门外为中军都督府、左军都督府、右军都督府、前军都督府、后军都督府、太常寺、通政使司以及锦衣卫等。

37　例如承天门的华表，就沿袭元崇天门前桥边的华表。《故宫遗录》："河上建白石桥三座，名周桥，皆琢龙凤祥云，明莹如玉；桥下有四白石龙，擎戴水中甚壮。"明奉天殿和元大明殿的三重白石阑及三级阶，建制完全相同。《故宫遗录》："中为大明殿，殿基高可十尺，前为殿陛，纳为三级，绕置龙凤白石阑；阑下每楯压以鳌头，虚出阑外，四绕于殿。"《辍耕录》（卷二一）也说："大明殿，乃登极正旦寿节会朝之正衙也，十一间，东西二百尺，深一百二十尺，高九十尺。"试以和《清宫史续编》所说的"正中南向，为太和殿，皇朝之正殿也，基崇二丈，殿高十有一丈（除了基部便是高九十尺），广十有一楹，纵五楹，上为重檐垂脊"比较，便可看出沿袭之迹。城门和角楼的制度，也多模仿元大都。《辍耕录》（卷二一）："宫城……东曰东华，七间三门，东西一百十尺，深四十五尺，高八十尺，西曰西华，制度如东华；北曰厚载，五间一门，东西八十七尺，深高如西华。"现在的东华和西华，各七间三门，和元制完全相同；唯神武门（相当于元厚载门）也是七间三门，规模稍大。现在宫城的四隅，皆有角楼，重檐三层，覆以琉璃，也显然仿自元制。《辍耕录》（卷二一）："角楼四，据宫城之四隅，皆三趓楼，琉璃瓦饰檐脊。"

38　永乐营建北京的费用是无法估计的，史书也无明文，只能从零星的记载窥其大概。永乐十九年（1421）北京宫殿基本建成时，翰林侍讲邹缉上疏："陛下肇建北京……几二十年，工大费繁，调度甚广，……工作之夫，动以百万，终岁供役，不得躬亲田亩。"又提到滥行征敛宫殿建筑用材的情况，"官吏横征，日甚一日，如前岁买办颜料，本非土产，动科千百，民相率敛钞购之他所，大青一斤，价至万六千贯。及进纳，又多留难，往复辗转，当须二万贯钞，而不足供一柱之用"。再如万历三十七年（1609）重修三大殿，《明史·食货志六》记载："三殿工兴，采楠、杉诸木于湖广、四川、贵州，费银九百三十余万两，征诸民间。"

39　这些原先大街的点缀建筑物，不再符合现代城市发展的需要。例如牌楼，现已分别搬迁到各个公园里，在适当地点重新建立起来，留作纪念。

40　明代初年因建都南京，东南物资没有再北运的必要。于是水道失修，白浮断流，北京城内逐渐出现水源枯竭的现象。后来永乐迁都北京，漕运复受重视。最初为了运送江南木材，曾有重浚白浮故道的建议。但后来因为昌平城北兴建皇陵，而白浮泉水的导引，必须经过皇陵地区的前面，然后才能自流入城。风水先生认为这对皇陵地脉不利，计划无法实行。结果是终明一代，只是专靠玉泉山的泉水，流经瓮山泊，下注城内积水潭。再分成二支，一支入太液池，又引出为内外金河水，以供应宫廷及园林点缀的用水；一支进入皇城，沿皇城的东墙内侧南下，出正阳门以东水关，入内城南护城河，最后流出东便门，汇归通惠河故道以接济漕运。只因水量有限，济漕不起作用，通惠河的水道终于也逐渐淤塞。

41　《大清一统志·顺天府》（卷二）："积水潭在宛平县西北三里，东西亘二里余，南北半之。西山诸泉，从高梁桥流入水关，汇此。

折而东南，直环地安门宫墙，流入禁城为太液池。"《燕都游览志》："积水潭内多植莲，亦名莲花池。或因水阳有净业寺，名净业湖，俗又呼为海子套。按元时既开通惠河，运粮直至积水潭。自明初改筑京城，与运河截而为二；积土日高，舟楫不至。是潭之宽广，已非旧观。故今指近德胜桥者为积水潭，稍东南者为什刹海，又东南者为莲花泡子。其始实皆从积水潭引导成池也。"《光绪顺天府志·京师志》说积水潭的主要部分，明代称为海子，又叫作什刹海。其后日渐淤浅，湖面已大为缩小，周边开始种植水稻。只有德胜门内大街以西的部分，仍称积水潭。

42 这包括排水沟渠的增设，最主要是在内城沿东西城墙的内侧，各开明沟一条。西城墙内侧的一条，从西直门经阜成门到城西南隅的太平湖；东城墙内侧的一条，上源从安定门以东、北城墙内侧开始，到城东北角转而南下，沿东城墙内侧，经过东直门、朝阳门，直流到城东南角和泡子河衔接。泡子河是元代通惠河残存的一段。泡子河和太平湖，皆为夏季容纳水潦的去处，当时曾有水库之称。据光绪《会典事例》（卷九三四）记载，乾隆五十二年（1787）北京内城共有大沟30,533丈，另加小巷沟渠98,100丈。其中绝大部分当为埋设地下的暗沟。

43 在嘉庆二十五年（1820）重修的《大清一统志》（卷一）京师图上，西北郊绘有圆明园、畅春园、绮春园、长春园、清漪园、静明园、静宜园等七个名园。

44 《大清一统志·京师苑囿》："圆明园在畅春园北，世宗宪皇帝潜邸时赐园也。御极后稍加修葺，具朝署之规。门曰出入贤良，中曰正大光明殿。东曰勤政殿，为常时听政之所。"

45 《大清一统志·京师苑囿》："绮春园在圆明、长春二园东南，先名交辉，为怡贤亲王赐邸，又改赐大学士傅恒。及进呈后，高宗纯皇帝定名绮春。"

46 《大清一统志·京师苑囿》："清漪园在圆明园西，万寿山之麓，乾隆十六年开浚西湖，赐名昆明，临湖建园，名曰清漪。桥亭轩阁,云布绣错。正殿曰勤政。……静明园在圆明园西,玉泉山下,康熙十九年建,初名澄心,三十一年改名静明。……静宜园在秀山,去圆明园十余里,即秀山寺故址。圣祖仁皇帝于此置行宫,乾隆十年秋,重加修葺。既成,赐名静宜,有御制《静宜园记》,为景二十有八。"

47 已知的现存最早北京地图,是明神宗万历二十一年(1593)所刊《顺天府志》的北京城图,但比例甚小,我保有一幅照片。《北京河道沟渠图》原藏故宫博物院文献馆,又名《京师城内河道沟渠图说》,1941 年 5 月伪建设总署曾加以刊行。

48 陈正祥《中国地图学史》,商务印书馆香港分馆,1979 年。

第四篇 北魏洛阳的繁盛

历代著名的古城，多有兴衰过程；历史愈悠久，起伏也愈多。洛阳从周平王宜臼元年（前770，亦即春秋时代开始之年）起，做过东周、东汉、曹魏、西晋、北魏、隋、唐、后梁、后唐等九个朝代的都城，历来被称为"九朝古都"（一说十三朝古都。编按）。因为有这许多朝代定都洛阳，而每当换朝易代之际，京都常不免遭受破坏，有时且破坏得很彻底，必须更换地点重建。所以洛阳就遗留下了好几座故城，从东到西，计有汉魏故城、隋唐东都和东周王城。

　　西周成王时，周公虽在洛阳建城，称为洛邑，亦名成周，但仅属陪都性质，主要用以监管殷民，建筑较为简便。要等到西周灭亡，平王东迁，洛阳才正式成为国都。《史记》卷四《周本纪》："武王营之，成王使召公卜居，居九鼎焉，而周复都丰、镐。至犬戎败幽王，周乃东徙于洛邑。"同书卷五《秦本纪》："西戎犬戎与申侯伐周，杀幽王郦山下；而秦襄公将兵救周，战甚力，有功。周避犬戎难，东徙雒邑（洛阳），襄公以兵送周平王。平王封襄公为诸侯，赐之岐以西之地。"最后消灭周王朝的，也是秦国。

　　《汲冢周书》："周公俘殷献民，迁于九毕。……乃作大邑成周于土中。城方千七百二十丈，郛方七十里，南系于洛水，北因于郏山，以为天下之大凑。……分以百县，县有四郡，郡有四鄙。大县立城，方王城三之一；小县立城，方王城九之一。"

《续汉书·郡国志》："河南，周公时所城雒邑也，春秋时谓之王城。"《博物记》："王城方一千七百二十丈，郛方七十里，南望雒水，北至郏山。"两者所述基本吻合。晋《元康地道记》："城内南北九里七十步，东西六里十步，为地三百顷一十二亩有三十六步。城东北隅周威烈王冢。"这是洛阳"九六城"名称的来源。《后汉书》卷一上《光武本纪》："建武元年冬十月癸丑，车驾入洛阳，幸南宫却非殿，遂定都焉。……二年春正月壬子，起高庙，建社稷于洛阳，立郊兆于城南。……十四年春正月，起南宫前殿。"同书《明帝本纪》："（永平三年）起北宫及诸官府。"永平五年（62），自长安迎取飞廉并铜马，置于上西门外，名为平乐馆。八年"冬十月，北宫成"。北宫与南宫，相距七里；中央起大屋，作复道；三道行，天子从中道，从官夹左右，十步一卫。洛阳宫殿区，从此颇具规模。

光武帝刘秀建立东汉王朝，建武元年（25）定都洛阳。三国的曹魏，虽起家于邺城，但曹丕篡汉后还是以洛阳为都。因为就整个中原说，洛阳的位置比较居中，交通方便。司马氏篡曹魏，继续以洛阳为京城。从公元25年到316年西晋灭亡，洛阳作为中国的国都，几乎长达三百年。

东汉的雒阳城，有北宫和南宫的两大宫殿区，皆在城内靠近中央的部位，已略具中轴线对称的意识形态，都城规划可能受到了《考工记》的影响。当时都城共有十二个门，二十四条大街，较以前任何时期为繁盛。特别是后建的南宫，宫殿颇为宏伟壮丽；仅《元河南志》所列主要殿堂就有二十多处，此外还有多重宫门以及不少宫、观、台、阁等。到献帝初平元年（190），董卓胁逼献帝迁都长安，焚毁洛阳宫殿及民居，一百六十五年的繁华帝都，一下子化为灰烬。建安元年（196）献帝从长安回到洛阳，竟无可栖身之所，不得已暂住故中常侍赵忠的宅院。《后汉书·献帝纪》："是时宫室烧尽，百官披荆棘依墙壁间。"稍后皇室播迁，移都许昌，洛阳无从恢复繁盛。曹丕篡汉，定都洛阳，他放弃劫余的南宫，而以北宫作为重建洛阳的基础。《三国志·魏书》：黄初元年（220），"十二月，初营洛阳宫"，二年，"筑陵云台"。明帝曹睿青龙三年（235），"大治洛阳宫，起昭阳、太极殿，筑总章观"。曹丕在黄初元年十二月到洛阳时，住在北宫，以北宫的建始殿朝会群臣。

《后汉书·献帝纪》：初平元年（190）春二月"丁亥，迁都长安。董卓驱徙京师百姓悉西入关。……己酉，董卓焚雒阳宫庙及人家。"同书《董卓传》："是时洛中贵戚室第相望，金帛财产，家家殷积。卓纵放兵士，突其庐舍，淫略妇女，剽虏资物，谓之搜牢。……及何后葬，开文陵（汉灵帝陵），卓悉取藏中珍物。……又坏五铢钱，更铸小钱，悉取洛阳及长安铜人、钟虡、飞廉、铜马之属，以充铸焉。"

《续汉书·百官志》："雒阳城十二门，其正南一门曰平城门。北宫门属卫尉。其余上西门、雍门、广阳门、津门、小苑门、开阳门、耗门、中东门、上东门、谷门、夏门，凡十二门。"又蔡质《汉官仪》："雒阳二十四街，街一亭；十二城门，门一亭。"此处所谓十二个城门，是剔除属于卫尉的北宫门。事实上总共有十三门。

三国时曹魏的都城洛阳，是在董卓毁废的基址上重建起来。文帝曹丕在位仅七年（220—226），不及见都城营建的完成。主要宫殿工程进行于明帝曹叡（227—239年在位）时代。《三国志·魏书·文帝本纪》：

> 黄初元年冬十二月，初营洛阳宫。二年，筑陵云台。三年穿灵芝池，五年穿天渊池。七年春三月筑九华台。

同书《明帝本纪》：

> 太和元年夏四月甲申，初营宗庙。三年冬十月，改平望观曰听讼观。初，洛阳宗庙未成，神主在邺庙。十一月，庙成，遣太常韩暨持节迎高皇帝、太皇帝、武帝、文帝神主于邺。十二月己丑至，奉安神主于庙。青龙三年（235），大治洛阳宫，起昭阳、太极殿，筑总章观。百姓失农时，直臣杨阜、高堂隆等各数切谏，虽不能听，常优容之。

《魏略》：

> 是年起太极诸殿，筑总章观，高十余丈，建翔凤于

其上。又于芳林园中起陂池，楫棹越歌。又于列殿之北，立八坊，诸才人以次序处其中。……通引谷水过九龙殿前，为玉井绮栏，蟾蜍含受，神龙吐出。使博士马均作司南车，水转百戏。岁首建巨兽，鱼龙曼延，弄马倒骑，备如汉西京之制，筑阊阖诸门阙外罘罳。

《三国志·魏书·高堂隆传》：

> 青龙中，大治殿舍，西取长安大钟。

从东汉到西晋，洛阳城外已有民居和市场，而且居民区不断扩大；有的地方，西晋时便形成东西并列四排以上的里坊。唯古文献中记述当时洛阳的范围，总是以南北九里、东西六里视之，称它作"九六城"。因为尚未修建外郭城垣，故不把城外部分计入都市以内。洛阳的郭城是北魏时代修建的，下面会提到。

顾炎武《历代宅京记》卷七记魏明帝曹叡：

> 帝愈增崇宫殿，雕饰观阁，凿太行之石英，采谷城之文石；起景阳山于芳林之园，建昭阳殿于太极之北，铸作黄龙凤凰奇伟之兽，饰金墉、陵云台、陵霄阙。百役繁兴，作者万数，公卿以下至于学生，莫不展力，帝乃躬自掘土以率之。

《魏略》：

> 大发铜铸作铜人二，号曰翁仲，列坐于司马门外。又铸黄龙、凤凰各一，龙高四丈，凤高三丈余，置内殿前。起土山于芳林园西北陬，使公卿群僚皆负土成山，树松竹杂木善草于其上，捕山禽杂兽置其中。

《三国志·魏明帝本纪》：

> 景初元年（237）冬十月乙卯，营洛阳南委粟山为圜丘。十二月壬子冬至始祀。

西晋篡曹魏，洛阳完全没有受到破坏。

北魏的洛阳城，系在东汉、曹魏、西晋故都的基址上重建起来，但最后的范围超过了旧城。北魏营建洛阳，和它以前营建平城相似：都是把地势较高的旧城部分，置于新城的中央偏北；然后在其较低的外围地区，主要是在东、南、西三面，逐步发展城郭。北魏洛阳城的兴建，参考了长安和邺城规制，特别是邺都的北城；而后来它又成为隋唐东都洛阳城的重要依据。

孝文帝在太和十七年（493），费尽心机把国都从平城搬到了洛阳，而正式迁都工作要等到太和十八年才开始，但他在太和二十三年便死了。废墟洛阳的重建工作刚刚开始，虽言工程进行得颇快，但他没有看见新都的繁盛，甚至连优先兴建的新宫殿也没有完成。[1]

洛阳的营建工作，大部分完成于孝文帝之子宣武帝元恪（500—515年在位）统治时期。《魏书·广阳王嘉传》说孝文帝临终时，遗诏以元嘉为尚书左仆射，与咸阳王元禧等同辅政。"迁司州牧，嘉表请于京师四面，筑坊三百二十，各周一千二百步；乞发三正复丁，以充兹役，虽有暂劳，奸盗永止。诏从之。"同书又提到景明二年（501）："九月，丁酉，发畿内夫五万人，筑京师三百二十三坊，四旬而罢。"就是在建坊的同时，修筑了郭城或外城。唯史料中没有留下记录。当时所发动的民工人数，比较准确的说法是五万五千人，所筑的坊数为三百二十坊；每坊每边长三百步，故坊的周长为一千二百步。所征发的是以汉族人民为主的汉胡各族劳动者。

景明三年（502）冬天，也就是孝文帝死后第三年，洛阳宫殿才大致完成。于是宣武帝在十一月己卯下诏："京洛兵芜，岁逾十纪。先皇定鼎旧都，惟新魏历，翦扫榛荒，创兹云构，鸿功茂绩，规模长远。今庙社乃建，宫极斯崇，便当以来月中旬，蠲吉徙御。仰寻遗意，感庆交衷。"十二月戊子，诏曰："民本农桑，国重蚕籍，粢盛所凭，冕织攸寄。比京邑初基，耕桑暂缺，遗规往旨，宜必祗修。今寝殿显成，移御维始，春郊无远，拂羽有辰。便可表营千亩，开设宫坛，秉耒援筐，躬劝亿兆。"在重要的诏书中一再提到农桑，完全忽视了祖先是从草原崛起的。

洛阳的城市建设，进展得很快，特别是佛寺及其附属的宝塔。杨衒之《洛阳伽蓝记·序》："至于晋室永嘉，唯有寺四十二所。逮皇魏受图，光宅嵩洛，笃信弥繁，法教愈盛。王侯贵臣，弃象马如脱屣；庶士豪家，舍资财若遗迹。于是招提栉比，宝塔骈罗。"到极盛时，洛阳的寺院竟多达1367所，比西晋末年增加三十多倍。唯最后阶段寺院的突然大增，则和军阀尔朱荣大事残杀王公大臣有关。因为这批要员的横死，许多家宅皆舍作佛寺。此事经过，在一下节还要提到。

此时北魏王朝的大力营建洛阳，具备良好的经济条件。《资治通鉴》卷一四九："魏累世强盛，东夷、西域贡献不绝，又立互市以致南货，至是府库盈溢。"《魏书》卷一一〇《食货志》："自魏德既广（武力强大），西域、东夷贡其珍物，充于王府。又于南垂，立互市以致南货；羽毛齿革之属，无远不至。神龟、正光（518—528）之际，府藏盈溢。灵太后曾令公卿已下，任力负物而取之。又数赉禁内左右，所费无赀，而不能一丐百姓也。"一般人民生计的艰困，和京城统治阶层生活的奢靡，构成严重的对照，最后终于导致草原帝国的沦亡。

杨衒之《洛阳伽蓝记》卷四《城西》："于时国家殷富，库藏盈溢，钱绢露积于廊者，不可校数。"因之才有灵太后叫群臣尽量自动搬拿丝绢之事。

《资治通鉴》卷一四四："魏司州牧广阳王嘉请筑洛阳三百二十三坊，各方三百步，曰：'虽有暂劳，奸盗永息。'丁酉，诏发畿内夫五万人筑之，四旬而罢。"这大概是先把洛阳的坊界和道路建立起来，作为经营国都的范畴，否则四十天的工夫是无法完成的。此处的关键在坊数，有说二百二十，有说二百二十三，也有说三百二十三；如果坊数多达三百二十，则元魏的洛阳城市规划，可能比隋唐东都洛阳还大些。

《魏书》卷六〇《韩麒麟传附子显宗传》，说孝文帝迁都洛阳后，此人曾数次上表，其中提到："伏见洛京之制，居民以官位相从，不依族类。然官位非常，有朝荣而夕悴，则衣冠沦于厮竖之邑，臧获腾于膏腴之里。物之颠倒，或至于斯。古之圣王，必令四民异居者，欲其业定而志专。……假令一处弹筝吹笛，缓舞长歌；一处严师苦训，诵诗讲礼。宣令童龀，任意所从，其走附舞堂者万数，往就学馆者无一。此则伎作不可杂居，士人不宜异处之明验也。"这一类的主张，后来对于洛阳城市的职能区分，似也不无影响。细读《洛阳伽蓝记》，可知城内北半部主为宫苑区，南半部是政府官吏的住宅，另有许多寺院。东郭的晖文等六里，是高等官吏的集中区，西郭最西边的寿丘里，为皇族居住区，俗称王子坊。南郭在洛水以南，则有著名高阳王雍的第宅。一般居民及工商业者，分布在东郭偏北的建阳等三里、东郭偏东的殖货里和洛阳小市，西郭西阳门外御道两侧的洛阳大市以及相毗连的阜财、金肆二里。南朝降人和异国商旅，则集中在南郭的洛水以南。

汉魏洛阳城西北角堡垒式的金墉城，始建于三国曹魏；背倚邙山，面对伊洛，地势稍高，整体呈长方形，由三座南北毗连的小城构成，有似邺都北城西北侧的三台（水井台、铜雀台、金虎台）。南北长1,048米，东西宽255米。城墙版筑，厚达12—13米，后来为西晋和北魏所沿用。北魏孝文帝迁都洛阳，最初就住在此处，曾大施修葺。《太平御览》引《洛阳地记》："洛阳城内西北角有金墉城，东北角有楼高百尺，魏文帝造也。"这个百尺楼可以望远。后来到明帝时，再通盘规划修筑金墉城的城池。明帝在修筑金墉城前后，还兴建了芳林园并重建了大夏门。此外，金墉城又是废帝、废后、废太子等的收容所。北魏分裂后金墉城虽经多次破坏，但隋代末年群雄角逐时，李密又曾据此以争天下，直到唐贞观年间才完全废弃。

一些祭祀用的坛和台，教育人才的学校，也和宫殿同时建立起来。《魏书》记载宣武帝元恪景明四年（503）"春正月乙亥，车驾籍田于千亩。三月己巳，皇后先蚕于北郊"。这完全是汉族王朝皇帝和皇后为提倡农桑的传统礼仪，原先的草原畜牧部族酋长，根本没有此项典礼。《资治通鉴》卷一四五记载宣武帝正始元年（504）："冬十一月戊午，魏诏营缮国学。时魏平宁日久，学业大盛。燕齐赵魏之间，教授者不可胜数，弟子著录多者千余人，少者犹数百。州举茂异，郡贡孝廉，每年逾众。"《魏书》又记正始四年（507）："今天平地宁，方隅无事，可敕有司准访前式，置国子，立大学，树小学于四门。"[2]《洛阳记》："国子学宫与天子宫对，太学在开阳门外。"和平对文化发展是何等重要！

当时北朝的军事力量，仍胜过南朝；洛阳外围的许多州郡，皆被北魏占领，增加了他们对国都的安全感，放心努力营建。《魏书》记载永平二年（509），宣武帝元恪说："今京师天固，与昔不同，扬、郢、荆、益，皆悉我有；保险诸蛮，罔不归附；商洛民情，诚倍往日。"同书《茹皓传》："皓性微工巧，多所兴立。为山于天渊池西，采掘北邙及南山佳石。徙竹汝、颍，罗莳其间，经构楼馆，列于上下。树草栽木，颇有野致。世宗（宣武帝）心悦之，以时临幸。"平城和邺城等地的一些重要文物，也逐渐被搬迁到了洛阳。"永平四年（511）五月己亥，迁代京铜龙置天渊池西。"但到延昌四年（515），宣武帝便死了，时年三十三岁，和他父亲孝文帝死亡年龄相同；他们父子两人的早死，使北魏王朝加速没落。

洛阳城内有八条主要大街，宽度皆超过40米，甚为规整壮观。宫城划分为南北两部，北部为园苑，南部是宫殿。在现名金村和当时永宁寺基址中间，有俗称"金銮殿"的高地，应是北魏王朝主要殿堂所在。据文献记载："南宫太极殿，高十余丈，建翔凤于其上。"北宫德阳殿，可容一万人，完全利用文石作坛；"画屋朱梁，玉阶金柱"，有珠帘玉户及桂宫之称。

宫城位于大城的中北部而略偏西，连接金墉城，作南北向矩形；南北长1,398米，东西宽660米，约占全城面积的十分之一。宫城的四周墙垣，保存也基本良好；墙基虽已埋没地下，但都能够连接起来。宫城内的宫殿遗址，分布颇为密集；经勘查发现的夯土台基，多达二三十处，并且存在着上下叠压的关系，表明构筑年代的不同。

宫城南边发掘出来的一条东西向大街，宽度达40米，是北魏洛阳最宽的横街，大致和现在地面海拔125米的等高线符合；它东通东阳门，西通西阳门，笔直地把洛阳城划分为南北两半。地势较高的北半部，到北魏晚期全部被皇家征用——似乎世界上所有的都城，皇家总要占用最高的部分！地势在120—125米之间的南半部，正中偏西有北对阊阖门的南北向大街，这便是有名的铜驼街，为北魏洛阳城最宽的街道，宽达41—42米。在铜驼街的东西两侧，已探明不少大面积的夯土台基，似为中央衙署和庙、社的遗址。著名的永宁寺，就在铜驼街的西边。

为了皇宫安全和应对政府机构的不断增多，撤除了皇宫两侧的市场——金市；城内除了保留少数几座和皇室有密切关系的寺院外，其余大批寺院皆迁移到城外。而城内的官署、池沼、园林面积却与日俱增；当时宫城南边沿铜驼街的东西两侧，便有御史台、左右卫府、太尉府、司徒府等中央衙署以及太庙和太社；宫城东边有翟泉和太仓、导官等衙署；宫城西边有蒙汜池和武库、乘黄二署以及太仆寺；宫城北边又有芳林园。这不仅使宫城置于百官衙署和禁苑的拱卫之中，并且城的南部也成了以官府为主体的地区。

洛阳的十三个城门，皆有美雅之名；有些是东汉、魏、晋保留下来的，有些经过孝文帝改称。《洛阳伽蓝记·序》对此有较明细的记述：

太和十七年，高祖迁都洛阳，诏司空公穆亮营造宫室。洛阳城门，依魏晋旧名。东面有三门。北头第一门曰建春门。汉曰上东门，阮籍诗曰"步出上东门"是也。魏晋曰建春门，高祖因而不改。次南曰东阳门。汉曰中东门，魏晋曰东阳门，高祖因而不改。次南曰青阳门。汉曰望京门，魏晋曰清明门，高祖改为青阳门。南面有四门。东头第一门曰开阳门。……自魏及晋，因而不改。高祖亦然。次西曰平昌门。汉曰平门，魏晋曰平昌门，高祖因而不改。次西曰宣阳门。汉曰小苑门，魏晋曰宣阳门，高祖因而不改。次西曰津阳门。汉曰津门，魏晋曰津阳门，高祖因而不改。西面有四门。南头第一门曰西明门。汉曰广阳门，魏晋因而不改，高祖改为西明门。次北曰西阳门。汉曰雍门，魏晋曰西明门，高祖改为西阳门。次北曰阊阖门。汉曰上西门，上有铜璇玑玉衡，以齐七政（按：指日月五星），魏晋曰阊阖门，高祖因而不改。次北曰承明门。承明者，高祖所立，当金墉城前东西大道。迁京之始，宫阙未就，高祖住在金墉城。城西有王南寺，高祖数诣寺与沙门论议，故通此门，而未有名。世人谓之新门。时王公卿士，常迎驾于新门。高祖谓御史中尉李彪曰："曹植诗云：'谒帝（指其兄曹丕）承明庐。'此门宜以'承明'为称。"遂名之。北面有二门。西头曰大夏门。汉曰夏门，魏晋曰大夏门，高祖因而不改。宣武帝尝造三层楼，去地二十丈。洛阳城门，楼皆两重，去地百尺，唯大夏门甍栋干云。东头曰广莫门。汉曰毂门，魏晋曰广莫门，高祖因而不改。自广莫门以西至于大夏门，宫观相连，被诸城上也。一门有三道，所谓九轨。

陆机《洛阳记》：

官门及城中大道皆分作三。中央御道，两边筑土墙，高四尺余，外分之。唯公卿尚书章服者从中道。凡人皆从左右，左入右出。夹道种榆槐树。此三道四通五达也。

上列城门，是指大城的城门；后来街市区的发展，远远超过这城圈的范围，特别是东、南、西三边。北边因为接近邙山，且属宫城和园苑区，不是商业区和住宅区所能发展的地区。

这座故城的东、西、北三面墙垣，现在还断断续续地保存着；其中北垣东段和东垣的残墙高达5—7米不等。虽言有几段墙垣在地面上已看不见，但其墙基仍都埋在地下，可以找到。因此除了南墙垣受洛水河道北移冲毁之外，其余三面墙垣，基本上都保存完整，不难复原。（另著《串城记》附有此等城墙及永宁寺基址照片。）

根据实测结果，西垣残长4,290米，北垣全长3,700米，东垣残长3,895米；南垣长度暂以东西垣的间距2,460米计算，则故城的周长约合14公里。城墙残存的东、西、北三面，共有十四个缺口，皆为当时的城门所在。

晋《元康地道记》："城内南北九里七十步，东西六里十步，为地三百顷一十二亩三十六步。"《续汉书·郡国志》引《帝王世纪》："城东西六里十一步，南北九里一百步。"由于此等记载，古人就认定汉魏故城是"九六城"：长九里，宽六里。

洛阳市况最盛时，东西二十里，南北十五里，大大超越了先世所谓"九六城"的范围。杨衒之《洛阳伽蓝记》说居民十万九千户，人口应该超过五十万。高欢强迫东魏迁都邺城时，却说被迫迁的居民多达四十万户。此项巨大的差异，料系统计地区范围不同所造成；或许被高欢逼迁的只是四十万人，而并非四十万户。同书又说："庙社宫室府曹之外，方三百步为一里；里开四门，门置里正二人，吏四人，门士八人。"此处所说的"里"，就是后来隋唐所说的"坊"。隋唐长安的都城布局，基本上遵照了北魏洛阳的规划。最明显的一点，隋唐洛阳城把宫城安置在大城的西北隅，也很可能是受到洛阳城内存在着金墉城的影响。而隋唐长安城的格局，又影响到了日本的故都平城京和京都。

根据历史文献，洛阳南郭的中部，夹御路的两侧，似有一向南突出的部分；而突出部分的尽头，且位于"伊水之阳"（当时洛水在今日洛水南）。《洛阳伽蓝记》卷三：

> 宣阳门外四里至洛水上作浮桥，所谓永桥也。……永桥以南，圜丘（皇帝祭天之所）以北，伊洛之间，夹

御道。东有四夷馆……道西有四夷里……别立市于洛水南，号曰四通市，民间谓永桥市。伊洛之鱼，多于此卖，士庶须脍，皆诣取之。鱼味甚美，京师语曰："洛鲤伊鲂，贵于牛羊。"永桥南道东有白象、狮子二坊。白象者，永平二年（509）乾陀罗国胡王所献……真是异物。尝养象于乘黄曹，象常坏屋毁墙，走出于外，逢树即拔，遇墙亦倒；百姓惊怖，奔走交驰。太后遂徙象于此坊。

照这样的情况推断，当时洛阳的南北宽度，最宽处不止十五里，而是二十里。如推测不误，则北魏洛阳城的规模，可能比后来隋唐的长安城还要大些。《唐六典》卷七："今京城，……东西一十八里一百一十五步，南北十五里一百七十五步。"

佛寺浮屠之多，是北魏洛阳的一大特色。城内城外，共达一千三百六十七所，其中城内占五百多所。有的里坊，例如东郭的建阳里，居然建有十座佛寺。洛阳佛寺之多，不能不大部分归因于美艳、贪残、放荡、靡费而最后死得很惨的灵太后胡氏。她是安定临泾人。原是宣武帝元恪的贵嫔，所生儿子元诩继位为皇帝，她先升格为皇太妃，不久再升级为皇太后。元恪死时，高皇后想杀胡贵嫔，结果没有成事，自己反被徙居瑶光寺为尼，非大庆节不得入宫，在熙平三年（518）暴卒。《资治通鉴》卷一四九："太后好佛，营建诸寺，无复穷已，……诸王、贵人、宦官、羽林各建寺于洛阳，相高以壮丽。太后数设斋会，施僧物动以万计。"《魏书》卷一九《任城王澄传》："灵太后锐于缮兴，在京师则起永宁、太上公等佛寺，功费不少。外州各造五级佛图。又数为一切斋会，施物动至万计。百姓疲于土木之功，金银之价为之踊上；削夺百官事力，费损库藏，兼曲赉左右，日有数千。"

《资治通鉴》卷一四八说北魏神龟元年，亦即熙平三年，司空任城王澄奏："昔高祖迁都，制城内唯听置僧尼寺各一，余皆置于城外；盖以道俗殊归，欲其净居尘外故也。正始三年（506），沙门统惠深，始违前禁。自是卷诏不行，私谒弥众。都城之中，寺逾五百，占夺民居，三分且一。屠沽尘秽，连比杂居。……臣谓都城内寺，未成可徙者，宜悉徙于郭外，然卒不能行。"

细心阅读《洛阳伽蓝记》，可以看出当时三百多个里的安排，已表现了城市职能的区分。除宫城园苑和贵族重臣的住宅区外，某些商业活动也有集中在某些里的趋势。该书卷四："出西阳门外四里御道南，有洛阳大市，周回八里……市西北有土山鱼池。……市东有通商、达货二里。里内之人，尽皆工巧、屠贩为生，资财巨万。……市南有调音、乐律二里。里内之人，丝竹讴歌，天下妙伎出焉。……市西有延酤、治觞二里，里内之人多酝酒为业。……市北有慈孝、奉终二里，里内之人以卖棺椁为业，赁辒车（丧车）为事。……别有阜财、金肆二里，富人在焉。凡此十里，多诸工商货殖之民。千金比屋，层楼对出。重门启扇，阁道交通，迭相临望。金银锦绣，奴婢缇衣。五味八珍，仆隶毕口。神龟年中，以工商上僭，议不听衣金银锦绣。虽立此制，竟不施行。”

皇族宗室的住宅，集中分布西郊，有一个南北狭长的里，叫作寿丘里，面积很大。《洛阳伽蓝记》卷四：“自延酤以西，张方沟以东；南临洛水，北达邙山，其间东西二里，南北十五里，并名为寿丘里，皇宗所居也。民间号为王子坊。”此一狭长地带，系在城区以西，也就是现在白马寺以西地带。

《洛阳伽蓝记》卷四：“当时四海晏清，八荒率职，缥囊纪庆，玉烛调辰。百姓殷阜，年登俗乐。……于是帝族王侯，外戚公主，擅山海之富，居川林之饶。争修园宅，互相夸竞。崇门丰室，洞户连房，飞馆生风，重楼起雾。高台芳榭，家家而筑；花林曲池，园园而有，莫不桃李夏绿，竹柏冬青。”同书卷三描写高阳王元雍的住宅：“正光中，雍为丞相，给羽葆鼓吹、虎贲班剑百人，贵极人臣，富兼山海。居止第宅，匹于帝宫。白壁丹楹，窈窕连亘，飞檐反宇，缭辘周通。僮仆六千，妓女五百，隋珠照日，罗衣从风。自汉晋以来，诸王豪侈，未之有也。出则鸣驺御道，文物成行；铙吹响发，笳声哀转。入则歌姬舞女，击筑吹笙。丝管迭奏，连宵尽日。其竹林鱼池，侔于禁苑，芳草如积，珍木连阴。雍嗜口味，厚自奉养，一食必以数万钱为限。海陆珍馐，方丈于前。陈留侯李崇谓人曰：‘高阳一食，敌我千日。’”

当时洛阳城中，皇族的生活非常豪侈。《资治通鉴》卷一四九：“时魏宗室权幸之臣，竞为豪侈，高阳王雍，富贵冠一国，宫室园圃，侔于禁苑，僮仆六千，伎女五百，出则仪卫塞道路，归则歌吹连日夜，一食直钱数万。……河间王琛，每欲与雍争富，骏马十余匹，皆以银为槽，窗户之上，玉凤衔铃，金龙吐旆。尝会诸王宴饮，酒器有水精锋、马脑碗、赤玉卮；制作精巧，皆中国所无。"这和他们远祖住嘎仙洞的生活比较，又从何说起呢？当权人物如此贪婪荒唐，只讲求个人的物质享受，国家哪有不乱不亡之理！

洛阳盛时，外国人很多，侨居的超过一万户。《洛阳伽蓝记》卷三："商胡贩客，日奔塞下，所谓尽天地之区已。乐中国土风因而宅者，不可胜数。是以附化之民，万有余家。门巷修整，阊阖填列，青槐荫陌，绿柳垂庭。天下难得之货，咸悉在焉。"外国史家的有关著作中，也提到当时洛阳市况的繁盛。

前当孝文帝迁都洛阳之初，代北保守派曾大肆反对，使皇帝伤透脑筋。现经久居洛阳，觉得生活舒适得很，根本不想回北了。有谣言说宣武帝要还都平城，反引起他们极大的惶恐。

《魏书》卷一五《昭成子孙列传·元晖传》："初，高祖迁洛，而在位旧贵皆难于移徙，时欲和合众情，遂许冬则居南，夏便居北。世宗颇惑左右之言，外人遂有还北之问。至乃榜卖田宅，不安其居。晖乃请间言事。世宗曰：'先皇迁都之日，本期冬南夏北，朕欲聿遵成诏，故有外人之论。'晖曰：'先皇移都，为百姓恋土，故发冬夏二居之诏，权宁物意耳。乃是当时之言，实非先皇深意。且北来迁人，安居岁久，公私计立，无复还情。陛下终高祖定鼎之业，勿信邪臣不然之说。'世宗从之。"元晖此人颇爱文学，曾招儒士崔鸿等撰录百家要事，以类相从，名为《科录》，共二百七十卷；上起伏羲，迄于晋、宋，凡十四代。

原先城外地区，也迅速发展起来。北魏洛阳的三大市场便全在城外：大市在城西，包含市场及其周围十个坊里的广大地区；小市在城东，市场旁边也存在和商务活动有关的坊里；四通市在城南，邻近洛河的永桥以及四夷馆、四夷里，为伊、洛河水产和海外奇珍交易的中心。城外其他地区，尚有一些工商业颇为发达之处。城东建春门外故常满仓址，北魏开辟为租场。城外的里坊，建有众多的寺院、官署以及贵族和官僚的宅第。至此，城外地区已成为洛阳的重要组成部分，故外郭城的修筑也就必要了。

《洛阳伽蓝记》卷二："（城东）崇义里东有七里桥，以石为之，中朝杜预之荆州出顿之所也。七里桥东一里，郭门开三道，时人号为三门；离别者多云：'相送三门外。'京师士子送去迎归，常在此处。"这里既明白说有郭门，那么就应当有郭城的城墙。

北魏洛阳是否修筑了郭城，曾成为史家争论的课题之一。近年的考古探勘工作，已帮助中国史学界解决了此一问题。在六十年代初期，考古研究所洛阳汉魏故城工作队，曾在邙山探到数段北魏外郭城北墙的残迹，总长度一千多米；1984年，该工作队又在故长分渠的东侧、从今天洛河北岸到邙山南麓的范围内，发现了外郭城西城墙的遗迹，总长度超过4,000米，并在郭城墙上探到大道缺口三处，可能是郭门遗址。此等发现，肯定了北魏洛阳外郭城城墙的存在。

那时候南北朝对立，统治阶层为了各自的利益，彼此贬低对方。于是南人称北人为"索虏"或"北虏"，北人骂南人为"岛夷"。[3]其实当时北方在元魏统治下，若干时期人民尚能享受颇好的生活。《洛阳伽蓝记》卷二记永安二年（529），亦即北魏迁都洛阳后三十多年，南朝梁国人陈庆之从洛阳南归后，曾说："自晋宋以来，号洛阳为荒土；此中谓长江以北尽是夷狄。昨至洛阳，始知衣冠士族并在中原；礼仪富盛，人物殷阜。"其实当时陈庆之所见的洛阳，已经战祸连年、兵荒马乱，远不及较早时的逸乐繁盛了！

南朝梁武帝大通二年（528），即北魏孝庄帝建义元年，梁武帝萧衍派遣亲信的将军陈庆之率兵数千人护送北魏降人北海王元颢回洛阳争夺帝位。翌年孝庄帝逃亡河北，陈庆之等进入洛阳，元颢改元称帝。梁兵进入魏境，一路取得32城，接战47次，每战必胜。这并非萧梁的兵力强大，主要是北魏有人拥戴元颢。但结果是陈庆之被尔朱荣所败，元颢被杀。他们占有洛阳，前后仅得65天。以尔朱荣为首的尔朱氏集团，当时实拥有北方最强大的兵力，嚣张跋扈。

当尔朱荣从洛阳率兵回晋阳后，横行东方的葛荣乘机南下，前队已过汲郡城，洛阳受到威胁。于是同年尔朱荣又亲率精骑七万，以侯景为前锋，在邺城北大破葛荣，阵上擒获葛荣，送到洛阳杀了。

陈庆之被击败后，削掉头发，化装为和尚，间关出汝阴，逃回建康。当他亲眼看见洛阳的繁盛后，对中原的观念完全改变。《资治通鉴》卷一五三："庆之自魏还，特重北人，朱异怪而问之，庆之曰：'吾始以为大江以北皆戎狄之乡，比至洛阳，乃知衣冠人物尽在中原，非江东所及也，奈何轻之？'"

元魏洛阳城的兴建，到503年才具有轮廓。永熙三年（534），孝武帝元修在七月为斛斯椿所逼，西走长安；十月孝静帝元善见继位，受到高欢的压迫，北迁邺城。于是元魏分裂为西魏和东魏，洛阳不再是帝都，市况迅速衰落。

《资治通鉴》卷一五六："丞相欢以洛阳西逼西魏，南近梁境，乃议迁邺，书下三日即行。丙子，东魏主发洛阳，四十万户狼狈就道。收百官马，尚书丞郎已上非陪从者，尽令乘驴。欢留后部分，事毕，还晋阳。"

在此以前，虽有军阀不断侵占洛阳，但罪行多限于劫掠和残暴，宫殿本身未受破坏。尔朱兆为尔朱荣报仇而入侵洛阳，曾经"焚太常乐库，钟磬俱尽"，但所受损害还是局部的。

元魏政府撤离洛阳后，于是改司州为洛州（洛阳是在太和十七年改成司州），以尚书令元弼为洛州刺史，镇守洛阳。京都应该还是完整的。但第二年，也就是535年，高欢就下令拆迁洛阳宫殿了。《资治通鉴》卷一五六："东魏使尚书右仆射高隆之发十万夫撤洛阳宫殿，运其材入邺。"

接着是537年西魏的独孤信入侵洛阳，占领了金墉城，"时洛阳荒废，人士流散"。翌年东魏侯景、高敖曹等反击，包围独孤信于金墉城；稍后高欢也亲率大军到达，加入战斗。于是"景悉烧洛阳内外官寺民居，存者什二三"。这个侯景后来投奔南朝，还烧过建康及邻近各繁华城市，又困死收容他的梁武帝萧衍，是中国历史上最可恶的大破坏者之一。

金墉城是堡垒式的城中之城，大概很具备战略重要性；西魏从洛阳败退时还留人坚守，高欢又回军攻打金墉城，长孙子彦才弃城逃走，"焚城中室屋俱尽"。于是高欢毁弃金墉城而还晋阳。

东魏与西魏的拉锯战继续进行，终使"河南州郡，鞠为茂草；公私困竭，民多饿死"。洛阳最后一次彻底破坏，是发生于543年的邙山大战。爆发这次大战的近因，是性好渔色的高欢长子高澄曾侵犯高仲密妻室，接着身为北豫州刺史的高仲密就据虎牢叛变，投向西魏。宇文泰认为机不可失，亲自领兵支援高仲密，很快包围了河桥南城（洛阳）。于是高欢率十万兵马声讨，渡黄河据邙山为阵，大规模的战斗就展开了。《魏书》卷一二《孝静帝纪》："武定元年（543）三月戊申，齐献武王（高欢）讨黑獭（宇文泰），战于邙山，大破之，俘斩六万余。豫洛二州平。"此处《魏书》和《北齐书》，皆作俘斩六万余，《资治通鉴》却说斩首三万余级。这可能是"斩首"和"俘斩"含意的不同。这次大战的确激烈，宇文泰和高欢都几乎送命，西魏被俘虏的兵也很多。到了武定三年十一月，高欢曾要东魏朝廷"释邙山俘囚桎梏，配以民间寡妇"。

经过这次彻底摧毁，除了石碑之类以外，洛阳大概所剩无几了。公元546年，高澄就把洛阳所剩下的《石经》五十二碑搬迁邺城；部分失落河中，珍贵文物，就如此这般地被无知军人损毁！

再过一年，也就是武定五年，《洛阳伽蓝记》的作者杨衒之因出差路过洛阳，他所能看见的就只有"城郭崩毁，宫室倾覆，寺观灰烬，庙塔丘墟，墙被蒿艾，巷罗荆棘"的荒废景象了。曾经非常繁盛的北魏都城洛阳，便这样毁坏在割据武夫的争战之中！

汉魏故城在洛阳以东约15公里，介于邙山和洛水之间，呈不规则的长方形，是全国重点文物保护单位之一。陇海铁路和郑洛公路横贯城中。现在除了残存的古城墙以及少数建筑基址外，完全已变成农田，仅有几处村落点缀其间。

研究洛阳的城市兴衰或历史地理，不可不读《洛阳伽蓝记》。此书虽以记载佛寺为题，但实际着重检讨当时的政治、人物、风俗和地理。它不但给古洛阳留下了一项重要记录，而且文笔极其隽丽。但关于作者本身的事迹，可考的绝少，连生卒年也不清楚。他没有做过大官，似乎只担任秘书监、抚军府司马以及期城郡守等职，因此《魏书》和《北史》都找不到关于他的资料。所幸该书自序提到"至武定五年，岁在丁卯，余因行役，重览洛阳"，才可肯定是在547年以后完成，并且很可能就在这一年写的。

汉魏洛阳城在中国古代城市的发展史上，具有重要的地位；它对隋唐时代长安城和东都洛阳城的形制，有着显著的影响。1962年夏天，考古研究所洛阳工作队进行了此一故城的勘查工作。首先以钻探勘查为主，并结合一些试掘工作，目的在探明整个故城的结构和布局。经过两年的工作，初步探明了故城的垣墙、门阙、街道、护城河和故城西北隅金墉城的准确范围，以及东北角的殿台和仓厩等的遗存；又探明了永宁寺和宫城范围以及其部分的殿台基址。此外还在南郊初步探出了汉魏时代的"三雍"遗址范围和一些殿台遗址，并于1972年进行了发掘。

所有此等勘探发掘工作，皆在我友夏鼐的学生许景仁君领导下进行。1982年我串城游览到了洛阳，承蒙许君陪同考察邙山并参观各处遗址。他同我在中国最早最华丽宝塔永宁寺塔遗址上的合照，以及他捡赠给我的永宁寺厚重的古瓦，都保存陈列在我维罗纳（Verona）书房的柜面上，夏鼐过访时看见了，曾流露难得的笑容；[4]而意大利考古学者看到坚实沉重的黑色永宁寺瓦片，无不对中国能在公元516年以前烧制造出如此高质量的瓦表示惊奇。夏鼐对中国考古事业的贡献是无比大的，我交由香港中华书局出版的《草原帝国》一书就是纪念他的。

注释

1　洛阳在西晋末年曾遭受严重破坏，不能在短期内重建起来。孝文帝成功地把国都迁到了洛阳，他必须暂时先住金墉城。作为离宫别院，金墉城得到了大规模的修建。郦道元《水经注》谷水条："皇居创徙，宫极未就，止跸于此。构霄榭于故台，所谓台以停傍也。南曰乾光门，夹建两观，观下列朱桁于堑以为御道。东曰含春门，北有趣门。城上西面列观，五十步一睥睨。屋台置一钟以和漏鼓。西北连庑函荫，墉比广榭。炎夏之日，高祖（指孝文帝）常以避暑，为绿水池一所。"《魏书·高祖纪》："太和十九年八月金墉宫成，甲子，引群臣历宴殿堂。"参阅陈正祥著《草原帝国》，香港中华书局出版，1991年。

2 《魏书》卷八《世宗纪》："自皇基徙构，光宅中区，军国务殷，未遑经建，靖言思之，有惭古烈。可敕有司依汉魏旧章，营缮国学。"

3 因为鲜卑拓跋部人的头发结成辫子，好像绳索一样，故被南人称为"索头"或"索虏"。但北朝文书常称南朝为"岛夷"，却颇使人莫名其妙。

4 参阅陈正祥著《串城记》第十篇，香港上海书局出版，1988年。

第五篇　水城扬州

扬州的城市发展，一直和水有密切关系。在中国的同型城市中，如果要找一个"水城"或"水都"，扬州可能比苏州更胜一筹。因扬州在古代濒临长江，隋唐时代曾经是全国最繁荣的港口，兼为河港和海港。对内它是江淮水上交通的总枢纽，对外它可以和世界各国相联系，外国商船可直达扬州。

扬州在长江下游的北岸，长江至此折向东流；京杭大运河在附近和长江交汇，此一地理位置决定了它的发展。在水运交通运输很重要的古代，此地是全国漕运、盐运的中心和南北百货的集散点；扬州经济发展的优越性是无比的，而经济的繁荣又带来了文化的昌盛。在政治上，它曾是汉代广陵郡和唐代淮南道的首府，雄踞东南。元代鲜于枢曾赞咏扬州："淮海雄三楚，维扬冠九州。"

现在扬州的北面和西北面，有一条低矮的黄山岗，名为蜀岗，亦称昆岗，形成于第四纪的上更新世，海拔不出30米。蜀岗及其向北连接部分，属于古长江北岸的一级阶地；第三纪新构造运动中曾略微隆起，后经长期侵蚀形成浅丘平岗。最高的甘泉山，海拔仅约63米。附近尚有夹岗、独岗、桃花岗、九龙岗等地名。地势愈向东愈低，若干溪涧顺地势东注，汇流形成雷塘。雷塘亦称雷陂，是隋炀帝葬身之地。雷塘的水，再由淮子河汇入大运河。雷塘的面积不大，但春秋末期扬州最早的居民点，稍后的邗城和两汉的古广陵城，便是在"西据蜀岗，北抱雷塘"的自然条件下发展起来的。雷塘的水由居民引去灌溉农田，必要时还可放入运河，补充水量，便利航运。

蜀岗以南则是一片长江冲积平原，地质上属于第四纪全新世冲积层，形成迄今仅约1万年。上层为河漫滩相沉积，土质为壤土和粘性壤土；下层为河床相沉积，土质为青砂或粉砂壤土。由此不难推想，古长江曾经在蜀岗的南边流过，以后接受长期的沉积，形成沿江平原和沼泽，而江岸线不断南移。汉魏时期这一带的江岸线，已南迁到广陵曲江至海陵（今泰州市）的连线，和后来通扬运河的西段符合。隋唐时期再南移到扬子（今三汊河）—施家桥—小江一线。当时的扬子津，为长江北岸的渡口，隋炀帝曾在此兴建临江宫，唐代又在此兴建既济寺；而"临江"和"既济"，都正好说明地在江边。1960年3月，江苏省文物工作队在施家桥工地挖出了唐代大木船和独木舟各一艘，并且在木船附近发现港口木桩遗迹，足以证明这一带原是长江的北岸。现在南距江岸超过5公里了。

这一段长江的江面原来很宽，主泓道不断作南北摆动；主泓道偏南，北岸淤积盛；反之则南岸淤积盛，故江岸线每有改变。隋唐以后，由于主泓道持续偏南，北岸不断淤积，江中出现许多沙滩。扬子津南面的瓜洲，便是其中最大的一个，以其形状如瓜而得名。瓜洲逐渐扩大，和长江北岸之间逐渐成一夹江；到中唐以后，夹江消失，瓜洲就同北岸相连，整个江面变狭了。北宋乐史《太平寰宇记》就说："大江南对丹徒之京口（今镇江），旧阔四十里，谓之京口，今阔十八里。"长江江面紧缩一半以上。唐代大诗人李白因见大江一片苍茫，曾写出"故人西辞黄鹤楼，烟花三月下扬州。孤帆远影碧空尽，唯见长江天际流"的千古传诵的诗篇。那时江面宽达四十里，真会令人兴起江在天际流的感觉。

蜀岗以南的大片冲积平原成熟稳固以后，人类的活动便从蜀岗和雷塘间的岗丘下移到平原上来，扬州城也扩充到了岗下的平地。现在扬州地区水道纵横，交通和灌溉便利，农业之盛不减江南。扬州市本身，面积67平方公里，居民约30万人。1983年以后的扬州市，包括了9个县，居民超过850万人，那又是另一回事了。

一、扬州城的发展

扬州最早有记载的城应为邗城，这是春秋末期吴王夫差在被他所灭的邗国的居民点上建立起来的。夫差为了要到中原去和齐国争霸，在周敬王三十四年（前486）同时兴筑邗城并开凿邗沟。据近年的实地调查，知道邗城系筑于蜀岗之上，周长约十二里，是吴国戍军的版筑城堡，其东、西、北三面皆环以城壕，而邗沟便在邗城的东南边。乐史《太平寰宇记》卷一二三也说："城在州之西四里蜀岗上。"邗城所在的地势虽比较高亢，但北面邻近雷塘，给水还算方便。

战国初期周元王三年（前473）越灭吴，楚怀王二十三年（周赧王八年，前307）楚又灭越，兼并了吴国所有的土地。事实上早在公元前319年，楚国便在邗城扩建城池，称为广陵邑，这是广陵之名最初在史籍上出现。秦置广陵县，西汉设广陵国。西汉初年，吴王刘濞除了开挖盐运河之外，再在邗城的基础上扩建了广陵城，周长增加到十四里半。《续汉书·郡国志》："广陵，吴王濞所都，城周十四里半。"就现存地面的遗址考察，在吴邗城即楚广陵城的东北部，有汉代的夯土城墙和邗城相接，连成一体，如此则广陵城所包的范围就更大了；利用五万分之一地形图测算，周长实为十五里，和《续汉书·郡国志》的记载相差不多。西汉平定"七国之乱"以后，直到东汉初年，又在扬州设置江都国、广陵国，作为分封王室子弟的采邑，也就皆以此城为治所。

东晋南北朝时，南北长期相对峙。南朝建都建康，广陵是建康外围，成为江防重镇。为了保卫或掩护建康，东晋桓温曾发动徐兖两州之民扩建广陵城，地点仍在古广陵城原址。《晋书》卷八《海西公本纪》："太和四年（369）十二月，桓温城广陵而居之。"16年之后，谢安又在广陵城之北另筑新城，作为屯兵的堡垒。据《读史方舆纪要》卷二三扬州府江都县新城条，此新城系在府北十公里。《晋书》卷七九《谢安传》："太元十年（385），谢安出镇广陵之步丘，筑垒曰新城。"

江淮一带经东晋、南朝二百七十多年的经营，人口大增，社会生产力提高，商品经济繁荣。地处江淮交通枢纽的广陵，已逐渐昌盛。《宋书》卷五四孔季恭等传论："扬部有全吴之沃，鱼盐杞梓之利，充牣八方，丝绵布帛之饶，覆衣天下。"而鲍照的《芜城赋》，描写广陵为"廛闬扑地，歌吹沸天，孳货盐田，铲利铜山"。当北周的势力伸展到长江北岸时，广陵被改称吴州。

隋灭陈统一全国之后，改吴州为扬州，这是正式命名为扬州之始。隋文帝开皇十八年（598），改广陵县为邗江县。隋炀帝大业元年（605）改扬州为江都郡，改邗江县为江阳县，同以江都、江阳为郡治。炀帝又开运河联系洛阳和江都，同时在江都大兴土木，营造宫殿园囿，并在大业五年（609）、六年（610）、十二年（616）三次巡游江都。《扬州府志》卷二三《古迹》："《隋书》大业元年敕长史王宏大修江都宫，宫在城西七里大仪乡。"接着又筑迷楼、上林苑、长阜苑等，所有此等宫殿园囿大多在蜀岗、雷塘一带。唐杜牧诗云："炀帝雷塘土，迷藏旧有楼。谁家唱水调，明月满扬州。"此外又在扬子津筑临江宫，并于大业七年和十三年两次在该宫大会群臣。《隋书·炀帝纪》："大业十三年二月，驾出扬子津，幸临江宫，大会赐食。"当时天下已经大乱，李唐继承隋朝而兴。

唐初在扬州设大都督府，和淮南节度使同治扬州。太宗贞观十八年（644），析江都县合渎渠（大运河）以东的地方置江阳县，高宗永淳元年（682）以江都的扬子镇置扬子县。《新唐书·地理志》："江都东十一里有雷塘。"说明唐代的江都县城尚在雷塘以西十多里，也表示隋唐的江都城皆坐落蜀岗之上，没有离开汉代广陵城的故址。直到安史之乱以后，中原残破，江淮之间人口大增，蜀岗无法继续容纳，城市才向南边的平地发展。原先在蜀岗上的江都旧城，亦即隋炀帝宫城所在，在唐代成为扬州大都督府所属官署集中之处，是为"子城"，又称"牙城"或"衙城"。子城在最北部，系在汉广陵城的旧址上建立起来。如今当地尚有东华门、西华门、北水门的城门名称；城内有城隍庙、十字街等地名，城上角楼和城的外壕遗迹也颇清楚。在"子城"南边，蜀岗以下新扩展的手工作坊和商业区，则称为"罗城"，亦叫大城。《资治通鉴》胡三省注："罗城，外大城也。"沈括《梦溪笔谈·补笔谈》卷三："扬州在唐时最为富盛，旧城南北十五里一百一十步，东西七里三十步。"这显然包括了子城和罗城。晚唐诗人杜牧在《扬州三首》中，有"街垂千步柳，霞映两重城"之句。[1]

　　扬州地区的经济开发，到唐代又有进一步发展，成为全国最富庶的所在，超过了天府之国的益州，故有"扬一益二"之称。陆贽《陆宣公集》卷九《授杜亚淮南节度使制》："淮海奥区，一方都会。兼水漕陆挽之利，有泽渔山伐之饶。俗具五方，地绵千里。"由于交通位置的优越，全国各处的富商大贾都集中到了此地经商发财；中央政府派遣盐铁转运使在此管理漕运及盐务，有时还兼为地方行政长官的淮南节度使。除了米和盐之外，南方所产的茶叶、木材和药物，乃至四川所产的蜀锦，也都大量向扬州集中。《太平广记》卷三三一："豫章诸县尽出良材，求利者采之，将至广陵，利则数倍。"

扬州的发展到了唐代，工艺的技术水平已大为提高。因为附近产铜，故铜器的制作自古闻名。唐代扬州的铜器多而精美。天宝年间，韦坚为玄宗在长安的广运潭举办了一个各地特产展览会，从全国各地来的船只，第一艘便是广陵郡船，船头陈列着广陵的特产——锦、镜、铜器和海味。船员还高唱民歌："潭里车船闹，扬州铜器多。"扬州所产的铜器之中，青铜镜尤其珍贵。韦应物曾有"铸镜广陵市，菱花匣中发"的诗句，而张籍也称赞："扬州青铜作明镜，暗中持照不见影。"此外还有金银器和各种玉石雕刻。事实上扬州所产的铜镜和金银器以及玉石雕刻，也向海外输出。扬州又是盛产丝织品的地方，所贡的绫锦仅次于当时河北的定州。《新唐书·地理志》所开列的扬州贡品，便多达24种。

由于扬州地位的重要，安禄山造反后，玄宗逃奔成都，天宝十五载（756）七月，太子李亨在灵武即帝位，十二月以诗人、谏议大夫高适为广陵长史、淮南节度兼采访使。同时镇守江陵的永王李璘，想占领东南和在西北的哥哥肃宗对抗，平分李唐天下，率领水军顺长江而下，进攻扬州。大诗人李白参与此役，结果失败。《旧唐书》卷一〇《肃宗纪》：（天宝十五载十二月）"甲辰，江陵大都督府永王璘，擅领舟师下广陵。"《新唐书》卷八《肃宗纪》，另有"二载正月，永王璘陷鄱阳郡"的记载。说明永王水军从江陵发难后，中间先占领了鄱阳郡，然后再进攻扬州。

既然是水城，扬州的造船工业也自来发达。唐代中叶，刘晏曾在扬州设置十个造船工场，造大船以运输江淮财物，民间自造的船只为数也颇多。今天扬州的造船企业，能生产几百吨至三千吨的各种驳船、客轮、货轮、拖轮、渔船、渡船、冷藏船等不同类型的中小型江河船舶，1984年全市造船量达13万吨位，总产值占江苏全省地方造船业的一半。这似乎也和水城历史的传统有关。

　　大致在唐代的中晚期，扬州的发展臻于全盛，已成为"雄富冠天下"的东方大都市。唐代诗人对于扬州的描述，为数甚多。李绅"夜桥灯火连星汉，水郭帆樯近斗牛"的诗句，可视为对扬州市况最佳的写照。当时的富商大贾、官绅文士，莫不把扬州看作人间乐园。张祜诗云："十里长街市井连，月明桥上看神仙。"王建诗曰："夜市千灯照碧云，高楼红袖客纷纷。"杜牧也写过不少关于扬州的诗，其中一首《遣怀》："落魄江湖载酒行，楚腰纤细掌中轻。十年一觉扬州梦，赢得青楼薄幸名。"但到了唐朝末叶，扬州却沦为藩镇争夺混战之地，受到连续的焚烧和劫掠。《新唐书》卷二二四《高骈传》："时师铎、行密、儒（孙儒）迭攻迭守，焚市落，剽民人，兵饥相仍，其地遂空。"最后当杨行密于昭宗景福元年（892）占领扬州时，城内只残存数百户人家了。

　　唐末五代之际，扬州迭遭兵灾，破坏很大。杨行密据扬州自称吴王，扬州也总算一度做过独立小王国的都城。经过杨吴的修葺，扬州元气稍见恢复，后来政权被部属徐温的养子徐知诰篡夺。徐知诰本名李昪，他建立南唐，定都金陵，唯仍以扬州为东都。后来周世宗柴荣于955—958年进击南唐，南唐中宗李璟（著名词人李煜的父亲）知道扬州必不能守，遣人焚毁官私庐舍，把居民迁徙江南。于是扬州又受到一次破坏。柴荣在显德五年（958）进驻扬州，命韩令坤发扬州城内丁夫万余人筑城；韩认为旧城大而难守，便只在故城东南隅建筑小城，称为"周小城"。

《旧五代史》卷一一八《周书·世宗纪》："显德五年二月戊午，车驾发楚州南巡。丁卯，驻跸于广陵，诏发扬州郡内丁夫万余人城扬州。帝以扬州焚荡之后，居民南渡，遂于故城内就东南别筑新垒。"此一"新垒"便是周小城，而所谓焚荡之后居民南渡，就是上述李璟自己预先焚毁扬州的事。陆游的《南唐书·张彦卿传》也曾说到"元宗亦命焚东都宫寺民庐，徙其民渡江"。

北宋的扬州城系在周小城的基础上发展起来，就唐城的南半部加以改筑，周长约十二里，此即"宋大城"的前身。南宋高宗赵构南渡时，即由瓜洲过长江；因扬州有掩护京口和建康的功用，故于建炎元年（1127）命吕颐浩修缮城池，派兵驻守。此一由知州郭棣所修的扬州城，周长约十五里，称为"宋大城"；北以今草河为界，西以今保障河为界，东边和南边以老运河为界。这一段老运河，为北宋真宗时所开，用以联络真州和大运河。

宋代的扬州城，盛况远不如唐代。做过扬州太守的欧阳修，在《和原父扬州六题》诗中，就有"十里楼台歌吹繁，扬州无复似当年"之叹。南宋初年，扬州曾两度受金兵的严重毁坏，第一次是建炎三年金兀术的追击宋高宗，第二次是绍兴三十年（1160）金主完颜亮的南进，江淮军溃，扬州失守。南宋末叶，蒙古大军快要压境时，贾似道在扬州做制置大使，以宋大城地处卑下不易阻挡敌骑，因而又在蜀岗之上故广陵城址建筑城堡，始工于理宗宝祐二年（1254）七月，完成于翌年正月；周1,700丈，动用军队3万人。因在宝祐年修筑，故称宝祐城。此外另在宝祐城和宋大城之间筑"夹城"，是一座长方形的小城。故在南宋末年，扬州共有三城，亦即东南隅的宋大城，西北角的宝祐城，中间的夹城，面积合计仅及唐城的一半。[2]

元世祖忽必烈至元十三年（1276），蒙古军攻陷扬州城；当时所建的大都督府及江淮等处行中书省，即以扬州为治所，仍不失为主要城市。意大利人马可·波罗曾在此城滞留颇久，在他著名而可疑之点甚多的游记中，曾说"此扬州城颇强盛，大汗十二男爵之一驻此，盖此城曾被选为十二行省治所之一也。居民使用纸币，恃工商为活"（见冯承钧译《马可波罗行纪》第一四三章扬州城）。扬州在经过宋金对抗和元朝残酷的统治后，人民死亡及流离失所者多，故当朱元璋攻占扬州时，城中已极荒凉。《明实录·太祖实录》："按籍城中，仅余十八家。"朱元璋命令张德林镇守扬州，张德林认为旧城空旷难守，只在旧日宋大城的西南角，筑城驻守。城周1,757丈5尺，开辟五门；城的四周有濠，南北各有一水门。这便是后来扬州的旧城，位置比宋大城已略向南移。到明朝中叶，倭寇屡犯扬州，嘉靖三十四年（1555），又在扬州城东的商业区筑城，亦即后来的扬州新城。东、南、北三面计长1,542丈，开有7座城门。东面和南面以老运河为护城河，北面挖壕和旧城的城壕及运河相通。此一新城，位置相当于宋大城的东南部。

扬州明代的新旧城，实际上是一个整体的两个相连部分，民族英雄史可法誓死据守的，清兵攻陷时屠戮甚惨的（有《扬州十日记》记述其事），乾隆嘉庆年间繁荣一时、盐商们曾享受豪侈生活的，都是这座最后的扬州城。民国五年（1916）拆了新旧城中间的隔墙，1951年拆除全部城墙，改铺为环城马路，最后结束了扬州城的寿命。

二、广陵王玺

在水乡泽国，当土地开拓之初，小山丘或低平的岗阜，常被视为营建城邑的优先对象。吴文化和其前的湖熟文化，最先便在长江最下游的小山丘上发展起来。上面我说过早期的扬州城邑，都建在西北部的蜀岗一带，就因为这一带是海拔仅数十米的岗阜。而广陵这个地名，想必和"广大丘陵"的相像有关。公元前四世纪，楚国便在吴国邗城的基础上扩建城邑，称为广陵邑。郦道元的《水经注》，却说汉武帝元狩三年（前120）才把江都改名广陵。在时间上迟了约200年。但这并无矛盾，因为前者指的是城，后者指的是行政区。事实上作为行政区划，秦始皇就早已在此设置广陵县。西汉的广陵国，嵌在临淮郡之内，范围面积就更大了。

《水经注》卷三〇《淮水》篇说广陵附近地区在"楚汉之间为东阳郡。高祖六年（前201）为荆国。十一年为吴城，为吴王濞所筑也。景帝四年（前153）更名江都，武帝元狩三年（前120）改名广陵"。就广陵这个历史地名说，曾经有许多大小人物在政治、经济、文化舞台上表演过，他们的尸骨早已腐朽，但遗留下了不少珍贵文物，其中独一无二、意义重大的国宝级文物，是一颗叫作"广陵王玺"的金印。

　　后汉的开国者刘秀，做了33年皇帝之后，于中元二年（57）死去，明帝刘庄继位，改元永平。据《后汉书·光武十王列传》等文献记载，光武帝的第九子刘荆，和明帝同为阴皇后所生。相貌酷似乃父，甚为父亲宠爱，建武十五年（39）封为山阳公，十七年进爵为山阳王。此人很有野心，想抢哥哥的皇位。光武帝一死，他就写信给被废的原皇太子东海王刘强（郭皇后所生，郭后被废，改立刘庄为皇太子），策划与他起兵一同造反，刘强胆小怕牵连，向朝廷揭发了此事。明帝便把弟弟刘荆徙封为广陵王，并遣其到扬州就国，免得在朝中胡闹。但刘荆到了封地之后，政治野心并不因此收敛，一次他竟对算命先生说，他的相貌同先帝一样；先帝是三十岁当皇帝，他今年也三十岁，是否也可当皇帝。算命先生惶恐，又告发了此事。明帝一直对弟弟友爱，念及同母情分，仍不深究。被宠坏了的刘荆，始终未能悔改，权位大欲熏心，屡有反叛行径，一定要篡夺皇帝宝座，最后是被赐自杀而亡。《后汉书》卷二《明帝纪》有如下的两条记载：

永平元年（58）八月戊子，徙山阳王荆为广陵王，遣就国。

（永平）十年春二月，广陵王荆有罪，自杀，国除。

广陵王死后，这颗"广陵王玺"的金印也就陪他埋葬在地下。时隔1914年，亦即1981年2月24日，扬州市邗江县的一位诚实农妇陶秀华，在汉大墓（甘泉二号汉墓，位于扬州市西北十三公里的甘泉镇之北）挖掘清理现场附近，捡到了这颗纯金刻成、精巧玲珑、光灿如新的"广陵王玺"，转交给了有关当局。这是罕见的汉代诸侯王玺，为明帝在永平元年颁发给徙封广陵王刘荆的，和光武帝颁赐"汉委奴国王"金印，在时间上只相差一年。消息一经发表，日本各大报纸立刻以大字标题报道此事。接着专家学者纷纷撰文讨论，着实热闹了一阵子。当时我正在日本讲学，并且已接受母校邀请回南京讲学四十天，认为自己不久就可看到这颗金印了，非常高兴。

我回到了南京，几乎是立刻打听此一金印的下落，但多数老同学，包括职位很高的，竟不晓得此事；后来找到历史系的朋友，才知道收藏在南京博物院。我请大学外事办公处给我联系，答复却很令人失望；据说此一金印太重要了，已经移交北京。我当然毫无办法。后来我路过北京，向老朋友夏鼐提起此事，他说金印现存南京博物院，不对外公开，让我自己去找姚迁就得了。

第二年我应邀出席母校建校80周年校庆纪念大会，又回到南京。我亲自去找博物院姚院长，他终于捧出这宝贝给我看了；还和我恳谈了一个多小时，说明根本不知道我打过电话，并请我摄影留念！

广陵王玺长宽各2.3厘米，厚0.9厘米，重123克；上立龟纽，纽高2.1厘米。阴刻篆文，字体端庄凝重，刀法遒劲老练。《续汉书·舆服志》徐广注："太子及诸王金印，龟纽，纁朱绶。"绶是系在印纽上的丝带。卫宏《汉旧仪》又说："诸侯王印，黄金橐驼纽，文曰玺。""广陵王玺"为龟纽金印，正和文献所载符合。埋葬刘荆的甘泉二号汉墓，规模很大，封土堆直径达60米，高13米，全为夯筑而成；宏大的砖砌墓室位于封土堆中央，平面近正方形，墓门高约4米，券顶高约6米，顶部为多券结构，十分巍峨壮观。但因早年已被盗掘，墓内陪葬品已大部损失；可能因盗掘时墓室塌陷，故尚保存了部分遗物。1980年4月至5月间南京博物院清理时还获得遗物90多件，包括金、银、铜、铁、玉石、玛瑙、珍珠、琥珀、漆、陶、瓷等所制的工艺饰物和用具等，如造型优美生动、纹饰繁复精细的错银铜牛灯，金碧灿烂的鎏金博山炉，温润晶莹的螭虎纽玛瑙印（未刻字，也可能临时磨掉，因属僭制），鎏金铜扣镶嵌水晶和琥珀的方形大漆奁，制作精致的龙形和王冠状的金饰件，以及中国迄今有纪年可考的最早青瓷罐和玻璃器皿残片等。在一件铜制雁足灯下面的盘沿上，铸有"山阳邸铜雁足长镫建武廿八年造"铭文，更可证实此一大墓的主人便是刘荆了。问题是这颗极珍贵的金印并不在这些残余陪葬品之中，而怎么会散落在墓地附近而为农妇所拾到？姚迁院长解释可能是被早年盗墓者挖翻失落在墓外地面，这似乎缺乏说服力，我不同意。我也问过夏鼐这到底是怎么回事，他摇头说弄不清楚。

我看了这颗金印，立刻又想起另一颗金印。而我看见那颗金印，却远较这颗为早。后汉初期，中国又见强盛，日本再来朝贡，于是光武帝册封其王，并颁赐金印，叫作"汉委奴国王"印，"委"同"倭"，"委奴"即倭奴国。《后汉书》卷八五《东夷列传》："倭在韩东南大海中，依山岛为居，凡百余国。自武帝灭朝鲜，使驿通于汉者三十许国；国皆称王，世世传统。其大倭王居邪马台国。……建武中元二年（57），倭奴国奉贡朝贺……光武赐以印绶。安帝永初元年（107），倭国王帅升等献生口百六十人，愿请见。"

中国古代史籍的记事，绝大部分认真可信。日本往昔的读书人，雅好中国古书，但对其中述及日本之处，特别是有失体面的事，每存心抱"怀疑"态度。因为照中国古书的记载，日本在古代真是落伍不堪，对中国皇朝大多甚为恭顺，一直奉为上国，曾使素有自大狂的日本人大失面子。

清乾隆四十九年（日本天明四年，公历1784年）二月二十三日，一个名××兵卫的农民（当时日本农民无姓），在博多湾志贺岛（今属九州福冈市）冈水门修整田间水沟时，偶然挖到了这颗金印，曾经轰动一时。冈水门坐落在远贺川的河口，是古代日本对中国交通的要津之一。日本古书《古事记》《日本书纪》以及《筑前国风土记》等，都记载了这个地名。我在《千条》一书中提起过这件事。

日本人对此事的反应，首先是领主黑田氏给予发现者少许粮食，把金印收藏起来。继之对"汉委奴国王"这几个字的读法，争论不休，有些迹近胡闹。最露骨的否认，是直截了当说这颗金印是伪造的！我真不懂为什么有人要伪造这颗金印？难道是中国人铸了这颗金印埋到日本的土地中去，把黄金平白送给日本人？我曾不止一次这样质问日本朋友，他们个个摇头而哑口无言！

有一个心胸狭隘的"国粹派"分子井田敬之，当他亲眼看了金印之后，还借故说："然以皇邦之神圣，决不能以倭奴国为名，今不取。"他根本否定了日本曾经无数次向中国朝贡或奉献的事，认为日本是"神圣之国"。"我天皇乃天命皇皇邦者，何用假汉帝之玺，以为皇邦之王邪？"另一个同派人物叫作近藤芳树的，竟强将《后汉书》所说的倭奴国比拟琉球，不认为是日本本土。类似的狡辩还多得很！

在太平洋战争惨败、无条件投降之前，日本曾因连串的侥幸机遇而有一个颇长的狂妄时期，御用文人会擅改历史，所谓"东洋史家"，恨不得把日本的开化写在中国之先；"大日本"的古代国王，怎么可以接受"支那"皇帝所赐的印信？真是岂有此理？现在出土了这个实物证据，如何得了？所以这颗金印必须是假的，一定不可能是真的！这正是当初横蛮日本人荒谬的推理逻辑。详见另著《知彼篇》一书。[3]

图 28 广陵王玺图

东汉永平元年（58），明帝颁给其同母弟刘荆的金印，亦即著名的"广陵王玺"；在时间上，只比其父光武帝颁赐日本的"汉委奴国王"金印迟一年。两者我都看过，完全一样。

那颗同样美丽的"汉委奴国王"金印，略作正方形，纵横2.341—2.354厘米，厚0.874厘米，字体为小篆，雕刻很古朴，长时期由东京的黑田长礼氏收藏，我曾因特殊机缘亲眼看到过一次，终生难忘。现在这金印收藏在福冈市博物馆。这两颗金印真太相像了，同属阴刻篆文，除了背纽之外（"广陵王玺"龟纽，"汉委奴国王"印蛇纽），可说完全相同，而且很可能为同一工匠所刻。日本总不会有无聊的文化浪人，再敢说这两颗金印全是假冒的了。

日本全国三大报纸之一的《每日新闻》，1977年出版了一套由文化厅监修的《原色版国宝》，共十二大册，编辑、选择、印刷和装订，皆极慎重、精美。它的第一卷为上古、飞鸟和奈良时代，第一件国宝便是这颗"汉委奴国王"金印。如果不是日本人因战败无条件投降而脱胎换骨，绝对不会做出这样的安排啊！就我所知，日本人要做和应该做的还很不够呢！

三、河港兼海港

扬州的城市发展，和大运河或京杭运河有密切的依存关系。有关扬州附近开凿运河的记载，最早见于《左传》。该书鲁哀公九年（周敬王三十四年，前486）条："吴城邗，沟通江淮。"这说明吴王夫差，同时在今扬州附近筑城和开挖运河，运河南起长江北岸，向北穿过陆阳、广武、樊良、博芝诸湖，东北折入射阳湖，到山阳（今淮安）的末口接通淮河，用以运兵运粮，称为邗沟。由于当时淮河水位低，邗沟水位高，必须在末口立堰，控制南北不同的水位；北上的船只由此渡堰入淮，后世称为北辰堰（亦称北神堰）。再后发展成北辰镇，亦作北神镇。

夫差是一位野心勃勃的国王，他开通邗沟的主要目的，是要到中原去同齐国争霸。公元前482年，夫差亲率大军循邗沟到达黄池（今河南省封丘西南），和中原诸侯会盟。而久存复仇之心的越王勾践，乘虚进攻吴国，断绝吴军归路。到了鲁哀公二十二年（前473），终于将吴国灭亡。

邗沟又名中渎水，是中国最早的一条运河，沟通了长江和淮河，显得非常重要。邗沟北段的旧道，东北出广大的射阳湖，由于湖道纡远而多风，东汉末年便改循山阳湖（今界首湖）、白马湖径向北行，距离略见缩短。它的南端"首受江于广陵之江都"，但到了东晋穆帝永和（345—356）年间，因江都水断，入水口也有所改变。郦道元《水经注》卷三〇《淮水》："昔吴将伐齐，北霸中国。自广陵城东南筑邗城，城下掘深沟，谓之韩江，亦曰邗溟沟。自江东北通射阳湖，《地理志》所谓渠水也。西北至末口入淮。自永和中，江都水断。其水上承欧阳埭，引江入埭，六十里至广陵城。"这说明早在东晋时，江水便在仪征附近入运，通过欧阳埭而达广陵。此为今日仪扬运河的前身。这个以今日扬州为枢纽的内河水运系统，存在了很长一段时间，包括整个南朝。

隋文帝杨坚在统一全国之前，基于伐陈的军事需要，曾于开皇七年（587）"开邗沟通阳至扬子入江"，又将邗沟改名为山阳渎。隋炀帝对扬州有特殊好感，大业元年（605），先将山阳渎加深加广；渠广四十步，渠旁皆筑御道，栽植杨柳，并将渠名恢复为邗沟。接着在公元605—610年之间，动员数以百万计的民工，开通了广济渠和永济渠。这样就完成了沟通江、淮、河、海四大水系的南北大运河，而扬州的位置正在南北大运河和长江的交汇点上。因此隋唐时代的扬州，在全国的地位就超越前代而更见重要。

此一南北大运河的贯通，不仅促进了南北之间物资的交流、给政治中枢输送粮食，而且对沿河地带经济和文化的发展都有好影响。隋炀帝杨广的功绩，不宜因他放荡不羁而完全抹杀。炀帝曾多次从洛阳乘水殿龙舟巡游江都，龙舟高达四层，上有正殿、内殿、东西朝堂。除御用龙舟外，还有随行船只数千艘，都用人在堤上牵挽而行，首尾延绵100公里。挽船的民工多达8万人。到达江都之后，生活又奢侈腐化，但他却并未对民族文化做过伤天害理的摧毁，不应同历史上的疯狂暴君共享万年遗臭。早在唐代，诗人皮日休在《汴河怀古》的绝句中，就作出了比较公正的评论："尽道隋亡为此河，至今千里赖通波。若无水殿龙舟事，共禹论功不较多。"

这个时候，长江三角洲的农业经济已有很大进步，太湖流域成为全国最大的粮仓，中国经济和文化中心已迁到了江南。但隋唐以后的政治中枢，仍留在北方；经济上，特别是粮食的供应，需要南方的支援。于是大运河就起了漕运的主干作用。在隋唐时代，过江的漕船和货船都在扬子津进出邗沟。但在唐代中叶以前，长江北岸泥沙淤积转盛，瓜洲面积扩大，扬子津距岸渐远。到了玄宗开元二十五年（737），润州刺史齐澣鉴于漕船由京口过江，"瓜步沙尾纤汇六十里，船绕瓜步多为风涛所漂没"，于是开挖伊娄河二十五里，由瓜洲直达扬子津，此为邗沟运道由瓜洲入运之始。李白诗作《题瓜州新河饯族叔舍人贲》："齐公凿新河，万古流不绝。丰功利生人，天地同朽灭。"指的便是此河。当时叫作新河，现在称为古运河，也叫瓜洲运河，和仪扬运河相汇于扬子。此后有一段颇长时期，漕运情况有如清刘文淇《扬州水道记》卷一所述："上江漕船入仪征运河（仪扬运河），不入瓜洲；后代苏、松、常、镇、嘉、湖等郡漕船入瓜洲，桂广漕船入仪征口。"然后通过扬州，由邗沟、淮河、汴河、黄河运往洛阳、长安。这样，扬州作为一个中转河港，地位就显得非常突出。

安史之乱以后，北方长期残破，后又多为藩镇割据，中央政府的财政更依赖江南，故史书有"今天下以江淮为国命"之谓，韩愈曾说："当今赋出天下，江南十居九。"到了代宗宝应二年（763），转运使刘晏改革漕运，江南各地租米先从本州运到扬州集中，再另组织漕船循运河运往河阴（开元二十二年为便利东南漕运，在今河南荥阳北古汴河口筑河阴仓，并置河阴县），以缩短等候水位涨落的时间。此一分段运输办法，使扬州成为当时漕运的中继转运中心，地位显得特别重要。中唐以后，每年通过扬州北运的漕米不下400

万石。同时，桂林、广州二府和岭南诸州的租庸调，也都先集中扬州，然后北运。

北宋建都开封，其漕运办法也采取分段运输的"转般法"。《宋史》卷一七五《食货志》："至道初，汴河运米五百八十万石，大中祥符初，至七百万石。江南、淮南、两浙、荆湖路租籴，于真、扬、楚、泗州置仓受纳。分调舟船溯流入汴，以达京师，置发运使领之。"雍正《扬州府志》卷九《水利》引明蒋山卿《河渠论》："宋之转运，则尤以扬子为要区，乃置发运使治其地，以总天下之漕。"指出这个发运使是驻扎在扬州的。当时东南六路每年上供的米粮，据沈括《梦溪笔谈》卷一二说："发运司岁供京师米，以六百万石为额。"

元明清三朝皆定都北京，京城粮食主要仍靠漕运。元世祖忽必烈开掘会通河和通惠河，大力打通从北京到杭州的南北大运河，以求漕运畅通。虽言后来元朝的漕运多改取海道，但河运还占一定的重要性。其时漕船从镇江渡长江，往往先在瓜洲起卸屯储，然后北运。《马可波罗行纪》曾指出瓜洲屯聚很多稻谷，准备运往汉八里，以供大汉朝廷之用。明成祖永乐初年，对江南粮食也采用海陆兼运的办法。清代曹溶《明漕运志》："自永乐十三年（1415）罢海运粮，命平江伯陈瑄于湖广江西造平底浅船三千艘，以径河运，岁运二百余万石。"当时参与漕运的船只有一万多艘，押运官兵十二万人，而扬州成为漕运的枢纽。清代对于漕粮的北运也很重视，为了专门管理漕运，在扬州设置了漕运总督。雍正年间，在扬州广储门外建广储仓，作为储存转运粮食之用。清代中叶以后，北运河从山东省东昌以南到黄河北岸，水道阻塞，道光五年（1825）首次利用海道将江南粮米运往天津。从此专行海运，扬州和运河漕运的长期关系乃告结束。

除了运输粮米之外，扬州和盐运也有很密切的关系。西汉初年，高祖封其侄刘濞为吴王，刘濞便"即山铸钱，煮海水为盐"，来培植自己的势力，准备日后的反叛。据《淮安府志》记载，他为了便利盐运，从扬州的茱萸湾（今称湾头）东通海陵仓和如皋蟠溪，开了一条运河，也叫作邗沟。这条东西走向的运河后来就称为盐运河，亦即旧通扬运河的前身。盐产关系人民生活，盐税为政府重大财源，故自汉朝以来一向由政府专制。汉唐在扬州设有盐铁转运使，宋代在全国设有六个都转运使司，扬州即居其一；明清设巡盐御史，督理两淮两浙盐务，也常驻扬州。淮南盐场所产的淮盐，其运销就依靠这条盐运河。隋文帝仁寿四年（604），对盐运河曾经重开过一次，后来又延伸到了通州，并有支流沟通各盐场。淮盐先由盐商从盐户收购，通过盐运河集中扬州；然后由官府收买，转输各地发售。淮盐一般运销江、浙、荆、湖诸路，北宋时系由通州、泰州、楚州运到真州，而江南各路运米到真州的漕船，把米卸下后，再装盐运回各地去销售，以免空船行驶的浪费。《宋史·食货志》："江湖上供米，旧转运使以本路纲输真、楚、泗州转般仓，载盐以归，舟还其郡，卒还其家。"直到明清也常沿用此法，有"扬州繁华以盐盛"之说。道光以后，盐法迭经改变；改引为票，遂使盛极一时的盐商失所依据。清代末年，因淮南盐场生产减缩，促使淮北盐场加速发展，于是盐业中心向北转移，扬州在盐运上的地位随之衰退。

北宋时代的扬州，除了转运漕米和盐之外，岭南川蜀的货物，也多循水路先集中到扬州，然后经运河北运。扬州河港的商业腹地，几乎占据了大半个中国。沈括《扬州重修平山堂记》："扬州常节制淮南十二郡之地，自淮南之西，大江之东，南至五岭蜀汉，十一路百州之迁徙贸易之人，往还皆出其下；舟车南北，日夜灌输京师者，居天下十之七。"

从较早的时候起，特别是唐代，扬州不仅是一个河港，并且也是国际贸易港口。当时东南亚诸国以及波斯、大食（阿拉伯）等西亚国家，都有许多商人到广州、泉州、明州、扬州等港口贸易。胡商所贩卖的，多数为珠宝、香料、药材之类，交换中国的丝绸、茶叶和瓷器等。扬州设有"波斯邸"之类的胡店。扬州本身还是一个以制造铜器著名的手工业城市，所产铜器、铜镜一部分进贡朝廷，一部分输出外国。《新唐书·地理志》："扬州广陵郡，大都督府，……土贡：金、银、铜器、青铜镜。"天宝元年（742）韦坚擢升陕郡太守兼水陆转运使。《旧唐书·韦坚传》："穿广运潭以通舟楫，二年而成；坚预于东京、汴、宋取小斛底船三二百只置于潭侧，其船皆署牌表之。若广陵郡船，即于栿背上堆积广陵所出锦、镜、铜器"，曾使玄宗李隆基龙颜大悦。

在扬州出土的一些唐代铜镜的纹饰上，发现有狮子、打马球等式样，这显然受到波斯的影响。波斯在萨珊王朝时期，曾赠送狮子给中国。汉语中的"狮子"，便来自波斯语。扬州出土的双狮纹铜镜，呈正方形；在镜纽两侧刻有双狮，作腾跃舞踏状。我想波斯向唐朝献狮子，必然利用水路先送到扬州；循陆路把狮子送到长安或洛阳，是不堪设想的。打马球（polo）原是波斯的玩意儿，唐代贵族包括皇帝都风行打马球，显然也从波斯传来。在扬州的金湾坝，出土了一面唐代打马球的铜镜，作八角菱花形，面纹是四人骑在马上，各执一只头部弯曲的长棍，和陕西唐章怀太子墓所见的壁画马球图完全相同。在波斯文化影响中国铜镜纹饰的同时，扬州的铜镜和铸镜的合金技艺，也运销传播到了波斯。今日德黑兰伊朗考古博物馆所见的波斯铜镜，造型明显深受中国古代铜镜的影响。

八世纪时，扬州住有许多胡人，有些且是长期居留。肃宗上元元年（760），跋扈的藩镇田神功患"红眼症"，曾进攻扬州大肆劫掠，大食、波斯商旅死亡达千余人。《旧唐书》卷一二四《田神功传》载有此事。九世纪时，大食地理学者伊本·霍尔达德别赫（Ibn Khordadbeh）曾循水路来到中国，并遍历交州、广州、泉州和扬州等港口；他写有旅行记，说扬州出产稻麦甘蔗和鹅鸭。他到达中国的第一个港口交州，又名龙编，在今越南河内附近。大唐天才短命诗人王勃的父亲，曾任龙编县令。

唐代的扬州，和东方的新罗及日本也有海上往来。日本人从贞观四年（630）起，持续向中国派遣了十多次"遣唐使"，平均每次达数百人，包括留学生和学问僧，热心地把先进的中国文物制度搬回日本。于是日本才加速开化。[4]
天宝十二载（753），扬州大明寺的住持高僧鉴真，便搭乘
日本遣唐使的船只东渡弘法。日僧圆仁在公元838年乘遣唐
使船只来华，于翌年（唐文宗开成四年）在扬州登陆，居
华留学十年，回去后著有《入唐求法巡礼行记》。当日本正
式停止遣唐使之后，仍有日本商人来华经商，通常取道南
路航线而抵达扬州。在日本人的心目中，长安和扬州是他
们崇敬的城市。[5]

宋代末叶以后，扬州的商业地位已日渐衰落。在对内贸
易方面，大运河和长江交汇的真州，商业已有逐步取代扬州
之势，而对外贸易也渐为华亭（松江）和江阴所代替。但在
宋、元、明三代，西方仍有不少人到扬州来经商和传教；至
今东关外尚存在"西域先贤普哈丁之墓"。

到了清朝末年和民国时期，由于沪宁铁路及津浦铁路的
相继通车，沿海的航运事业也有所发展，交通运输的局面
起了彻底的改变。于是大运河的作用衰退，也就任其淤塞荒
废，许多河段终于断流。昔日水运枢纽城市扬州，无可避免
地丧失掉光辉！

四、瘦西湖

只有当你对扬州的地理环境和历史发展有了基本的认
识以后，才是前往游览的适当时候。糊里糊涂花钱乱跑一

趟，嘻嘻哈哈在风景点前拍摄几幅照片，并不能算是认真的旅游，无从得益！旅行还应该写游记或日记，这不一定要发表，而是给自己和家庭留下记录。自从鸦片战争之后，汉文化真正失落以来，此一传统好风尚就愈来愈见颓丧了。

扬州的古迹名胜很多，我去过两次也没能全看到。不过主要的风景点都分布在西北部，而且集中在以大明寺、瘦西湖为中心的两个地区。瘦西湖离市中心较近，是通常人玩耍的公园；大明寺稍远，文化气息深入了一层，而且牵涉古代中国和日本的关系。此外还有一些分散的名胜古迹，像史可法祠墓、普哈丁墓、天宁寺、个园、何园、文峰塔、小盘谷、文昌阁、石塔寺、仙鹤寺等，如果时间许可，也都值得一看。其中文峰塔和普哈丁墓在古运河畔，文昌阁和石塔寺在市区内。

瘦西湖系由河道扩充而成，形状狭长，又在西边，故称瘦西湖。它的面积远比杭州西湖为小，风景也无从比拟，位置在旧扬州城的西北侧。清代初年长时期担任江宁织造、《红楼梦》作者曹雪芹的祖父曹寅（1658—1712），曾用"陂塘落日张云锦，乘兴来游丈八沟"的诗句形容这一带的河道，可见该处原先的水面并不宽畅。

明清时代的扬州，大运河绕流东南，是对外的主要水上交通线。城内也有纵横交错的河道，交通方便不让江南水乡。旧城墙的东边和南边，有所谓老运河，也可视为护城河；西边有保障河，开浚于明嘉靖年间（1522—1566），用以沟通城内诸水道。清雍正年间（1723—1735）再次浚挖保障河，使其和炮山河贯通，于是长春桥、大虹桥和五亭桥一带水面扩展，成为瘦西湖。富贵人家因水兴建园亭，绿杨盈堤，水木清华，风光秀丽。乾隆数度巡游江南，地方当局为奉迎皇帝，大力扩充和营建瘦西湖。现存的主要建筑物，包括白塔、五亭桥和钓鱼台等，皆出现于这个时期。

瘦西湖的风景区从大虹桥开始。大虹桥旧称红桥，初建于明代末叶，原为木造，因桥上的红色栏杆而得名。清人王渔洋曾有"红桥飞跨水当中，一字阑杆九曲红。日午画船桥下过，衣香人影太匆匆"的诗句形容当初红桥的景观。乾隆年间改建为拱形石桥，有似一道长虹横跨湖上，故遂称大虹桥。清代文人以此桥为对象所写的诗词甚多，并绘有《虹桥览胜图》。这是一幅山水画式的游览地图。

走过了大虹桥，踏上"长堤春柳"，风景渐次开展。在乾隆后期，从北水门起，有长堤直达蜀岗平山堂，沿途的景色是"两堤花柳全依水，一路楼台直到山"。现在虽不再有这番盛况，但剩余的数百米湖堤，仍见花木垂柳。走完长堤，穿过一个满月形的门，便到了乾隆时名园"桃花坞"的故址。现改名徐园，是一座小巧精致、古色古香的园林。迎面荷池之中莲花怒放，池水同湖水沟通，上面架有小石桥。徐园的南边有听鹂馆，内中陈列字画和古董家具，但不甚名贵。馆前有两只奇大的铁镬，直径约2米，据说是南朝萧梁的镇水之物，现用来种植荷花；铁镬栽荷，倒为别处所未见。听鹂馆之西又有"青草池塘榭"，放置着具备扬州特色的花木石盆景，大小不一，姿态各殊。

离开徐园，跨越架在湖腰的红栏桥，便到了小金山。小金山原名"长春岭"，堆筑于乾隆二十二年（1757）；当时为了能使这位喜爱游玩的皇帝坐船直达平山堂下，特地开凿了一条叫作莲花埂的新河，也便是今天从五亭桥通往平山堂的水道；利用开河挖出来的泥，堆叠成此一小岛山。小金山四面环水，处于瘦西湖游览区核心。文学家朱自清教授曾说在此"望水最好，看月也不错"。小金山的建筑物，包括湖上草堂、山顶风亭、月观、琴室、小桂花厅等，多数别具匠心。在一座和小桂花厅紧接的临湖花厅里，挂着郑板桥写的一副对联："月来满地水，云起一天山。"郑板桥是一位多才多艺的名士，他的名字经常和扬州联系在一起，被称为"扬州八怪"之一。靠东有"四桥烟雨楼"，初建于清代中叶，原为大盐商的私人园林；因为从此楼眺望，可同时看到大虹桥、长春桥、春波桥和五亭桥，故名四桥烟雨楼。现存楼房为新建之物，意趣不及从前。扬州到底有多少桥，我询问过许多人都没有结果。二十四桥是一座桥梁的名称，并非全城主要桥梁的总数。水城有很多桥梁却属事实。

小金山的最西头，有东西向的短堤伸入湖中。堤端建有重檐四角攒尖式方亭，名为吹台，三面临水，面积不大；俗称钓鱼台，据说乾隆这位玩家在此钓过鱼。此一方亭临湖的南、北、西三面，都有砖砌的圆洞门，每一洞门各衔一景。南洞门可见矗立的白塔，北洞门可见对岸土丘上的大桂花厅，西洞门则直对五亭桥；都把远处的景物收入洞门，分别构成一幅幅美丽的图画，常被视为瘦西湖最有趣的地方。中国古典建筑中的所谓"借景"，在此得到了巧妙的发挥。

出小金山再沿湖西行，不久就到了五亭桥。这是瘦西湖最著名的桥，也属全国性很别致的拱形石桥，全长55.3米。此桥亦建于乾隆二十二年，为一批盐商认捐奉献。桥上共置五亭，中央一亭稍高，四翼各有一亭；亭和亭之间，用短廊相连。中亭为瓦顶重檐四角攒尖式，翼角四亭为单檐；亭上有宝顶，四角上翘。亭顶琉璃黄瓦青脊，亭柱漆成红色；飞檐下雕梁画栋，彩绘雅丽；周围石栏的柱端作狮形，雕刻精巧。桥下纵横共有15个桥洞，中间一洞特大，跨度长7.13米，其余参差相似；桥下洞孔彼此相连，皆可通船。从里边向外观看，每个桥洞口都有一幅不同的景色。当晴夜月满之时，每个洞门各衔一月；湖面金波荡漾，颇具诗情画意。此项水上奇观，同杭州西湖的"三潭印月"有相似之处。

距五亭桥不远处有莲性寺，原名法海寺，初建于元代，康熙皇帝南巡时改称莲性寺。寺内有西藏式的砖砌白塔一座，为乾隆年间所建。形制仿照北京北海的白塔，但不完全相同，至少是要瘦一些。塔下筑有方形台基，四周围以栏板；前面有小台，小台北面和两侧都有阶梯，可以登临。白塔坐落台基中心，底有砖雕须弥座，上即为塔肚，亦称宝瓶。其上盘套十三层圆圈，圈径向上渐次收缩，称为十三天；顶端覆盖圆盘，最高点即为铜质鎏金葫芦塔尖。

扬州也被视为全国的文化中心之一。清代扬州全盛时，盐商曾起过促进作用；康熙时曹寅汇刻《全唐诗》，乾隆时黄文旸等校刊元明清杂剧，最后编成《曲海》，都是奉旨设局进行，经费来源和盐有关。当时扬州雕版印刷属全国一大中心，所刻书籍多甚精美。著名的《四库全书》，全国只抄写七部，扬州文汇阁也收藏了一部。清政府的此等文事活动，有笼络东南文人收买民心的目的。所谓"扬州为南北之冲，四方贤士大夫无不至此"，被利用的虽未必尽是贤者，但文人墨客爱好聚集扬州作诗文之会，对文化宣扬有一定影响；扬州和流寓扬州的画家，形成和苏州吴门画派同负盛名的扬州画派，倒也是事实。扬州园林之盛，并不亚于苏州，当时扬州数十座名园，以及豪绅盐商所建的别墅，多数分布于瘦西湖一带；而不少文人和艺术家的生活，便依附此辈豪绅及盐商。就因为扬州太富庶了，故鸦片战争时英夷兵舰窜入长江后，即派人威胁扬州：如不立刻奉送大量金银财宝，就要兵临城下。当时那大批"消灾"之财，便直接从瘦西湖送到英夷军舰，为贪婪海盗增添了罪证。

五、大明寺

大明寺在市区西北约四公里的蜀岗中峰之上，东邻观音山，亦称功德山。因兴建于南朝宋孝武帝大明年间（457—464）而得名。唐代高僧鉴真（688—763）曾在此寺居住和讲经，长期为江淮间著名古刹。清乾隆三十年（1765），乾隆下江南到达扬州，恐惧人民因见"大明"二字而思念明朝，下令将大明寺改称法净寺，并亲题新寺名。直到1980年4月，日本奈良唐招提寺鉴真大师坐像回扬州"探亲"前夕，才恢复称大明寺。经太平军之役的战火破坏后，现存建筑为同治（1862—1875）间重建。

大明寺的前门有一座三间重檐的牌楼，古色古香，但公路就通过牌楼前面。牌楼上篆书"栖灵遗址"四个大字。这是因为寺内曾经有过一座建于隋仁寿元年（601）的栖灵塔，同时大明寺也一度改称栖灵寺之故。牌楼的前边，有一对石狮子。后面便是大明寺山门，两侧的高墙上，对称地镶嵌着"淮东第一观"和"天下第五泉"十个石刻大字，每字约一米见方，笔力遒劲。进入寺内，顿觉安静；古柏绿竹，花草满园。穿过花木扶疏的甬道，便是大雄宝殿。殿内正中前为三大佛，背后为"海岛"，塑观音菩萨群像；左右两壁，分坐十八罗汉，神态各异，造型优美，光彩照人。大殿东侧为东苑，后有晴空阁，现改建为鉴真纪念堂。

盛唐时代，此寺已驰名海内外。著名诗人李白、高适、白居易、刘禹锡等，皆曾登临高耸雄伟的栖灵塔，留下了千古传诵的诗篇。白居易和刘禹锡，曾携手同登此九级浮图，当时二人都五十五岁，游兴正浓。白居易的《与梦得同登栖灵寺塔》："半月悠悠在广陵，何楼何塔不同登。共怜筋力犹堪在，上到栖灵第九层。"刘禹锡的《同乐天登栖灵寺塔》："步步相携不觉难，九层云外倚阑干。忽然笑语半天上，无数游人举眼看。"这说明了白刘两位大诗人感情真切，也透露出唐代人民生活的文化气息。可惜这座闻名的栖灵塔，在倾向灭佛的武宗会昌三年（843），同寺院被一场大火焚毁了。会不会是存心灭佛的李炎下令烧毁，那就不得而知了。

在大明寺的西侧，有平山堂，为北宋仁宗庆历八年（1048）欧阳修任扬州太守时所建。欧阳修（1007—1072）字永叔，号醉翁，晚年又号称六一居士。江西吉水人，是宋代著名文学家，创作甚多，《宋史》有传。他原在朝廷做官，因参与以范仲淹为首的"庆历新政"，失败后受到政敌的排挤，屡次被贬官外地，庆历八年转知扬州。他在扬州太守任内，除了尽能力做个好官外，便是寄情山水，排遣愁怀。

蜀岗大明寺的西南角，是远眺江南山色的好地方。于是欧阳修在此筑堂，作为游宴之所。他公余之暇，常在此饮酒、赏景、赋诗、撰文；坐在堂中，南望远山，正和堂栏相平，故取名平山堂。宋人叶梦得《避暑录话》称赞平山堂，说是"壮丽为淮南第一，上据蜀岗，下临江南数百里，真、润、金陵三州，隐隐若可见"。现存平山堂的堂屋，则为清同治间重建。现在堂内高悬的"远山来与此堂平"的匾额，意思是说蜀岗中峰和江南诸山相平。事实上，蜀岗和镇江的金山、北固诸山，在海拔高度上的确相差无几。看来此话言之成理。

欧阳修离开扬州后，念念不忘平山堂的景色，他在一首词中写道："手种堂前垂柳，别来几度春风？"哲宗元祐七年（1092），苏东坡由颍州转知扬州，蜀岗成为他经常登临凭览之处。为了纪念老师欧阳修，他在平山堂后边筑堂，并从他自己所作诗句"深谷下窈窕，高林合扶疏"中集取二字，命名为"谷林堂"。现在的谷林堂建筑，亦为清同治间重建，内有对联和书画等作品，环境清幽。谷林堂的后面，有欧阳修祠，又名六一祠，系后人为纪念欧阳修而建，内中有欧阳修石刻像。祠周饰以花墙，祠前筑假山和花坛。祠的西边，同西园仅有一墙之隔。

西园又名西花园，亦称芳圃。相传为乾隆南下巡游时，扬州地方上特地为他布置的一座御花园，以富有山林野趣见称，别具一格。现在园内山石耸立，颇多树木，隐约可见各种造型的亭台轩榭，还有一座乾隆的御碑亭。西园有著名的"天下第五泉"，泉水之味醇美。欧阳修在《大明寺泉水记》一文中，曾称赞"此泉为水之美者也"。近年在西园的最南边新建了一座"五泉茶社"，是仿古的柏木建筑，分上下两层；两厅中间用假山连接，游览蜀岗各处胜迹之后，到茶社小憩，品尝用泉水所泡的新茶，倒也可算是一种享受。

沈括著有《平山堂记》，描述扬州水路交通位置的扼要以及船只往来的繁忙。在南宋末年，李庭芝任两淮制置使及制置大使时，曾筑平山堂城。《宋史》卷四二一《李庭芝传》："始，平山堂瞰扬城，大元兵至，则构望楼其上，张车弩以射城中。庭芝乃筑大城包之，城中募汴南流民二万人以实之，有诏命为武锐军。又大修学，为诗书、俎豆，与士行习射礼（他本人为淳祐进士）。郡中有水旱，即命发廪，不足则以私财振之。扬民德之如父母。"南宋亡国时，他曾死守扬州，为当时极少数知耻的地方长官之一。

六、鉴真纪念堂

鉴真纪念堂为水城扬州的新生事物，建成于1973年，在上述大明寺内，坐落于主殿大雄宝殿以东。

鉴真和尚本姓淳于，扬州江阳县人，生于唐代武则天垂拱四年（688），十四岁便在扬州大云寺出家，后移住龙兴寺。景龙二年（708），在长安实际寺从弘景禅师受具足戒；其后数年，游学于长安和洛阳。二十六岁时回到扬州，在大明寺讲律授戒；五十五岁担任住持。一直到他东渡日本的数十年间，他讲经、建寺、造像、授戒，经他授戒的僧侣先后多达四万余人。他精通戒律，五十岁以前，便成佛学大师，道俗归心，誉称为"鉴真独秀"。玄宗开元二十一年（733），他被尊为江淮一带的授戒师，成为一方领袖。

当时日本处处要向唐朝学习，不断地派出"遣唐使"，带留学生和学问僧到中国。在公元630—838年之间，日本共派了十多次遣唐使。日本人除热心留华学习外，还负有政府使命，物色并邀请中国高僧东渡弘法，其实也就是传授中国先进的文化和技术。天宝元年（742），留华已达十年的日僧荣睿和普照，专程到扬州恳请鉴真东渡。《唐大和尚东征传》："荣睿、普照至大明寺，顶礼大和尚足下，具述本意曰：佛法东流至日本国，虽有大法而无传法人，……愿和尚上游兴化。"鉴真受到感动，同意了他们的恳求。

鉴真所率领的僧团——文化使节团，因船只遇风受到损坏和官方的阻拦，渡海很不顺利。天宝七载（748），鉴真一行三十五人，又从扬州出发，实行第五次东渡，但船队出海之后，不久便遇上台风，在海上漂流了五十多天，最后漂到海南岛南端的崖县。只因鉴真德高望重，才受到地方官吏的照顾，得以安全回去；唯日僧荣睿和弟子祥彦死于途中，鉴真本人也因旅途辛苦而双目失明。几经周折，在751年经南京回到了扬州。两年之后，鉴真66岁，在第十次遣唐大使藤原清河、副使吉备真备等人的亲身拜谒和邀请之下，再次东渡，十一月十六日乘日本遣唐使回国便船从沙洲黄泗浦出发，同月二十一日便顺利地到达冲绳，于十二月二十日中午到达了九州南端鹿儿岛县川边郡坊津町的秋妻屋浦（萨摩川边郡的秋目），而于754年二月四日到达日本国都平城京，受到日本僧俗各界的热烈欢迎，宰相右大臣、大纳言以下官员百余人前来礼拜慰问。

四月初五日，在京都东大寺的卢舍那大佛前设立戒坛，由鉴真登坛主持，先为当时已成太上皇的圣武天皇授菩萨戒，接着皇太后和皇子也依次登坛受戒。完毕后又为沙弥澄修等四百三十多人授戒。五月初一日，再在鉴真亲自主持下，在大佛殿的西侧，动工兴建戒坛院，翌年完成。同时又在东大寺内修建一所名为唐禅院的训练和教育僧侣的寺院，全归鉴真总理。后来因和旧教团的势力发生矛盾和冲突，鉴真和他的弟子们在奈良城右字五条二坊内新田部亲王的旧宅基上另建唐招提寺，而于759年落成。

他在奈良辛勤不懈地工作了十年，直至圆寂，终年76岁。他对日本的汉化，包括文字、学术、建筑、雕塑、绘画、印刷乃至医药等，贡献极大；招提寺内他的墓头，迄今有人献花奉果，充分表明一部分善良的日本人，经过了一千多年，还没有忘记这位文化大恩人。我每次到京都，总要到他的坟头献花，并在坟前肃立沉思片刻，表达对这位见识深远、才华卓越、毅力坚强者的怀念和崇敬。这个时候，我会想起许多往事，包括明代的倭寇祸害以及曾使我家族蒙受惨重损失的日本侵略战争，以及日本何以始终未能产生一位像鉴真和尚同样或一半伟大的人物？

1963年，中日两国的宗教、文化和医学界有关人士，在扬州共同举行了鉴真圆寂1,200周年纪念大会，并决定在大明寺东侧兴建鉴真纪念堂，用以缅怀这位高僧的杰出功德。

鉴真纪念堂于1973年落成，形制效仿奈良唐招提寺的金堂，唯规模较小。此一纪念堂由著名建筑师梁思成设计，是一座具有唐代寺院建筑风格的砖木结构建筑。堂院占地2,540平方米，纪念堂本身面积700平方米。前面是门厅，上悬篆书鉴真纪念堂匾额，中间碑亭是汉白玉的卧式纪念碑，高2.06米，宽约3米；正面刻"唐鉴真大和尚纪念碑"九字，全都不够气魄，而这几个钱还得由日本人支付！碑下的须弥座，据说模效栖霞寺的唐代遗物刻成。纪念堂的正中，有鉴真的楠木雕像，系照奈良唐招提寺保存的干漆夹纻坐像摹制。坐像背后，衬有惊涛骇浪的壮丽画饰，东西两壁上有鉴真东渡事迹的绢饰画。碑亭和纪念堂两侧的回廊，长约80米，构成一个单独的四方形堂院。

1980年4月，奈良唐招提寺的鉴真坐像——日本的超级国宝，曾送回中国巡行展览，首先在扬州的这间纪念堂停留七天，瞻仰的人数约达17万，盛况空前。有了这座具体而微的纪念堂，大明寺今后势必成为日本人游览扬州最大的目标。

问题是，佛法如真有灵，鉴真大和尚应该还记得在公元753年离开扬州东渡弘法、帮助日本加速开化时，中华大地是怎样一副昌盛繁荣模样，中国人在世人心目中的分量是何等崇高。1980年干漆夹纻坐像再回到扬州时，中国人民的素质又如何？在国际上的地位怎样被贬低？谁之过矣？

注释

1　我1981年夏天过北京访夏鼐查询"广陵王玺"真实下落时，顺便谈到扬州唐城的发掘问题，这牵涉将来扬州的旅游业，特别是日本的游客。夏鼐说早就提起了，唯发掘古城，人们的"兴趣"总不及古墓发掘。他说话一向很含蓄，我就没有追问下去。最近读报，才知道扬州大东门西南侧发现了一条东西流向的唐代排水沟遗迹，埋深于现在地面以下4.5米，已暴露的部分长约35米；沟口宽约2米，底宽1.75

米，深约 1.5 米，颇具规模。水沟两侧以杉木板作驳岸，板外以楠木桩固定；木桩有圆桩、半圆桩、方桩三种，用材很讲究。根据沟内出土遗物及周边其他遗址地层叠压关系分析判断，此一排水沟约开挖于唐代中期，到唐代末年废弃。

考古工作者对唐城的城墙，进行了普探调查，已摸清唐代城墙的范围，并探出了城门遗迹的位置和结构。唐代扬州城北起观音山以北的堡城村，南迄今日南门街口，南北长 6,030 米；东西最宽处 3,120 米，规模宏大，为当时全国屈指可数的大城之一。城内开拓十字大街，南北大街长约 1,400 米，路宽 10 米；东西大街长约 1,860 米，路宽 11 米，十字交叉口路宽达 22 米。

扬州唐城系由大城和小城两个连接的城组成，小城位于大城西北的蜀岗之上，较老，为旧日宫殿及官署所在，亦即所谓"衙城"；衙城南门的位置在今堡城村附近。堡城村这个地名很有意思。大城是中唐以后发展起来的，主要为手工作坊和商业区，亦称"罗城"。目前已经探出罗城南墙的三个城门，并探出城内一些作南北和东西走向的街道遗迹；在主要的大街道路旁边还发现有排水沟设施及建筑遗存。但要明了整个唐城的平面布局，尚须等待若干岁月！

2　《宋史》卷四四《理宗纪》四："（宝祐）三年（1255）二月己卯，复广陵堡，贾似道以图来上。"此时距南宋亡国仅十余年。

3　陈正祥《知彼篇》，讲述从日本如何开化，他们的祖先如何从长江三角洲渡海到九州、四国以及逐渐向东发展到以琵琶湖为中心的关西地区，直到太平洋战争失败、被迫无条件投降以后的演变，八章三百七十余页。日本人很害怕此书出版，因为我从 1951 年起就实地研究日本，对他们知道得较多较深刻。关于鉴真的东渡弘法，我写得很详细，不想在此重复，以节省篇幅。

4　陈正祥《日本的遣唐使和留学生》，《中报月刊》第 36 期，1983 年元月号，44—55 页。参阅《陈正祥讲座教授著作目录，1932—1992》第 36 页。

5　日本人对长安和扬州特别崇敬，有深厚的历史和文化背景。我在这两处曾多方注意日本游客的行动，他们态度谨慎，不敢流露傲慢。日本制作的好电影《天平之甍》，有日本使者走向长安大明宫时抬不起头的镜头。我曾向日本朋友建议，日本政府应帮助西安市重建大明宫。我所著的《串城记》，附有大明宫正殿含元殿复原图。这事可对下一代日本人有启发作用。日本战后最爱好汉文化的首相大平正芳逝世前还同夫人游历西安，表现无限的喜悦。日本读书人应多回忆长安和扬州。

近年以来，日本人到扬州旅游的愈来愈多。1983年9月我在京都大学讲学，一个到过扬州的博士班学生突然提出问题：多数大城市皆有盛有衰，长安和洛阳都如此；何以扬州自唐末五代之后，就一直没有恢复繁荣？我答复是扬州因河港兼海港的双重优势而崛起，在当时各海港之中，它又最接近中原，外国海船多直趋扬州。中唐以后长江主泓道不断南移，此岸淤塞日甚，扬州丧失了海港的地位。这是最基本的原因，我在《中国历史的地理基础》一文中曾有所论述。

我在本篇特别插入《广陵王玺》《大明寺》《鉴真纪念堂》三节，主要用意在提醒日本人，教他们不要忘记历史和文化的根源。

陈正祥

著

中国历史文化地理

下册

山西出版传媒集团 山西人民出版社

初唐飞天与凤纹铜镜

　　直径14.3厘米，内层饰飞天、飞凤和流云纹，外围饰蝴蝶花草流云纹。1973年陕西省西安市西南户县出土。

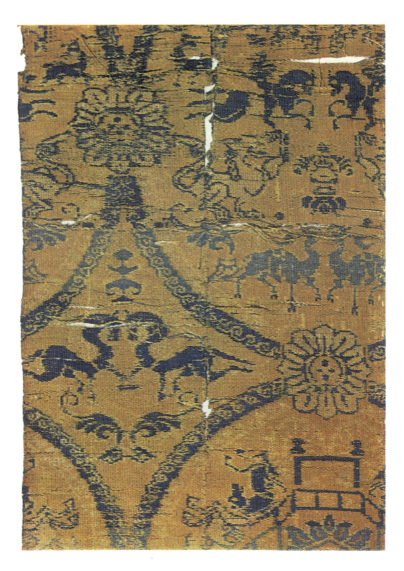

唐骑士对兽球纹锦

新疆吐鲁番高昌故城废墟出土。

唐代周昉所绘《听琴图卷》

　　仕女画为中国传统人物画的一个重要组成部分，源远流长，历史悠久，到唐代进入成熟全盛时期，作品以描绘贵族妇女的生活为主。所绘仕女体态健美，具有鲜明的时代气息。

　　周昉为公元8世纪京兆人，善画人物，尤擅长贵妇人，作品常色彩柔丽。

唐三彩卧驼

　　1955年西安市东郊韩森寨唐墓出土，高25.4厘米。该驼四足卧地，昂首嘶鸣，表示即将起行。

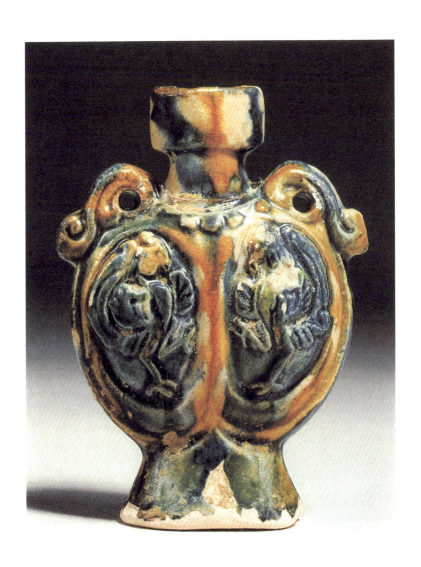

唐三彩双凤纹扁壶

高8.9厘米，口径1.8厘米。

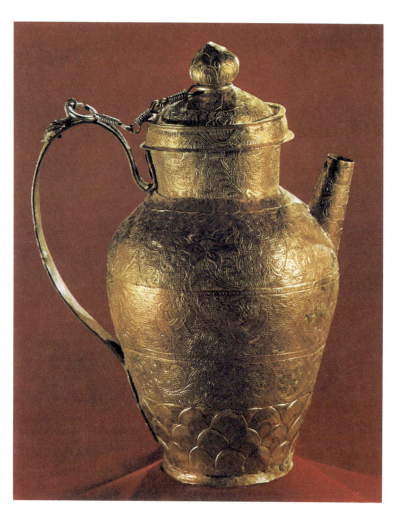

唐刻花金壶

陕西省咸阳出土。

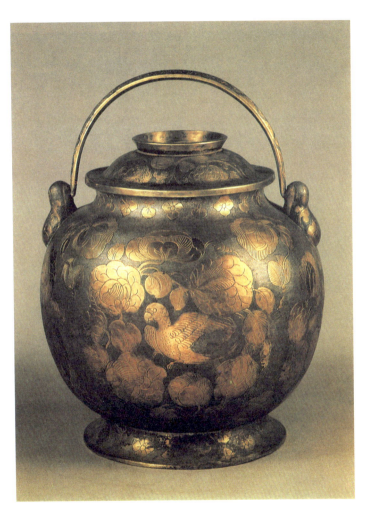

唐鎏金敝花盖罐

高24厘米，重1.9公斤，上有鹦鹉及牡丹花纹饰，1970年西安市南郊何家村出土。

唐三彩乐伎俑

　　高56.2厘米，1959年西安市西郊中堡村鲜于庭诲墓出土，该墓为开元十一年（723）下葬。骆驼背上搭圆垫，垫上架平台，上铺菱形方格长毯；七个神情各异的乐俑全神贯注地演奏，中间站立的女俑在跳舞。

唐鎏金舞马衔杯纹银壶

高18.5厘米，重5.5公斤，1970年西安市南郊何家村出土。

昭陵六骏之一的青骓

　　是唐太宗李世民于武德四年（621）在今河北省献县（唐时属河北道瀛州乐寿县）和窦建德激战时的坐骑。毛色苍白，嘴微黑，奔驰神速。身长204厘米，体高172厘米。

　　唐太宗为纪念多年同他驰骋沙场，立下赫赫战功的爱马，在贞观十年（636）下诏："朕所乘戎马，济朕于难者，刊名镌为真形，置之左右。"翌年便把曾与他一同征战的六匹战马，由著名画家阎立本亲自绘稿，选派优秀雕刻家精心雕刻成六块浮雕，置于昭陵北司马门内东西两廊。这便是著名的"昭陵六骏"。

　　昭陵六骏原在陕西醴泉昭陵陵园。其中飒露紫及拳毛䯄于1914年被盗窃出国（因石块巨大，必得肢解装运，事被发觉，只偷走两匹），现藏美国宾夕法尼亚大学博物馆。其余四骏——青骓、白蹄乌、什伐赤、特勤骠，为策安全，于1950年移藏陕西省博物馆。

鎏金捧真身菩萨

陕西扶风法门寺真身宝塔地宫出土，时间为 1987 年 3 月。

唐代鎏金银茶具

1987年4月陕西扶风法门寺塔基地宫出土。

唐三彩骑马带犬俑

　　1960年乾县永泰公主墓出土，高30.5厘米，长32.5厘米。俑一手作牵拉状，一手握拳上举，似对身后猎犬发出捕捉猎物命令。

长安石佛头

　　1983年西安市西郊出土，犹似新刻。可能是唐武宗李炎（841—846年在位）"会昌灭佛"引发的产物。

唐掐丝团花纹金杯

1970年西安市南郊何家村出土，高5.9厘米，口径3.5厘米。杯腹焊接四组团花，花边饰一圈鱼子地纹。

侍女图

陕西乾县永泰公主墓前室壁画，现藏西安陕西省博物馆。

目 录

第六篇　黄土、黄土高原和黄河 ················ 289

一、引　言 ··································· 291

二、黄土的形成和分布 ··················· 292

三、黄土的特性 ···························· 301

四、黄土高原 ······························· 304

五、汉族农耕文化的发展 ··············· 310

六、黄　河 ·································· 318

第七篇　长城和大运河 ·················· 333

一、引　言 ·································· 335

二、长城的发展 ···························· 335

三、明代修筑长城 ························· 347

四、大运河 ··································· 365

五、汴　河 ·································· 380

第八篇　明代的户口

　　——中国古代最好的一次户口普查 ·············· 395

第九篇　中国古代地图学的发展 ············· 435

一、马王堆汉墓出土地图 ·············· 437

二、古籍中关于地图的记载 …………………………… 441

三、裴秀与制图六体 ……………………………… 446

四、贾耽及其《海内华夷图》 ……………… 452

五、宋代的地图 ……………………………………… 459

六、《舆地图》和《广舆图》 ……………………… 467

七、余论 ……………………………………………… 473

第十篇　论游记 ……………………………………… 497

一、引　言 ………………………………………… 499

二、游记的种类 …………………………………… 502

三、游记中的游记 ………………………………… 508

四、史传中的游记 ………………………………… 511

五、游记的地理学记录价值 ……………………… 514

六、风土记和游记 ………………………………… 517

七、从《东番记》说到《裨海纪游》 ………… 521

八、古游记的整理和注释 ………………………… 526

九、日记式游记及其举例 ………………………… 530

十、余论 …………………………………………… 535

第十一篇　方志的地理学价值 ……………………… 543

一、方志的特性、种类和分布 …………………… 545

二、方志的渊源和发展 …………………………… 548

三、方志所包含的自然地理资料 ………………… 560

四、方志所包含的人文地理资料 ………………… 578

五、八蜡庙之例 …………………………………… 593

六、结论 …………………………………………… 606

第六篇　黄土、黄土高原和黄河

一、引　言

中国古代的文化中心在黄土地带，黄土地带占黄河的中游和下游流域。黄土是由西北方沙漠和戈壁地区吹来的尘土堆积而成，质地疏松，土性肥沃，便利于原始农耕的发展。黄土又有特殊的柱状节理或垂直节理，容易挖穴构屋，冬暖夏凉，对先民定居聚落的形成颇有贡献。

《墨子·辞过篇》载：

> 古之民，未知为宫室时，就陵阜而居；穴而处，下润湿伤民。

黄河曲折流过黄土高原，带来了局部的灌溉和航运之利。分散各处的原始农业聚落，赖黄河联系起来。黄河及其众多支流，好似原始汉文化圈的血管，支持原始农耕和村落的发育。没有黄河，黄土高原不可能成为汉文化的发祥地或核心区。

黄土色黄，从飞机上观看华北大地，只是一片枯黄。中国最早的地理学著作《禹贡》，就说雍州"厥土惟黄壤"。黄河中下游的水色黄浊，是因为挟带了大量泥沙，而这些泥沙正是从黄土高原冲刷下来的。黄河之名，便因黄土使河水色黄而来。黄海的水色黄，主要当然是由于黄河等大河流的注入，但也有不少的黄土被直接吹入黄海，这从历代山东半岛相关记载可以得到证明。中国古代地图上用黄色表示河川，是因为北方黄土区域的大小河流，河水长年黄浊；而中国古代绘制地图的名家，又都生长于北方。

黄色是中国的国色，高贵的象征。皇帝穿的龙袍多是黄色的。隋文帝杨坚篡夺了北周的皇权，一时尚未敢穿黄袍。《隋书·高祖纪》（卷一）："秋七月乙卯，上始服黄，百僚毕贺。"宋太祖赵匡胤是在黄河边沿被披上黄袍成为皇帝的，史称"黄袍加身"。帝王宫廷的装饰，最尚黄色。还有黄金也是黄色的。中华民族的老祖宗黄帝，据传说他的活动范围在黄土高原及其周边，他的陵墓坐落在黄土高原的核心。《皇览》："黄帝冢在上郡桥山。"《汉书·地理志》："桥山在上郡阳周县，山有黄帝冢。"《括地志》："黄帝陵在宁州罗川县东八十里子午山。"

冬春二季西北风强烈时，非但会把黄土吹到黄海，而且可以吹到日本，特别是西部日本。对于这种来自中国的沙尘，日本人称之为"黄砂"。风力极强时，黄砂一直可以吹到东京。日本文化之根，本来也在黄土高原。

二、黄土的形成和分布

黄土是第四纪地质时期广大干旱区域经过特殊风化，再经风力搬运堆积而成的特殊产物，可称为特殊的岩石。黄土在中国分布甚广，而以黄土高原为主体。

中国的黄土是典型的黄土，堆积的历史较久，大致从第四纪初期便开始了。代表干旱气候时期堆积的黄土地层，实际上和北方第四纪地层有很密切的关系。其中埋藏土的发育，则又代表着气候间歇性的相对湿润。[1]

中国黄土概可分为原生黄土和次生黄土（黄土状岩石或黄土状物质）两种。原生黄土通称黄土，主要是风成的（aeolian），掩覆的总面积达440,680平方公里；次生黄土现在改称为黄土状岩石，主要是水成的，属洪积（deluvial）、冲积（alluvial）、残积（residual）和冰川侵蚀而成的次生沉积。目前全国次生黄土的分布面积，还没有统一的数字，但可能超过黄土（亦即原生黄土）的分布面积。[2]

黄土和次生黄土不但岩石的外部特征不同，而且内部特征、地质时代以及物理性质也不同。二者因在不同的自然营力下形成，故在构造上有不同的剖面。我人可依据构造、分布、产状、颗粒、厚度以及动物化石来区别黄土和次生黄土。一般认为由风力搬运堆积、未经次生扰动、无层理的黄色粉质、富含碳酸盐并具有大孔隙的土状沉积物是黄土。黄土高原是黄土的分布地区。凡由非风力搬运堆积的其他营力所形成的黄色的、经常具有层理和沙砾的粉土状沉积物，则为次生黄土。

黄土风成之说，最早是由德国著名地学家李希霍芬（Richthofen）提出的，言之成理，还得到历史文献的支持。黄土的形成和一般地质作用颇不相同；它形成的时代比较新近，而且现在还在继续之中。中国因为历史较长，史书中有不少关于黄土的记载。人类历史的记录不过数千年，对整个地史来说真是太微渺；但就第四纪而言，则应该占有一定的地位。中国的史籍中，特别是正史的五行志等，有着许多"雨土"和"雨沙"之类的记载。其中有确切地点而且比较重要的，计有下列38条。[3]

公元前1071年　帝辛（即纣王）五年，雨土于亳。

公　元　438年　北魏太武帝太延四年庚子，雨土如雾于洛阳。

502年　北魏世宗景明三年二月己丑，秦州黄雾，雨土覆地。

503年　北魏世宗景明四年八月辛巳，凉州雨土覆地，亦如雾。

582年　隋开皇二年二月庚子，京师（长安）雨土。

707年　唐中宗景龙元年十二月丁卯，京师雨土。

1141年　南宋高宗绍兴十一年三月庚申，泾州雨黄沙。

1287年　元至元二十四年，诸王薛彻都部，雨土七昼夜，没死牛畜。另谢肇淛《五杂组》天部，又说明此次雨土七昼夜，深七八尺。

1306年　大德十年二月，大同平地县雨沙、黑霾，毙牛马二千。

1364年　至正二十四年四月乙丑，奉元路黄雾四塞。

1470年　明成化六年二月丁丑，开封昼晦如夜，黄霾蔽天，三月辛巳雨霾昼晦上下。

1473年　成化九年四月乙亥，两京雨土。

1485年　成化二十一年三月戊子，大名风霾，自辰迄申，红黄满空，俄黑如夜。已而雨沙，数日乃止。

1504年　弘治十七年二月甲辰，郧阳、均州雨沙。

1542年　嘉靖二十一年，象山雨黄雾，行人口耳皆塞。

1567年　隆庆元年三月甲寅，南郑雨黄沙。

1597年　万历二十五年二月癸亥，湖州雨黄沙。

1620年　万历四十八年，山东省城及泰安肥城皆雨土。

1640年　崇祯十三年正月丙申，南京日色晦蒙，风霾大作，细灰从空下，五步外不见一物。

1658年　清顺治十五年六月，遂安雨黄沙。

1662年　康熙元年十一月，曹县雨土数日。

1692年　康熙三十一年正月，襄垣雨土。

1698年　康熙三十七年四月，龙门雨黄沙。

1701年　康熙四十年九月，邱县黄埃障天。

1705年　康熙四十四年五月十八日，大风从西北来，先以黄气，继以赤气，气过而风。昼晦。大树皆拔。蒲台县之陈化敏，有三人同行，风至伏田间。及风息，则人伏处皆成坟如新筑者。……此与丁巳（1677）五月朔京师之风同。（此条见王渔洋《香祖笔记》）

1721年　康熙六十年春，安定雨土。

1739年　乾隆四年三月，甘泉雨土。

1751年　乾隆十六年三月十五日，忠州夜雨黄土，着人物皆黄。

1759年　乾隆二十四年二月初七日，蓟州雨黄土。

1783年　乾隆四十八年三月十四日，宁陕厅雨土。

1785年　乾隆五十年二月十五日，临清雨土。

1786年　乾隆五十一年正月，文登、荣城雨土。

1794年　乾隆五十九年二月二十六日，翼城雨土。

1824年　道光四年春，沾化雨土。

1853年　咸丰三年二月，栖霞雨土。三月宜昌雨土。

1856年　咸丰六年三月二十三日，咸宁雨土。

1864年　同治三年春，麻城雨土。

1878年　光绪四年二月二十九日，宜城雨黄沙。三月蓬莱雨土。

就上述所列举的38条记录分析，雨土多数发生于春季，特别是阴历二三月，正是中国北方最多风的季节。雨土发生的地点以黄河中下游流域为主，也正是中国黄土分布最多的地区。在风力强大的情况下，黄土可吹过秦岭而到达长江中下游两岸。我编著的《地录》一书，附有雨土分布的详细地图。

明人刘昌《悬笥琐探》："成化六年二月二十八日，清明后之二日也。旦时微风，后渐大。至辰时，风自西北来，沙土瀚然东骛，其色正黄，视街衢如柘染，然土沾人手面，洒洒如湿。少顷，天地晦冥。微觉窗牖间红如血，仰视云天，煌煌如绛纱。室内如夜，非灯不可辨。而红色渐黯黑。至午未时复黄，始开朗。当晦冥时，人相顾惨惧。时方悯雨，百计祷之，终不可得。至三月二日辰巳时，微雨。午后，忽黄气四塞；日色如青铜；无风而雨土。以帚轻扫拂之，勃勃如积尘。地皆黄色，至暮益甚。中夜有风如雷。明旦，大雨土。仰望云天昏黄，四际尤甚；或红黑，盖不知其为何祥也。"正可作为上列明代成化六年（1470）开封雨土的补充说明。

黄土和次生黄土可能互相转化。在地质构造和地形条件不利于黄土堆积的情况下，被风所带来的大量尘土得不到较好保存，就会从山岭、坡地向河谷低处转移；在转移过程中混进当地基岩碎屑，带有砂及砾石夹层，于是便出现层理构造。相反地，如果早期沉积的次生黄土裸露地表，被风吹扬搬运，则次生黄土也可以形成更新的黄土。

中国黄土分布从早更新世以来逐渐扩大，形成了连续的覆盖。根据黄土中所含的脊椎动物化石，可以把中国黄土划分为早更新世黄土（午城黄土）、中更新世黄土（离石黄土）和晚更新世黄土（马兰黄土）。在马兰黄土之上，还有较薄的全新世黄土堆积。足见中国的黄土，至迟从早更新世就开始堆积，经历整个第四纪，直到现在尚未结束。1958年3月20日到24日之间，北京天色黄暗，尘土纷纷降落，房屋、道路、树木之上都沉积了大量尘土；其颗粒和矿物成分，和黄土高原的原生黄土极为相似。

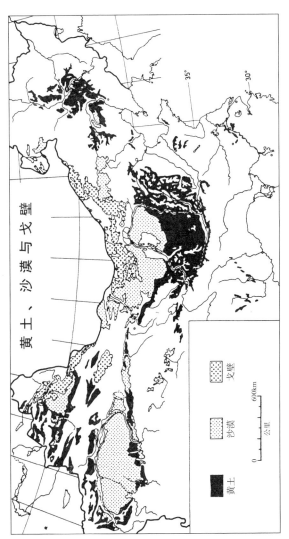

图 29 中国的黄土、沙漠与戈壁

中国北方的黄土，分布广泛，发育良好，是标准的黄土，总面积 635,280 平方公里（不包括华北平原及长江流域的黄土状岩石），约占全世界黄土总面积的 5%。中国北部和西北部的沙漠和戈壁，面积合计为 1,095,000 平方公里，约占全国土地总面积的 11.4%；其中沙漠为 637,000 平方公里，戈壁为 458,000 平方公里。自大唐帝国的势力衰退，沙漠便不再受到管制，其后情况继续恶化，处处呈现"沙逼人退"的景象。直到近年，才注意沙漠的改造和利用。

（采自陈正祥《中国地理图集》，香港天地图书公司出版，1980 年）

比较各地黄土的剖面，可知不同时期所堆积的黄土，其厚度各不相同。上述四个地质时期的黄土，以离石黄土为最厚，马兰黄土次之，午城黄土较薄，全新世黄土最薄。这说明了中国北部的黄土堆积，以中更新世的速度为最快。

中国黄土的分布甚广，但主要限于昆仑山、秦岭、泰山的连线以北，也就是北纬30—49度之间的地带；而以34—45度之间的地区发育最佳。就所占纬度来看，从西而东渐向南偏；和欧洲黄土的分布比较，中国黄土的分布偏南。

中国黄土地带基本上是干旱和半干旱区，大部分地方的年降水量限于250—500毫米。年平均降水量少于250毫米的地区，绝少黄土，而由沙漠和戈壁所代替。次生黄土分布地区的年降水量，则可达750毫米。在不少地带，750毫米等降水量线，便是黄土和次生黄土的分界线。

黄土带的北边是沙漠和戈壁，从北到南，戈壁、沙漠、黄土三者逐渐过渡，形成带状排列。黄土分布和沙漠有密切关系，中国的黄土，主要是从西北边的大戈壁和沙漠吹来。

中国黄土的垂直分布，最低处海拔仅约200米，最高处则可达4,020米。就山岭说，凡分布于北坡和西坡的，海拔较高；分布于南坡和东坡的，海拔较低。这显然和风的来向有关。例如宁夏海原的六盘山北段，北坡黄土分布的海拔高度为2,070米，南坡却降到1,500米左右，相差500多米。整个六盘山，则西坡为2,200米，东坡1,700米。

在河西走廊，过乌鞘岭向西，黄土便逐渐减少；但次生黄土却发育很好，多数成为山前洪积扇的前缘沉积。在准噶尔盆地，黄土和次生黄土分布于西侧及天山北麓。在塔里木盆地，黄土和次生黄土沿盆地的边沿分布，并在较高的基岩上出现大片黄土。叶城以南的昆仑山北麓，黄土分布的高度超出了4000米，成为全国黄土分布的最高点。柴达木盆地的黄土和次生黄土，限见于东南侧的香日德及布尔汗布达山一带。

华北平原，黄土多见于山前低丘及河流的河坎上，如燕山南麓、太行山东麓以及山东丘陵的北边；次生黄土则多见于黄土分布的山地前缘低洼之处。在东北地区，黄土仅见于松辽平原的西南部，和其北的沙漠相接；次生黄土则遍布于整个松辽平原。

三、黄土的特性

黄土常呈厚层连续分布，和其下的基岩概成不整合接触；地形多作波状起伏，而其起伏又常和下伏古地形的起伏相吻合。厚度一般为数米到200米不等，自黄土高原中部向周围转薄。颜色以灰黄、棕黄色为主，地区间的改变不大。黄土的构造无层理，经常夹有埋藏土及石灰质结核。柱状或垂直节理发达，峡谷陡峭几近直立。质地疏松，容易粉碎。多大孔隙，组织结构均匀。矿物成分以石英和长石为主，风化微弱。距离沙漠愈远，颗粒逐渐变细。

黄土下伏基岩的地形轮廓，大致形成于白垩纪末期；在第三纪又经过进一步的变动塑造，于是有起伏的丘陵、沟谷以及盆地和平原，海拔高度相差颇大。后来沉积了黄土，也受到这些原始地形的控制或影响。今天的黄土地形可以区别为塬、梁、峁三种不同类型，和其下的原始地形有吻合的关系。[4]塬的下伏基底，地形大致是平坦的；梁和峁的基底地形，则多为丘陵和山冈。现有的梁、峁等特殊地形，并不一定完全是黄土塬遭受侵蚀所形成。

次生黄土的特性是呈带状或片状不连续分布，沉积于洪积、冲积扇前缘的平原或河坎之上；地形平坦，受下伏古地形的影响较小。厚度一般只得数米到十数米。色泽不均匀，有灰白、灰黄、红黄、棕黄等色。构造有层理，柱状节理不发达，不易于形成陡壁。颗粒较细，组织结构比较坚硬，不易粉碎，缺乏孔隙，全层上下不均，夹杂砂和砾石等。离源地愈远，颗粒变得愈细。矿物和化学成分的变化显著。

黄土中的矿物共有六十多种，而以石英和长石为主。矿物的种类和来源虽很复杂，但不同时代和不同地区的黄土，其矿物成分都很近似。这说明中国黄土矿物成分来自西北沙漠地区，在搬运过程中得到了高度的混合。中国黄土的颗粒成分以粉土为主，而粗粉土的含量大于细粉土。颗粒的直径从西北向东南缩小；换言之，愈接近沙漠，黄土的颗粒愈大。中国黄土颗粒、矿物、化学成分从西北向东南所表现的规律性变化，说明其物质来源是西北广大的干旱地区。

黄土中所保存的脊椎动物化石，以性喜干燥的啮齿类动物为最多，[5]而喜湿类动物很少。孢子花粉分析的结果，也明白地指示以蒿属及禾本科植物为主，而木本植物的花粉只占从属地位。这反映了黄土堆积当时，气候条件相当干旱，植被以草原为主，森林只限于少数局部地点。[6]因为午城、离石、马兰各不同时代黄土中都夹杂着埋藏土层，又说明了在黄土堆积的过程中，也曾经有过若干次从干燥寒冷转变为湿润温暖的阶段。

中国黄土根据其细砂和粘土含量，可区分为砂黄土、黄土和粘黄土（细黄土）三类。砂黄土中的细砂（直径大于0.05毫米者）含量概超过30%，粘土含量概不足15%；黄土中的细砂含量为15%—30%，粘土含量15%—25%；粘黄土中的细砂含量少于15%，粘土含量超过25%。它们的地理分布，亦成带状；最接近沙漠的一带为砂黄土，次之为黄土，距离沙漠最远的是粘黄土。例如山东地区的黄土，一般颗粒较细，所含粘土成分较高。这是黄土风成的另一证明。

黄土的厚度，以黄土高原为最厚，特别是洛河和泾河流域的中下游地区，经常厚达100米以上，部分地区甚至厚达180米。自此向东向西，黄土的厚度减薄。在华北平原的边缘，如太行山东麓、燕山南麓以及山东丘陵北侧，厚度概为10—40米，超过50米的很少。东北地区的黄土厚度，一般为10—30米。在河西走廊和柴达木盆地，黄土的厚度多数为10—20米，只有少数地方可厚达50米。

陕北延安一带黄土之厚，也可从古文献中得到间接证明。《宋史·种世衡传》（卷三三五），说他在延安东北200

里故宽州筑城，防御西夏。凿井取水，深达150尺，才碰到岩石。《玉海》记载同一件事，文笔较为简要："请建营故宽州，州西南直延安二百里，当寇冲。右捍延安，左可致河东粟，北可图银、夏。诏即废垒兴筑。叠近虏，屡出争，且战且城之。初苦无水，凿地百五十尺至石，屑石得泉。"延安以南的洛川县，南门外有一口水井，深度超过55米，折合160多尺。

鄂尔多斯高原北边黄土堆积的速度，可以从隋唐胜州榆林城址的勘探找到一些线索。该城址中的第一、第五号城，探明为隋唐时期胜州榆林城的故址，在今内蒙古托克托西偏南10公里黄河南岸台地上。在一号城址的南城门内，距地表深约2米处，探到了一条南北走向的街道。这反映出隋唐至今一千多年的时间内，在当时的地面之上，已覆盖了厚约2米的黄沙土。

四、黄土高原

黄河中游流域是中国黄土分布最集中的地区，地理上称为黄土高原，其范围大致北起长城，南界秦岭，西抵日月山，东到太行山，面积约30万平方公里。在黄土高原之上，黄土基本上构成连续的覆盖，厚度大部分在100—200米之间。黄土高原黄土垂直分布的上限，接近3,000米，如六盘山和吕梁山的山顶，皆可见黄土。

黄土高原的得名，主要是因为黄土，而并非由于地形。黄土高原包括了山西高原和关中盆地，地形差异很大；即使山西高原，也不是平整的高原，而是由一系列褶皱断块山岭和陷落盆地组成的高地。只因为它的东边和南边，都有陡峭的山坡，俯瞰华北平原和黄河谷地，故称为高原。由于地形及黄土覆盖层的不同，黄土高原内部的景观有着明显的区别，概可划分为山西高原、陕北陇东高原和陇西高原。在山西和陕西北部，黄土高原和蒙古高原大致以长城为界。这条界线相当于有效积温3,000℃和干燥度大于1.5的等值线，是中国最主要的文化地理界线之一。

　　山西高原的山岭多作北东走向，包括太行山、五台山、恒山和吕梁山等，主峰海拔高度都超过2,000米。山地的高处出露基岩，低处则为黄土所覆盖；但偏西的吕梁山，山顶海拔2,500米以上，还可看见成片的黄土。高原中的许多山间盆地，都堆积有颇厚的黄土。黄土塬、梁、峁主要分布于漳河和沁河的中上游流域。山间盆地以汾河谷地为最大，下游海拔不过400—500米。山西的主要城市，像太原和临汾等，皆坐落于汾河河谷。山西高原的石灰岩出露面积颇广，约达六万多平方公里，为中国北方最大的岩溶区域。在高原的深切河谷和山前地带，常见大型岩溶泉涌现，如太原附近的晋祠泉等，成为重要的灌溉水源。

　　陕北、陇东高原介于吕梁山和六盘山之间，黄土广布，海拔在1,000米左右。其间只有少数的基岩低山，突出于黄土之上，形似孤岛，例如子午岭和黄龙山等。南部的黄土塬保存较好，地面比较平坦；北部主要为破碎的黄土丘陵，亦即梁、峁地区。绥德县韭园沟的峁状丘陵区，每平方公里有沟壑3.5公里；地面坡度小于15度的土地仅占2%，而大于26度的却占62%；沟间相距200—300米，而沟深超过100米。沟头在黄土中的溯源伸长很快，如榆林一条黄土沟，在十年之间深度由15米增加到50米，沟头每年平均伸展10米。南侧和秦岭中间的渭河平原，古称关中，是一个地堑平原，可视为本副区的一个大型山间盆地。它的北界是渭河北侧的北山，是一系列的灰岩断块山；南界是秦岭北坡的大断层崖。渭河平原海拔较低，多介于200—600米之间，水热条件和黄淮平原相似，农作物一年两熟，是人口和城市的集中区。

陇西高原和陇东高原以六盘山为界。六盘山古称陇山，因此其东称陇东，以西叫陇西。六盘山是一条北北西走向的狭长山脉，主峰海拔超过2,900米，东坡较陡，西坡平缓，古代使用骑兵打仗，从西到东的行军比较容易。此山以西，黄土高原海拔多在2,000米左右，地形以丘陵为主，可以华家岭一带为代表。陇西高原也有若干较高的基岩山岭，突出于黄土之上，例如马衔山，海拔高达3,672米；较高的山岭，目前尚有少数森林残存。六盘山在2,000米以上，可看到油松、山杨和白桦等；兰州东南的兴隆山，最高点海拔3,130米，高处也有尖叶云杉以及山杨和辽东栎等树木。

黄土高原上的黄土，颗粒成分具有高度的均一性。这充分说明搬运黄土物质的主要营力非常单纯，只能是风。而且黄土物质必须经过很长距离的搬运，才能够达成如此高度的均一性。此外，颗粒成分在地区分布上，也有明显的方向性变化，大致从西北向东南，逐渐变细。如果从宁夏的海原经陕西的绥德到山西的静乐画一条线，则此线西北，马兰黄土中的细沙（直径0.05—0.1毫米）含量大于30%；此线东南，粘土（直径小于0.005毫米）含量超出15%。黄土颗粒成分的这种有规律的改变，说明了黄土物质是赖西北风从西北广大的沙漠中吹送来的；由于风力自西北向东南逐渐变弱，所以颗粒成分也循此方向逐渐由粗变细。

黄土的矿物成分，不论在种类组合上或含量分配上，皆甚均一；但其下伏基岩，则多种多样。这也说明黄土物质来源不在当地，而是由风从远处运来，经过高度的混合而成。黄土中的一些抵抗风化能力很弱的不稳定矿物，如长石等，一般表面很新鲜，可见黄土堆积时，古气候比较寒冷干旱。这也支持了风是搬运黄土物质的主要营力的说法。

黄土的化学成分，和矿物成分一样，也极相似，主要为二氧化硅（SiO_2）和氧化铝（Al_2O_3）。在地域分布上，SiO_2的含量从西北向东南逐渐减少，而Al_2O_3的含量则逐渐增多，这主要受到了黄土颗粒成分在同方向上的变化所决定。因为SiO_2主要来源于石英，Al_2O_3主要来源于长石，西北部的黄土，其所含沙粒较多，故石英的含量也较多；东南部的黄土含粘粒多些，故长石的含量也较多。因此黄土化学成分的这种地域上的变化，也和"黄土风成说"相符合。

上述各点，充分说明了黄土高原的黄土是风成的。但黄土堆积之后，当地的流水，特别是夏季的暴雨，再加上各种块体运动，可能将黄土从高处搬运到低处，形成次生黄土。

黄土高原主要的地貌形态有黄土塬和黄土丘陵。黄土塬是黄土堆积的高原面，地势平坦，地面倾斜常不到1度，只有在边缘才可看见比较明显的斜坡。泾河中游的董志塬和洛河中游的洛川塬，是现存面积较大的塬。黄土丘陵按形态可分成两种，长条形的称为"梁"，椭圆形或圆形的称为"峁"。梁顶和峁顶的面积都不大，但斜坡所占的面积却很大，坡度一般达10—35度。[7]

目前，黄土高原上的广大梁、峁，地面非常破碎，沟谷分布的密度很大；每平方公里所拥有的沟谷长度，可超过10公里。现代沟谷的沟头，不断溯源伸长，侵蚀塬和梁、峁。塬受沟谷侵蚀的切割，渐变为梁；梁受切割破坏，渐成为峁，使地面更见破碎。黄土具有垂直节理，故黄土沟谷的谷坡，往往非常陡峭，形成垂直的土崖。黄土由钙质胶结，受到地下水流的侵蚀，带走了可溶性盐类，造成陷穴，使上覆的土体塌落，也促进了沟头的伸展。

在鄂尔多斯高原的南部，特别是白于山分水岭以北的靖边和定边等地区，离石—午城黄土往昔曾受强烈侵蚀，形成一些宽达数公里的狭长洼地，其上堆积有冲积黄土状沉积，地势极为平坦，当地居民称之为堵地。此等堵地，因地下水比较接近地表，故植被的生长较好，景观和周围的流沙迥然不同。

黄土高原上的河流，河水中含有极多的泥沙。在河南省陕县（今三门峡市陕州区。编按）附近，黄河的每年输沙量达15.9亿吨，独占全国河流输沙量的61%。黄河里的泥沙，约有九成来自黄土高原。黄河山陕段及其支流泾河、洛河、渭河流域，是著名的暴雨地区，黄土深厚，植被稀少，地表切割破碎，水土流失严重，是黄河泥沙的主要源地。黄河的平均含沙量可达每立方米37公斤，为世界各大河流之冠。[8]其他各较小河川的含沙量更高，如泾河达每立方米171公斤，祖厉河为每立方米457公斤。

黄土高原的植被主要是半干旱草原，黄土本身也就是干旱气候的产物。黄土高原除了极少数的特殊地点外，从未存在过森林。即使是次生黄土所被的华北平原，除了边沿的山区和丘陵以及低洼的沼泽外，也没有森林。中国从渤海岸边起，向西经蒙古草原到新疆，再横穿中亚，直到黑海西北岸，是一长条连续的大草原和半荒漠。自远古以来，人们就互相往返，有所接触联系。

中国在过去一百万年内，虽有过几次气候的变迁，产生冰期和间冰期（interglacial），雨水也有所增减交替，先后形成性质略有不同的黄土地层，但全部第四纪的更新世（Pleistocene），气候长期干旱。黄土高原的植被，从来便为莽莽草地，植物的种属不多。最普遍的植物，只有耐旱、耐盐碱的蒿属和藜属。有人说黄土高原曾普遍生长森林，那显然是不正确的。黄土高原上的森林，限见于特殊的山坡和低洼润湿之处，也就是地下水很接近地表的地方。结合古代文献的分析和近世科学研究，可知中国古文化核心区的农业，首先是采择当地原生植物如粟、黍、稷等加以驯化，然后引进非原生或原生于邻近地区的稻、麦、高粱和大豆等，经过长期的实践推广，才发展成为我国北方综合而特殊的农业体系，和世界上其他古文化中心的农业生产方式很不相同。

五、汉族农耕文化的发展

中国最早的新石器文化发祥于黄土高原东南部的河谷地带。新石器时代的人，采集野生的谷物，加以种植驯化。其中以小米（包括粟、黍、稷）最能耐旱，利用有限水分的效能最佳，因而首先得到推广。小米除了耐旱的特性外，还有生长期短、可以久储以及单位面积产量并不很低等优点。故先秦时代，小米一直是黄土高原最主要的粮食作物。

小米的种类甚多，名称每易混淆。中国通常所称的"小米"，包括种属不同而性能相近的两种植物——粟属（Setaria Beauv.）和稷属（Panicum L.）；而粟和稷，每属又包括许多种类。其中大多数迄今被视为野草，只有少数经人工长期驯化培植为干旱和半干旱地区的粮食作物。中国自先秦、两汉以来，粟和稷的名称就互相混淆，而黍和稷又常常并用。于省吾氏根据卜辞，做过商代谷物的统计，说黍字出现106次，稷（齋）字出现36次。《诗经》中各项粮食作物出现的次数，也以黍稷居首位，远超过粟、稻和麦。胡厚宣《卜辞中所见的殷代农业》一文，则指出卜辞中稻（糳）仅十一二见，而黍稷凡二百见。十九世纪瑞士著名植物学家阿尔逢斯·德·康多（Alphonse de Candolle）认为，粟（Setaria italica）和黍稷（Panicum miliaceum）皆原生于华北，在史前已经传入东欧和中欧。[9]传播路线就是我在上文指出的中亚连续干旱大草原。

我国上古典籍之中，《诗经》的地理记录最为真实。《诗经》共有305篇，上起西周初年，下迄春秋中叶，大约作成于公元前十一世纪到公元前六世纪。其中的国风、雅、颂，大都具有地域性，反映了列国的风土民情。我人从《左传》和《国语》的记载中，可以推知周代确曾有献诗和采诗的制度。但《诗经》中国风、雅、颂所代表的地域，尚不能完全确定。

大体来说，《周南》（诗篇第一到十一）在地域上代表洛阳向东南，经汝水以达江、汉，代表全部《诗经》中最南的地区。《召南》（第十二到二十五篇）在地域上大致代表秦岭以南地区，《邶风》（第二十六到四十四篇）、《墉风》（第四十五到五十四篇）、《卫风》（第五十五到六十四篇）都可认为是卫诗；卫所代表的地区是在今河南省的中北部和河北省的西南部。《王风》（第六十五到七十四篇）、《郑风》（第七十五到九十五篇）、《陈风》（第一三六到一四五篇）、《桧风》（第一四六到一四九篇）和《商颂》（第三〇一到三〇五篇），地域上约代表河南省的其余部分以及安徽省的西北角。《齐风》（第九十六到一〇六）、《曹风》（第一〇五到一五三篇）和《鲁颂》（第二九六到三〇〇篇），地域上代表今山东省的西半部。[10]《魏风》（第一〇七到一一三篇）和《唐风》（第一一四到一二五篇），地域上代表今山西省的大部。[11]《周颂》

（第二六六到二九六篇）和《秦风》（第一二六到一三五篇），地域上代表关中平原及其周边地区。《大雅》（第二三五到二六五篇）和《小雅》（第一六一到二三四篇），大部分应和陕西省有关。《豳风》所指的地域，是在陕西省的西部泾河中游的栒邑、邠县和长武一带。总之，所说的绝大部分地区都在黄土高原。[12]

《诗经》中的地理记录，主要限于植物方面，大概有一百多种，包括木本植物54种，草本植物41种，以及竹类和栽培作物，如桃、李、桑、梅、棣、榛、檀、榆、漆、棘、杜、杨、栗、柳、栎、枣、桐、柞、柘、松、柏、桧、枞、葛、蕨、菲、苓、荼、莱、茨、蓝、蓼、菅、艾、蓬、蒿等；还经常提到某种树木生长在某类地形。

《秦风·车邻》："阪有漆，隰有栗，……阪有桑，隰有杨。"此处阪指山坎或坡地。隰应是平地比较低湿或近水的地方。

《唐风·山有枢》："山有枢，隰有榆，……山有栲，隰有杻，……山有漆，隰有栗，……"

《郑风·将仲子》："无折我树杞，……无折我树桑，……无折我树檀，……"

又如《卫风·淇奥》："瞻彼淇奥，绿竹猗猗。"明显的是描写此等竹丛沿着淇水而生。此外如《魏风》的"园有桃，……园有棘（酸枣）"以及"十亩之间兮，桑者闲闲兮"之类，则可藉以推知桑、桃、酸枣之属，已是人工栽培而并非野生。

《诗经》所有的植被资料中，蒿属（Artemisia）出现的次数甚多。在全部41种草本植物中，蒿属独占10种，共出现19次；比当时最主要的粮食作物"黍"还多4次（黍只出现15次）。蒿属生长于干旱和半干旱地区，这暗示蒿属为古代黄土高原最普遍的草本植物之一；而近年的植物孢子花粉分析（pollen analysis）的结果，也证明了这点。[13]

《小雅·鹿鸣》一诗，也提到了蒿："呦呦鹿鸣，食野之苹；……呦呦鹿鸣，食野之蒿；……呦呦鹿鸣，食野之芩。"实为对半干旱草原地理景观的绝好写照。此外，甲骨文中也有"蒿"字。甲骨文权威学者董作宾教授给我写的三幅珍贵的墨宝中，便有一个"蒿"字。

次于蒿属的重要草本植物是藜科（Chenopodiaceae），也就是莱。西安半坡仰韶文化遗址的孢子花粉谱中，木本植物约40颗，而草本植物却多达278颗；内以藜科居首，独占141颗；蒿属次之，占38颗。

《小雅·南山有台》："南山有台，北山有莱。"藜和蒿都是能耐干旱、耐盐碱的植物，一般生长于草原或荒野，其中莱可作为蔬菜食用。

莱和蒿在中国古籍里，经常和野草混淆，称为草莱或蓬蒿，而被用作广义的野草解释。《孟子·离娄》："辟草莱，任土地。"《商君书·算地》："治草莱者，不度地。"《盐铁论·力耕》："草莱不辟，田畴不治。"又如《国语·吴语》："譬如农夫作耦，以刈杀四方之蓬蒿。"《左传》昭公十六年："子产对曰：'昔我先君桓公与商人皆出自周，庸次比耦，以艾杀此地，斩以蓬蒿藜藿，而共处之。'"

《周礼·遂人》："上地，夫一廛，田百亩，莱五十亩，余夫亦如之。中地，夫一廛，田百亩，莱百亩，余夫亦如之。下地，夫一廛，田百亩，莱二百亩，余夫亦如之。"此处莱是荒草地，郑玄注："莱，谓休不耕者。"

这在农业地理上是一项极重要的记录，说明我国周代的耕作制度，并非连年不断地在同一块土地上耕作，而是采用摆荒以备再耕的"田莱制"。当时农业技术不允许连年不断地在同一块土地上耕作，[14]而必须有暂行摆荒以备重耕的莱。因当时莱或藜为组成自然植被的最普遍分子，故凡未曾开垦之地，或已经开垦而不得不让其荒芜一个时期，使令地力恢复后再行耕作的土地，一概称之为莱。

黄河中游的黄土高原和下游的华北平原，在自然景观上有很大不同。汉族原始的农耕文化向外扩张时，特别是向东方和西方的发展，接触了很不相同的环境：东边是水热条件较佳的华北平原；西边则雨水较黄土高原更少，进入了畜牧地带。

麦是从西方传入中国的，黄土高原的气候很不适宜麦作。再向东进入华北平原，因水热条件较好，才发展起来，而终于成为北方最主要的粮食作物。

麦居东方。(《逸周书》)

东方多麦。(《范子计然》)

东方青色，……其谷麦。(《黄帝内经·素问》)

东方川谷之所注，……宜麦。(《淮南子·坠形训》)

《殷虚书契后编》(下)中的"月一正，日食麦"，说明小麦在当时还只是新年的特食，并非平日都可吃得到的食物。此项食麦的卜辞仅一见，有关"麦"字(作食物解者)的卜辞也不过十余见，有关"来"字的卜辞亦不过二十余见，较之黍稷类卜辞近二百见的，差别甚大。到了周代，有关麦的歌咏及记载虽较多，但在《吕氏春秋》的十二纪中，尚有"孟春之月，……天子居青阳左个，……食麦与羊""孟夏之月，……农乃升麦，天子乃以彘尝麦，先荐寝庙"之语，可知直到周代晚期，麦仍非平民所食之物。

小麦虽言至迟在盘庚迁殷之前已传入华北平原，但在先秦时代，中国小麦的种植远不及小米普遍，尚未成为平民的经常粮食。从殷商到战国，人民的生活水平逐渐提高，小麦在华北平原的种植已见推广；唯在粮食生产上所处的地位，仍远不及小米重要。直到西汉初期，肥沃的关中地区，民俗仍不好种麦。

《汉书·食货志》(卷二四上)："董仲舒说上曰：'《春秋》它谷不书，至于麦禾不成则书之，以此见圣人于五谷最重麦与禾也。今关中俗不好种麦，是岁失《春秋》之所重，而损生民之具也。愿陛下幸诏大司农，使关中民益种宿麦，令毋后时。'"此处所谓宿麦，便是秋天播种、翌年收获的普通小麦，也就是冬小麦。

《史记·太史公自序》（卷一三〇）所谓"粝粱之食，藜藿之羹"的藜藿，便是古代华北人民用以佐食的一种野菠菜。藜种植物的藜和锦葵科的冬葵，在古代确曾是常吃的蔬菜，甚至有时当作饭吃。法显从狮子国回来，遇风漂流到山东青州的长广县境，看到栽种的藜藿，便知道回到了中国。可见民间普遍种植藜藿，直到晋代还是如此。

中国的桑蚕生产最先在黄土高原发展，早在殷商时代，蚕丝纺织已达到颇高水平。殷代卜辞之中，屡见桑、丝、帛等字。《诗经》之中，"桑"字出现于二十诗篇；其中过半数肯定是人工栽培的，间接证明了蚕和丝的存在。《史记》指出山西高原直到西汉，太行山高处尚多山桑；加上《诗经》中《魏风》《唐风》所提到的桑，说明山西在上古便有蚕桑，可见西阴村发现史前人工切过的茧，并非偶然。原生在中国黄土地带的桑和蚕，自史前经历殷周，发展成为中国农业的一个特殊部分。桑树在古代华北的地理分布，似乎远较近世为广。

黄土高原的降水，很集中在夏季；东南部地区的雨量，勉强足够旱粮（杂粮）作物的生长。这里的农耕，自古便是旱农（dry farming），灌溉只限于少数地区，并且发展甚迟。似乎在公元前六世纪以前，古文献中尚未发现有关人工灌溉的记载。现存最早有关灌溉沟洫的记载，应是《左传》襄公十年（前563）记郑国子驷因提倡灌溉而被害的事。

"子驷为田洫。司氏、堵氏、侯氏、子师氏皆丧田焉。

故五族聚群不逞之人，因公子之徒以作乱。"因为修筑沟洫必须挖用封建领主一部分田地，结果是倡议灌溉的子驷便在五族发起的暴动中被害。二十年后，襄公三十年（前543），子产当政，为完成子驷未竟之业，使"田有封洫"，还是遭到郑国人民的反对。待过数年后，农业增产了，人民看到了灌溉之利，才变怨谤为讴歌。

百余年后，到了公元前五世纪末魏文侯时，乃有西门豹"引漳水溉邺"；魏襄王时的史起，再加以扩充。（从魏文侯到魏襄王，时期在前424—前296。）直到公元前264年，韩人郑国为秦在关中平原修筑著名的郑国渠，可溉田四万余顷，黄土高原才出现了大规模的灌溉水利工程。

黄土高原的南缘，接近大别山和桐柏山脉，雨水多起来了，雨季时河川大量的水平白流掉，人民会兴起拦水储蓄以供旱期利用的念头。战国时代楚国已控制此一地区，楚人善于用水，灌溉农业发展得比中原更早。他们在境土北边雨水较少而旱季稍长的地区，例如淮河中游河谷，特别是南岸坡度较大的支流，截水修建陂池，可供灌溉稻田之需。

励精图治的楚庄王，任命孙叔敖为令尹（职位相当于宰相），因为他能够兴修水利。孙叔敖主持兴建期思陂，最早见于《淮南子·人间训》的记载："孙叔敖决期思之水，而灌雩娄之野，庄王知其可以为令尹也。"这反映了农田水利对楚国经济的重要，能解决粮食问题的，可以做大官。

期思陂是全中国最早的大型水利工程，促进了楚国农业生产的发展。期思原为楚国邑名，在淮河上游南岸，期思陂可能就筑在今日的灌河之上。《左传·文公十年》："楚期思公复遂为右司马。"期思在汉代为侯国，后改为县，故城在今河南省固始县西北。零娄也是地名，故城在今河南省东南隅固始县东南。《汉书·地理志》记庐江郡属县有零娄，原注："决水北至蓼入淮，又有灌水，亦北至蓼入决。"（按：决水现名史河，灌水即今灌河；二水北流，汇合后叫作史灌河，有著名的史灌河灌区。）

司马迁《史记》卷二九《河渠书》，仅1,651字，太简略了，没有提到期思陂，颇令人遗憾。唯最后一段说"汝南、九江引淮"，可以涉及淮河上中游的灌溉，其地和黄土地带相接。

六、黄　河

黄河为中国第二大河，全长5,464公里。它的中游和下游，是全国开发最早的地区，也是中国古代政治、经济和文化的核心地带。中国早期的几个帝国首都，包括长安（先后954年）、洛阳（863年）和开封（348年），都坐落在黄河的中下游。从历史地理图上，可看出汉代黄河中下游流域，不论经济或文化，都远比长江流域重要。

黄河和长江的性质很不相同，从上古以来，黄河下游的河道就游移不定，南北摆动。它的河口有时在山东丘陵以南，有时在山东丘陵以北，相去甚远。黄河的中游，流过黄土高原，河床虽大致固定，但河水挟带大量泥沙；下游则不但河水混浊，而且河道多变，历代流向很不相同。变动的地区，主限于孟津、天津和淮阴三点之间，也就是华北大平原。明代末年的顾柔谦，在其所著的《山居赘论》里，就曾说道："大河之流，自汉至今，迁移变异，不可胜纪。至孟津以西则禹迹具存，以海为壑则千古不易也。自孟津而东，由北道以趋于海，则澶、滑其必出之途；由南道以趋于海，则曹、单其必经之地。……要以北不出漳、卫，南不出长、淮，中间数百千里，皆其纵横糜烂之区矣。"清代的陈潢曾沿黄河做过实地调查，直到宁夏平原考察水利，对黄河中上游水土流失的严重性有所了解。他在《河防述言》一书中，便指出："西北土性松浮，湍急之水即随波而行，于是河水遂黄也。"

华北平原主要由黄河冲积而成，面积达数十万平方公里；西起太行山和伏牛山，东到黄海、渤海和山东丘陵；北起燕山，西南到桐柏山、大别山；东南到江苏和安徽两省的北部，和长江下游的平原相接。其地势低平，大部分海拔都不出50米；只有边缘山前地带的成列冲积扇，地势稍高。历史上许多重要的城市，如开封、商丘、郑州、安阳、邯郸、石家庄、保定、北京等，都分布在此一系列的冲积扇上。这些成列的冲积扇，和中国古代文化的发展有极密切的关系。

华北平原本来是一个大海湾，山东丘陵是这个海湾中的一群岛屿。最初，黄河古冲积扇向东发展，把这个海湾分成南北两部分。同时从山西高原流出的永定河、滹沱河和漳河等许多河流，也分别在出山口形成较小的冲积扇。黄河出山之后，最初可能循太行山脚向东北流，由于上列较小冲积扇的产生，使得地势逐渐淤高，迫使黄河改道。当黄河改道向东南流入黄海时，黄河三角洲便迅速向东南伸展，渐次和山东丘陵及较南的淮阳丘陵相连接。于是形成了淮河水系，淮河北岸的支流，皆源出黄河古冲积扇的南侧，作东南流向。同时山东丘陵的西侧，出现了广大的湖沼地带。古代著名的大野泽[15]，便在这个湖沼地带的北部，包括日后的梁山泊等。现存的东平湖、南阳湖、独山湖、昭阳湖以及微山湖等，就是此一大湖沼地带的残留部分。

当黄河再次改道向东北流入渤海时，黄河三角洲又迅速向东北伸展，与漳河、滹沱河、永定河等冲积扇相连接，形成了海河水系。这样，黄河冲积扇的脊部就成为淮河和海河的分水岭；整个华北平原的地势以黄河冲积扇的背脊为分界，向南、向北、向东缓缓倾斜。[16]向北倾斜到大清河和天津一带，那里地势最低，海河的许多支流都在这一带洼地汇合，然后通过海河流入渤海，黄河的主流曾在天津附近出口。从黄河冲积扇向南倾斜，到达大别山麓，也形成整片的低洼地；淮河主流及其下游的洪泽湖等，就分布在此一低洼地带。后来人们利用此项自然倾斜，比较容易地在黄河古冲积扇上开挖运河，包括著名的汴河。

北宋沈括在其所著的《梦溪笔谈》（卷二四）中，便指出华北大平原是由黄河等河流淤积而成："予奉使河北，遵太行而北，山崖之间，往往衔螺蚌壳及石子如鸟卵者，横亘石壁如带。此乃昔之海滨，今东距海已近千里。所谓大陆者，皆浊泥所湮耳。尧殛鲧于羽山，旧说在东海中，今乃在平陆。凡大河、漳水、滹沱、涿水、桑干之类，悉是浊流。今关陕以西，水行地中，不减百余尺，其泥岁东流，皆为大陆之土，此理必然。"清嘉庆九年（1804）吴璥的一个奏疏，也曾说过："黄河挟沙而行，趋向莫测。东坍则西涨，此浅则彼深；水性使然，变迁靡定。"

黄河下游河道的摆动性，原是按照自然规律而发展的自然趋势，很少受人类活动的影响。人为的决堤，使河流改道，是不正常的现象，为时皆较短暂。《建炎以来系年要录》（卷一八）记建炎二年（1128）十一月乙未（十五日）："东京留守杜充闻有金师，乃决黄河入清河以沮寇，自是河流不复矣。"《汉书·沟洫志》（卷二九）："又秦攻魏，决河灌其都，决处遂大，不可复补。"

黄河出山之后，水流顿见和缓，而黄河流域大部分时间干旱，这就导致农民引水灌溉；又为保障生命财产及农作物的安全，很早便开始筑堤。《荀子·王制篇》："修堤梁，通沟浍，行水潦，安水藏，以时决塞，岁虽凶败水旱，使民有所耕艾，司空之事也。"

黄河下游在春秋时代已出现堤防，郑国的子产便说过："大决所犯，伤人必多。"（《左传》襄公三十一年）大决就是指堤防决口。后来到战国时代，黄河堤防的建筑比以前更普遍，规模也较大。《汉书·沟洫志》（卷二九）："盖堤防之作，近起战国，壅防百川，各以自利，齐与赵魏，以河为竟。赵魏濒山，齐地卑下，作堤去河二十五里。河水东抵齐堤，则西泛赵魏；赵魏亦为堤，去河二十五里。……又内黄界中有泽，方数十里，环之有堤……东郡白马故大堤亦复数重，民皆居其间。从黎阳北尽魏界，故大堤去河远者数十里，内亦数重，此皆前世所排也。"

《汉书》中所屡见的金堤，大部分都是黄河的河堤。《汉书·沟洫志》（卷二九）："汉兴三十有九年，孝文时河决酸枣，东溃金堤，于是东郡大兴卒塞之。"既然筑起了堤防，而黄河的河水挟带着大量泥沙，这会使堤内的河床淤高。早在汉武帝时，关中便有民谣："泾水一石，其泥数斗；且溉且粪，长我禾黍。"王莽时大司马张戎也曾说过："河水重浊，号为一石水而六斗泥。"所以汉代的黄河下游在许多地方，河床已经高出地面。哀帝初年的待诏贾让奏道："若乃多穿漕渠于冀州地，使民得以溉田，分杀水怒，虽非圣人法，然亦救败术也。难者将曰：'河水高于平地，岁增堤防，犹尚决溢，不可以开渠。'臣窃按视遮害亭西十八里，至淇水口，乃有金堤，高一丈。自是东，地稍下，堤稍高；至遮害亭，高四五丈。往六七岁，河水大盛，增丈八尺，坏黎阳南郭门，入至堤下，水未逾堤二尺所。从堤上北望，河高出民屋，百姓皆走上山。水留十三日，堤溃，吏民塞之。臣循堤上，行视水势，南七十余里，至淇口，水适至堤半，计出地上五尺所。今可从淇口以东为石堤，多张水门。"

黄河之水虽长年浑浊，但也有澄清之日。因为黄河水清事不寻常，故正史本纪中也加以记载，而且数量不少。下列只是《元史》和《明史》中所见的几条：

　　　　（至元）十五年（1278）十二月，河水清，自孟津东柏谷至汜水县蓼子谷，上下八十余里，澄莹见底，数月始如故。元贞元年（1295）闰四月，兰州上下三百余里，河清三日。[《元史·五行志》（卷五〇）]

　　　　永乐二年冬十月乙酉，蒲城、河津黄河清。……十二月壬辰，同州、韩城黄河清。[《明史·成祖本纪》（卷六）]

　　　　景泰五年春正月戊午，黄河清，自龙门至于芮城。[《明史·景帝本纪》（卷一一）]

　　　　万历四十八年八月庚申，兰州黄河清，凡三日。[《明史·神宗本纪》（卷二一）]

　　黄河虽大，但河水也有涸竭之日。《明史·神宗本纪》（卷二一）："万历三十年春闰二月戊午，河州黄河竭。"

　　历代负责的统治者，都很重视整治黄河。《史记·河渠书》说汉武帝亲临瓠子决口"令群臣从官自将军已下，皆负薪置决河"。康熙《东华录》说康熙皇帝巡视黄河"步行阅视十余里，泥泞没膝"。北宋王安石执政时，特别成立了专管治理黄河的中央机构"疏浚黄河司"。

中国历史上最早有记录的黄河改道，发生在东周定王时代，[17]当时黄河在荥泽北岸冲开一条新道，折向东北流，也就是回到了所谓"禹河随西山下东北去"的故道，流到天津附近出海。《水经注》（卷五）中"周定王五年河徙故渎"，便指此而言。汉武帝元光三年（前132），黄河虽曾在顿丘决口改道，但河道的改变不多。此后直到王莽始建国三年（11），[11]才又改道东流，在现在的黄河口附近注入渤海。《汉书·王莽传》（卷九九）："莽恐河决为元城冢墓害，及决东去，元城不忧水，故遂不堤塞。"

北宋仁宗庆历八年（1048），黄河在商胡埽（今河南濮阳县境。编按）决口，又改向北流。[18]其前一千多年，黄河皆由山东入海。但河道的局部改变，仍所不免。山东省北部、河北省南部、河南省东部，古河道纵横，分布的情形特别复杂。河北省的黑龙港地区，是黄河、漳河、滹沱河等河流长期多次决口、改道、泛滥冲积而成的平原，存在着纵横交错的古河道。仅地表有明显痕迹可辨的古河道就有近300条，其中较大的有25条。当地人民称之为水线或水溜子，是采取浅层淡水的源泉，可用于农田灌溉。据河北省地理研究所的调查研究，这个地区古河道的面积，合计达1.2万平方公里；在50—60米深度内，砂层累计厚度10—30米。枣强县东部西汉时代的黄河古道，当时称为张甲河的，已经埋入地下10—20米。

金世宗大定二十年（1180），黄河改道向东南流，经过徐州、淮阴，到江苏省北部入海，劫夺了淮河的下游，成为南宋和金的界河，也是有史以来黄河最偏南的河道。[19]《淮系年表·水道编》："金大定二十年……河决卫州延津，涨漫至于归德府，……大河遂由今商丘县东出徐、邳，合泗入淮，浚、滑流空。"此一流向，保持了约675。直到咸丰五年（1855），黄河在兰阳铜瓦厢决口，才又回到山东省注入渤海。

从西汉末年到唐代末年，前后九百年间，是黄河比较安定的时期。在《新唐书》卷一到卷十的本纪里，只有12次提到"河溢"或"河决"，而且都很简略，例如唐代宗大历十二年（777）的"是秋，河溢"。仅唐太宗贞观十一年（637）的第一条记录写得比较详细："九月丁亥，河溢，坏陕州河北县，毁河阳中滩，幸白司马坂观之，赐濒河遭水家粟帛。"全部12次出事地点，3次在河阳，3次在棣州，另3次没有指明地点，3次没有指明发生的月日。例如唐文宗大和二年（828）的最后一条记录是："是夏，河溢，坏棣州城。"此外，唐宪宗元和七年（812）的"正月癸酉，振武河溢，毁东受降城"，如记载没有错误，应该是河道受冰凌壅塞而引起的水灾。

唐以后黄河改道和泛滥的频率增大，这和自然植被的破坏、水利工事的失修以及沿岸湖泊支流的淤塞有关。据《水经注》记载，黄河中游各大支流原有不少湖泊，汾、沁沿流各有五六个，渭、洛沿流各有十多个；下游从鸿沟故汴（河）以东，泗水、济水以西，长江、淮河以北，黄河以南，共有较大的湖泊140个。但现在这些湖泊绝大多数不见了。

黄河出陕县后进入平原，河道平缓，携带的泥沙不能全部排入海洋，在河床中大量沉积，直至高出河堤两旁的地面，成为"地上河"或"悬河"。近年以来，黄河主槽每年以10—20厘米的速度向上升高，目前河床已高出两岸平地甚多，最高处可达十余米。河在地上流，不仅没有支流汇入，且河堤往往成为分水岭，形成特殊的河网结构和地区径流。一遇暴雨洪水，极易冲溃堤防，造成洪水泛滥。泥沙随洪水泻出河床，在平原上沉积，形成大片的沙荒黄泛区。所谓次生黄土，主要就由此现象促成。

据史书记载，黄河在战前曾发生不同程度的决口泛滥1,593次，较大的改道26次，对华北平原影响甚大。例如1855年铜瓦厢决口和1938年花园口决口，都形成了大面积的黄泛区，给人民带来极惨重的灾害。

由于近世黄河灾难的严重，冲淡了古代黄河的经济价值。黄河冲积扇顺坡而下的大量河川，水源多直接或间接来自黄河；黄河的灌溉和航运之利，被分散而显得式微。其实在汉唐时代，黄河颇有航行价值。汉武帝初年，在番系任河东太守之前，黄河的漕运每年约达一百多万石。《史记·河渠书》（卷二九）："其后河东守番系言：漕从山东西，岁百余万石；更砥柱之限，败亡甚多。而亦烦费。"到武帝中期，在元鼎四年（前113），漕运数量已增加到四百万石；元封时（前110—前105）最多每年曾达六百万石。《史记·平准书》（卷三〇）："山东漕岁益六百万石。"其后到宣帝时（前

73—前49），仍维持每年约四百万石。《汉书·食货志》（卷二四上）："五凤中（前57—前54），奏言：故事，岁漕关东谷四百万斛，以给京师。"

当时的漕运，把黄河干流及其两侧的人工运河连系起来。黄河干流改向北流，就用人工改造遗留下来的古河道作为运河使用，例如古汴河；黄河干流改回东流，遗下的河道也同样被改造利用，例如永济渠。接济首都的关东粮食，大都由黄河溯流而上，再转入渭河或渭河以南的运河，送到京城。唐代黄河的漕运也相类似。当时黄河可行较大的船，每天走三十里。《唐会要·漕运》（卷八七）："水行之程，舟之重者，沂河日三十里。"

《新唐书·食货志》（卷五三）："初，江淮漕租米至东都输含嘉仓，以车或驮陆运至陕。而水行来远，多风波覆溺之患，其失尝十七八，故其率一斛得八斗为成劳。而陆运至陕，才三百里，率两斛计佣钱千。民送租者，皆有水陆之直，而河有三门底柱之险。显庆元年（656），苑西监褚朗议凿三门山为梁，可通陆运。乃发卒六千凿之，功不成。其后，将作大匠杨务廉又凿为栈，以挽漕舟……开元十八年（730），宣州刺史裴耀卿朝集京师，玄宗访以漕事，耀卿条上便宜曰：'江南户口多，而无征防之役。然送租、庸、调物，以岁二月至扬州入斗门，四月已后，始渡淮入汴，常苦水浅，六七月乃至河口，而河水方涨，须八九月水落始得上河入洛，而漕路多梗，船樯阻隘。江南之人，不习河事，转雇河师水手，重为劳费。其得行日少，阻滞日多。今汉、隋漕路，濒河仓廪，遗迹可寻。可于河口置武牢仓，巩县置洛口仓，使江南之舟不入黄河，黄河之舟不入洛口。而河阳、柏崖、太原、永丰、渭南诸仓，节级转运，水通则舟行，水浅则寓于仓以待，则舟无停留，而物不耗失，此甚利也'。玄宗初不省。二十一年（733），耀卿为京兆尹，京师雨水，谷踊贵，玄宗将幸东都，复问耀卿漕事，耀卿因请'罢陕陆运，而置仓河口，使江南漕舟至河口者，输粟于仓而去，县官雇舟以分入河洛。置仓三门东西，漕舟输其东仓，而陆运以输西仓，复以舟漕，以避三门之水险'。玄宗以为然。乃于河阴置河阴仓，河清置柏崖仓，三门东置集津仓，西置盐仓，凿山十八里以陆运。"

这说明唐代黄河漕运的问题，主要在于三门峡上下的如何联系。同书："（开元）二十九年（741），陕郡太守李齐物凿砥柱为门以通漕，开其山巅为挽路，烧石沃醯而凿之。然弃石入河，激水益湍怒，舟不能入新门，候其水涨，以人挽舟而上。……齐物入为鸿胪卿，以长安令韦坚代之，兼水陆运使。坚治汉、隋运渠，起关门，抵长安，通山东租赋……是岁，漕山东粟四百万石。"[20]

关于现代的黄河，可参阅我的另一著作《长江与黄河》一书，不拟在此重复。该书已于1978年由商务印书馆香港分馆印行。

注释

1 黄土高原东部因气候比较湿润，故所发现埋藏土的层次也较多；向西去则逐渐减少。山东省周村和白云山等地，马兰黄土之下的离石黄土中，普遍可看到两层棕红色的埋藏土。

2 中国科学院地质研究所曾根据《中国黄土分布图》，测算黄土的面积为 440,680 平方公里，黄土状岩石的面积为 191,840 平方公里，二者合计 632,520 平方公里，但黄土状岩石尚未包括广大的华北平原。如果将全部黄土和次生黄土的覆盖面积都算进去，总面积应该超过 100 万平方公里。此等数字不必强求其统一。

3 全部则达数百条，已抄录在我所主编的《地录》中，列为国际研究中国之家《中国研究丛书》第 21 号，1981 年开始出版，共分十二卷。

4 黄土下伏古地形的地层时代和岩石性质，颇为复杂，有砂岩、页岩和石灰岩，也有不同性质的砂、砾石和粘土沉积；有古老的片麻岩，也有较年轻的酸性、中性和基性的火成岩，但其上的黄土，岩性差异一般很小。

5 啮齿类动物所代表的生态环境，是干旱和半干旱的草原。但在黄土高原，曾经发现象、犀牛、河狸、香猫、竹鼠（Rhizomys troglodytes）等性喜湿热动物的化石。此等动物化石皆发现于不同时期的河流冲积或湖相沉积层中。黄土和河湖相沉积层之间，一般皆成不整合的叠覆关系。

6 其他的证据是黄土中含有大量的碳酸盐，有时也发现石膏；而且其中长石和其他不稳定矿物都保存得很好，风化程度极为轻微。

7 任美锷、杨纫章、包浩生《中国自然地理纲要》，商务印书馆，北京，1979 年。

8 黄河陕县水文站的平均含沙量为每立方米 37.05 公斤，平均输沙量为 15.9 亿吨。据分析，兰州以上的来沙仅占总输沙量 7%，其沙量主要产生于包头以下的山陕黄土区，独占全部来沙量的 90.9%；其中黄河干流占 63%，渭河、泾河、汾河等占 25.3%，其余则是河槽的冲刷沙量。

9　也有人认为小米原生于印度。我的忘年之交，德国的赫尔曼·冯·费师孟（Hermann von Wissmann）教授，便认为世界上最早栽培小米的地区，应该是印度半岛的西北部。1959 年我应柏林地理学会之邀，前往柏林参加国际纪念洪堡逝世一百周年纪念大会（International Alexander von Humboldt Commemoration），会后又应邀到美因茨（Mainz）和波恩（Bonn）等著名大学讲演，最后到图宾根（Tubingen）访问费师孟（Wissmann）教授，他原是我母校南京大学的客座教授。我被招待住在他家里，每晚都请了几位有关的朋友共进晚餐并谈论。有一晚谈到农作物的起源问题，我提出了云南高原和黄土高原的特殊重要性，要他们注意；又说起在柏林时和索尔（C.O.Sauer）教授讨论此一问题的经过。那时费师孟即将退休，大学为他出版一册纪念论文集，邀请我写一篇论文。我当时就决定以《黄土高原和中国农业起源》为题。费师孟和他的夫人连声叫好。回到台北后，觉得既然是为他写纪念论文，而又提出和他不同的见解，总有一点不礼貌，后来终于改变了题目。

10　因为迟至春秋中叶，山东半岛的东部仍为"莱夷"居地。

11　晋国的前身唐国，初封时的境土虽不广，但晋国自周室东迁之后，领土却不断地向狄人的居地扩张。

12　陈槃《论国风非民间歌谣的本来面目》（跋），载"中央研究院"《历史语言研究所集刊》第三十四本（下册），1963 年。尹继美《诗地理考略》，1974。《诗经研究论文集》，北京：人民文学出版社，1959 年。

13　山西省西南午城柳树沟的黄土层极厚，在最上层的 20 米内，共发现了孢子花粉 1,030 颗；其中乔木、灌木的花粉仅 39 颗，而蒿属的花粉多达 716 颗。河南省陕县会兴沟的花粉谱中，蒿属和其他菊科植物的比例为 32∶6。

14　《周礼》是比较晚出的书，它所说的制度，一部分在西周时已经有了，但多数是战国以后对西周文教制度理想的追忆。

15 《元和郡县志·巨野县》(卷十):"大野泽一名巨野泽,在县东五里;南北三百里,东西百余里。《尔雅》十数,鲁有大野,西狩获麟于此泽。"后来由于黄河的淤积,逐渐缩小。《汉书·沟洫志》(卷二九):"其后三十六岁,孝武元光中,河决于瓠子,东南注巨野,通于淮、泗。"《读史方舆纪要·兖州府·济宁州·巨野》:"巨野泽,县东五里,……自隋以后,济流枯竭,巨野渐微。元末,为河所决;河徙后,遂涸为平陆。"

16 此项坡度,在现代一百万分一地形图上测量,平均约为1/5,000—1/6,000。郑州北边的黄河,河岸海拔为84米。从此向东北到河北省武强县南的滏阳河边,二地相距393公里,海拔下降为19米,平均每公里下降0.165米;坡度为1/6,046。向东到山东省齐河县黄河边,相距344公里,海拔下降为28米,平均每公里下降0.163米;坡度为1/6,143。向东南到江苏省丰县南黄河古道附近,相距260公里,海拔下降34米,平均每公里下降0.192米;坡度为1/5,200。沈括《梦溪笔谈·杂志》(卷二五):"予尝因出使,按行汴渠。自京师上善门量至泗州淮口,凡八百四十里一百三十步。地势,京师之地比泗州高十九丈四尺八寸六分。于京城东数里白渠中穿井,至三丈方见旧底。"根据沈括的记录,则每里平均下降二寸三分,坡度为1/6,470。古今数字甚相近似。

17 据历史学家考证,东周有两个定王,前定王五年为公元前602年;后定王(贞定王)五年则为公元前463年。

18 《宋史·河渠志》(卷九三),大观二年吴玠奏称:"自元丰间小吴口决,北流入御河(隋炀帝所开永济渠),下合西山诸水,至清州独流寨三叉口入海。"据《禹贡锥指》(卷四○):"浊流口在静海县北二十里,劈地口在县东北,又东为三叉口,盖即天津卫东北之三岔河。"见岑仲勉《黄河变迁史》,中华书局出版。

19 这次改道拖延的时间颇长,最早一次在阳武的决口发生于大定六年(1166),但大定二十年在卫州延津的决口,经曹、单直下徐、邳，才起决定性的作用。其实在此以前三十多年，也就是南宋建炎二年（1128），杜充为了阻挡金兵，曾决黄河，使之经过泗水入淮。淮河北侧支流的源头都接近黄河，黄河决口很容易浸入这些支流。明代初年黄河下游的水道，不断地由淮河北岸支流轮换。洪武初年承贾鲁河故道，到清河县东北和淮河汇合；二十四年忽改行颍水，到寿州正阳镇汇淮；永乐十四年又改走涡水，到怀远汇淮。

20 《新唐书·食货志》（卷五三）："唐都长安，而关中号称沃野，然其土地狭，所出不足以给京师，备水旱，故常转漕东南之粟。""及田悦、李惟岳、李纳、梁崇义拒命，举天下兵讨之，诸军仰给京师。而李纳、田悦兵守涡口，梁崇义扼襄、邓，南北漕引皆绝，京师大恐。""贞元初，关辅宿兵，米斗千钱，太仓供天子六宫之膳不及十日。禁中不能酿酒，以飞龙驼负永丰仓米给禁军，陆运牛死殆尽。"

第七篇　长城和大运河

一、引　言

　　长城和大运河，是中国文化在中华大地上所刻画的两条有形的线。它们的长和大，存在的恒久，功能的显赫，影响的深远，是世界上任何其他文化遗存所无可比拟的。长城内外，运河左右，无数的城市，又好像中国文化景观的星光，在太空中构成一幅幅美妙的图画。

　　现存的长城是明代整修的，大运河也经过明代的彻底疏浚才恢复功能。这两项中国古代伟大的工程，几乎就在北京附近交会；大运河的北端，距离长城不过五十多公里。长城曾经保护明代京师的安全，大运河不断给京师输送物资；特别是江南生产的粮食，通过大运河供应北方的政治中枢。长期以来，大运河是中国南北交通的大动脉，把最大的经济中心、文化中心和政治中心联系起来。

二、长城的发展

　　长城这条有形的文化界线，乃自然和人文的混合产物。换言之，也就是气候、植被和人类经济活动所交织的巨大文化之索，成为草原游牧和定居农耕的分野。东汉后期的大学问家蔡邕，早在灵帝熹平六年（177），就曾说过"天设山河，秦筑长城，汉起塞垣，所以别内外，异殊俗也"。

《史记·匈奴列传》（卷一一〇）："匈奴，……逐水草迁徙，毋城郭常处耕田之业。"

《易经》："王公设险，以守其国。"

早在战国时代的后期，活动在中国北边草原地带的游牧部族，势力已经相当强大。北方寒冷而干旱，生产条件和生活环境不如南方；南边定居农民较多的物质财富，诱发起他们嫉忌和掠夺的心理。为了抵御北方游骑的南侵，燕国、赵国和秦国，都在北边修筑了长城。后来秦始皇统一了中国，又把燕、赵、秦三国的长城连接起来。这就是中国原始的长城，西起内蒙古狼山，循阴山山脉，沿西辽河岸，直达吉林，然后向南延伸到朝鲜平壤附近。在此一路线上，古长城的遗迹断续可见。在保存较好之处，残余的土垣高至5—6米，夯筑的层次也清晰可辨。缺土之处，则用石垒砌。

原始的长城不但比一般历史学家所想象的长，东端伸入朝鲜半岛，而且位置也更北。其中赤峰到吉林的一段，要比现存明代长城向北推出120公里。

如果《诗经·出车》中"天子命我，城彼朔方；赫赫南仲，猃狁于襄"的"城彼朔方"一句，不是只造一座城，而是筑一条长垣，则中国北边长城的出现，又远在战国后期之前。[1]《通典》记载北魏刁雍上表："周命南仲，城彼朔方；赵灵秦始，长城是筑；汉之孝武，又踵其事。"

于是秦有陇西、北地、上郡，筑长城以拒胡。而赵武灵王亦变俗胡服，习骑射，北破林胡、楼烦。筑长城，[2]自代并阴山下，至高阙为塞，[3]而置云中、雁门、代郡。……燕亦筑长城，自造阳至襄平，置上谷、渔阳、右北平、辽西、辽东郡以拒胡。当是之时，冠带战国七，而三国边于匈奴。……后秦灭六国，而始皇帝使蒙恬将十万之众北击胡，悉收河南地。因河为塞，筑四十四县城临河，徙適戍以充之。而通直道，自九原至云阳，因边山险堑溪谷可缮者治之，起临洮至辽东万余里。[4][《史记·匈奴列传》（卷一一〇）]

北筑长城而守藩篱，却匈奴七百余里，胡人不敢南下而牧马。（贾谊《过秦论》）

始皇二十六年，……秦已并天下。乃使蒙恬将三十万众，北逐戎狄，收河南，筑长城，因地形，用制险塞，起临洮至辽东，延袤万余里，……暴师于外十余年。（《史记·蒙恬列传》）

扬雄也曾上书说："以秦始皇之强，蒙恬之威；带甲四十余万，然不敢窥西河，乃筑长城以界之。"

先秦之世，和匈奴邻接的秦、赵、燕三国，为防范匈奴而筑长城。内地的其他国家，如齐、楚、梁、魏等国，也互相猜忌，皆修筑长城。《竹书纪年》梁惠王二十年（前350），齐湣王筑防，以为长城。又说龙贾率师，筑长城于西边。《史记·赵世家》《正义》引《太山郡记》云："太山西北有长城，缘河经太山千余里，至琅邪台入海。"

《郡国志》云："叶县有方城。"……盛弘之云："叶东界有故城，始犫县东，至瀙水，达比阳界，南北联联数百里，号为方城，一谓之长城。"云郾县有故城一面，未详里数，号为长城；即此城之西隅，其间相去六百里。北面虽无基筑，皆连山相接，而汉水流其南。故屈完答齐桓公云："楚国方城以为城，汉水以为池。"（《水经注》）

《史记》赵成侯七年侵齐，至长城，云所侵处在密州南三十里也。（《括地志》）

诸侯畔秦，匈奴复稍度河南。冒顿南并楼烦、白羊河南王，复收蒙恬所夺地与汉关故河南塞；至朝那、肤施，遂侵燕代。元朔元年（前128），汉使将军卫青，将三万骑出雁门，李息出代郡击胡，得首虏数千。其明年，卫青复出云中以西，至陇西击胡之楼烦、白羊王于河南，得首虏数千，羊百余万。于是汉遂取河南地，筑朔方，复缮故秦时蒙恬所为塞，因河而为固；汉亦弃上谷之斗辟县造阳地以予胡，是岁元朔二年也。其明年右贤王侵扰朔方。明年春汉遣卫青将六将军十余万人出朔方高阙。明年春再出定襄。明年秋，昆邪王降，陇西、北地、河西益少胡寇。骠骑封狼居胥山，是后匈奴远循，而幕南无王庭。汉度河自朔方以西至令居，往往通渠置田，官吏卒五六万人。天子巡边，亲至朔方，勒兵十八万骑以见武节。（《玉海》摘引《史记·匈奴列传》）

秦代长城的最西一段，大致是从今天的灵武、金积、中卫、靖边，经过兰州以迄临洮。自汉武帝开辟河西四郡，长城才向西延伸到玉门关。当时的玉门关，在嘉峪关到赤金峡一带；很可能现在的嘉峪关，便是汉代的玉门关。后来敦煌设郡，玉门关才从嘉峪关附近迁到敦煌以西。新旧两座玉门关，东西相距350公里，而旧玉门关仍然设置玉门县。[5]

现代地图上所见的长城，中段通过鄂尔多斯高原南边。但秦汉时代的长城，却沿阴山而筑，在现存长城以北四五百公里。明帝国的疆域，远比汉帝国为小。《汉书·武帝纪》（卷六）："元封元年（前110）冬十月，……行自云阳，北历上郡、西河、五原，出长城，北登单于台，至朔方，临北河。勒兵十八万骑，旌旗径千余里，威震匈奴。"接着在太初元年（前104）夏五月，"遣因杅将军公孙敖筑塞外受降城"。三年夏四月，又"遣光禄勋徐自为筑五原塞外列城，[6]西北至卢朐，游击将军韩说将兵屯之，强弩都尉路博德筑居延"。

汉武帝长期以武力对付匈奴，使他的子孙得到较平靖的边疆。长城曾起过隔绝胡、汉的作用。史称孝宣时边城晏闭，牛马布野。《玉海》（卷一七三）："昭帝时匈奴入五原，攻塞外亭障，[7]时汉边郡候望精明。宣帝甘露二年（前52），呼韩邪单于款五原塞。三年正月入朝，二月遣归。单于自请愿留居光禄塞下。孝宣、孝元约束，自长城以南，天子有之；长城以北，单于有之。有犯塞辄以状闻，降者不得受。"

《汉书·宣帝纪》（卷八），有如下的一连串记载：

神爵二年（前60）秋，匈奴日逐王先贤掸将人众万余来降。……九月，匈奴单于遣名王奉献，贺正月，始和亲。……四年五月，匈奴单于遣弟呼留若王胜之来朝。……五凤二年（前56）冬十一月，匈奴呼遬累单于帅众来降，封为列侯。……三年三月，行幸河东，祠后土。诏曰："往者匈奴数为边寇，百姓被其害。朕承至尊，未能绥定匈奴。虚闾权渠单于请求和亲，病死。右贤王屠耆堂代立。骨肉大臣立虚闾权渠单于子为呼韩邪单于，击杀屠耆堂。诸王并自立，分为五单于，更相攻击，死者以万数，畜产大耗什八九，人民饥饿，相燔烧以求食，因大乖乱。单于阏氏子孙昆弟及呼遬累单于、名王、右伊秩訾、且渠、当户以下，将众五万余人来降归义。单于称臣，使弟奉珍朝贺正月，北边晏然，靡有兵革之事。"

……

四年春，匈奴单于称臣，遣弟谷蠡王入侍。以边塞亡寇，减戍卒什二。

......

甘露元年（前53）春正月，行幸甘泉，……匈奴呼韩邪单于遣子右贤王铢娄渠堂入侍。

......

二年冬十二月，匈奴呼韩邪单于款五原塞，愿奉国珍朝三年正月。……诏曰："……今匈奴单于称北藩臣，朝正月，朕之不逮，德不能弘覆。其以客礼待之，位在诸侯王上。"

......

三年春正月，行幸甘泉，……匈奴呼韩邪单于稽侯狦来朝，赞谒称藩臣而不名。赐以玺绶、冠带、衣裳、安车、驷马、黄金、锦绣、缯絮。使有司道单于先行就邸长安，宿长平。……二月，单于罢归，遣长乐卫尉高昌侯忠、车骑都尉昌、骑都尉虎将万六千骑送单于。单于居幕南，保光禄城。诏北边赈谷食。郅支单于远遁，匈奴遂定。

西汉中叶的重大军事压力，逼使匈奴退到阴山以北。但他们是很不甘愿的，一有机会就反击。当时鉴于势力衰弱，没有能力扰乱汉边，只好投降；[8] 于是汉罢外城，省亭隧，给百姓休息。《汉书·匈奴传》（卷九四下）：

竟宁元年（前53），单于复入朝，礼赐如初，加衣服锦帛絮，皆倍于黄龙时。单于自言愿婿汉氏以自亲。元帝以后宫良家子王墙字昭君赐单于。单于欢喜，上书愿保塞上谷以西至敦煌，传之无穷，请罢边备塞吏卒，以休天子人民。天子令下有司议，议者皆以为便。郎中侯应习边事，以为不可许。上问状，应曰："周秦以来，匈奴暴桀，寇侵边境；汉兴，尤被其害。臣闻北边塞至辽东，外有阴山，东西千余里，草木茂盛，多禽兽。本冒顿单于依阻其中，治作弓矢，来出为寇，是其苑囿也。至孝武世，出师征伐，斥夺此地，攘之于幕北。建塞徼，起亭隧，筑外城，设屯戍，以守之，然后边境得用少安。幕北地平，少草木，多大沙，匈奴来寇，少所蔽隐；从塞以南，径深山谷，往来差难。边长老言匈奴失阴山之后，过之未尝不哭也。如罢备塞戍卒，示夷狄之大利，不可一也。今圣德广被，天覆匈奴；匈奴得蒙全活之恩，稽首来臣。夫夷狄之情，困则卑顺，强则骄逆，天性然也。前以罢外城，省亭隧，今裁足以候望通烽火而已。古者安不忘危，不可复罢，二也。……起塞以来百有余年，非皆以土垣也，或因山岩石，木柴僵落，溪谷水门，稍稍平之，卒徒筑治，功费久远，不可胜计。臣恐议者不深虑其终始，欲以壹切省繇戍；十年之外，百岁之内，卒有它变，障塞破坏，亭隧灭绝，当更发屯缮治，累世之功不可卒复……"对奏，天子有诏："勿议罢边塞事。"

此处所谓"塞"，便是长城及其沿边的要塞。汉朝和匈奴斗争，主要以长城为界，匈奴失败了，就退到阴山以北。上引侯应的一段话，是古代对阴山地理最好的叙述。明代的长城远在阴山以南，蒙古人的残余部族，以阴山为根据地，不时出击，曾使中叶以后的明朝，疲于奔命而无法对付。详见下节。

汉代在长城沿线，遍设城堡和障塞。近年在内蒙古乌拉特前旗、包头、东胜、土默特旗、呼和浩特等地，已发现了这些城堡、障塞的遗迹共二十多处。此等西北边疆的古城堡，位置皆在具有军事战略价值之处。为了加强边城防御能力，往往同时建有外城和内城，形同"回"字。所有的边城，规模一般不甚大。例如呼和浩特东部、阴山山脚的塔布陀罗亥村的夯土版筑古城，外城南北长约900米，东西宽约850米。就汉代文化残余的分布情况观察，官署系设在内城，居民或兵营则集中于外城南部。

北方的少数民族入主中原后，政权一经稳固，便常会以正统自居，把更北方的游牧部族视为敌人，称之为"夷狄"。拓跋部征服了华北，建立起北魏王朝，为了对付北边后起的柔然，也建筑长城来防御。利用长城来阻挡骑兵，多数场合颇有效果。《丰镇县志书·古迹》（卷二）：

古长城。厅治北察哈尔界，有古城址。相传秦始皇筑，土色皆紫，故名紫塞。按载籍云秦长城起临洮至辽东，则云代在其中；或云今内三关之间有版筑迹，与起洮至辽海者为一城，为秦之长城；其在宣大以北者，起赤城，止五原，乃元魏泰常八年（423）所筑。按《史记》赵肃侯筑长城，自云中以北至代；武灵王自代并阴山下至高阙为塞。秦并天下，北筑长城，起临洮至辽东，延袤万余里，是长城始于战国，而亘万里以为限者，特因其旧而增拓之。……大率赵、秦洎北魏旧迹，俱在明边垣之外；其在内三关者，疑齐、隋以后所筑，或北宋时遗址；缘宋时跨忻、代、应等州为界耳。

《资治通鉴》中有如下内容：

（北魏高祖太和八年九月，中书监高）闾又上表，以为："北狄悍愚，同于禽兽；所长者野战，所短者攻城。若以狄之所短，夺其所长，则虽众不能成患，虽来不能深入。又狄散居野泽，随逐水草，战则与家业并至，奔则与畜牧俱逃；不赍资粮，而饮食自足，是以历代能为边患。六镇势分，倍众不斗，互相围逼，难以制之。请依秦汉故事，于六镇之北筑长城；择要害之地，往往开门，造小城于其侧，置兵捍守，狄既不攻城，野掠无获，草尽则走，终必惩艾。计六镇东西不过千里，一夫一月之功，可城三步之地，强弱相兼，不过用十万人，一月可就；虽有暂劳，可以永逸。凡长城有五利：罢游防之苦，一也；北部放牧，无抄掠之患，二也；登城观敌，以逸待劳，三也；息无时之备，四也；岁常游运，永得不匮，五也。"魏主优诏答之。

……

世宗正始元年（504）九月，柔然侵魏之沃野及怀朔镇，诏车骑大将军源怀出行北边，指授方略，随须征发，皆以便宜从事。怀至云中，柔然遁去。怀以为用夏制夷，莫如城郭。还，至恒、代，按视诸镇左右要害之地，可以筑城置戍之处，欲东西为九城，及储粮积仗之宜，犬牙相救之势，凡五十八条，表上之曰："今定鼎成周，去北遥远；代表诸国，颇或外叛，仍遭旱饥，戎马甲兵，十分阙八。谓宜准旧镇，东西相望，令形势相接，筑城置戍，分兵要害，劝农积粟，警急之日，随便翦讨。彼游骑之寇，终不敢攻城，亦不敢越城南出。如此，北方无忧矣。"魏主从之。

……

东魏孝静帝武定元年（543）八月，丞相欢筑长城于肆州北山，西自马陵，东至土隥，四十日罢。

齐显祖自西河总秦戍筑长城，东至于海；前后所筑，东西凡三千余里，十里一戍。

……

隋主召汾州刺史韦冲为兼散骑常侍。时发稽胡筑长城，汾州胡千余人在涂亡叛；帝召冲问计。对曰："夷狄之性，易为反复，皆由牧宰不称之所致。臣请以理绥静，可不劳兵而定。"帝然之，命冲绥怀叛者，月余皆至，并赴长城之役。

隋代再统一中国，北方的突厥渐见强大，于是又要修造长城。《隋书·文帝纪》（卷一）：开皇元年四月，"发稽胡修筑长城，二旬而罢"。六年二月丁亥，"发丁男十一万修筑长城，二旬而罢"。[9]七年二月，"发丁男十万修筑长城，二旬而罢"。十九年"十月甲午，以突厥利可汗为启人可汗，筑大利城，处其部落"。

中原王朝若威力强盛，北方胡人威胁减少，对长城就比较不重视。唐太宗对长城的看法，足以说明此点。《玉海·唐长城》（卷一七四）："《地理志》妫州怀戎县'北九十里有长城，开元中张说筑。东南五十里有居庸塞，东连卢龙、碣石，西属太行、常山，实天下之险，有铁门关。'元魏以柔然寇边，自赤城西至五原，筑长城二千余里。隋开皇五年，使司农少卿崔仲方，发丁三万于朔方灵武，筑长城；东距河，西至绥州，绵历七百里，以遏胡寇。太宗贞观二年九月己未，突厥寇边，或请修古长城。上曰：'朕方扫清沙漠，安用劳民。'"

三、明代修筑长城

中国现存的长城是明代修筑的，称为边墙或边城，所费的人力、物资和时间，大得无法计算。这条边墙所给予中国人的，是民族的心理安全感超过了实际的防御价值。《明史》最后三分之一篇幅所记载的事，很大部分发生在这条边墙内外。

长城自从唐代起，修建少而破坏多。盛唐是一个扩张的大帝国，唐太宗击败突厥，被推举为"天可汗"之后，长城便逐渐失去作用，听其自生自灭，《唐书》中很少提到长城。五代以后，石晋断送了燕云十六州，长城东段深在辽国境内。建立辽国的契丹族，不断侵扰中原，而且骑兵南下常极迅速，这显然和没有地形、地物阻挡的事实有关。宋代的边患，东北边来自辽，西北边来自西夏；宋代只能在秦汉长城以南的边防线上，营建成串的城堡，以加强防务。

当时的女真和蒙古，都是文化极落后的少数民族，曾相继给中原地区造成惨重的破坏。长城对他们来说，作用是相反的，多少会妨碍他们的行动，所以也只有损毁而无所建设。金代末年为了防御蒙古人，曾草率地筑起一道很长的土墙，那是在东北地区的西边。对于蒙古人，长城的阻吓功用相对地减少；蒙古兵进攻中都，居庸关一带的要塞并未能发挥多大作用。

张德辉《塞北纪行》载：

> 过鱼儿泊，……自泊之西北行四驿，有长城颓址，
> 望之绵延不尽，亦前朝（金朝）所筑之外堡也。

从唐太宗到明太祖，在这一段长时期内，长城对中国历史的影响可说甚少。但明朝推翻了蒙古人的政权，形势起了根本的改变。明朝在开国之初，就无法彻底消灭蒙古人的残余势力。明成祖朱棣为燕王时，多次被派率大军巡边，为的是要提防蒙古人卷土重来；即位之后，又五次亲自带兵北征，而病死在第五次亲征归来途中。后来国势转弱，蒙古人果然不断乘机南下侵扰了。

基于此一事实，所以明朝开国之后，就很注意北边的防务。《明史·兵志》（卷九一）：

> 帝（永乐）于边备甚谨。自宣府迤西迄山西，缘边皆峻垣深濠，烽堠相接。隘口通车骑者，百户守之；通樵牧者，甲士十人守之。武安侯郑亨充总兵官，其敕书云："各处烟墩，务增筑高厚，上贮五月粮及柴薪药弩，墩傍开井；井外围墙与墩平，外望如一。"重门御暴之意，常凛凛也。

当然，这些"峻垣深濠"，不是一下子造起来的。早在洪武初年，徐达和常遇春等大将奉命北征，破敌和筑城

的任务几乎同样重要，包括修筑城池和长城。例如大同镇城，原为土城，便是徐达在洪武五年（1372）重新用砖包筑的。

明代长城通过的路线，和秦汉的长城有很大差异。就南北的位置来说，明长城向南缩进的距离甚大。就东西的位置来说，东段退缩，而西段较秦代的长城伸展。东起山海关，西迄嘉峪关，延长约5,130公里，或1万华里（里），故称万里长城（起迄点的直线距离仅约2,300公里）。其中接近京师的一段，建筑得特别坚固，使用材料极为讲究，所以保存也最完好。延庆县（今延庆区。编按）八达岭一带的长城，随着山岭起伏而蜿蜒，是观赏长城最好的地方，现已成为北京北边著名的游览区，也是全国重点文物保护单位之一。

明代长城的东端是著名的山海关，倚燕山，傍渤海，形势险要，为华北通往东北的咽喉，素有"京都锁钥"之称。山海关的东门，建有两层城楼，高达12米，悬有"天下第一关"匾额。登临其上，可南望大海，北眺长城；关山景色，无比壮丽，是全国重要文物保护单位之一。《嘉靖山海关志》：

　　国朝洪武十四年，创建城池关隘，名山海关，内设山海卫，领十千户所，属北平都指挥使司。……山海关卫城之东门，国朝魏国徐公达所建，为朝鲜女直诸夷国入贡及通辽商贾所由；关法稽文凭验年貌出入，禁辽卒逋逃，并商货非法者。……卫城周八里一百三十七步四尺，高四丈一尺，土筑，砖包其外。自京师东，城号高坚者，此为最大。门四，在东南西北方；门各设重键，上竖楼橹，环构铺舍，以便夜巡。水门三，居东、西、南三隅，因地势之下，泄城中积水而引以灌池……池周一千六百二十丈，阔十丈，深二丈五尺，外有夹池，其广深半之，潴水四时不竭。四门各设吊桥，横于池上，以通出入。

《大明一统志》："山海关在永平府抚宁县东（按：抚宁县在临榆县西南），其北为山，其南为海，相距不数里许，实险要之地。本朝魏国公徐达，移榆关于此，改今名。"长城从燕山山脊蜿蜒而下，似一巨龙，和关城相接，然后复迤逦南去，一直伸到渤海之滨。万历七年（1579），戚继光在城南海滨增筑入海石城七丈，是为长城的起点，其地名"老龙头"。

明代长城大部分用砖石砌筑，工程极为浩繁。以北京西北的八达岭一段为例：墙身用整齐的条石特制的大型城砖砌成，内填泥土石块，平均高6.6米，墙基平均宽6.5米，顶宽约5.5米。墙身南侧，每隔70—100米就有门洞，循石梯可通墙顶。墙顶使用三四层巨砖铺砌，宽4.5米，可容五马并骑。墙上还有砖砌的女墙和垛口，用以瞭望和射击。城墙上每隔不远，筑有巡逻放哨的墙台或敌楼。

长城大多是依循山岭、河谷，或遮阻荒漠而行，为了发挥防御作用，必须随地势起伏选择险要之处修筑。不少地段，坡度十分陡峭，施工极其困难。有的石条一块长达2米、重约1吨。当时仅将大量的石条、城砖和石灰等材料运送上山，就是一项极端艰巨的工事。

在特别险要之处，还建筑关塞，修成双重或多重的城墙，层层设防。古称"堑山堙谷"或"用险制塞"，便是从修筑长城体会得来。在长城两侧的制高点，每隔一定距离兴建烽火台，发现敌情就点燃烽火（白昼燃烟，夜间举火），传递紧急的军事情报。

长城的体积，估计包容了150,000,000立方米的泥土以及50,000,000立方米的砖和石块。它无疑是人类历史上空前的巨构，并且也将是最后的巨构！

在长城的沿边，驻有重兵，设置九镇，称为九边。《明史·兵志》（卷九一）："初设辽东、宣府、大同、延绥四镇，继设宁夏、甘肃、蓟州三镇；而太原总兵治偏头，三边制府驻固原，亦称二镇。是为九边。"

明代的九边或九镇，具分段划区设防的性质：（一）辽东镇，镇治辽东司或广宁，在今辽宁省辽阳市；（二）蓟州镇，镇治蓟州，在今河北省蓟县（今天津蓟州区。编按）；（三）宣府镇，镇治万全都指挥使司，在今河北省宣化；（四）大同镇，镇治大同府，今山西省大同市；（五）山西镇，亦称太原镇，总兵驻偏头关，今山西西北角的偏关县；（六）延绥镇，亦称榆林镇，镇治在榆林堡，今陕西省北部榆林县；（七）宁夏镇，镇治宁夏镇城，即今宁夏回族自治区银川市；（八）固原镇，镇治在固原州，今宁夏回族自治区固原县；（九）甘肃镇，镇治陕西行都指挥使司，即今甘肃省张掖县，也有说在固原。罗洪先《广舆图》的说明中，有如下的资料。

表4 明代的九边

镇 名	卫 数	所 数	马步官军人数	马骡数
辽 东	25	11	99,875	907
蓟 镇	—	—	78,621	—
宣 府	15	66	126,395	66,980
大 同	8	7	54,154	46,944
山 西	—	—	49,250	44,295
宁 夏	2	4	30,787	4,180
固 原	3	4	28,830	8,673

蒙古残余势力的分批侵扰，着重于长城中段，他们显然利用阴山为根据地，不断分头出击，稍后又深入到鄂尔多斯高原。孝宗弘治一朝（1488—1505）的最后数年，《明史·孝宗本纪》就有如下的记录：

　　十三年夏四月，火筛寇大同，游击将军王杲败绩于威远卫。……冬十月，小王子诸部寇大同。十二月辛丑，火筛寇大同，南掠百余里。是年，小王子部入居河套，犯延绥神木堡。

......

十四年夏四月，火筛诸部寇固原。……秋七月丁未，泰宁卫贼犯辽东，掠长胜诸屯堡。……闰月乙酉，都指挥王泰御小王子于盐池，战死。八月，火筛诸部犯固原，大掠韦州、环县、萌城、灵州。己巳……火筛诸部犯宁夏东路。

......

十七年夏六月癸未，火筛入大同，指挥郑璋力战死。

......

十八年春正月己丑，小王子诸部围灵州，入花马池，遂掠韦州、环县。……甲辰，小王子陷宁夏清水营。又"五月戊申，小王子犯宣府，总兵官张俊败绩"（见《明史·武宗本纪》）。

其后在正德朝乃至嘉靖初年，小王子还不断犯边。接着就是俺答。甚至连小小的土鲁番，也要来欺侮明朝。"嘉靖三年（1524）九月丙戌，土鲁番入寇。围肃州。"肃州就是酒泉，在嘉峪关以内。

明朝应付蒙古人的侵犯，只能不断地加强防御，根本丧失追击的力量。鄂尔多斯南边的一段长城是这样筑起来的，榆林城的军事重要性，也到这个时候才显示出来。

《明史·兵志》（卷九一）载：

成化七年（1471），延绥巡抚都御史余子俊大筑边城。先是，东胜设卫，守在河外，榆林治绥德。后东胜内迁，失险，捐米脂、鱼河地几三百里。正统间，镇守都督王祯始筑榆林城，建缘边营堡二十四，岁调延安、绥德、庆阳三卫军分戍。天顺中，阿罗出入河套驻牧，每引诸部内犯。至是，子俊乃徙治榆林。由黄甫川西至定边营千二百余里，墩堡相望，横截套口，内复堑山堙谷，曰夹道，东抵偏头，西终宁、固，风土劲悍，将勇士力，北人呼为橐驼城。

同书同卷，又载：

弘治十四年（1501）设固原镇。先是，固原为内地，所备惟靖虏。及火筛入据河套，遂为敌冲。乃改平凉之开成县为固原州，隶以四卫，设总制府，总陕西三边军务。是时陕边惟甘肃稍安，而哈密屡为土鲁番所扰，乃敕修嘉峪关。

为防边而建筑的城堡，不断受到敌人的破坏，可说是边造边毁。《明史·世宗本纪》（卷一八）：

（嘉靖）三十六年春二月，俺答犯大同。三月壬午，把都儿寇迁安，副总兵蒋承勋力战死。是月，吉能寇延绥，杀副总兵陈凤。……九月，俺答子辛爱寇应、朔，毁七十余堡。冬十一月丁丑，辛爱围右卫城。

山西的北部，在地形上好似蒙古高原向南突出的部分，对于北京附近的华北平原，有居高临下之势。故在战略上十分重要，成为九边或九镇的核心地带。这里城堡建筑最多，长城是双重的。宣府和大同，是长城边防的要冲，而大同又常被称为九塞之冠。

《三云筹俎考·险隘考·大同总镇图说》：

我朝设大同府，建代藩。永乐七年置镇守总兵官，于是大同称镇，是镇也，北捍胡虏以控带幽燕，南总三关以招徕晋魏；翼卫陵寝，屏捍神京，屹然甲九塞焉。正统后虏酋淫逞，剽掠不时，东胜失守，云玉中徙，一墙之外，豺狼所嗥，……嘉靖中俺酋猖獗，遂令邑无完雉，堡尽血磷；边氓褫魄，则惟窃出从虏耳。……先筑弘赐等内五堡于东，嗣筑镇羌等外五堡于西；既创靖虏、灭胡诸堡以壮声援，又于塞外筑拒墙五堡以厚蔽肩，……复以守塞之道，以为守长城必附台，以利傍击；台必置屋，以便瞭卒。西起丫角山，东止李信屯，延袤三百余里，森列敌台暗门，……万历初更筑大边五百六十余里，又筑三屯、马营、桦门等堡。

图 30　明代长城地图（采自张雨《边政考》图）

在大同总镇的辖区，我计算了一下，共有七十座左右城堡、827个边墩和813个火路墩；不靠边的地区，没有边墩，而只有火路墩。例如新平参将所管辖的防区，分边长46里，共有边墩82个，火路墩43个。其中平远堡的边长12里，有边墩20个，火路墩13个；新平堡的边长18里，有边墩26个，火路墩16个；保平堡的边长7里，有边墩18个，火路墩11个；桦门堡的边长9里，有边墩18个，火路墩3个。《三云筹俎考·险隘考》所附的城堡图，有简要的文字说明。例如平远堡，在城墙之内注写："城周二里八分，高三丈五尺。内驻守备、坐堡、把总各一员，旗军六百七十三名，马骡二百八十一匹头。"城外又注写："东至宣府西阳河五里，南至宣府李信屯三十里，西至新平堡十五里，北至边墙七里。"城北和长城之间有旧马市。

表5　大同总镇的城堡

城堡名称	城　周	高　度	驻军人数	马骡数	建置经过
平远堡	2里8分	3丈5尺	673	281	嘉靖二十五年土筑，隆庆六年砖包
新平堡	3里6分	3丈5尺	1,642	596	嘉靖二十五年土筑，隆庆六年砖包
保平堡	1里7分	3丈5尺	321	18	嘉靖二十五年土筑，隆庆六年砖包
桦门堡	7分	3丈9尺	297	8	万历九年设，十九年砖包

续表

城堡名称	城 周	高 度	驻军人数	马骡数	建置经过
永嘉堡	2里5分	3丈6尺	307	18	嘉靖三十七年设，万历十九年砖包
瓦窑堡	1里6分	3丈5尺	452	21	嘉靖三十七年设，隆庆六年砖包
天成城	9里有奇	2丈9尺	2,652	1,057	洪武三十一年砖设，万历十三年重包
镇宁堡	1里2分	3丈5尺	302	16	嘉靖四十四年设，隆庆六年砖包
镇口堡	1里3分	3丈5尺	310	17	嘉靖二十五年设，隆庆六年砖包
镇门堡	260丈5尺	3丈5尺	493	45	嘉靖二十五年设，隆庆六年砖包
守口堡	1里220步	3丈5尺	466	45	嘉靖二十五年设，隆庆六年砖包
阳和城	9里2分	3丈7尺	9,109	5,960	洪武三十一年砖建，万历三十年重修
靖虏堡	2里4分	3丈3尺	513	86	洪武三十一年砖建，万历三十年重修
镇边堡	3里80步	4丈1尺	699	82	嘉靖十八年更筑，万历十一年砖包
镇川堡	2里5分	4丈1尺	674	70	嘉靖十八年创筑，万历十年砖包
镇羌堡	1里7分	3丈8尺	1,053	268	嘉靖二十四年设，万历二年砖包

续表

城堡名称	城　周	高　度	驻军人数	马骡数	建置经过
得胜堡	3里4分	3丈8尺	2,960	1,191	嘉靖二十七年设，万历二年砖包
弘赐堡	4里32步	3丈6尺	608	92	嘉靖十八年筑，万历二年砖包
拒墙堡	1里8分	3丈6尺	420	30	嘉靖二十四年设，万历二年砖包
镇房堡	2里9分	4丈	266	47	嘉靖十八年土筑，万历十四年砖包
镇河堡	2里8分	4丈	358	7	嘉靖十八年设，万历十四年砖包
许家庄堡	3里68步	3丈6尺	581	183	嘉靖三十九年更置，万历二十九年砖包
蔚州城	7里12步	4丈1尺	隶宣府	隶宣府	北周大象二年创建，洪武七年砖包
广昌城	3里5分	3丈5尺	隶宣府	隶宣府	洪武七年砖建，嘉靖三十七年重修
聚落城	3里3分	3丈7尺	722	190	弘治十三年创，隆庆六年砖包
广灵城	2里7尺15步	4丈			洪武十六年土筑，万历元年砖包
灵丘城	4里13步	3丈5尺	605	124	唐开元创，天顺三年土筑，万历二十八年砖包

续表

城堡名称	城　周	高　度	驻军人数	马骡数	建置经过
王家庄堡	2里8分	3丈6尺	200	10	嘉靖十九年土筑，万历三十三年砖包
浑源州城	4里220步	4丈	475	48	唐州治，洪武元年因之，万历元年砖包
大同镇城	13里	4丈2尺	22,709	16,992包括骆驼	洪武五年因旧土城砖包，万历八年加修
拒门堡	1里7分	3丈7尺	604	18	嘉靖二十四年土筑，万历元年砖包
破虏堡	2里2分	3丈5尺	663	217	嘉靖二十二年土筑，万历元年砖包
灭虏城	2里4分	3丈8尺	964	306	嘉靖二十二年土筑，万历元年砖包
助马堡	2里4分	3丈8尺	2,175	809包括骆驼	嘉靖二十四年土筑，万历元年砖包
高山城	4里3分	3丈5尺	1,224	770	天顺六年建置，嘉靖十四年改建，万历十年砖包
保安堡	1里3分	3丈7尺	467	66	嘉靖二十五年土筑，万历元年砖包
威虏堡	2里2分	3丈8尺	781	209	嘉靖二十二年土筑，万历元年砖包

续表

城堡名称	城　周	高　度	驻军人数	马骡数	建置经过
云西堡	1里3分	3丈5尺	396	66	嘉靖三十七年土筑，万历二十二年砖包
宁虏堡	2里7分	3丈7尺	607	197	嘉靖二十二年土筑，万历元年砖包
大同左卫城	11里3分	4丈2尺	5,017	3,232	永乐七年设，砖砌，万历六年增修
破胡堡	2里	3丈8尺	700	89	嘉靖二十三年土筑，万历二年砖包
云阳堡	1里6分	3丈5尺	365	68	嘉靖三十七年土筑，万历二十四年砖包
牛心堡	2里5分	3丈5尺	641	249	嘉靖二十七年土筑，隆庆六年石包
马　堡	1里1分5厘	3丈5尺	364	29	嘉靖二十五年土筑，万历元年石包
残胡堡	1里6分	3丈6尺	395	32	嘉靖二十三年土筑，隆庆六年石包
黄土堡	1里6分	3丈5尺	347	66	嘉靖三十七年土筑，万历十二年砖包
红土堡	1里8分	3丈5尺	275	33	嘉靖三十七年土筑，万历二年石包
杀胡堡	2里	3丈5尺	777	149	嘉靖二十三年土筑，万历二年砖包
马营河堡	8分	3丈3尺	200	11	万历元年土筑

续表

城堡名称	城 周	高 度	驻军人数	马骡数	建置经过
大同右卫城	9里8分	3丈5尺	3,687	1,846	永乐七年始设,万历三年砖包
铁山堡	1里4分	3丈5尺	534	42	嘉靖三十八年土筑,万历二年砖包
祁家河堡	2里	3丈5尺	313	105	嘉靖四十一年土筑,万历元年石包
威远城	5里8分	4丈	1,848	891	正统三年砖建,万历三年增修
云石堡	1里7分	4丈	545	27	嘉靖三十八年土筑,万历十年改建砖包
威平堡	1里4分	3丈5尺	453	190	嘉靖四十五年土筑,万历元年石包
威胡堡	1里5丈	4丈	497	39	嘉靖二十三年土筑,万历九年砖包
平房堡	6里108步	4丈	3,078	551	成化十七年筑,万历二年砖包
败胡堡	1里180步	3丈6尺	458	50	嘉靖二十三年创,隆庆六年砖包
迎恩堡	1里108步	3丈7尺	598	95	嘉靖二十三年土筑,万历元年砖包
阳胡堡	1里36步	3丈5尺	396	70	嘉靖二十三年土筑,隆庆六年砖包
西安堡	2里	3丈5尺	230	14	嘉靖四十年设土堡,万历二十八年砖墁

续表

城堡名称	城　周	高　度	驻军人数	马骡数	建置经过
应州城	6里18步	4丈	809	85	古州治，洪武八年土筑，隆庆六年砖包
怀仁县城	4里72步	3丈5尺	663	293	洪武十六年设，万历二年砖包
马邑县城	3里220步	4丈	424	45	洪武十六年土筑，正统二年展拓，隆庆六年砖包
山阴县城	4里137步	4丈	531	58	古县治，永乐三年土筑，隆庆六年砖包
井坪城	4里324步	3丈6尺	1,856	896	成化二十一年土筑，隆庆六年砖包
朔州城	6里108步	4丈2尺	1,743	757	洪武三年砖建，万历十五年增修
灭胡堡	1里186步	3丈7尺	539	20	嘉靖二十三年设，万历元年砖包
将军会堡	1里184步	4丈4尺	603	22	万历九年建，二十四年砖包
乃河堡	1里152步	3丈5尺	343	79	嘉靖四十五年土筑，万历元年砖包

资料来源：陈正祥《明代地理》，国际研究中国之家《中国研究丛书》第19号。

　　再以威远路参将所管辖的防区而言，沿边长39里9分。其中威远城分边长15里3分，有边墩16个，火路墩45个。

《三云筹俎考·险隘考》中对威远城的描写："城周五里八分，高四丈；内驻参将、守备、中军各一员，千把总七员及卫所镇抚等官。驻军一千八百四十八名，马骡八百九十一匹头。"又说："本城地势平漫，无险可恃。边外小松山一带，虏首麦力艮台吉部落住牧……嘉靖九年，虏由黄榆山入，后由腊鸡屯入，直犯怀应地方，大肆抢掠。四十三年大举，参将崔世荣死之。最称冲要，与右卫、平虏，辅车相依，声势联络。"还说："初设平虏城，僻在本镇西南，四面环山，孤悬绝塞。嘉靖二十二年添设迎恩、败胡、阻胡三堡，以相联络。……山高地冷，不产良谷；军余所种，止苦荞、油麦之类。暖迟霜早，生计萧然。"

这就又指出了长城沿边地理景观的荒凉，以及长城之所以成为农耕和畜牧地带分界的原因。

四、大运河

大运河是中国南北水路交通的孔道，是中国最早开凿的运河，也是全世界最古老的运河之一。自从它全线开通以来，就一直是全世界最长和最著名的运河。

早在春秋时代，中国的水上交通开始有较快发展。南方的吴楚两国，得水利之便，最先开掘运河。鲁哀公九年（前486），吴人修筑邗城（地处今日扬州），接着就在邗城之下开凿邗沟，东北沟通射阳湖。然后再由射阳湖向北通到末口，和淮河汇合。末口在淮阴县境内。射阳湖在今淮安、宝应、盐城三县之间，当时的水域面积远较今日为大。据《太平寰宇记》记载，周围达三百多里。事实上这一带在古代有很多湖泊，吴国的邗沟，主要是利用这些天然湖泊，把它们连串起来，工程比较简易。

《玉海·漕运》（卷一八二）载：

> 吴城邗沟，通江淮；于邗江筑城穿沟，东北通射阳湖，西北至末口入淮，通粮道也。

东南的吴和中原的晋，为了争霸，在鲁哀公十三年（前482），会盟黄池。黄池在今河南封丘县，当时济水的沿岸。吴王夫差为了要乘舟到达黄池，便在商鲁之间再开了一条运河，接通济水和泗水。因为泗水下游注入淮河，淮河接连邗沟，于是由吴国坐船，可以直达中原。这两段运河把江、淮和河、济联系起来，成为战国时代南北交通的干线。《国语·吴语》："吴王夫差既杀申胥，不稔于岁，乃起师北征；阙为深沟，通于商鲁之间。"

后来越王勾践击败了吴王夫差，大功臣范蠡引退，改名换姓，行走江湖，以陶为据点而经商，结果发了大财。推想起来，他的经商念头和发财，应该和这条新开的运河有关。《史记·货殖列传》（卷一二九）："范蠡既雪会稽之耻，乃喟然而叹曰：'计然之策七，越用其五而得意。既已施于国，吾欲用之家。'乃乘扁舟浮于江湖，变名易姓；适齐为鸱夷子皮，之陶为朱公。朱公以为陶天下之中，诸侯四通，货物所交易也。乃治产积居……遂至巨万。故言富者皆称陶朱公。"

在技术水平比较低下的古代，利用天然水道来开辟交通路线，要比在陆地上修筑道路更为省时省力。中国古代，特别是在江南，水路交通远比陆路便利；而大运河便是全国最闻名的水路交通主干。

大运河北起北京，南迄杭州，全长1,782公里，亦称京杭大运河；稍早曾称漕河，曾为南北漕运的大动脉。它流过北京、天津、河北、山东、江苏、浙江六省市，跨纬度10度（30° N—40° N），连贯海河、黄河、淮河、长江和钱塘江五大流域，是我国最伟大的工程之一。

大运河所经都是平原，仅局部地区略有起伏。中国主要河川概属东西走向，大运河却是南北向的；它流过全国经济最繁盛、人口最密集的部分，对南北经济和文化交流的贡献甚大。运河本身一部分系利用天然水道，一部分为人工开凿。从大运河的纵剖面看来，全线有三回起伏。从北京到天津，地面高度逐渐下降，直到海河为止，这是第一降落段。通惠河的河底约高30米（高度指高出废黄河零点，下同），通州河底高约20米，天津市海河河底的高度则为零点以下3米；从北京到天津，河床高度共降低34米。从天津市往南地面逐渐隆起，到黄河为止，是为第一隆起段。临清河底高

25米，故从天津市到临清，河床高度相差18米。大运河穿过黄河之处，是全运河最高的地点，河底高38米。从天津市到穿过黄河的地点，运河河床高度相差达41米。

大运河穿过黄河，到南旺以南，地面高度又逐渐降落，直到长江为止，这是第二降落段。济宁河底高31米，淮阴河底高4米；在大运河穿过长江的地点，河底高度为零下15米。长江以南，运河河床又逐渐隆起，到丹阳为最高点，这是第二隆起段。从丹阳往东南，河床高度又逐渐降落，直到崇德为止，这是第三降落段。从崇德到杭州，河床又略见隆起，这是第三隆起段。由于大运河各段地面高度不同，因此各段水流的方向也不同。

表6　大运河的分段

段　别	起　讫	通　称	长度（公里）
京津段	北京·天津	北京通州之间称通惠河，通州天津之间称北运河	166
津黄段	天津·黄河	天津临清之间称南运河，临清黄河间称鲁北运河	636
黄淮段	黄河·淮阴	黄河到韩庄间称鲁南运河，韩庄淮阴间称中运河	460
淮江段	淮阴·长江	里运河	180
镇杭段	镇江·杭州	江南运河	340
合计长度			1,782

表 7　大运河各段的流向

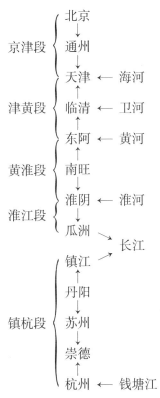

当大运河全线通航时，从北京到通州、临清到淮阴、镇江到常州三段，皆利用河闸通航，维持比较困难，其余各段则属普通河流性质。因为和大运河有关的若干天然河，部分洪水要经过大运河宣泄，故大运河常有溃决的危险。其中北京到天津（受白河和潮河影响）、天津到临清（受卫河影响）、淮阴到瓜洲（受淮河影响）三段，过去堤防溃决的频率常较他段为高。在临清和韩庄之间，亦即俗称鲁北运河和鲁南运河，承受山东丘陵西侧诸水，利赖河闸调节水流，自从闸坝废圮之后，失掉了航渠作用；当洪水暴发时，运河堤岸也常决口。

事实上，大运河南北畅通的时期颇短。如从春秋时吴王夫差开邗沟算起，大运河南段的历史虽可上推到公元前486年，但只沟通了长江和淮河，而且路线大部分在今日运河以东，二者并不完全符合。隋炀帝在大业七年（611），虽坐龙舟从江都一直走到涿郡，但他走的是通济渠和永济渠，绝大部分和今日运河无关。今日大运河的南北贯通，实际开始于元泰定二年（1325），也就是中央一段会通河（今日临清到东平之间）31座船闸全部完工之后。

《元史·河渠志》（卷六四）载：

> 会通河，起东昌路须城县安山之西南，由寿张西北至东昌，又西北至于临清，以逾于御河。至元二十六年（1289），寿张县尹韩仲晖、太史院令史边源相继建言，开河置闸，引汶水达舟于御河，以便公私漕贩。省遣漕副马之贞与源等按视地势，商度工用，于是图上可开之状。诏出楮币一百五十万缗，米四万石，盐五万斤，以为佣直，备器用。征旁郡丁夫三万，驿遣断事官忙速儿、礼部尚书张孔孙、兵部尚书李处巽等董其役。首事于是年正月己亥，起于须城安山之西南，止于临清之御河，其长二百五十余里。中建闸三十有一，度高低，分

远迩，以节蓄泄。六月辛亥成。凡役工二百五十一万七百四十有八，赐名曰会通河。二十七年，省以马之贞言霖雨岸崩，河道淤浅，宜加修浚，奏拨放罢输运站户三千，专供其役，仍俾采伐木石等以充用。是后岁委都水监官一员，佩分监印，率令史、奏差、濠寨官往职巡视，且督工，易闸以石，而视所损缓急为后先。至泰定二年（1325），始克毕事。

元代定都北京，统一中国，局面和金代不同。必须利用东南各省的物资，接济北方，尤其是京城大都。金代则以淮河为界和南宋对立，章宗明昌五年（1194），黄河在阳武决口，洪水南下，劫泗入淮，夺淮入海，这是运河史上的一件大事。当时金人听任黄河泛滥，以贻祸南宋。于是淮河流域一带，遂常闹水灾。这次黄河南迁，对运河产生两项重大影响。第一，黄河洪水夺淮，淮河不能容纳，扩大了洪泽湖、高邮湖及宝应湖，威胁运河的河道。第二，淮河为黄河所夺，河身淤塞，河床提高，造成日后淮水改循运河南向流入长江的形势。早先沟通江淮之间的运河，水流系从南向北。

明昌五年黄河在阳武决口后，入海之道分成两支。北支经东阿由济水故道趋东北至利津入海，南支由南旺东南流，经沛、徐二州夺古泗水合淮入海。蒙古伯颜灭南宋，据元危素《元海运志》："尝命张瑄、朱清等，以宋库藏图籍自崇明州从海道载入京师。而运粮则自浙西涉江入淮，由黄河（南支）逆水至中滦旱站，陆运至淇门入御河，以达于京。后又开济州泗河，自淮至新开河，由大清河至利津河（北支），入海接运。因海口沙壅，又从东阿旱站运至临清入御河。又开胶莱河道通海，劳费不赀，卒无成效。"因为涉淮而北，无论由中滦或由新开河到东阿，都不能和御河（即隋之永济渠，今之卫河）直接连系；而必须经过一段陆运，才可能入御河以达京师。故此既劳且费，不得不创辟上举的会通河。

会通河虽勉强开辟成功，但因岸狭水浅，不能通行大船；每年的运输量，不过数十万石；而且管理不善，常致舟楫阻滞。《元史纪事本末》（卷十二）记载："江南行省起运诸物，由会通河以达于都，多逾期不至。诘其故，皆言始开河时，止许行百五十料船；近来权势之人，并富商大贾，造三四百料或五百料船，于此河行驾，以致阻滞往来舟楫。今宜于沽头、临清二处，各置小石闸一，禁约二百料以上之船，不许入河，违者罪之。"由此可知，这一段运河，对商业运输实甚重要。政府在沽头、临清二处所立的隘闸，阔仅九尺，只许载重二百料以下、梁头宽八尺五寸的船通过。于是商人想出办法对付，改造减舷添仓的长船，长至八九十尺甚至百尺，载重达五六百料，照样可以通过。但常不能回转，动辄浅搁，阻碍往来船只，以致仍然拥塞不堪。

南宋因建都临安（杭州），努力经营江南运河。江南运河经过吴越王钱镠及南宋的先后经营，规模大备，奠定了今日大运河南段的基础。[10]就南宋初年的局面来说，江南运河实无异于命脉；南宋之重视江南运河，和北宋的重视汴河相同。唐宋时代的江南运河，不但直通杭州城内，而且直通钱塘江，连续浙东一带航运，和今天运河只通杭州市北拱宸桥的情形不同。这可从下列的文字得到证明。《宋史·河渠志》（卷九七）："临安运河在城中者，日纳潮水，沙泥浑浊，一汛一淤。比屋之民，委弃草壤，因循填塞。"元祐四年（1089），知杭州事的苏轼开浚茆山、盐桥二河，分受江潮及西湖水，造堰闸以时启闭，情况才得到改善。

　　元代初年整修大运河，主要从北段着手；水利专家郭守敬的擘画建议，贡献甚大。在上述会通河未完成以前，南北漕运采取水陆两兼办法。当时的路线：从杭州开始，经江南运河，在京口（镇江）过长江；再由扬州运河，到淮安北面入黄河。逆黄河而上，至中滦改用陆运，约90公里到淇门（今河南省淇县南）；然后再用船循御河以达大都。即使后来大运河完全开通，也因为"岸狭水浅，不任重载"。南北的运输仍要依赖海道，而且终元之世，海运皆较河运重要。元代海道运粮最多一年达350万石，而运河每年却只能运数十万石。元代的运河，北起大都，南迄杭州，全长三千余里，可分为下列七段。

　　（一）通惠河——即大都运粮河，从北京到通州，长164里。

　　（二）通州运粮河——从通州南下，东入大沽河，西接御河。

　　（三）御河——即明朝的卫河，从天津南到临清，接会通河。

　　（四）会通河——从临清到须城安山，接济州河，长250余里。

（五）济州河——从须城安山到济宁，接泗水，入黄河。

（六）扬州运河——从黄河到扬州、瓜洲，入于长江。

（七）江南运河——从镇江过常州、苏州、嘉兴，以达杭州。

其中会通河因工程浩大，最后开通：而此一段水道，维护也最困难。故元末政局动荡，此段也就首先损坏。明太祖洪武二十四年（1391），黄河在原武决口，洪水经安山湖而东，更将会通河完全淤塞；以致南北运输，有一段要改走陆路。明成祖因欲迁都北京，才恢复了这一段运河。《明史·河渠志》（卷八五）："永乐四年（1406），成祖命平江伯陈瑄督转运，一仍由海，而一则浮淮入河，至阳武，陆辇百七十里抵卫辉，浮于卫，所谓陆海兼运者也。海运多险，陆辇亦艰。九年（1411）二月，乃用济宁州同知潘叔正言，命尚书宋礼、侍郎金纯、都督周长浚会通河。会通河者，元转漕故道也，元末已废不用。洪武二十四年，河决原武，漫安山湖而东，会通尽淤。至是复之。"就因为这一段运河不易维护，故到宣宗时又大加修浚。同书："宣宗时，尝发军民十二万，浚济宁以北自长沟至枣林闸百二十里，置闸诸浅，浚湖塘以引山泉。"

明代迁都北京后，对于大运河依赖甚殷；南北粮食的运输，几乎全靠漕运。永乐九年漕运为240万石，永乐十三年（1415）清江浦开通，粮船在淮安不必过坝，漕运更见便利，于是便停止海运。到了永乐十五年（1417），漕运增加为509万石，超过元代海运和漕运的总量。《明史·陈瑄传》："宋礼既治会通河成，朝廷议罢海运，仍以瑄董漕运，议造浅船二千余艘。初运二百万石，浸至五百万石，国用以饶。"

表 8　明代初期的漕运（每隔五年）

永乐十九年（1421）	3,543,194 石
宣德元年（1426）	2,399,997 石
六年（1431）	5,488,800 石
正统元年（1436）	4,500,000 石
六年（1441）	4,200,000 石
十一年（1446）	4,300,000 石
景泰二年（1451）	4,235,000 石
七年（1456）	4,437,000 石
天顺五年（1461）	4,350,000 石
成化二年（1466）	3,350,000 石
七年（1471）	3,350,000 石
十二年（1476）	3,700,000 石
十七年（1481）	3,700,000 石
二十二年（1486）	3,700,000 石
弘治四年（1491）	4,000,000 石

　　从弘治元年（1488）到正德十六年（1521），大运河每年规定运粮400万石。据上表可见从明代正式定都北京的1421年起，到正德末年的一百年之间，大运河每年所运之粮皆为三四百万石，直到嘉靖以后才渐减少。这就充分说明了大运河对于明代经济关系的重要。

因为运河中段和黄河相交，而黄河又常溃决，成为运河的一大威胁。例如明朝中叶正统、景泰、弘治年间，便一再发生黄河决口冲坏运河的事故。《明史·河渠志》（卷八五）："（正统）十三年（1448），河决荥阳，东冲张秋，溃沙湾，运道始坏，命廷臣塞之。景泰三年（1452）五月，堤工乃完，未匝月而北马头复决，掣漕流以东。……弘治二年（1489），河复决张秋，冲会通河，命户部侍郎白昂相治。……越四年，河复决数道入运河，坏张秋东堤，夺汶水入海，漕流绝。时工部侍郎陈政总理河道，集夫十五万，治未效而卒。"但当时明朝政府尚能及时加以治理，使运河塞而复通，并随时局部疏浚。

明代中叶以后，黄河决口冲坏运河的情形更见严重。当时政府已渐腐败，朝廷昧于地理形势，地方缺乏调查研究，上下都想不出好的对策。而终于使漕运败坏，国运也随之衰微。《明史·河渠志》载：

> 世宗之初，河数坏漕。……十九年（1540）七月，河决野鸡岗，二洪涸。……四十四年（1565）七月，河大决沛县，漫昭阳湖，由沙河至二洪，浩渺无际，运道淤塞百余里。……隆庆三年（1569）七月，河决沛县，茶城淤塞，粮艘二千余皆阻邳州。……时淮水涨溢，自清河至淮安城西淤三十余里，决礼、信二坝出海，宝应湖堤多坏。山东诸水从直河出邳州。……四年六月，……河大决邳州，睢宁运道淤百余里。……五年四月，河复

决邳州王家口，自双沟而下，南北决口十余，损漕船运军千计，没粮四十万余石，而匙头湾以下八十里皆淤。于是胶、莱海运之议纷起。

由于黄河的威胁日甚，明代大运河中段曾进行局部的改道。万历三十二年（1604）所开成的泇河，就是为了避开黄河二洪之险，偏东另辟新的运道，以代替已被黄河淤塞了的西边旧道。这段新运河由济宁向东南，穿过独山湖、南阳湖、微山湖，改从微山湖东边，经过韩庄、台儿庄，利用泇河水流，入江苏徐州府界，到董沟汇于黄河。这便是后来清代运河和今日大运河的路线。

黄河的威胁不限于洪水，而且包括地面的淤高，因为黄河挟带泥沙甚多，长期流入运河，使得运河河身也随之淤高。明朝政府仅知保护漕运，采取治标办法，在运河东堤建了数十座平水闸，泄水东流，汇于射阳河，然后在盐城以东入海。但里下河地区，地形低洼，泄水不畅，而且水利失修，下游河道早经湮塞。治水者但知加高运河河堤，然洪泽诸湖的湖水仍年年泛滥。到了穆宗隆庆年间（1567—1572），运河的水面，已高出高邮、宝应城中数尺；每一次决堤，高邮、宝应、兴化一带，必尽成泽国。后来在万历年间（1573—1620），又增建水闸23座，完全不顾里下河人民的死活，只求保全和王朝命运息息相关的漕运。

清代的大运河，其经行路线和明代没有什么出入，对于王朝的经济重要性亦相类似。清初漕运每年达408万石，故郑成功舰队进入长江切断瓜洲镇江运河，曾使清廷大为震动。康、雍、乾三朝，对运河的整治及维护虽较有成效，但嘉庆以后，因黄河淤垫日甚，几乎年年决口，冲击运河堤岸。且运河本身也淤沙高积，终于无法通航，陷入瘫痪状态。故到了道光初年，不得不恢复海运。《清史稿·河渠志》："清自康熙中靳辅开中河，避黄河之险，粮艘经行黄河，不过数里，即入中河，于是百八十里之河漕遂废。若白漕之借资白河、卫漕之导引卫水，闸漕、湖漕之分受山东、江南诸湖水，与明代无异。嘉庆之季，河流屡决，运道被淤，因而借黄济运。道光初试行海运，二十八年（1848），复因节省帮费，续运一次。迨咸丰朝黄河北徙，中原多故，运道中梗，终清之世，海运遂以为常。"同书又说："（道光初）新授两江总督琦善言：臣抵清江，即赴运河及济运、束清各坝逐加履勘。自借黄济运以来，运河底高一丈数尺，两滩积淤宽厚，中泓如线。向来河面宽三四十丈者，今只宽十丈至五六丈不等，河底深丈五六尺者，今只存水三四尺，并有深不及五寸者。舟只在在胶浅，进退俱难。"

当时运河的航运和民间灌溉用水，也一直存在着矛盾。这在下边所引的一则上谕中可清楚地看到。光绪《山东通志·运河考》（卷一二六）：

乾隆二年（1737）六月谕：今年五月间山东雨少，运河水浅，以致粮艘不能衔尾而进，沿途控浅起剥，甚费经营。而临清以北，更多阻滞。朕细加访察，临清以北，全赖卫水合汶济运，而卫水发源于河南卫辉府，至临清五百余里，沿河居民往往私泄，以为灌溉之用，每致运河水浅，粮艘难行。经前任河臣靳辅题定，每年于五月初一日尽堵渠口，使卫水全归运河以济漕运，此历年遵行之成法也。今因日久法弛，卫水来源，小民不无偷放之弊，遂致运河水势长落不常，重运难以北上。目前正当紧要之时，所当稽查严查。着北直、河南督抚速行办理。

清代末期运河的失修，以致漕运停顿，改行海运，造成南北运输的一大变局。其原因并不限于运河本身，而和太平军势力向江北伸张有关，稍后东捻军的活动也威胁着运河。另一方面，自从鸦片战争以后，帝国主义者明目张胆侵入中国领海，强迫开放港口，汽轮逐渐代替帆船。在时间、费用和安全等方面，海运都较漕运适宜。咸丰五年（1855），黄河在河南铜瓦厢决口，改道由山东利津入渤海，洪水大面积泛滥，冲毁运河堤岸，更使得千疮百孔的运河，完全失掉了作用。光绪《山东通志·运河考》（卷一二六）："咸丰五年，河决河南铜瓦厢，冲山东运堤，由张秋东至安山，运河阻滞。值军务未平，改由海运。于是河运废弛，十有余年。"其实以后虽数度设法恢复运河通航，但并没有成功。而铁路的兴建，尤其是津浦铁路的开通，对运河的修复也是一重阻碍。到了光绪三十一年（1905），就连漕运总督也撤销了。

运河的兴废过程，几乎就等于中国后期王朝的一部盛衰史。新近以来，荒废了一百多年的运河，又受到重视，取得了新生。第一个五年计划时期，除完成大运河的全面查勘外，并在江淮段修复淮安、邵伯、仙女庙船闸，促成了该段水运的活跃。在导治沂河的工程中，修建了皂河调制闸、骆马湖泄水闸以及皂河船闸，使沂河流入中运河的水量得到控制；汽轮航线得以向北伸展；消除了中运河北段洪水期决堤成灾、枯水期阻碍交通的现象。引黄河灌溉济、卫工程（人民胜利渠）完成，增加了临清天津间南运河的水量，有利于此段航运的改进。永定河的引水工程（把永定河水引到北京）完成后，通惠河的水量增加，为恢复航运创造了有利条件。

在上述局部的和片段的改良基础上，1958年的春天，成立了大运河总体规划和大运河整治委员会。打通南北大运河的巨大工程提前开始，曾有数十万劳动大军，在大运河沿线三个地段同时开工。淤塞了103年的大运河，经过这次彻底疏浚之后，又全线开通了。大运河的恢复和扩建工程规模甚巨：在北京和天津之间开凿一条新运河；天津到杭州间的河道一律挖深加宽，使全线可通2,000吨的机动驳船和船队；同时要将一部分河道截弯取直，使原长1,782公里缩短为1,583公里，并且直接通达钱塘江。

五、汴　河

汴水通淮利最多，生人为害亦相和；东南四十三州

地，吸尽膏脂是此河。（唐李敬方《汴河直进船》诗）

　　自扬、益、湘南至交、广、闽中等州，公家运漕，
私行商旅，舳舻相继。隋氏作之虽劳，后代实受其利。
（唐李吉甫《元和郡县志》）

　　汴河是古代联系黄河和长江的主要水路，唐宋漕运大动
脉；东南接济中原的物资，多赖汴河运输。汴河分自黄河，
是利用黄河古冲积扇东南侧的天然河道（淮河的北侧支流）
整治而成；顺着原始坡度开挖，工程简易，既可引黄河之水
灌溉农田，又可分杀黄河洪水期的水势，一举数得。[11]
　　汴河的前身，原为黄河的分支，根本不必筑引水口。可
能早在先秦时代，就被利用于运送物资；但如果要保持终年
航行，并且能有较大的运输量，就得加以人工改造，包括安
置水闸等。经过人工改造的河道，在多数场合被称为渠。较
老的古汴河，向东一直流到徐州，西汉时称为鸿沟或狼汤
渠，[12]亦作蒗荡水、莨宕渠、蒗荡渠；东汉时称为汴渠。三
国时的曹操，东晋的刘裕，皆曾利用汴渠运兵征讨。直到隋
代初年，古汴河还在使用。
　　因为黄河和汴河关系密切，后汉王景整治黄河，就连
同汴河一起治理。《后汉书·王景传》（卷六六）："平帝时，
汴河决坏，未及得修。……永平十二年（69），议修汴渠，
乃引见景，问以理水形便，景陈其利害，应对敏给，帝善
之。……景乃商度地势，凿山阜，破砥绩，直截沟涧，防遏

冲要，疏决壅积，十里立一水门，令更相回注，无复溃漏之患。……明年夏，渠成。"同书《明帝纪》："自汴渠决败，六十余岁。……今既筑堤理渠，绝水立门，河汴分流，复其旧迹。"

古汴河与《水经注》的汳水同流。胡渭《禹贡锥指》（卷四二）："汳水，汉志作卞水，《说文》作汳，后人恶反字，因改为汴。"《萧县志·山川古迹考》（卷四）："汴，《左传》作邲，班志作卞，《水经》作汳，今通作汴。"《铜山县志·山川考》（卷十三）："汴河，自萧县入境，至城北合故泗，古名获水。"《水经注疏》："水经之汳，《后汉书·明帝纪》作汴，盖后人避反字，变从卞，而至今相沿不改矣。"

古汴河的河道，直向东流，经过陈留、雍丘、襄邑、宁陵、考城、宋城、宋丘、虞城、碣石山、萧县，到徐州东北汇入泗水。后来逐渐淤塞，运输能力跟不上需要。隋炀帝在大业元年（605），另外开挖了一条新河道，称为通济渠。这就是唐代汴河的前身，新旧汴河的分叉点在开封西南。汴河一方面引用黄河水，另一方面因横截黄河冲积扇南侧许多较小的河流，包括睢水、涣水、蕲水、潼水等，也取得部分水源，并局部利用了此等小河的河道，与之同流，[13] 所以只花一百七十多天工夫便开成八百多里的汴河。

唐代的汴河，过开封后折向东南流，流程较古汴河为短。《太平寰宇记·开封县》（卷一）："通济渠在县南二里，隋大业元年，以汴水迂曲，回复稍难，自大梁城西南凿渠，引汴水入，号通济渠。"《隋书·炀帝本纪》（卷三）："大业元年三月辛亥，发河南诸郡男女百余万，开通济渠，……自板渚引河，通于淮。"此后约五百年间，这条运河曾成为中国南北交通的最大动脉。

《元和郡县志》："自洛阳西苑引谷、洛水达于河，自板渚引河入汴口；又从大梁之东引汴水入于泗，达于淮，自江都宫入海。亦谓之御河。河畔筑御道，树之以柳。"

《隋书·食货志》（卷二四）记载，又命人"往江南诸州采大木，引至东都。所经州县，递送往返，首尾相属，不绝者千里。……造龙舟凤䚋、黄龙赤舰、楼船篾舫。募诸水工，谓之殿脚，衣锦行滕，执青丝缆挽船，以幸江都。"

当时汴河的渠首（引水口）在板渚，位于今日汜水县东北三十五里，在原河阴县以西二十里的汴口堰，[14]简称汴口；亦作梁公堰或汴梁口。《元和郡县志·河南府河阴县》（卷五）："本汉荥阳县地，开元二十二年（734），以地当汴河口，分汜水、荥泽、武陟三县地，于输场东置，以便漕运。"《读史方舆纪要·开封府郑州河阴县》（卷四七）："在州西北五十里，西南至荥阳县三十里。"从汴口到开封的一段，系利用古汴河的河道。

唐代的汴河，流过河阴、荥泽、管城、原武、阳武、中牟、浚仪、开封、陈留、雍丘、襄邑、宁陵、宋城、谷熟、下邑、酂县、永城、临涣、符离、蕲县、虹县、南重冈城、吴城、徐城、临淮、盱眙等地，到故泗州西北五十里的临淮头，然后汇入淮水。

《资治通鉴·隋纪四》（卷一八〇）："大业元年，……又发淮南民十余万开邗沟，自山阳（淮安县南一里）至扬子（仪征东南十五里）入江。"这说明汴河（通济渠）和山阳渎（邗沟），已重新把黄河、淮河和长江沟通起来。唐李翱《来南录》："元和四年（809），正月庚子（廿三日），出洛，下河，止汴梁口，遂泛汴流，通河于淮。辛丑（廿四日），及河阴。乙巳（廿八日），次汴州。……二月丁未（初一）朔，宿陈留。戊申（初二），宿雍丘，己酉（初三），次宋州，……壬子（初六），至永城。……丙辰（初十），次泗州，见刺史，假舟转淮，上河如扬州。庚申（十四日），下汴渠入淮，风帆及盱眙，……壬戌（十六日），至楚州。丁卯（廿一日），至扬州。"从汴河口走到扬州，头尾共计28天。

此外，隋炀帝在大业四年（608），又利用黄河冲积扇东北侧的旧河道，开挖了直通涿郡（今北京附近）的永济渠。于是连接汴河、山阳渎和江南河，[15]可从北京一直通到杭州。《隋书·炀帝本纪》（卷三）："大业四年，春正月，乙巳，诏发河北诸郡男女百余万，开永济渠，引沁水南达于河，北通涿郡。"隋炀帝开永济渠的目的，主要是准备征伐高丽。永济渠开成后，炀帝在大业七年二月乙亥从江都（扬州）坐龙船一路游到涿郡，接着在大业八年、九年、十年，连续三次大举征伐高丽。

汴河开通之后，古汴河继续存在，直到北宋中叶尚被利用。《东坡全集·徐州上皇帝书》曾经提到："汴、泗汇于徐州东北。"《乐城集》的《初发彭城有感寄子瞻》："秋晴卷流潦，古汴日向干。扁舟久不解，畏此行路难。……"都可证明古汴河下游在北宋元祐（1086—1094）年间还能局部通航。只因路程比较迂远，官船早已不行走了。《宋史·河渠志·汴河上》（卷九三）："秦汉故道，以官漕久不由此，故填塞不通。"

汴河因受坡度的限制，必须逐段用闸。因此河水深度不大，不能行驶较大船只。主要是凭借河水浮力，用平底船把江淮的余粮运济西北的政治中枢。北宋张择端所绘的《清明上河图》中，可看到二三十艘这种矮而宽的漕运船只。《旧唐书·齐澣传》（卷一九〇）："淮汴水运路，自虹县至临淮一百五十里，水流迅急。"关于汴河的深度，根据宋代汴口的调节量，可知以"水深六尺，通行重载"为准。《宋史·河渠志·汴河上》（卷九三）："大中祥符八年（1015）八月，太常少卿马元方请浚汴河中流，阔五丈，深五尺，可省修堤之费。即诏遣使计度修浚。"可见汴河原来就不甚深阔。

汴河在淮河以北，因为水浅，比较容易冰冻。但冰冻现象只限于表面，冰下的水仍然日夜向东南流。杜牧《汴河阻冻》："千里长河初冻时，玉珂瑶佩响参差。浮生恰似冰底水，日夜东流人不知。"

根据《旧唐书·韦坚传》及《食货志》等的记载，唐代初年贞观、永徽年间（627—655），汴河每年的转运量不过20万石。但到了开元、天宝年间（713—755），已增加很多，每年都超过100万石。[16]玄宗时裴耀卿改用分段运输的办法，汴河的运输量曾达到"三年运七百万石"的记录，也就是平均每年230万石。《通典·漕运》（卷十）："天宝中，每岁水

陆运米二百五十万石入关。"《新唐书·食货志》(卷五三):
"开元初,河南尹李杰为水陆运使,运米岁二百五十万石。"
到韦坚时,进一步改革,并将关中运道,由华阴永丰仓到首
都长安的一段,也改为水运——疏浚隋代广通渠而成,[17]因
此曾创下天宝三载(744)运粮400万石的最高纪录。

开元二十九年(741)以后,因李齐物开凿砥柱使可通
漕,韦坚疏治汉、隋渭渠故道,又在长安长乐坡望春楼下挖
潭,于是江淮的漕舟可经汴河入黄河,越三门峡砥柱之险而
直达长安城下。

《唐会要》(卷八七)记代宗宝应二年(763)刘晏遗元
载书:"浮于淮泗,达于汴,入于河,西经砥柱、硖石、少
华,楚帆越客,直达建章、长乐。此安社稷之奇业也。"

汴河的漕运刺激了江淮的经济开发,人口大量增加,而
江淮的开发又助长了汴河的运输。试利用《隋书·地理志》
江南七郡和《新唐书·地理志》江南九州的户口比较,前者
七郡(丹阳、宣城、毗陵、吴郡、会稽、余杭、新安)共
计121,695户;后者九州(润州、升州、常州、苏州、湖州、
杭州、越州、宣州、歙州)共计764,405户;先后150年间,
户数增至六倍以上。《隋书·地理志》无口数,根据《新唐
书》和《旧唐书》的记载,唐代中叶江南九州的人口已达约
520万。

经济的繁荣使汴河与山阳渎沿岸兴起了大城市,包括扬
州和楚州;扬州在山阳渎的南端,楚州在山阳渎的北端。扬
州的兴起,主要是依靠交通位置。它既当江淮水路运道的要

冲，又是海舶所可到达的港口。条件之优越无以复加，所以成为"雄富冠天下"的商业大城市，[18]繁荣超过成都，遂有"扬一益二"之称。李吉甫《元和郡县志》："扬州与成都，号为天下繁侈，故称扬、益。"刘晏领盐铁转运使，整顿漕运，即以扬州为治所。王象之《舆地纪胜》引沈括语："自淮南之西，大江之东，南至五岭、蜀汉，十一路百州之迁徙贸易之人，往还皆出扬州下。舟车南北，日夜灌输京师者，居天下十之七。"

汴河水量的增减，直接受黄河流量的影响。夏秋水量最大，有时会泛滥；春冬水量较少，可能妨碍航行，故常利用枯水期进行疏浚。《宋史·河渠志》（卷九三、九四），有较多关于汴河涨溃和浅涸的记载，共计涨溃13次，浅涸4次。"太宗太平兴国二年（977）七月，开封府言：'汴水溢坏开封大宁堤，浸民田，害稼。'……四年（979）八月，又决于宋城县，以本州诸县人夫三千五百人塞之。……真宗景德三年（1006）六月，京城汴水暴涨。……大中祥符二年（1009）八月，汴水涨溢，自京至郑州浸道路。……神宗熙宁八年（1075）七月，汴水大涨，至深一丈二尺，于是复请权闭汴口。……徽宗宣和元年（1119）五月，都城无故大水，浸城外官寺民居，遂破汴堤。……仁宗天圣三年（1025），汴流浅，特遣使疏（黄）河注（汴）口。……嘉祐六年（1061），汴水浅涩，常稽运漕。"

《旧唐书·食货志下》（卷四九），另有一段记载，颇足以说明汴河水量的季节变化："开元十八年（728），宣州刺史裴耀卿上便宜事条曰：……窃见每州所送租及庸调等，本州正二月上道，至扬州入斗门，即逢水浅，已有阻碍，须留一月已上。至四月已后，始渡淮入汴，多属汴河干浅，又搬运停留，至六七月始至河口；即逢黄河水涨，不得入河，又须停一两月；待河水小，始得上河。"

修浚汴河，必选择枯水期进行，因此时汴河水浅，甚至干涸，便于兴工。《旧唐书·食货志下》（卷四九）："开元十五年（727）正月，令将作大匠范安及……发河南府、怀、郑、汴、滑三万人疏决（梁公堰）开旧（汴）河口，旬日而毕。"又"广德二年（764）正月，……（刘）晏以检校户部尚书为河南及江淮已来转运使，及与河南副元帅计会，开决汴河"。同书《刘晏传》（卷一二三）："河汴有初，不修则毁淀，故每年正月发近县丁男，塞长茭，决沮淤。清明桃花已后，远水自然安流。"《宋史·河渠志·汴河上》（卷九三）："太平兴国三年五月，发军士千人复汴口。"

安史乱后，汴河有颇长时期的阻塞。代宗时代的刘晏，曾努力使汴河恢复。《通鉴·唐纪》（卷二二三）代宗广德二年（764）："自丧乱以来，汴水湮废，……晏乃疏浚汴水。"这就是前引《旧唐书·食货志》刘晏开决汴河的事。从安史之乱使汴河淤塞，到刘晏修复，前后约有18年之久。刘晏明白汴河和长江水文的不同，把东南的漕运以扬州为中心划分为两部分。由江南各地运来的物资，到达扬州后便可卸下，另行转船循汴河运到河阴。所谓"江船不入汴，汴船不入河"，便指此而言。但此时李唐皇朝的威势已走下坡，经济衰退，汴河每年最大的运输量不过110万石，最少只有50万石，远不及开元天宝盛世了。

到了唐代末年，江淮地区受到藩镇割据，汴河又不能通航了。昭宗乾宁四年（897），因受战争的破坏，汴河下游在埇桥东南溃决，使附近沦为沼泽，完全失掉漕运的机能，[19]后来到五代周显德五年（958）才又修复。[20]由此可见汴河的漕运，实和唐代的国运息息相关。

北宋定都汴梁，亦即开封，一方面固然因为关、洛残破，不堪再为首都，更重要的原因是接近东南财富之区。《邵氏闻见录》引王禹偁《建隆遗事》："开宝末，议迁都于洛，晋王言：京师屯兵百万，全藉汴渠漕运东南之物赡养之。若迁都于洛，恐水运艰阻，缺于军储。"由此可知北宋王朝的利赖汴河，甚为殷切；较之唐代，有过之而无不及。

> 景德三年（1006）江淮漕米增至六百万，祥符二年（1009）四月壬辰，江淮发运李溥言：江淮廪粟，除留州约支三年外，当上供者，凡一千三百余万石；每岁水运止五百万，今岁及七百万，望少损其数。[《玉海·漕运》（卷一八二）]

> 宋都大梁，有四河以通漕运：曰汴河，曰黄河，曰惠民河（即蔡河），曰广济河；而汴河所漕为多。……开宝五年，率汴、蔡两河公私船，运江、淮米数十万石以给兵食。是时京师岁费有限，漕事尚简。至太平兴国初，

两浙既献地，岁运米四百万石。……先是，四河所运未有定制，太平兴国六年，汴河岁运江淮米三百万石，菽一百万石；黄河粟五十万石，菽三十万石；惠民河粟四十万石，菽二十万石；广济河粟十二万石，凡五百五十万石。非水旱蠲放民租，未尝不及其数。至道初，汴河运米五百八十万石。大中祥符初，至七百万石。江南、淮南、两浙、荆湖路租籴，于真、扬、楚、泗州置仓受纳，分调舟船，溯流入汴，以达京师。[《宋史·食货志上·漕运》（卷一七五）]

汴水横亘中国，首承大河，漕引江湖，利尽南海；半天下之财赋，并山泽之百货，悉由此路而进。[《宋史·河渠志》（卷九三）]

汴河承受黄河的浊水，所以也很容易淤塞，必须时常疏浚。[21]唐代一般是每年疏浚一次，北宋初年也是如此。但祥符中叶后改为三年一浚，久之制度松弛，终于堙淀而高出堤外平地一丈多。沈括《梦溪笔谈》（卷二五）："国朝汴渠，发京畿辅郡三十余县夫岁一浚。祥符中，阁门祗候使臣谢德权领治京畿沟洫，权借浚汴夫，自尔后三岁一浚，始令京畿民官皆兼沟洫河道，以为常职。久之，治沟洫之工渐弛，邑官徒带空名，而汴渠有二十年不浚，岁岁堙淀。……自汴流湮淀，京城东水门，下至雍丘、襄邑，河底皆高出堤外平地一丈二尺余；自汴堤下瞰民居，如在深谷。熙宁中，议改疏洛水入汴。"

汴河到了北宋末期，已经淤塞不堪，这和政权的衰腐有连带关系。《宋史·食货志上·漕运》："靖康初，汴河决口有至百步者，塞之，工久未讫，干涸月余，纲运不通，南京及京师皆乏粮。"当时的所谓南京即应天府，就是现在的商丘。宋室南渡之后，汴河沦为金有；失去了功用，不久也就涸废了。范成大于乾道六年（1170）出使中都，由泗州陆行过汴京时，感慨地写了一首咏汴河诗，头一句便说"指顾枯河五十年"。该诗范成大的自注云："汴河自泗州以北皆涸，草木生之。"楼钥的《北行日录》也说："自离泗州，循汴而行；至此河益埋塞，几与岸平；车马皆由其中，亦有作屋其上。"

注释

1 《诗经·出车》的原文是："王命南仲，往城于方。出车彭彭，旐旟央央。天子命我，城彼朔方。赫赫南仲，狁狁于襄。"

2 《括地志》："赵武灵王长城在朔州善阳县北。案《水经》云白道长城北，山上有长垣，若颓毁焉，沿溪亘岭，东西无极，盖赵武灵王所筑也。"

3 《汉书·地理志》："朔方临戎县北有连山，险于长城；其山中断，两峰俱峻，土俗名为高阙也。"文中的连山指狼山，为阴山最西段。

4 《汉书·匈奴传》相关的这一段记载，完全转录《史记》，只在开头加一句总结前文的"秦昭王灭义渠"。

5 陈正祥《河西走廊》，"国立"中央大学研究院理科研究所地理学部丛刊第四号，1943 年。

6　此等五原塞外列城，都是用以支援长城的。五原塞亦作五原城。颜师古曰："汉制每塞要处别筑为城，置人镇守，谓之候城。"《汉书·魏豹田儋韩王信传》："太初中屯五原外列城。"《史记正义》："五原塞即五原郡榆林塞也，在胜州榆林县西十里。"《通典》注："榆林县西有汉五原城。"

7　《晋太康地记》："自北地郡北行九百里，得五原塞。"近年经考古发掘，已知这个榆林塞是在内蒙古托克托西南十公里的黄河南边。详见本书《沙漠中的古城》一节。徐自为是光禄勋，因此他所筑的塞亦称光禄塞。《汉书·匈奴传》："昭帝始元间，匈奴遣九千骑屯受降城以备汉。宣帝甘露三年，呼韩邪单于入朝，愿留居光禄塞下，有急，保汉受降城。"

8　匈奴的决定投降，其统治阶层也曾有争论。《汉书·匈奴传》："呼韩邪之败也，左伊秩訾王为呼韩邪计，劝令称臣入朝事汉，从汉求助，如此匈奴乃定。呼韩邪议问诸大臣，皆曰：'不可。……汉虽强，犹不能兼并匈奴，奈何乱先古之制，臣事于汉，卑辱先单于，为诸国所笑！虽如是而安，何以复长百蛮！'左伊秩訾曰：'不然。强弱有时，今汉方盛，乌孙城郭诸国皆为臣妾。自且鞮侯单于以来，匈奴日削，不能取复，虽屈强于此，未尝一日安也。今事汉则安存，不事则危亡，计何以过此！'诸大人相难久之。呼韩邪从其计，引众南近塞，遣子右贤王铢娄渠堂入侍。郅支单于亦遣子右大将驹于利受入侍。是岁，甘露元年也。"

9　开皇五年（585），使司农少卿崔仲方发丁三万于朔方灵武筑长城，东距河，西至绥州，绵历六百里，以遏胡寇。六年二月，复令仲方发丁十五万于朔方以东缘边险阻，筑数十城。

10　史籍中明确记载开凿江南运河，最早见于《通鉴·隋纪五》（卷一八一）大业六年（610），"敕穿江南河，自京口至余杭，八百里，广十余丈，使可通龙舟，并置驿宫、草顿，欲东巡会稽。"陆游《入蜀记》也说："自京口抵钱塘，梁、陈以前不通漕。至隋炀帝始凿渠八百里、皆阔十丈；夹冈如连山，盖当时所积之土。"但江南自古为水乡泽国，开凿运河比较方便。《史记·河渠书》记载："于吴则通渠三江、五湖，……此渠皆可行舟，有余则用溉浸。"文中的"渠"可视为运河。而《越绝书·吴地传》记载："吴国故水道，出平门上郭池，入渎，出巢湖；上历地，过梅亭，入扬湖；出渔浦，入大江，奏广陵。"明显地指示远在隋炀帝以前，江南就存在着一条运河。当时吴国的都城在苏州，平门即苏州的北门；巢湖即漕湖，梅亭在今无锡；扬湖可能就是阳湖，在今无锡、常州之间，紧临江南运河；渔浦即今江阴县西利港；广陵在今扬州市西北蜀岗上。所以这条古老运河的路线，并不难恢复。吴王夫差会盟黄池，船队可能就通过这条和现在江南运河流经路线稍不相同的运河。这条古运河从苏州向南，通过吴江、平望、嘉兴、崇德，南下直达钱塘江边，运转越国的粮食。《越绝书·记吴地传》接着说："百尺渎，奏江，吴以达粮。"详见另著《论江南》一书，国际研究中国之家《中国研究丛书》第29号。

11 《汉书·沟洫志》（卷二九）曾指出在贾让以前，成帝初清河郡的都尉冯逡，便提到了分水治河的办法："屯氏河不流行七十余年，新绝未久，其处易浚。又其口所居高，于以分杀水力，道里便宜，可复浚以助大河泄暴水，备非常。"

12 《汉书·沟洫志》（卷二九）："自是之后，荥阳下引河东南为鸿沟，以通宋、郑、陈、蔡、曹、卫，与济、汝、淮、泗会。"

13 例如从陈留东南到宋城一段和睢水同流，长约215里；从谷熟到临涣一段和涣水同流，长约205里；从临涣县东南到蕲县北界一段，和蕲水同流；最后在虹县以西一段，则又和潼水同流。

14 河阴县在清乾隆三十年（1765）并入了荥泽县。

15 《通鉴·隋纪五》（卷一八一）："大业六年十二月，敕穿江南河，自京口至余杭，八百余里。"这条江南河，大致利用了梁昭明太子中大通二年（530）上疏所开的漕沟渠故道。

16 《旧唐书·食货志》（卷四九）（裴）耀卿奏稿："昔贞观、永徽之际，每岁转运不过二十万石。"《新唐书·食货志》(卷五三):"岁转粟百一十万石，无升斗溺者。"

17　关于开凿接通长安和黄河的广通渠，《隋书·文帝本纪》(卷一)记载:"开皇四年(584)六月，开渠，自渭达河，以通运漕。……九月……幸灞水，观漕渠，赐督役者帛各有差。……驾幸洛阳，关内饥也。"《隋书·食货志》(卷二四):"开皇四年，命宇文恺率水工凿渠，引渭水，自大兴城东至潼关，三百余里，名曰广通渠，转运通利，关内赖之。"隋文帝开国之初，基于经济、军事上的需要，很重视漕运，曾于黄河沿岸建了四个米仓，并开浚了广通渠和山阳渎。《隋书·食货志》(卷二四):"开皇三年，朝廷以京师仓廪尚虚，议为水旱之备，于是诏于蒲、陕、虢、熊、伊、洛、郑、怀、邵、卫、汴、许、汝等水次十三州，募运米丁。又于卫州置黎阳仓，洛州置河阳仓，陕州置常平仓，华州置广通仓，转相灌注，漕关东及汾、晋之粟，以给京师。"

18　见《新唐书·高骈传》(卷一四九)。

19　《通鉴》(卷二九二)显德二年(955)十一月乙未条:"汴水自唐末溃决，自埇桥(宿县北二十里)东南，悉为污泽。"《宋史·武行德传》(卷二五二):"先是唐末杨氏(杨行密)据淮甸，自埇桥东南决汴，汇为污泽。"

20　《通鉴·后周纪》(卷二九四):"世宗显德五年三月，浚汴口，导河流，达于淮，于是江淮舟楫始通。"

21　梅圣俞咏汴渠诗:"汴水源本清，随分黄河枝。浊流方已盛，清派不可推。天王居大梁，龙举云必随。设无通舟航，百货当陆驰。人间牛驴骡，定应无完皮。"

第八篇　明代的户口

—— 中国古代最好的一次户口普查

明太祖朱元璋起自民间，少年时吃过苦，深知平民生计艰困。开国之初，他在诏书里屡次提到"朕本农夫，深知民间疾苦"和"朕本农夫，深知稼穑艰难"，以及"朕本淮右布衣"或"朕本微寒"之类的话。故在位时推行"养民"和"宽赋"的政策，对官吏的约束严峻，想尽力做到税役的均等公正。他在遗诏中还说道："朕膺天命三十有一年，忧危积心，日勤不怠，务有益于民。"

在推翻元朝统治的长期战乱中，中国大部分地区，特别是江淮一带曾受到惨重的损害，平民大量死丧或流亡，农村凋敝，造成普遍的土地荒芜。明朝开国之初，最大的问题是如何抚恤流亡、增加户口及发展生产。洪武年间（1368—1398）大力推行安置流移人口回乡生产的工作，兴修水利，奖励开垦，并多次蠲免税粮。《明典章》洪武七年八月诏："兵兴以来，各处人民避难流移，或有父南子北，至今不能奉养。愿完聚者有司送还乡里，或身死他方，抛下老幼愿还乡者听。"

要收拾元末大乱后的残局，朱元璋早就注意到户籍的重要。他在洪武元年十月便曾下诏："户口版籍应用典故文字，已令总兵官收拾，其或迷失散在军民之间者，许令官司送纳。"无奈久经战乱，户籍大量散失；同时元末户籍，也不见得准确。故更重要的是如何迅速建立崭新的、比较切实可行的户籍制度。事实上早在洪武元年，便在部分地区试办所谓"均工夫图册",借以平均徭役负担。《明史》卷七八《食货志二》:"役法定于洪武元年,田一顷出丁夫一人;不及顷者,以他田足之,名曰均工夫。寻编应天十八府州,江西九江、饶州、南康三府均工夫图册。每岁农隙赴京供役三十日遣归。田多丁少者以佃人充夫,而田主出米一石资其用。"洪武三年又推行过户帖制度,以敷实户口,作为征调赋役的依据。《明史》卷二《太祖本纪》:(洪武三年冬十一月)"辛亥,诏户部置户籍、户帖,岁计登耗以闻,着为令"[1]。后来著名的"黄册制度",便是在这两套办法的基础上发展起来。

有人口才可进行生产,有生产才可增加税收。因此朱元璋对于户籍很重视,亲自主持推行户帖,用雷厉风行的办法督促全国官府和人民切实奉行,甚至调派军队到各地,根据户帖勘合来核对户口,敷查各户人丁数目、姓名、年龄、产业等,是否同户帖所记载的符合。当时对于逃避隐瞒的处分极严,负责的官吏要杀头,躲避登记的人要充军。目的在于用峻法严刑来惩罚妨碍户帖制度贯彻执行的官员和人民。

洪武四年颁发到徽州府祁门县谢允宪家的户帖,上面刊载着朱元璋在洪武三年十一月颁发的一道谕旨,后半部说道:"说与户部官知道,如今天下太平了也,止是户口不明白俚。教中书省置下天下户口勘合文簿、户帖。……我这大军如今不出征了,都教去各州、县里下着绕地里去点户。比勘合比着的便是好百姓,比不着的便拿来作军,比到其间,有司官吏隐瞒了的，将那有司官吏处斩。百姓每（们）自趖（躲）避了的，依律要了罪过，拿来作军。"

户帖上还同时登记各户所有的事产。例如上引的谢允宪户，就附列有"田捌分伍厘肆毫，草屋一间，孳畜黄牛壹头"等财产。所以在明代初年，政府不但掌握了全国的人口数，而且还知道他们的财富。

黄册是明太祖采纳了试户部尚书范敏的建议而创制的。《明书》六八《赋役》："（洪武）十四年，诏天下府、州、县编赋役黄册。[2]以一百一十户为里，推丁粮多者十户为长，余百户为十甲。甲十户，名全图，其不能十户，或四五户若六七户，名半图。城中曰坊，近城曰厢，乡都曰里。里各编一册，册首为总图。鳏寡孤独不任役者，则系于百十户之外，著之图尾，曰畸零带管。册成，上户部，而省、府、州若县，各存其一以俟会。皆十年，有司将定式给坊、厢、里长，令人户诸丁口、田塘、山地、畜产，悉各以其实自占，上之州、县。州、县官吏查比先年册诸丁口，登下其死生；其事产、田塘、山地贸易者，一开除，一新收，过割其税粮。其排年坊、里长消乏者，于百十户内遴丁粮近上者补之。有事故户绝者，附畸零。"

根据上述记载，可知黄册制度是直接从户帖制度改进演变而来，成为一种更精密的户口与赋役管理制度。黄册不但登记了各户现有丁口财产的情况，还因为它规定了每隔十年必须重新核实编造，要将十年内各户人口的生死增减、财产的买卖和产权的转移等等，也分别明确地登记在册里，并分别列出旧管、新收、开除、实在等项细账，便于反映各项情况的消长和变更。

黄册制度是明代所制定的各种规制中极出色的一种，和其他规制有相互补充及配合的作用。王朝规定各级国家机关的行政首长及其主要僚属，必须亲自负责办理编制黄册工作。

明朝初年的武功虽盛，永乐年间在黑龙江口设立都司，在越南置布政使司，[3]但对西南部的少数民族地区，长时期无可奈何。在尚未建立巩固的统治权力、无法推进严格行政管理的地区，只得准许免造黄册；或虽仍然要造黄册，但对编制的格式、申解的手续等也不得不放宽尺度。万历《明会典》卷二十黄册："洪武二十四年（1391）奏准，凡云南各府攒造黄册，除流官及土官驯熟府分依式攒造外，其土官用事边远顽野之处，里甲不拘定式，听从实编造。实州宣慰司不造。播州宣慰司附近通汉语者编造，其余夷民不造。景泰六年（1455）奏准，四川威州并保县极边番夷，黄册免造。"

贵州省的设置较迟，要到弘治年间（1488—1505），贵州宣抚司才照章编制黄册。所以洪武、永乐时期较好的人口统计，欠缺贵州的数字。弘治十五年（1502），全国回南京户部申解黄册的地方官府共有1,731处。

明代初年对于户口、户籍的管理非常严格，里甲制度和黄册制度同时出现，互相配合。[4]规定全国编入里甲的人户，都要一一载在黄册之中；妇女和未成丁的男子虽可免服徭役，但其人数以及同户主的关系也要报明登记。男子超过十岁就须编入正式图册，只有未满十岁的儿童，才许编入图册的带官畸零项内。依照规定，对军、民、匠、灶各类人户不许随便变动，对逃军、逃匠的治罪很严峻。[5] 为保证徭役赋税的供应，不许人民随便迁移；因灾荒重役等被迫逃往他乡的流民，一般都要押回原籍入册当差。每当编造黄册时，如发现人户有逃亡，则"所在有司，必须穷究所逃之处，移文勾取赴官。依律问罪"。此外还规定有田地财产的僧道，也要编入黄册正图之内，一律纳粮当差，只有特许者可得到优免。少数无田地财产或年老的僧道，则编入黄册的带管畸零项内。

《后湖志》卷八正德六年（1511）《户部为赋役黄册事题本》："务要每里止许一百十户人丁。果系十岁以下或有年老残疾、单丁、寡妇及外郡寄庄纳粮当差人民，许作带管畸零。"

政府能够掌握全国编入里甲人户的具体情况，这是以前历代王朝所无法做到或不能完全做到的。在整顿户口、地籍方面，朱元璋的功绩为任何前代帝王所不及。洪武二十四年（1391）所造黄册得出的全国户口10,684,435户和56,774,561丁。《明史》卷三《太祖三》："是年，天下郡县赋役黄册成，计户千六十八万四千四百三十五，丁五千六百七十七万四千五百六十一。"

"丁"并非全部人口，所以洪武二十六年根据二十四年所造黄册再度检核的结果，公布的数字是10,652,789户，

60,545,812口，平均每户5.7口。《明史》和《续文献通考》等所采用的，都是这个经过修订后的数字，也可能是我国古代最可靠的人口统计数字。[6]

　　拿洪武二十六年的数字和西汉平帝元始二年（2）的12,233,062户、59,594,978口比较，实颇为接近。换言之，在此一千三百多年之间，中国的人口发展又打了回头。王朝的政局盛衰，支配着人口增减的循环。

　　从下表可看出一项事实，明代全国人口的分布，已很明显地集中在东南；浙江是各省中人口最多的，独占全国总户数五分之一。直隶加上浙江、江西，高占全国总户数52.7%；北平加上山东、山西，只占全国总户数15.8%；西南地区的四川、广西、云南合计，只占全国总户数4.5%。

表9　洪武二十六年（1393）全国各地区的户口

布政司	户　　数	口　　数	每户平均人数	占全国总户数之百分比
直隶（南京）	1,912,833	10,755,938	5.6	18.00%
北　平	334,792	1,926,395	5.8	3.10%
浙　江	2,138,225	10,487,567	4.9	20.10%
江　西	1,553,923	8,983,481	5.8	14.60%
山　东	753,894	5,255,876	7	7.10%
山　西	595,444	4,072,127	6.8	5.60%
福　建	815,527	3,916,806	4.8	7.60%
河　南	315,617	1,912,542	6.1	3.00%

布政司	户　　数	口　　数	每户平均人数	占全国总户数之百分比
广　　东	675,599	3,007,932	4.5	6.30%
湖　　广	775,851	4,702,660	6.1	7.30%
陕　　西	294,526	2,316,569	7.9	2.80%
四　　川	215,719	1,466,778	6.8	2.00%
广　　西	211,263	1,482,672	7	2.00%
云　　南	59,576	259,270	4.4	0.50%
总　　计	10,652,789	60,545,812*	5.7	100.00%

* 各地区口数相加得 60,546,613 人，和总计栏修订数字 60,545,812 相差 801 人。

资料来源：《后湖志》卷二黄册户口。

　　早在汉代，中国人口分布集中在黄河中下游流域，南方人烟稀少。唐代人口分布已向长江流域扩散，宋代人口分布南北趋向均匀。到了明代，全国人口分布的形势和汉代相反，东南地区人口密集，西北地区人口稀疏。

　　洪武二十四年所造的黄册如果能保存下来，那该多好，我们便可以利用州县统计资料绘制很准确的明代初年人口分布图。此项珍贵记录理论上应该存在，但要费脑筋花时间去寻找。早在五十年代，我便在美国、日本和台湾地区的各大图书馆，查阅地方志并寻找《永乐大典》的残卷。但结果颇为令人失望，也因工作太忙没有能继续下去。我虽然找到了一些零星的好资料，例如本章所附的若干统计表，却绝不可能使其齐全。

《明史·地理志》和《明会典》都有一些明代的户口资料，但亦皆残缺不全。就洪武二十四年（1391）的资料说，只是首都南京（直隶）有府州别的明细记载。弘治四年（1491）和万历六年（1578），虽然北直隶和南直隶都有府州别的统计数字，但那时黄册制度已经败坏，资料不再可靠了。

表 10　洪武二十四年（1391）直隶的户口

府州别	户　数	口　数	平均每户口数
应天府	163,915	1,193,620	7.3
凤阳府	79,107	427,303	5.4
淮安府	80,689	632,541	7.8
苏州府	123,097	736,165	6
扬州府	491,514	2,355,030	4.8
松江府	249,950	1,219,937	4.9
常州府	152,164	775,513	5.1
镇江府	87,364	522,383	6
庐州府	48,720	367,200	7.5
安庆府	55,573	422,804	7.6
太平府	39,290	259,937	6.6
池州府	35,826	198,574	5.5
宁国府	99,732	532,259	5.3
徽州府	125,548	592,364	4.7
徐　州	22,683	180,821	8
滁　州	3,944	24,797	6.3

续表

府州别	户　数	口　数	平均每户口数
和　州	9,531	66,711	7
广德州	44,267	247,979	5.6
合　计	1,912,833*	10,755,938	5.6

* 各州府相加合计为 1,912,914 户，二者相差 81 户。

资料来源：《明史·地理志》。但《明会典》和《明朝开国文献》等也有此项记录，数字完全相同。

编制黄册的目的是要整理赋役，征收赋税的主要对象是土地，故同时普遍丈量土地，编制鱼鳞图册。陆世仪《论鱼鳞图册》："旧制，定赋役有二册，一曰黄册，以人户为母，以田为子，凡定徭役、征赋税则用之；一曰鱼鳞图册，以田为母，以人户为子，凡分号数、稽四至则用之。"

《明史》卷七十七《食货一》："元季丧乱，版籍多亡，田赋无准。……洪武二十年命国子生武淳等分行州县，随粮定区。区设粮长四人，量度田亩方圆，次以字号，悉书主名及田之丈尺，编类为册，状如鱼鳞，号曰鱼鳞图册。先是，诏天下编黄册，以户为主，详具旧管、新收、开除、实在之数为四柱式。而鱼鳞图册以土田为主，诸原坂、坟衍、下隰、沃瘠、沙卤之别毕具。鱼鳞册为经，土田之讼质焉；黄册为纬，赋役之法定焉。"

顾炎武很赞许这些图册，认为"凡百差科，悉由此出，无复前代纷更之扰"。[7]他在所著《天下郡国利病书》卷二五《江南》一三："人民之丁产事业，官府必有册；土田之鳞次栉比，乡里必有图。按图以稽荒熟，为某人见业则不可隐；按册以稽某家某户占田若干，坐落某处，则税不可逋。……可见图之与册相须而不可无者也。"

明初虽到洪武十四年才编黄册，但其前已有准备及试查。大致从洪武八九年起，户口数字已渐臻准确。从《永乐大典》的残卷中，我找到下列的一些局部户口记载，弥足珍贵，特加以整理列表如下。其中湖州可代表太湖流域，广州代表珠江三角洲，太原代表北方。

浙江布政使司的湖州府，在太湖南岸，当时包括乌程、归安、长兴、武康、德清、安吉等六县，洪武九年（1376）共有居民 207,055 户，881,426 口，平均每户 4.3 口。另有军户 13,182 户，47,827 口。

表 11　明代初年湖州府的户口

县别	民户（洪武九年）			军户（洪武十年）	
	户　数	口　数	平均每户口数	户　数	口　数
乌　程	54,924	236,431	4.3	2,286	6,877
归　安	56,537	249,830	4.4	1,840	5,876
长　兴	35,890	134,786	3.8	5,297	21,822
武　康	10,223	42,533	4.2	664	2,493
德　清	33,089	147,041	4.4	1,791	7,196
安　吉	16,392	70,805	4.3	1,304	3,563
合计	207,055	881,426	4.3	13,201*	47,827

* 六县的军户户数相加应为 13,182 户，略有出入。

资料来源：《永乐大典》卷二二七七"湖州府"。

洪武十年（1377）湖州府共有成熟田土（实际起科的税粮田土）490万亩，包括水田250万亩，旱地52万亩，山林168万亩，水荡22万亩。以民户分配，平均每户有水田12.2亩，旱地2.5亩，山林8.1亩，水荡1.1亩。每县之中，因自然条件不同，各种已利用地所占的比例也有区别。

表12　洪武十年（1377）湖州府的
成熟田土（实际起科的税粮田土，单位为亩）

县　别	合　计	田	地	山	荡
乌　程	987,569	681,649	48,969	184,275	42,676
归　安	956,041	626,410	96,253	155,233	78,145
长　兴	1,163,984	576,497	137,192	423,303	26,544
武　康	183,984	84,017	36,511	38,405	25,051
德　清	559,672	395,174	86,929	32,552	45,017
安　吉	1,098,465	160,516	87,280	847,416	3,253
合　计	4,949,267	2,524,263	523,134	1,681,184	220,686

资料来源：《永乐大典》卷二二七七"湖州府"。

当时湖州府的土地利用，夏季种水稻，兼有桑、麻、棉花、蓝靛；冬季种小麦；山地植茶树和油桐，水荡养鱼。从所缴纳的田赋，可以看出农业生产的情况。洪武十年湖州府缴纳的夏税为麦13,170石，丝736,546两，绢15,107两；秋粮正耗米546,536石（六县共设有65个仓，正副粮长159名）。茶课钱21,320,749文，鱼课（洪武十年连闰计十三个月）1,261,640文，苎麻2,756斤，黄麻4,499斤，蓝靛492斤，桐油1,011斤。

广州府的管辖范围超过珠江三角洲，包括南海、番禺、东莞、新会、增城、香山、清远、阳山等八县，洪武十年共有居民186,583户、659,028口，平均每户3.5口。[8]三角洲核心各县人口较多，外围如香山、清远、阳山三县人口较少。

表13　洪武十年（1377）广州府的户口

县　别	户　数	口　数	每户平均口数
南　海	58,368	188,639	3.2
番　禺	33,110	109,487	3.3
东　莞	26,782	91,020	3.4
新　会	32,414	135,933	4.2
增　城	16,013	55,206	3.4
香　山	7,870	26,820	3.4
清　远	4,323	16,870	3.9
阳　山	7,703	35,053	4.6
总　计	186,583	659,028	3.5

* 资料来源：《永乐大典》卷一一九〇七"广州府"。

永乐元年（1403）广州府户口计为195,251户、611,764口，平均每户仅3.1口，人口统计已开始变质。

洪武十年，广州府共有官民田地山塘3,600,024亩，秋粮纳米141,167石；其中民有者计3,132,340亩，纳米99,054石。全部麻麦地仅7,016亩（麻田941亩，麦田6,075亩），科麻470斤、麦130石。可见当时的广州府，稻作在农业生产上占绝对优势。此外全广州共有桑树40,751株，蚕丝业已相当发达。到永乐元年（1403）时，广州府的官民田地已增加为7,608,605亩，夏税小麦791石，秋粮纳米296,064石。

从洪武十年（1377）到永乐元年（1403），其间相距不过25年，但广州府的"官民田地"却从313万亩扩充到了761万亩，增幅达143%；这显然不会全部得力于土地开拓，必然也包含了隐瞒田地的被发现。同一期限秋粮所纳的米，也从14万石增加到30万石，增幅达110%。这充分说明在朱元璋统治的后期，对土地的清查和对人口的清查同样严密，有良好的成效。

表14 洪武十年（1377）广州府的田赋

县别	田地面积（亩）	所占百分比	正耗米（石）	所占百分比	麦地面积（亩）	桑树（株）
南海	753,088	20.90%	32,449	23.00%	1,488	15,292
番禺	511,464	14.20%	22,940	16.30%	2,323	7,167
东莞	756,805	21.00%	27,913	19.80%	1,513	4,128
新会	648,375	18.00%	26,143	18.50%	215	
增城	426,496	11.90%	14,197	10.10%	231	2,779
香山	246,580	6.90%	10,070	7.10%	203	1,000
清远	144,443	4.00%	3,626	2.50%	102	3,000
阳山	112,773	3.10%	3,829*	2.70%		7,385
总计	3,600,024**	100.00%	141,167	100.00%	6,075	40,751

* 洪武八年数字。** 包括官田55,737亩，秋粮纳米11,289石；学院田79,372亩，秋粮米17,009石；僧道田146,713亩，秋粮米7,749石；灶民田185,861亩，秋粮米5,966石。
资料来源：《永乐大典》卷一一九〇五"广州府"。

《明史》卷七十七《食货一》："明土田之制，凡二等：曰官田，曰民田。初，官田皆宋、元时入官地。厥后有还官田，没官田，断入官田，学田，皇庄，牧马草场，城壖苜蓿地，牲地，园陵坟地，公占隙地，诸王、公主、勋戚、大臣、内监、寺观赐乞庄田，百官职田，边臣养廉田，军、民、商屯田，通谓之官田。其余为民田。"

在广州府全部360万亩田地中，民田占92%，所纳秋粮正耗米占74%。

表15 洪武十年（1377）广州府官田和民田的田赋

田地分类		面积（亩）	所占百分比	秋粮正耗米（石）	所占百分比	平均每亩所纳私粮（石）
官田	官田	55,737	1.5%	11,289	8.0%	0.20
	学院田	79,372	2.2%	17,009	12.0%	0.21
	僧道田	146,713	4.1%	7,849	5.6%	0.05
民田	民田	3,132,340	87.0%	99,054	70.2%	0.03
	民田	185,861	5.2%	5,966	4.2%	0.03
	灶民田	185,861	5.2%	5,966	4.2%	0.03
合计		3,600,204	100.0%	141,167	100.0%	0.04

资料来源：《永乐大典》卷一一九〇五"广州府"。

山西的太原府，唐开元年间有26,800户，北宋盛时达155,263户。洪武十一年太原府辖27个州县，土地面积占全省三分之一，而居民仅有87,000户，相当于江南的一个大县；全部482,065人，平均每户5.5人。

表 16　洪武十一年（1378）山西太原府的户口

县　别	户　数	口　数	每户平均人数
阳　曲	11,473	50,039	4.4
太　原	4,246	27,397	6.5
寿　阳	3,037	17,107	5.6
清　源	3,052	13,003	4.3
榆　次	11,250	44,436	3.9
祁　县	3,272	19,712	6
徐　沟	1,968	9,735	4.9
太　谷	6,403	40,124	6.3
交　城	4,031	19,125	4.7
盂　县	2,089	9,809	4.7
静　乐	1,928	11,016	5.7
文　水	3,238	25,099	7.8
临　县	1,120	9,447	8.4
平　定	2,200	14,255	6.5
乐　平	1,036	7,912	7.6
石　州	2,005	18,764	9.4
宁　乡	819	8,161	10
忻　州	7,331	38,374	5.2
定　襄	3,154	13,904	4.4
岢岚州	1,030	6,517	6.3
岚　县	980	7,778	7.9
兴　县	953	7,806	8.2

续表

县　别	户　数	口　数	每户平均人数
代　州	3,431	17,590	5.1
五　台	1,505	10,784	7.2
繁　峙	2,087	10,708	5.1
崞　县	2,480	18,865	7.6
保德州	882	4,598	5.2
合　计	87,000	482,065	5.5

资料来源：《永乐大典》卷五二〇一"太原府"。

当时太原府共有耕地377万亩，平均每户分摊43.4亩。因为土地生产力低，不能容纳很多的人口，故平均每户所能分摊的土地远较南方为多（洪武九年湖州府每户仅分摊23.9亩，洪武十年广州府每户仅分摊19.3亩）。土地利用以种植杂粮和小麦为主，稻米生产限于极少数地方。夏税麦为87,283石；秋粮主为小米、高粱和玉米等，共计20,748石，超过麦一倍以上。

表 17　洪武十一年（1378）太原府实有地土及田亩

县　别	地土（亩）	夏税（石）麦	秋粮（石）杂粮	夏秋税粮合计
阳　曲	267,384	5,809	14,304	20,113
太　原	212,051	5,211	12,180	17,391
榆　次	295,999	7,058	16,945	24,003
徐　沟	78,033	2,004	4,675	6,679

续表

县　别	地土（亩）	夏税（石）麦	秋粮（石）杂粮	夏秋税粮合计
太　谷	169,097	4,233	9,889	14,122
祁　县	120,014	3,297	7,756	11,053
交　城	97,015	2,295	5,352	7,647
文　水	215,657	5,564	12,173	17,737
盂　县	150,569	3,277	7,647	10,924
静　乐	54,657	1,265	2,816	4,081
临　县	111,337	2,471	5,779	8,250
清　源	105,558	2,774	6,526	9,300
寿　阳	145,435	2,945	6,889	9,834
河　曲	96,960	1,833	4,293	6,126
乐　平	59,070	1,134	2,646	3,780
代　州	168,155	4,178	11,024	15,202
崞　县	239,032	5,573	13,294	18,867
五　台	140,340	3,338	7,789	11,127
繁　峙	157,059	3,760	8,806	12,566
忻　州	335,288	7,877	18,991	26,868
定　襄	155,345	3,098	7,301	10,399
保德州	8,627	128	381	509
岢岚州	32,686	726	1,694	2,420
岚　县	93,849	2,140	4,993	7,133
兴　县	35,726	747	1,743	2,490

续表

县　别	地土（亩）	夏税（石）麦	秋粮（石）杂粮	夏秋税粮合计
石　州	181,402	3,544	8,269	11,813
宁　乡	49,233	999	2,332	3,331
合　计	3,775,578	87,283	207,487	294,485

资料来源：《永乐大典》卷五二〇一"太原府"。

　　朱元璋的励精图治，带来了明代初期的安定和繁荣。史书形容洪武、永乐、宣德三朝（从1368年到1435年）为"百姓充实，府藏衍溢"，在这样的太平环境之下，人口无疑要大量增加。中叶以后，明王朝的政权虽已开始腐化，却也并无重大战乱。可是二百年间，人口非但没有增加，反见减少，显然别有原因。《明史》卷七十七《食货志一》，有如下的一段记载："户口之数，增减不一，其可考者，洪武二十六年，天下户一千六十五万二千八百七十，口六千五十四万五千八百十二。弘治四年，户九百十一万三千四百四十六，口五千三百二十八万一千一百五十八。万历六年，户一千六十二万一千四百三十六，口六千六百六十九万二千八百五十六。太祖当兵燹之后，户口顾极盛，其后承平日久，反不及焉。"洪武朝是当大变革之后，居民流散，政府曾全力招抚安置。明太祖在位三十一年，直到逝世还没有完成此项工作。[9]但洪武二十四年（1391）全国登录的户数已达1,065万，口数为6,055万，何以过了整整一百年，到弘治四年（1491）时，户数反减为911万，口数减为5,328万？况且当时像贵州等边远地区，也都已设治造册。[10]万历《明会典》一九"户口"正式承认此一事实，并指出一部分的原因。

> 国初核实天下户口，具有定籍，令民各务所业。其后休养既久，生齿渐繁，户籍分合及流移附属，并脱漏不报者多，其数乃减于旧。

这不仅是减少，而是大量的脱漏；脱漏不报之数，反多于陈报的户口。洪武末年全国登录的民户为6,055万人，但此一数字并不完备，贵州尚未正式设治，云南、四川、广西等处少数民族地区，也迟迟才收入版图；地形复杂，交通不便，户口调查困难。北方承大乱之后，人口流移，统计也不完全。当时全国的实际人口，估计应在6,500万左右。中叶以后，全国人口肯定已超过1亿；到末年的大动乱发生之前，全中国人口应超过1.5亿。其后人口稍减，到清朝康熙中期又恢复稳定增加，到乾隆末年超过了3亿。

表18　明代各朝之户口：从洪武二十四年到天启元年

年　份	户　数	口　数	平均每户人数
洪武二十四年（1391）	10,684,453	56,774,561	5.3
永乐八年（1410）	9,605,755	51,795,255	5.4
永乐十八年（1420）	9,533,412	51,446,434	5.4
宣德五年（1430）	9,778,419	51,365,851	5.3

续表

年　份	户　数	口　数	平均每户人数
正统五年（1440）	9,686,707	51,811,758	5.3
景泰元年（1450）	9,588,234	53,403,954	5.6
天顺四年（1460）	9,420,033	53,747,400	5.7
成化六年（1470）	9,119,891	61,819,814	6.8
成化十六年（1480）	9,127,928	62,456,993	6.8
弘治三年（1490）	9,503,890	50,307,843	5.3
弘治十三年（1500）	10,402,519	50,858,937	4.9
正德五年（1510）	9,144,095	59,499,759	6.5
正德十五年（1520）	9,399,979	60,606,220	6.4
嘉靖十一年（1532）	9,443,229	61,712,993	6.5
嘉靖二十一年（1542）	9,599,258	63,401,252	6.6
嘉靖三十一年（1552）	9,609,305	63,344,107	6.6
嘉靖四十一年（1562）	9,638,396	63,654,248	6.6
隆庆四年（1570）	10,008,805	62,537,419	6.2
万历三十年（1602）	10,030,241	56,305,050	5.6
天启元年（1621）	9,835,426	51,655,459	5.3

* 户数最多为永乐元年（1403），计 11,415,829 户；口数最多为成化二十二年（1486），计 6,544 万，但次年即跌为 5,021 万人。

资料来源：《明实录》。

明代官方的全国户口统计，两百多年间虽只有略微减少，但实际登录的户口，恐怕只有总人口的三分之一。就地区而论，在1393年到1578年之间，北方各省明显增加，例如河南增加了一倍以上；山东增加了82%；陕西增加了34%；京师增加了27%。总计在此之间，北方总共增加了1,126,983户，或增加了49%。

西南边疆原为少数民族居住的省区，大部分地方收入版图较迟，直到政局比较安定，汉人才开始大量移民。在上述时期，四川的户数增加了约22%；云南增加了约128%；贵州和广西也有所增加。

南方各省，户数皆见减少。福建省减少了约37%；湖广减少了约31%；浙江减少了约28%；广东减少了约21%；江西减少了约14%。五省合计总共减少了1,488,383户，或减少了约25%。其实南方人口增加得更多，很多地区都成倍增加。同时南方土地的担养力较大，加上新农作物如甘薯等的引入，旱田和坡地得到利用，可以容纳较多的人口。

表 19　洪武二十六年（1393）到万历六年（1578）
各省人口的消长

省区	洪武二十六年（1393）户	弘治四年（1491）户	万历六年（1578）户	户数的消长（＋，－）	百分比
京师	334,792	394,500	425,463	+90,671	27.1%
南京	1,902,914	1,511,853	2,069,067	+166,153	8.7%
山东	753,894	770,555	1,372,206*	+618,312	82.0%
山西	595,444	575,249	569,097	−26.347	0.1%
河南	315,617	575,249	633,067	+317,450	100.6%

续表

省区	洪武二十六年 （1393）户	弘治四年 （1491）户	万历六年 （1578）户	户数的消长 （+，−）	百分比
陕西	294,526	306,644	394,423	+99,897	33.9%
四川	215,719	253,803	262,694	+46,975	21.8%
江西	1,553,923	1,363,629	1,341,005	−212,918	13.7%
湖广	775,851	504,870	541,310	−234,541	30.2%
浙江	2,138,225	1,503,124	1,542,408	−595,817	27.9%
福建	815,527	506,039	515,307	−300,220	36.8%
广东	675,599	467,390	530,712	−144,887	21.4%
广西	211,283	259,640	218,712	+7,429	3.5%
云南	59,576	15,950（？）	135,560	+75,984	127.5%
贵州	—	43,367	43,405	—	

* 此一数字可能太大，山东人口是有增加的，但不会这样多；照口数计算则仅增加29%。

资料来源：《明实录》。

在明代初年，黄册制度的确曾经帮助过整顿赋役，约束豪强，照顾农民，使尽量做到公平。把一切可能编入里甲的人户都编入里甲组织，所有里甲人户的情况都要详细登载在黄册内。里长对于保证不脱漏本里人户丁口，负有法律责任；如有脱漏，便要受到一定的惩罚。《明律》卷四《户役》："若里长失于取勘，致有脱户者，一户至五户笞五十，每五户加一等，罪止杖一百。漏口者一口至十口笞三十，每十口加一等，罪止笞五十。"

《皇明世法录》四六《户律·脱漏户口》：

凡一户全不附籍，有赋役者，家长杖一百；无赋役者，杖八十。附籍当差，若将他人隐蔽在户不报，及相冒合户附籍；有赋役者，亦杖一百，无赋役者，亦杖八十。若将另居亲属隐蔽在户不报，及相冒合户附籍者，各减二等；所隐之人，并与同罪，改正立户。别籍当差，其同宗伯叔弟侄及婿，自来不曾分居者，不在此限。其见在官役使办事者，虽脱户止依漏口法。若隐漏自已成丁人口，不附籍，及增减年状，妄作老幼废疾，以免差役者，一口至三口家长杖六十，每三口加一等，罪止杖一百。不成丁三口至五口笞四十，每五口加一等。罪止杖七十。入籍当差，若隐蔽他人丁口，不附籍者，罪亦如之；所隐之人，与同罪，发还本户，附籍当差。若里长失于取勘，致有脱户者，一户至五户笞五十，每五户加一等，罪止杖一百。漏口者，一口至十口笞三十，每十口加一等，罪止笞五十。本县提调正官首领官吏脱户者，十户笞四十，每十户加一等，罪止杖八十。漏口者，十口笞二十，每三十口加一等，罪止笞四十。知情者并与犯人同罪。受财者计赃以枉法从重论。若官吏曾经三次立案取勘，已责里长文状叮咛省谕者，事发罪坐里长。

严密地编造黄册，最终目的在整顿赋役。所以不久之后
政府的注意力便从户口转移到了税收，黄册所载的赋税，分
为夏税麦、秋粮米两种，是地地道道的农业税。黄册制度本
身也有缺点，政令一松弛，就不能长久维持其功用。中叶以
后黄册制度的败坏，导致了赋役的混乱；每造黄册一次，赋
役不均的情况就加重一次。《续文献通考》卷一六《职役》
载成化二年（1466）给事中丘宏的奏疏：

> 今也均徭既行，以十里之人户，定十年之差徭，官
> 吏、里书乘造册而取民财，富豪奸猾通贿赂以避重役。
> 以下作上，以亡为存。殊不思民之贫富何常，丁之消长
> 不一，只凭籍册，漫定科差。孤寡老幼皆不免差，空闲
> 人户亦令出银。故一里之中，甲无一户之闲，十年之
> 内，人无一岁之息。

这种不合理的现象，势必影响社会秩序，终于动摇了明
王朝的统治基础。农民热爱故乡故土，对世代相守的家园有
难以割舍之情，但当他们无法继续生活下去时，也只好离乡
背井，转徙四方或投靠权势之门。政府的横征暴敛迫使人户
大量逃亡，大量人户逃亡之后更加重了未逃亡人户的负担。
于是这些留下来的人户也不得不相率逃亡，形成社会秩序的
恶性循环。明王朝晓得此项日益严重的危机，但始终无法挽
救。早在宣德七年（1432），江南巡抚周忱便曾以太仓的情
况指陈问题的严重："……户虽耗，而原授之田俱在。夫以

七百三十八户，而当洪武年间八千九百八十六户之税粮，欲望其输纳足佣，而不逃去，其可得乎？"

据《福宁州志》记载，隆庆时期（1567—1572）福建省福宁州的情况是："吾州之籍，自嘉靖以视洪武，户减三之二，口减五之三。自今以视嘉靖，不能如其什一。"

被迫逃离本乡的农民，被官府称为逃户或逃民。又因为他们经常到处流亡，也被称为流民。他们多数生活凄惨，甚或转死沟壑，成为异乡饿殍。但也有逃入山林，成为盗贼的；大批盗贼聚集在一起，就胆敢造反。读《明史》可以看到无数的实例，特别是中叶以后。

江南地区由于气候条件较好，土质肥沃，灌溉便利，农业比较发达，一般工艺技术比较其他地区先进，在社会分工及商品经济发展方面也表现得最为突出。但平民生计仍甚困苦，宣德朝江南巡抚周忱，应该熟悉江南情况的，曾经分析苏州、松江两府大批农民逃亡，指出导致人民流亡的七个原因，称为七弊：

> 盖苏、松之逃民，其始也皆因艰窘，不得已而遁逃。及其后也，见流寓者之胜于土著，故相煽成风，接踵而去，不复再怀乡土。……忱尝历询其弊，盖有七焉。何谓七弊：一曰大户苞荫，二曰豪匠冒合，三曰船居浮荡，四曰军囚牵引，五曰屯营隐占，六曰邻境蔽匿，七曰僧道招诱。

他还对此"七弊"一一作了解释，颇具见地，现摘录其中两项如下：

> 乃所谓大户苞荫者，其豪富之家，或以私债准折人丁，或以威力强夺人子。赐之姓而自为义勇者有之，更其名而命为仆隶者有之。凡此之人，既得为其役属，不复更其粮差。甘心倚附，莫敢谁何。由是豪家之役属日增，而南亩之农夫日以减矣。
>
> ……
>
> 其所谓船居浮荡者，苏、松五湖三泖，积水之乡，海洋海套，无有涯岸，载舟者莫知踪迹。近年以来，又因各处关隘废弛，流移之人挈家于舟，以买卖办课为名，冒给邻境文引及河泊由帖，往来于南北二京、湖广、河南、淮安等处停泊，脱免粮差。长子老孙，不识乡里。暖衣饱食，陶然无忧。乡都之里甲，无处根寻；外处之巡司，不复诘问。由是船居之丁口日蕃，而南亩之农夫日以削矣。

其实除了这七方面的出路外，还有大批逃民去当矿工、盐工，或到深山野岭去开荒。人民逃离故乡，便不再受原来里甲的管辖或资册户籍的约束，一般也不再负担纳粮当差的义务。政府虽千方百计要他们"复归田里"，但他们都不愿再做朝廷的忠顺子民。他们虽变成了"无籍之民"，但也暂时解除了沉重的赋役压迫。

农民的被迫逃亡和大户的隐瞒人丁，二者相互关联。顾炎武《日知录》卷十三："今日江南士大夫，多有此风；一登仕籍，此辈竞来门下，谓之投靠，多者亦至千人。"

在这种不正常的情况下，户口统计数字当然不可靠了。太仓州的州城，洪武二十四年（1391）编户为67里，8,986户；到宣德七年（1432）却只留10里，1,569户，实际只有738户。在短短四十二年之间，怎样会有这样巨大的差异？宣德江南巡抚周忱曾经指出："忱尝以太仓一城之户口考之，洪武年间见丁授田十六亩，二十四年黄册原额六十七里，八千九百八十六户；今宣德七年造册，止有十一里一千五百六十九户。核实又止有见户七百三十八户，其余又皆逃绝虚报之数……"

顾炎武《天下郡国利病书》卷十四《江南二》也指出万历朝（1573—1620）南京应天府的情况是："……（应天府）图籍，嘉靖末年户口尚及正德之半，而今才及五分之一。"同书卷三十三指出天启朝（1621—1627）凤阳府的情况是："今凤阳之民，力额失者十之九，……洪武之初，编民十有四万也。自时厥后，旧志尚载丁口四万八千八百五十余口。万历六年（1578），则仅一万三千八百九十四口。历今四十余年，编民止存老幼四千七百口。"

地方志中的许多记录，也反映了此项不正常的人口减少。浙江宁波府的户口，在1391年到1552年之间减少了55%左右；海宁县自明初以来，人口一直超过二十万，1522

年忽降为88,972人。福建连江县的户口,从1381年的14,804户(计65,067人,平均每户4.4人),下降到1482年的6,028户(计16,928人,平均每户2.8人)。

根据明神宗万历十六年(1588)的《上海县志》,可知在1391年到1572年的一百八十年间,上海县的人口竟从53万减少为19万;其中女性人口从25万减少到3万多;每户平均人数从4.66人减少到1.69人;人口性别比率从109.8上升为460.4。只要稍微有一点人口学的常识,便可看出下表中正德十五年(1520)和隆庆六年(1572)的统计数字是很失常的。

表20　明代的上海县户口

年　　期	户　　数	口　　数	男子数	女子数	每户平均人数	性别比率*
洪武二十四年(1391)	114,326	532,803	278,874	253,929	4.66	109.8
永乐十年(1412)	100,924	378,428	199,781	178,647	3.75	111.8
正德十五年(1520)	93,023	260,821	179,524	81,297	2.80	220.8
隆庆六年(1572)	113,985	192,967	158,532	34,435	1.69	460.4

*每百名女子所当男子人数。

资料来源:万历十六年《上海县志》。

人口性别比率的失常,也可以找到很多实例。根据万历《绍兴府志》，该府在1586年有男子395,960人，而女子仅得179,213人，性别比率为220.9。陕西的华州，隆庆六年（1572）的总人口为49,651人，其中女性仅14,166人，性别比率为250.5。明代户口统计之中，妇女及儿童的人数失实的情况特别严重。在登录的户口中，只有成丁的口数比较准确。所以史书中所见的明代户口，只是一部分的人口，而并非全部人口。在户和口之中，户的统计数字又稍比口好些。

关于明代人口的分布，从洪武二十四年或二十六年的布政司别户口统计，就可看出东南地区人烟稠密，特别是长江三角洲和浙江、江西等省。中叶以后，北方地区的户口虽相对增加，但比起东南来还很稀疏；甚至连京师一带，人口分布也不见密集。至于边远地区，尤其是开拓较迟的云南和贵州等地，人口便更稀少了。

自秦汉发展到明代，中国人口分布已由"北多南少"改变为"南多北少"。在过去数年，我编制了汉、唐、宋三个朝代的人口图，统计数字都颇齐整。对于明代的人口地图，资料却发生了问题。我请教过国内外的历史名家，他们都认定绝不可能绘制精细的明代人口分布图。事实上除南北两京尚有府州别的统计资料外（北京还缺失洪武二十六年的资料，《明史·地理志》和《明实录》都没有），其余就只有布政司的资料，真是无法着手的。

但我在阅读方志时，曾见过不少个别州县很好的人口资料，残存的《永乐大典》里也有一些，总认为可能用州县作单位来绘制明代人口分布图。1957年夏天应日本学术会议之邀出席国际地理学会在东京举行的第一次区域会议后，我曾再回京都，主要是在京都大学图书馆看中国古书，首次接触到《大明一统志》，发现在各州县之后注有编里数，花三天四夜工夫将其抄录，但有些地区数字残缺或统计欠当，必须利用其他文献补充。稍后看到山东翻刻的《广舆图全书》，也存在着同样的缺点。朋友告诉我初版的《广舆图》或许有较好的记录，但该书全日本只有一册，藏在天皇的读书寮，普通人是看不到的。赖好朋友的帮助，等待了一年多，终于得到了初刻《广舆图》的摄影本，解决了难题，极为欢喜。

综合应用上述三书的珍贵资料，并参照其他文献中有关项目考证——有时为查清某一州县的人口统计，要写数十封信，等待一两年工夫——再拿《全辽志》和《宁夏新志》等来补充，才在1976年底完成明代人口分布地图，前后为时二十年。就费用和精神说，这也是我一生中花费最多金钱和最多精力的一幅地图！

草图完成之后，四川盆地立刻出现了问题：地图上所有的黑点，可能只合实际人口的十分之一，必须认真处理，但又找不到可信的资料，迟迟无法精绘。早在唐宋时代，四川盆地，特别是成都平原，人烟便很密集；[11]明初大军克蜀，并无大戮杀，而洪武二十六年四川全部人口就只有21万户，约150万口，户数尚不及苏州府的一半。所以明代一开始，四川的户口便有大漏洞。主要的原因，是四川僻远，形势隔绝，不论南京和北京，都远离四川，舞弊的人较少顾忌。为了逃税、避役，十多户并为一户；[12]有时一家"户主"，常拥有数十"客户"。此外蜀王府的耕地，霸占了成都平原全部耕地的十分之七；王府耕地所附着的人口，匿报的情况特别严重。

明代初年的编里，规制严密，每里限于110户，但推行稍久便无法维持了。中叶以后，每里的平均户数远超过110，但在人口大量被匿报的情况下，为了行政方便，不得不把里数减少。几乎所有各级行政单位，里数总是愈到后来愈少。例如京师，《广舆图》所列里数为3,200，《大明一统志》所载已减到2,953里。同样一前一后，山东从6,400里减为5,944里；河南从3,880里减少为3,385里，福建从3,797里减为3,372里；广东从4,028里减为3,147里。于是每里的平均人数，便因之增加。完成于1541年的《广舆图》，指出全国共有69,556里，9,352,015户，平均每里134户。这比原先的每里110户，已多出了两成。

中国方志的户籍与田赋等目，每包含地方的人口资料，有的且颇为明细，可用以研究古代的人口分布、人口增减、职业组成、都市发展以及人口重心的迁移等等。唯因修志者多数缺乏人口学知识，对原始资料不能做适当的处理，应用时务须小心谨慎，要注意不同时代行政区划所包括的范围以及人民对于政府的心理态度。

表21　明代中叶各省的里数与户数

布政司	户　数	里　数	平均每里户数
北直隶	418,789	3,200	131
南直隶	1,962,818	13,743	143
山　东	770,555	6,400	120
山　西	589,959	4,440	133
陕　西	363,027	2,597	140
河　南	589,296	3,880	152
浙　江	1,542,135	10,899	142
江　西	1,583,097	9,957	160
湖　广	531,686	3,477	153
四　川	264,119	1,250	211
福　建	509,200	3,797	128
广　东	483,380	4,028	120
广　西	186,090	1,184	157
云　南	132,958	624	213
贵　州	148,957	79	—
全　国	9,352,015	69,556	134

资料来源：罗洪先编著的《广舆图》，嘉靖二十年（1541）成书。

　　上表中陕西的每里平均户数为140，这和马理主修《嘉靖陕西通志》记录的每里平均户数139很接近。我在二三十年前所著的《中国的方志》和《方志的地理学记录价值》，就已经指出这点。该通志完成于1543年，记载了所有州、县的户口，对研究当时西北地区的人口有参考价值，现先将各府的情况列表如下：

表22 陕西省各府的里数与户数

府　别	里　数	户　数	平均每里户数
西　安	1,215	181,902	150
凤　翔	234	28,604	122
汉　中	195	28,876	148
延　安	362	45,865	127
庆　阳	123	14,443	117
平　凉	138	21,290	144
巩　昌	257	30,412	118
临　洮	86	11,145	130
合　计	2,610	362,537	139

资料来源：马理《嘉靖陕西通志》。

上表各府的每里平均户数从117到150不等，偏离原始的定额已经颇远。

就陕西省全部116个州县说，每里的平均户数九成介乎110—180之间，七成介乎110—150之间。用编里之数来核对明代的户口，实用价值是存在的。利用全国各府、州、县的编里数，配合同时期各省每里的平均户数，大致可以推算各地的户数。

明代编印了大量的地方志，特别是中叶以后。这些地方志中，保存着丰富的人口资料，例如陆钺的《嘉靖山东通志》，记载了山东六个府的户口数，配合其他有关文献，可知济南府的每里平均户数为141，东昌府为143，莱州府为130，青州府为124。锺羽正的《青州府志》（志序写于万历四十三年，亦即1615年），更记录了洪武二十四年（1391）、嘉靖三十一年（1552）和万历四十年（1612）的州县户口。如以1552年的户数为准，配合《大明一统志》记录的里数，可求出全府14个州县的每里平均户数，系介乎117到148之间。我在就任香港中文大学地理学讲座教授的就职演讲中，曾呼吁学者发掘此项资料，可惜在此时此地，根本得不到反应。[14]不久我也就提早离开，应日本学术振兴会之邀到日本讲学和指导研究去了。

薛应旂在1561年编成的《嘉靖浙江通志》，同时记录了户口及里数。根据此项资料，可知当时浙江的每里平均户数为145，和表21中的142很接近，足以证明此等统计数字有相当的准确性。

表23　浙江省各府的户口与里

府　别	户　数	口　数	里　数	每里平均户数
杭　州	220,427	545,591	1,181	187
嘉　兴	270,500	782,979	1,580	171
湖　州	173,743	485,849	1,159	150
严　州	50,659	211,943	332	153
金　华	150,992	703,741	1,208	125
衢　州	95,716	523,625	778	123

续表

府　别	户　数	口　数	里　数	每里平均户数
处　州	118,907	254,800	959	124
绍　兴	166,835	685,749	1,151	145
宁　波	121,375	390,661	937	130
台　州	70,163	246,103	551	127
温　州	109,755	352,623	849	129
合　计	1,549,072	5,183,664	10,685	145

资料来源：薛应旂《嘉靖浙江通志》，1561 年。

　　此处的里是户口统计的一个单位，同作为距离用的单位"里"无涉。详情另见比较大型的《明代地理》一书。

注释

　　1　《续文献通考》卷十三《户口考二》："洪武三年十一月，诏户部籍天下户口，置户帖。谕（中书）省臣曰：民者，国之本也。今天下已定而民数未核实，其命户部籍天下户口，每户给以户帖。于是户部置户籍、户帖，各书户之乡贯、丁口、名、岁，以字号编为勘合，用半印钤记。籍藏于部，帖给于民。仍令有司岁计其户口之登耗以闻。着为令。"

　　2　赋役黄册或称户籍黄册，简称黄册，是明代用以管理户口、微调赋役的重要制度，系在历朝管理户口户籍办法的基础上进一步发展起来。从洪武十四年（1381）明太祖命令全国编制黄册起，到崇祯十五年（1642）最后一次编黄册，历时二百六十余年，基本上和明王朝相始终。除了部分少数民族地区外，黄册制度曾在全国普遍推行。明代的皇帝甚至把黄册作为祭天祀神的祭品，当作自己君临天下的凭据。《明史》七七《食货志一》："太祖籍天下户口，置户帖、户籍，具书名、岁、居地。籍上户部，帖给之民，有司岁计其登耗以闻。……洪武十四年诏天下编赋役黄册，以一百十户为一里，推丁粮多者十户为长，余百户为十甲，甲凡十户。岁役里长一人，甲首一人，董一里一甲之事。……在城曰坊，近城曰厢，乡都曰里。里编为册，册首总为一图。……每十年有司更定其册，以丁粮增减而升降之。册凡四：一上户部，其三则布政司、府、县各存一焉。上户部者，册面黄纸，故谓之黄册。"洪武十四年开始进行黄册制度，翌年朱元璋就下诏说："明年钱粮照依黄册。"全国除了军队、卫所现役官兵以外的一切编入里甲的人户，不论军、民、匠、灶等户，都要在黄册上登记，注明所属的户类。弘治以后，黄册制度出现了严重的紊乱和废弛现象，完全失掉了原先的功用。

3 《明史》卷六《成祖本纪》："五年（1407）春正月己巳，张辅大败安南兵于木丸江。……三月辛巳，张辅大破安南兵于富良江。……五月甲子，张辅擒黎季犛、黎苍献京师，安南平。……六月癸未，以安南平，诏天下。置交趾布政司。"

4 明代的里长、甲首，实和宋代的保正、耆长有若干相似之处；还可以溯到唐代的里正、坊正，乃至秦汉时代的亭长、三老和啬夫等。

5 明代的户口，人户可大别为三类，即民户、军户、匠户。此外还有沿海的灶户（盐民），寺观的僧道，养马的马户，看管皇帝陵墓的陵户，管园的园户以及种茶的茶户，等等。

6 当时北方边远地区若干州县的黄册尚未造齐，贵州且根本未造黄册，故全国实际人口肯定还要多些。即使就此一数字而言，已比元代全盛时期户口超过三四百万户，战乱的丧损已被填补了。

7 见《天下郡国利病书》卷八七《浙江五》。

8 广州府的人口，据《永乐大典》卷一一九〇七广州府三户口：

"前汉户一万九千六百一十三，口九万四千二百五十三。后汉户七万一千四百七十七，口二十五万二百八十二。……唐户四万二千二百三十五、口二十二万一千五百。"逐代增加的现象是很明显的。所以到南宋淳熙（1174—1189）年间，广州府人口便增加到了 185,713 户（主户 82,090，客户 103,623）；元至元二十七年（1290）稍减为 172,284 户。此项人口增减自然和行政区划的变更有关。《永乐大典》卷一一九〇七广州府志三·户口·连州："按旧地理志，本郡在隋领九县，为户一万二百六十五；在唐领三县，为户五千五百六十三。疆域有广狭，民数随之，无足怪也。"

9 因为建文四年（1402）还下过这样的诏书："河南、山东、北平、淮南流移人民各还原籍复业，合用种子牛具官为给付。"此处所指的流移人口，可能有一部分是由于"靖难之役"遭受兵灾而造成的，但大多数仍是洪武朝未能完全安置的户口。

10 贵州的正式设治较迟，但至迟到弘治年间（1488—1505），贵州宣抚司便已照章编制黄册，并且按期向朝廷解送了。

11 陈正祥《中国历史与文化地理图集》，国际研究中国之家《中国研究丛刊》第 7 号，1979 年。

12 就四川全境说，1393 年每户平均 6.8 口，1491 年增加为 10.2 口，1578 年再增加到 11.8 口。《永乐大典》残卷中关于温州的户口，计为 12,729 户和 115,640 口，平均每户多达 9.1 人。同时期湖州的每户平均人口为 3.9 人，广州府的每户平均人口为 3.1 人。

13 陈正祥《中国方志的地理学价值》，香港中文大学首任地理学讲座教授就职讲演，香港中文大学出版，1965 年。

第九篇　中国古代地图学的发展

一、马王堆汉墓出土地图

1973年冬天到1974年春天，中国文物考古工作者对长沙马王堆二、三号汉墓进行了发掘，获得帛书、竹简、帛画、地图、兵器和丝织品等一千多件珍贵文物。其中三号墓出土的三幅绘在帛上的地图——地形图、驻军图和城邑图，给中国地图学史提供了最早的实物资料，放出了新的光彩。[1] 地形图一幅最早整理修复，1975年9月份的《人民画报》刊登了这幅地图的照片。现先对该图略加介绍，作为本篇的引论。

这幅地形图长宽各96厘米，作正方形，图向朝南，亦即上南下北，[2] 图上没有名称、图例、比例尺、绘制年代或任何说明，内容包括山脉、河流、聚落和道路；相当于现代的一般地形图，或许也就是汉代所谓舆地图。所绘的地区大致包括东经111度到112度30分，北纬23度到26度之间；地跨湖南、广东和广西的一部分，约略相当于今日广西壮族自治区全州、灌阳一线以东，湖南省嘉禾与广东省连县一线以西，北到新田、全州，南到珠江口外的南海。地图的主区为西汉初年长沙国的南部，亦即今日湘江上游最大支流潇水流域和南岭、九嶷山一带；绘画比较详细准确，比例约为十八万分之一，或相当于一寸折合十里的地图。[3] 其南为当时割据的南粤王赵佗辖地，无法派人前去探测，故绘画比较粗略；比例失真，海岸线平直。

图上所绘的聚落或居民点共有八十多个，分为两级：县城级的八个——营浦、南平、舂陵、观阳、龁道、桃阳（《汉书·地理志》作洮阳，故城在今全州县城西北十七公里）、泠道和桂阳（桂阳故城即今广东连县的县城）；乡里级可辨识的有七十四个。县城用矩形表示，乡里用圆圈表示，符号大小不等；地名一律记注在符号之内，所用字体介乎篆书和隶书之间。这表示地图所使用的符号，已做到了统一的设计。大部分县城和一些主要乡里中间，都有道路连系。道路用粗细均匀的实线表示，个别用虚线表示，可以判读出来的共有二十多条。

南部地区（地图的上部）已超出长沙国的封疆范围，属于敌对的南粤王辖境。大概因为情况不熟悉，故在这一部分不画乡里，也不画县城。这又表示了此图的绘制有一定原则。在广大的南部地区，只注上"封中"一个地名，可能是指当时南粤的封阳地区。

地形图上所绘的河流，大小共有三十多条，其中九条注记了名称：营水、舂水、泠水、罗水、垒水、镰水、临水、参水等（有一条专名部的字迹无法辨识），其中两条河流还标明了水源所在。从上源到下游，表示河流的线条逐渐由细变粗。例如图中最大的一条河流，源流段线条粗0.1厘米，到营浦以下加粗到了0.8厘米，而且绘法熟练。试将此图的水系和现代地形图比较，可以看出河流的分布、流向和曲折情形大致符合，主支关系表示明确，河山之间处理得当；弯曲自然，交汇点的绘法合理。河流的名称注记在汇归主流的河口处，足见此图的绘制技术已颇高明而有条理。

山脉的绘法，则别具一格。南岭地区山脉纵横交错，山岭盘结成簇。该图采用闭合的山形线，表示出山脉的坐落、山体的轮廓及其延伸方向。例如观阳、桃阳以东的都庞岭，就绘画得清晰醒目，并且走向也大致准确。南岭之作为长江和珠江二大水系的分水岭，在图上也表示得很清楚。在表示山形的闭合曲线之内，再加上晕线，或横或竖。所有山脉皆未注其名，可能因为当时开拓未久，山名不似河名肯定。但在九嶷山所在的位置，分别记有"帝舜"和"深水原"五字。九嶷山是传说舜帝死后的葬处，建有庙和石碑，为当时名山，故绘画特别明细。这里的山形曲线安排成鱼鳞状，表示了峰峦起伏；又添了九条高低不等的柱状符号，大概是代表九座主要山峰。按《九疑山志》有"九峰相似""行者疑惑"因而得名的记载，可见这九条柱状符号也是有文献根据的。

综观全图，可以看出内容相当丰富，而且对于内容项目的选择与处理，也有一定的原则。地图符号的设计，已知分类分级。这充分说明我国在两千多年前，地图的测绘技术已达到颇高水平。如果把这幅地形图照样重绘，而删除古体字的地名，则即使一个受过专业训练的地理学家，也可能将其误认为是一幅现代的、为某项特殊目的而拟绘的草图，绝难想到是汉墓出土的古地图。

根据同墓出土的一条木牍，记载有"十二年二月乙巳朔戊辰"字样，可以断定该墓的下葬年代为西汉文帝前元十二年，亦即公元前168年；而地图绘制的年代，又必然在下葬以前数年或十数年。[4]故这幅地形图及其同时出土的另两幅地图，图龄应在2,150年左右，不仅是中国已知的最早地图，也是全世界已经发现的最老最好地图，值得大书特书的。[5]中国古籍中有关地图的记载，虽可上推到三千多年前西周初期经营洛邑时所卜绘的地图，但宋代以前的所有一切地图，早已全部失传！地图一则因为篇幅通常颇大，保存不易；二则因其摹绘工作远比文字传抄困难，故地图的流传存世遂远较书籍为少。

在这幅极珍贵的古地图出土之前，我们所能见到的中国最早地图，只有华北伪齐阜昌七年（1136）、南宋绍兴七年、金熙宗天会十五年（1137）刻石的《禹迹图》《华夷图》；最早刊印的地图，见于《十五国风地理之图》，[6]是南宋高宗绍兴二十五年（1155）的产品，距今皆不过八百多年，图龄和汉墓出土的地图相差一千三百多年！所以这些汉墓地图的出土，真是中国地图学史上的一大发现。此一优异地图的重现人世，还帮助解决了一些中国历史地理的疑难，例如汉初长沙国的南部边界以及观阳县的设置年代等。[7]这幅地形图上的龁道县，不见于汉以来任何记载，包括各种地方志；现在看到这幅地图，才知道早在两千一百多年前，九嶷山下曾设置过这个名称古怪的县。

二、古籍中关于地图的记载

中国古籍中关于地图的记载很多，有早达三千余年以前的。例如《诗经·周颂》中的若干诗句，曾被解释和地图有关，[8] 不过尚难加以肯定。但从稍后的其他文字记载中，仍可证明地图在中国的出现极早。《尚书》中的《洛诰》，便记述了周朝初年，成王命周公旦卜建洛阳城。周公曾实地考察选择，将占卜选择城址的结果绘成地图，连同占卜的经过情形，一并献给成王。其原文的记载如下：

> 召公既相宅，周公往营成周，使来告卜，作《洛诰》。周公拜手稽首曰："……予惟乙卯，朝至于洛师。我卜河朔黎水。我乃卜涧水东，瀍水西，惟洛食。我又卜瀍水东，亦惟洛食。伻来以图及献卜。"

此处所谓"伻来以图"的图，可以肯定的是地图，并且是为了选择洛阳城址而特别绘制的地图。

《周礼》和《管子》，大概都是战国时代中后期（前403—前221）的著作，其中也有一些关于地图的记载。当时随着社会和经济的发展，地理知识的积累已相当丰富，地图的绘制和应用也日益增多。国家在行政统治上需要地图，土地开拓和经济建设（包括灌溉渠道和运河等的构筑）也都需要地图，所以《周礼》作者叙述地官大司徒、小司徒之职，都涉及地图。[9]而在战争用兵方面，更迫切需要地图。《孙子兵法》有附图九卷，《孙膑兵法》中有附图四卷，其中有一部分应当是地图。

关于军用地图，《管子》卷十《地图》篇，有如下的精彩描写：

> 凡兵主者，必先审知地图。辕辕之险，滥车之水，名山、通谷、经川、陵陆、丘阜之所在，苴草、林木、蒲苇之所茂，道里之远近，城郭之大小，名邑废邑，困殖之地，必尽知之。地形之出入相错者，尽藏之。然后可以行军袭邑，举错知先后，不失地利，此地图之常也。

《孙子兵法》的《地形篇》，也说：

> 夫地形者，兵之助也。料敌制胜，计险厄远近，上将之道也。知此而用，战者必胜；不知此而用，战者必败。

我们大致可以这样说，中国古代地图的制作和应用，最先盛行于战国时代。

像《地图》篇所说的地图，已经是有系统的地理知识的具体表现。它对于地形地物的表示，已更加完备，内容也更加复杂。如果没有丰富的地理知识，或者缺乏实地的调查，恐怕不易编制出这样的地图。换言之，由于征伐的实际需要，中国早在战国时代，地图的使用已经相当普遍，而且内容也颇为充实。《战国策》卷一九《赵策四》记苏秦以合纵说赵王曰："臣窃以天下之地图案之，诸侯之地，五倍于秦。"不论此项比例正确与否，苏秦总是看了地图才做出这个估计的。

《史记》卷六〇《三王世家》，曾记载汉武帝元狩六年（前117）御史奏舆地图，封齐、燕、广陵三王。"'……臣请令史官择吉日，具礼仪上，御史奏舆地图，[10]他皆如前故事。'制曰：'可。'四月丙申，奏未央宫。'太仆臣贺行御史大夫事昧死言：太常臣充言卜入四月二十八日乙巳，可立诸侯王。臣昧死奏舆地图，请所立国名。……'"

我们虽然找不到关于汉代全国性地图的详细记录，但从零星的记载中，觉得这种地图是曾经存在过的。《汉书》卷六《武帝纪》注："臣瓒曰：'浮沮，井名，在匈奴中，去九原二千里，见汉舆地图。'"《后汉书》卷二四《马援传》："前披舆图，见天下郡国百有六所。"《晋书》卷三五《裴秀传》也曾提到："惟有汉氏《舆地》及《括地》诸杂图。"再就班固《东都赋》"天子受四海之图籍"一句推想，汉代可能已经有了由各郡国奏进地图的制度。而汉武帝的军事扩张政策，也必然促进了地图的制作。事实上，两汉共有四百多年，中央政府通令地方呈送地图，以备编制帝国全图，是可以想象的。何况汉代的工商业已颇发达，长安、洛阳、成都、邯郸、临淄、宛丘、阳翟等地都发展为商业城市，各地的商品和特产运输频繁，地理知识已大为推广。关于汉代的舆地图，不但马援、臣瓒和裴秀看见过，他如东晋虞喜的《志林》，北魏郦道元的《水经注》，以及唐代徐坚等的《初学记》，也都曾提到。《史记》卷一一八《淮南衡山列传》索隐引虞喜《志林》说"舆地图，汉家所画，非出远古也"。唐张彦远《历代名画记》卷三所指东汉张衡《地形图》，则大概是绘画局部地区山川城邑的山水画式地图，和马王堆汉墓出土的长沙国南部地图相类似，不可能是全国性的。[11] 至于朝廷应用舆地图以及个人绘画地图的事，《汉书》和《后汉书》都有不少记载：

> 日夜与左吴等按舆地图，部署兵所从入。(《汉书》卷四四《淮南王传》)

> ［李］陵于是将其步卒五千人，出居延，北行三十日，至浚稽山止营，举图所过山川地形，使麾下骑陈步乐还以闻。(《汉书》卷五四《李广传》)

> 建昭三年（前36），代韦玄成为丞相，封乐安侯，食邑六百户。……而有司奏衡专地盗土，衡竟坐免。初，衡封僮之乐安乡，乡本田堤封三千一百顷，南以闽佰为界。初元元年（前48），郡图误以闽佰为平陵佰。积十余岁，衡封临淮郡，遂封真平陵佰以为界，多四百顷。至建始元年（前32），郡乃定国界，上计簿，更定图，

言丞相府。……后赐与属明举计曰："案故图，乐安乡南以平陵佰为界，不从故而以闽佰为界，解何？"郡即复以四百顷付乐安国。衡遣从史之僮，收取所还田租谷千余石入衡家。(《汉书》卷八一《匡衡传》)

……定诸国邑采之处，使侍中讲礼大夫孔秉等与州部众郡晓知地理图籍者，共校治于寿成朱鸟堂。(《汉书》卷九九中《王莽传》)

光武舍城楼上，按舆地图，指示禹曰："天下郡国如是，今始乃得其一。"(《后汉书》卷一六《邓禹传》)

十五年（明帝永平十五年，72），帝案地图，将封皇子，悉半诸国。(《后汉书》卷十上《皇后纪》)

后拜侍御史，持节幽州，宣布恩泽，慰抚北狄，所过皆图写山川、屯田、聚落百余卷。悉封奏上，肃宗嘉之。(《后汉书》卷五一《李恂传》)

地图关联军事和国防，自古具有机密性，成为搜集情报的主要对象。有作为的政权或具雄心的军政人物，莫不注意地图，于是便产生了许多有关地图的故事。例如荆轲刺秦王[12]和张松献地图[13]等等。中国古代的所谓"版图"，便象征着国土；其中所谓"图"，应该便是国家的基本地图。奉献或进贡地图，往往就表示归附及投降。后汉时南匈奴密遣汉人郭衡奉献地图，翌年便请求归附中国。唐代河西陇右一度被吐蕃侵占，后到大中年间，沙州刺史张义潮遣其兄义泽以瓜、甘、伊、肃等十一州地图来献，就表示了失地的收复。[14]北宋天禧二年（1018），富州刺史向通汉，以《五溪地理图》来上，也是等于表示内附。

北宋沈括所著的《梦溪笔谈》卷一三《权智》，有一条关于地图的颇为有趣的记载：

> 熙宁（1068—1077）中，高丽入贡，所经州县，悉要地图；所至皆造送。山川道路，形势险易，无不备载。至扬州，牒州取地图，是时丞相陈秀公[15]守扬，绐使者："欲尽见两浙所供图，仿其规模供造。"及图至，都聚而焚之，具以事闻。[16]

《宋会要辑稿·兵二八》元丰元年十一月二十五日知定州韩绛言："北人郝景，过南界榷场。暗画地图，已密遣人收捕。"

三、裴秀与制图六体

秦始皇统一中国后，为了加强统治，发展驿道交通，中央政府曾集中了大量图籍，然后为萧何所接收。[17]但到了晋朝，秦及其以前的地图，似皆已失传。只有汉朝以后的地图，还有若干被保留下来。不过这些地图，多数没有统一的绘制原则和标准，很难求其准确可靠。《晋书》卷三五《裴秀传》，曾引用其《禹贡地域图》的序言：

> 图书之设，由来尚矣。自古立象垂制，而赖其用。三代置其官，国史掌厥职。暨汉屠咸阳，丞相萧何尽收秦之图籍。今秘书既无古之地图，又无萧何所得，[18]惟有汉氏《舆地》及《括地》诸杂图。各不设分率，又不考正准望，亦不备载名山大川。[19]虽有粗形，皆不精审，不可依据。或荒外迂诞之言，不合事实，于义无取。

因此如何来综合前人的经验，从而提出一套共同的原理或规则，作为地图绘制的体裁，已成为时代的客观要求。晋司空裴秀，[20]终于发明了划时代的"制图六体"，成为中国最早的地图学典范。裴秀（223—271）为河东闻喜人，在晋代初年很有名望，并为皇家亲信。他在三十四岁时，曾随司马昭征讨诸葛诞，豫参谋略；可能就在行军的实践中，体会到地图准确性的重要。他因为行政职务的关系，接触到国家所收藏的大批地图。但因为古今地名已多有改变，而原有的绘图方法也很简陋，不便于参考，故决心要编制新地图，一方面研究古今地理的变迁情况，一方面具体参考当时的行政区划和交通路线，在门客京相璠的协助下，[21]编成了著名的《禹贡地域图》，共计十八篇。这可能是世界上见于文字记载的最古老的地图集。[22]《裴秀传》有如下的一段记载：

秀儒学洽闻，且留心政事……又以职在地官，以《禹贡》山川地名，从来久远，多有变易。后世说者或强牵引，渐以暗昧。于是甄摭旧文，疑者则阙，古有名而今无者，皆随事注列，作《禹贡地域图》十八篇，奏之，藏于秘府。

中国古代的地图绘制完成后，绝大多数都献给了皇朝，被藏于秘府。当改朝换代之际，常在战乱中损毁或散失，这也是古地图很少流传下来的一个原因。裴秀本人为《禹贡地域图》所作的序，说明了司马氏为统一中国，正需要较佳的地图；而当时因军事行动所得到的新鲜地理资料，对裴秀的制图也曾有若干帮助。《晋书》卷三五《裴秀传》：

大晋龙兴，混一六合，以清宇宙，始于庸蜀，采入其岨。文皇帝乃命有司，撰访吴、蜀地图。蜀土既定，六军所经，地域远近，山川险易，征路迂直，校验图记，罔或有差。今上考《禹贡》山海川流，原隰陂泽，古之九州，及今之十六州，郡国县邑，疆界乡陬，及古国盟会旧名，水陆径路，为地图十八篇。

此外，他还根据旧有的用缣八十匹制成、大得不便展览的一幅天下大图，缩小为以一分表示十里、一寸表示百里的一幅《地形方丈图》，[23]详注名山都邑，内容也很精细。可惜《禹贡地域图》和《地形方丈图》，都没有能够流传下来。[24]

但最重要的，是他在编制地图的过程中，总结前人的成果，加以自己的体验，独出心裁地提出了六项制图的原则，也就是所谓"制图六体"，从而为远古以来便已发达的中国地图学，奠定了科学的基础。关于制图六体，据《晋书》卷三五裴秀自己的说法是：

> 制图之体有六焉：一曰分率，所以辨广轮之度也。二曰准望，所以正彼此之体也。三曰道里，所以定所由之数也。四曰高下，五曰方邪，六曰迂直，此三者各因地而制宜，所以校夷险之异也。有图象而无分率，则无以审远近之差；有分率而无准望，虽得之于一隅，必失之于他方；有准望而无道里，则施于山海绝隔之地，不能以相通；有道里而无高下、方邪、迂直之校，则径路之数必与远近之实相违，失准望之正矣，故以此六者参而考之。然远近之实定于分率，彼此之实定于道里，度数之实定于高下、方邪、迂直之算。故虽有峻山巨海之隔，绝域殊方之迥，登降诡曲之因，皆可得举而定者。准望之法既正，则曲直远近无所隐其形也。

用今日地图学（Cartography）的专门名词来说，"分率"就是比例；"准望"就是方位；"道里"就是交通路线的实际距离；"高下"就是地势高度；"方邪"是指山川分布走向；"迂直"似指地面起伏而必须考虑的措施问题。前三者是普遍的原则，后三者则须因地而制宜。此六者之间，既是互相联系的，又是互相制约的，可以说已把今日地图学上的主要问题，都扼要地指示出来了。[25]埃及地图学家托勒密（Ptolemy，约90—168）在他的著述中也有专文讨论到地图制法，但只局限于经纬线定位和地球投影的问题，严格点说只能算是地图投影学（map projection），而尚非完整的地图学。[26]裴秀的"制图六体"，实为当时最完善的制图方法论，在世界古代地图学史上，可算是独创的。因此我们可以这样说：裴秀是中国传统的地图学——"计里画方"法的创始者。

中国古代流行"计里画方"的制图法，或称方格图法，并不能用以说明古代中国人不知道观测经纬度。其实早在隋炀帝时，刘焯（544—610）便指出周髀测量日影的方法不够准确，建议重测。《隋书》卷一九《天文志》上："请一水工，并解算术士，取河南、北平地之所，可量数百里，南北使正。审时以漏，平地以绳，随气至分，同日度影。得其差率，里即可知。则天地无所匿其形，辰象无所逃其数。"唐开元十二年（724），和尚天文学家张遂（佛名一行）曾主持测量子午线，用水准绳墨在河南开封、上蔡一带测量，结果算出子午线一度的长度为351里80步，折合130.05公里。公元500年左右，祖冲之父子便已指出，北极距离极星约差一度多；宋代沈括曾绘制二百多幅天文图，更确定此项差距实有三度多。元代的郭守敬曾做过规模较大的纬度测量，那是观测晷影及"北极出地"。《元史·天文志》的四海测验："当时四海测景之所凡二十有七，东极高丽，西至滇池，南逾朱崖，北尽铁勒。"

中国人自古有很进步的天文历算知识，老早知道天体是圆形的。至迟在隋代，天文学家从观察天象的经验上感觉到地球并非方形；从地面上去观测星象的位置，会因观察者所在位置南北的不同，星象也跟着有高低的差异。《隋书》卷一九《天文志》，便有"天如鸡子，地如中黄；孤居于天内，天大而地小"的说法。熊明遇在清顺治五年（1648）所著的《格致草》，更具体地说明了圆地总无方隅："地球在天中，圆如弹丸，海水附土，为气所裹，皆是圆形。圆则无隅无方，东极成西，南观成北。如泛海者二舶俱从大洋一处开岸，一舶往东，一舶往西，俱可至中国；元往东者从西面到，元往西者从东面到。……"

地图是在实用的基础上发展起来的，但古代东方和西方地图学的发展，在本质上和趋势上颇有不同。中国自古为农业国家，有广大的农区，有良好的气候；讲求灌溉，生活安定，人民偏重于守成。政府编制地图，主要目标在分配土地、征收赋税、城池防守以及交通水利等项，注意于较大比例尺地图的绘制，包括地籍图和政区图等等。古代地中海沿岸的居民，因良好的农地有限，经济发展有较早地偏重于商业的趋势。为求向外发展和侵略，航海图必不可少。故其早期的制图家，皆偏重于大地区小缩尺地图的编制，因而必须测量经纬度并研究地图投影。托勒密就是一个很好的代表。[27]

四、贾耽及其《海内华夷图》

东晋以后随着政权的分裂，地图的编制也化整为零；一百余年之间，并未见全国性的大幅地图，而地方上图经的编制却逐渐盛行。古代所谓图经，便是图说相间的地志，其现存著录当以东汉的《巴郡图经》为最早。[28]隋大业间所完成的《诸州图经集》一百卷以及《区宇图志》一百二十九卷，可说是集地方图经、图记和图志的大成。从《太平御览》卷六〇二所引《隋大业拾遗》，可知《区宇图志》具有如下的性质：

> 卷头有图，别造新样，纸卷长二尺。叙山川则卷首有山水图，叙郡国则卷首有郭邑图，叙城隍则卷首有公馆图。其图上山水城邑题书字极细，……

因为隋炀帝的好大喜功，《区宇图志》竟由一百多卷逐步增广为二百五十卷、六百卷、八百卷乃至一千二百卷。在这种情况之下，地图是赶不上文字的。于是文字的数量大大超过了地图，成为中国地图史和地志史上的一个分界点。从此"图少记多"便成为总地志和地方志的固定格式，图经成为地方志的别名，而地图也就沦为地志的附庸了。所以唐代完成的《元和郡县图志》，虽然还能保存"每镇皆图在篇首，冠于叙事之前"（见该书原序），但事实上已是图少说多的总地志；后来因地图散佚，书名也改变为《元和郡县志》了。

《新唐书》卷四六《百官志》职方郎中条："凡图经，非州县增废，五年乃修，岁与版籍偕上。"

唐代初年因为征战上的需要，颇注意于地图的编制。《旧唐书》卷七九《吕才传》："太宗又令才造《方域图》及《教飞骑战阵图》，皆称旨。"同时对于藩属和邻国的地图，也注意收罗。太宗破突厥、征高丽，这两个属国皆曾进献地图，表示恭顺服从。贞观二十年（646）王玄策赴中天竺，伽没路国曾献异物和地图；高宗时王玄策再去中天竺，在显庆三年（658）以实际见闻撰成《中天竺国行记》十卷、图三卷。许敬宗出使康国和吐火罗后，曾撰献《西域图志》六十卷；而派赴辽东的贾言忠，亦曾绘奉辽东的山川地势图。

盛唐之时，中国的地图绘制已很发达，至少官方的情形是如此。尚书省兵部职方郎中，掌管全国地图，先是规定各州郡每三年造图一次，建中元年（780）以后则改为每五年造送一次。[29]中央政府根据此等州府造送的地图，编制全国性的地图。读《新唐书》《旧唐书》，可知长安四年（704）、开元三年（715）及元和八年（813），都有完成《十道图》的记载。[30]这《十道图》不但沿用到五代，直到北宋初年，凡考核户口、俸给、刑法以及赋役之类，都要赖以作为根据。[31]《唐六典》卷五《尚书省兵部职方郎中》条有云：

职方郎中、员外郎，掌天下之地图，及城隍、镇戍、烽候之数，辨其邦国都鄙之远迩，及四夷之归化者。凡地图委州府三年一造，与板籍偕上省……为图以奏焉。副上于省，其五方之区域，都鄙之废置，疆场之争讼者，举而正之。

想复兴唐室的宪宗皇帝（806—820年在位），常常面对地图考虑如何经略河湟地区。[32]士人向皇朝进献地图成为一时风尚，《元氏长庆集》卷三五有许多献地图的故事。又当时关中依赖东南接济，漕运非常重要，故有关漕运的地图很受重视。[33]

唐代的地图绘制，由贾耽（729—805）集大成。贾耽为中国古代最伟大的地理学家之一，对地图学也曾有卓越的贡献。他是沧州南皮人，《新唐书》和《旧唐书》都有他的传，而尤以《旧唐书》为详尽。他和西晋的裴秀一样，也做过朝廷大官；[34]他的绘制地图，师承裴秀的六体，并认为是最好的方法。但他没有像京相璠那样的高级助手，故其自力指导制图的成分，似乎要较裴秀为多。

贾耽在德宗贞元十七年（801）所完成的《海内华夷图》，也同裴秀的《地形方丈图》一样，以一寸折合百里，或大约一百八十万分之一。但《海内华夷图》的图幅为"广三丈，从三丈三尺"，要比《地形方丈图》大得多：这是因为包括了域外部分的缘故，并且这也是该图的一个特点。他曾经担任过鸿胪寺卿，并兼左右威远营使，有机会接触外国的使节以及使外归来的人，可以从他们打听到许多关于外国的地理知识，所以才能包括了域外的部分。用以编制域外部分的材料，虽然多是采访得来的，但也改正了前人不少的错误。

《华夷图》可能有不同的版本，在唐代读书人中有相当程度的流传。唐人曹松的《观华夷图》："落笔胜缩地，展图当晏宁。中华属贵分，远裔占何星。分寸辨诸岳，斗升观四溟。长疑未到处，一一似曾经。"此一诗人的旅游颇为广远，而此诗是有关地图所少见的好诗。

这幅《海内华夷图》的地名，是用两种不同的色彩书写的：旧地名用黑色，当代地名用红色，形成一种新格式；影响久远，并为后来的历史沿革地图所遵循。例如李兆洛的《历代地理沿革图》和杨守敬的《历代舆地图》等，都是采用此一格式。

《新唐书》卷七《德宗纪》："（贞元）九年（793）五月甲辰，义成军节度使贾耽为尚书右仆射。"仆射即宰相。顺宗即位后，贾耽检校司空，守左仆射，一直执政。同书同卷《宪宗纪》："永贞元年（805）十月丁酉，贾耽薨。"

《旧唐书》卷一三八有《贾耽传》，现将其有关地图学的部分抄录如下：

> 耽好地理学，凡四夷之使及使四夷还者，必与之从容，讯其山川土地之终始。是以九州之夷险，百蛮之土俗，区分指画，备究源流。自吐蕃陷陇右积年，国家守于内地，旧时镇戍，不可复知。耽乃画陇右、山南图，

兼黄河经界远近，聚其说为书十卷，表献曰："臣闻楚左史倚相能读《九丘》，晋司空裴秀创为六体；《九丘》乃成赋之古经，六体则为图之新意。臣虽愚昧，夙尝师范，累蒙拔擢，遂忝台司。虽历践职任，诚多旷阙，而率土山川，不忘寝寐。其大图外薄四海，内别九州，必藉精详，乃可摹写，见更缵集，续冀毕功。然而陇右一隅，久沦蕃寇，职方失其图记，境土难以区分。辄扣课虚微，采掇舆议，画《关中陇右及山南九州等图》一轴。伏以洮、湟旧墟，连接监牧；甘、凉右地，控带朔陲。岐路之侦候交通，军镇之备御冲要，莫不匠意就实，依稀像真。如圣恩遣将护边，新书授律，则灵、庆之设险在目，原、会之封略可知。诸州诸军，须论里数人额；诸山诸水，须言首尾源流。图上不可备书，凭据必资记注，谨撰《别录》六卷。又黄河为四渎之宗，西戎乃群羌之帅，臣并研寻史牒，剪弃浮词，馨所闻知，编为四卷，通录都成十卷。文义鄙朴，伏增惭悚。"德宗览之称善，赐厩马一匹、银彩百匹、银瓶盘各一。至十七年（801），又撰成《海内华夷图》及《古今郡国县道四夷述》四十卷，表献之，曰："臣闻地以博厚载物，万国棋布；海以委输环外，百蛮绣错。中夏则五服、九州，殊俗则七戎、六狄，普天之下，莫非王臣。昔毌丘出师，东铭不耐；甘英奉使，西抵条支；奄蔡乃大泽无涯，罽宾则悬度作险。或道理回远，或名号改移，古来通儒，罕遍详究。臣弱冠之岁，好闻方言，筮仕之辰，注意地理，究观研考，垂三十年。绝域之比邻，异蕃之习俗；梯山献琛之路，乘舶来朝之人，咸究竟其源流，访求其居处。阛阓之行贾，戎貊之遗老，莫不听其言而掇其要；间阎之琐语，风谣之小说，亦收其是而芟其伪。……去兴元元年（784），伏奉进止，令臣修撰国图，旋即充使魏州、汴州，出镇东洛、东郡，间以众务，不遂专门，绩用尚亏，忧愧弥切。近乃力竭衰病，思殚所闻见，丛于丹青。谨令工人画《海内华夷图》一轴，广三丈，从三丈三尺，率以一寸折成百里。别章甫左衽，荑高山大川；缩四极于纤缟，分百郡于作绘。宇宙虽广，舒之不盈庭；舟车所通，览之咸在目。并撰《古今郡国县道四夷述》四十卷，[35]中国以《禹贡》为首，外夷以班史发源，郡县纪其增减，蕃落叙其衰盛。前地理书以黔州属酉阳，今则改入巴郡；前西戎志以安国为安息，今则改入康居。凡诸疏舛，悉从厘正。陇西、北地，播弃于永初之中；辽东、乐浪，陷屈于建安之际。曹公弃陉北，晋氏迁江南，缘边累经侵盗，故墟曰致埋毁。旧史撰录，十得二三。今书搜捕，所获太半。《周礼·职方》，以淄、时为幽州之浸，以华山为荆河之镇，既有乖于《禹贡》，又不出于淹中，多闻阙疑，讵敢编次。其古郡国题以墨，今州县题以朱，今古殊文，执习简易。臣学谢小成，才非博物。伏波之聚米，开示众军；酇侯之图书，方知厄塞。企慕前哲，尝所寄心，辄罄庸陋，多惭纰缪。"优诏答之，赐锦彩二百匹、袍段六、锦帐二、银瓶盘各一、银楂二、马一匹，进封魏国公。顺宗即位，检校司空，守左仆射，知政事如故。

《海内华夷图》的原图早已失传，但它的缩本《华夷图》和《禹迹图》却赖石刻而保存下来。

《宋史·艺文志》著录《贾氏国要图》一卷，可能贾耽除了绘制《海内华夷图》之外，又曾将其缩简为《国要图》。今日所见石刻的《禹迹图》和《华夷图》，或许便是从《国要图》传抄下来的。另据《玉海》卷一四、一五及《宋史·乐黄目传》，可知北宋初年的乐史，曾作《掌上华夷图》，也很可能就是贾耽《海内华夷图》的简缩本。

此外，广陵李该制作过《地志图》。唐吕温《吕和叔文集》卷三《地志图》序："广陵李该，博达之士也。学无不通，尤好地理。患其书多门、历世寖广，文词浩荡，学者疲老。由是以独见之明，法先圣之制；黜诸子之传记，述仲尼之职方。会源流，考同异；务该畅，从体要，倬然勒成一家之说。独惧其奥，未足以昭启后生；乃裂素为方仪，据书而图画，随方面以区别，拟形容之训解，命之曰《地志图》。观其粉散百川，黛凝群山；元气剖判，成乎笔端；任土之毛，有生之类，大钧变化，不出其意。然后列以城郭，罗乎陬落，内自五侯九伯，外自要荒蛮貊，禹迹之所穷，汉驿之所通，五色相宣，万邦错峙。毫厘之差，而下正乎封略；方寸之界，而上当乎分野。乾象坤势，炳焉可观。……名山大川随顾奔走，殊方绝域举意而到。高视华裔，坐横古今，观帝王之疆理，见宇宙之寥廓；出遐入幽，曾不崇朝；与夫役形神于岁月，穷辙迹于区外，又不可并轨而论劳逸也。……"吕温能写这样的序文，表明他对地图是有认识的。

照这篇序文的语气，李该制作的《地志图》是用彩色绘制的，包括的地区范围颇广。根据现有的记录，唐宋时代的许多地图，尤其是军用地图，都是彩色的。

五、宋代的地图

宋代的中央集权又进了一步，但疆土较唐代为狭小。昔日边地，多沦为异域。为发展交通和巩固边防，朝廷很重视地图的编制。当初讨平各割据王国后，曾接收了各国的大量图书，[36] 显然有助于全国性地图的制作。而且朝廷又命令地方州县按时造送地图，有时还直接派人到各地去测绘或校正。李焘《续资治通鉴长编》（以下简称《长编》）卷一八太平兴国二年（977）闰七月丁巳条："有司上诸州所贡闰年图。故事，每三年一令天下贡地图与版籍，皆上尚书省。国初以闰为限，所以周知山川之险易，户口之众寡也。"[37]

充分收罗了局部的和地方性的地图之后，便着手编制全国性的地图。太宗淳化四年（993）首先完成了《淳化天下图》，据说需用一百匹的绢。《宋会要辑稿·职官》十四职方："令画工集诸州图，用绢百匹，合而画之，为天下之图，藏秘府。"真宗（998—1022年在位）时也曾编制过全国性地图，在史籍中留下了若干记录。[38]《玉海》卷一四《祥符九域图》条："祥符初，命李宗谔修图经，有司请约唐《十道图》，以定赋役，上命学士王曾修《九域图》。"而仁宗（1023—1063年在位）则以各路为单位制图，然后再合编为全国性的地图。《玉海》卷一四有下列的两条纪录："仁宗初，晏殊以十八路州军三百六十余所为图上之。"又"康定元年（1040）十月癸卯，诏陕西、河东、河北转运司，各上本路地图三本，一进，二送中书密院"。

州县所上缴的地图，数量甚为可观，而且愈积愈多。《宋史》卷八五《地理志》："雍熙中（984—987），天下上闰年图，州府军监几于四百。"因为数量太多了，并且对于地方也是一种负担，[39]故从咸平四年（1001）起，改为每两闰一造。除各州上闰年图之外，各路每十年须上本路图到职方。《宋会要辑稿·职官》二二："真宗咸平四年八月，诏诸州所上闰年图，自今每两闰一造。每三次纳仪鸾司，即一次纳职方；换职方旧图，却付仪鸾司。其诸路转运司即十年一造。"[40]但在这个制度没有贯彻之前，同时或许因为地方上缺乏绘图人才，中央政府曾直接派人出去绘画地图。例如景德四年（1007），便曾有"诏翰林院遣画工分诣诸路，图上山川形势"的记录。

神宗（1068—1085年在位）朝实施新法，行政区划有所调整，元丰间路数增加到二十三。[41]先在熙宁四年（1071），令赵彦若监制《天下州府军监县镇地图》，[42]六年十月进《十八路图》一及《图副》二十卷。可能因为成绩不佳，[43]故九年（1076）又命沈括编制《天下州县图》。《宋会要辑稿·方域》七杂录："熙宁九年八月六日，三司使沈括言，看详《天下州府军监县镇图》，其间有未完具处，先曾别编次一本，稍加精详，尚未了毕，欲乞再许于尚书职方，暂借图经地图草，躬亲编修。从之。"

沈括（1031—1095）对地理学的贡献是多方面的，他除了对各种自然地理现象加以观察、记录和解释外，也曾躬亲从事地图的测绘工作，并且在出使辽国时，根据枢密院的图籍和"地讼之籍"，[44]拒绝契丹的无理要求，终于取得了外交上的胜利。[45]在回国途中，注意山川形势以及敌境的风俗人情，写成《使契丹图抄》一书，[46]后来又刻木图，表示山川道路的险易，也可视为中国有关地图模型的最早记录之一。[47]他的木刻地图，曾受到朝廷的重视，用之作为边郡仿制的样品。

沈括《长兴集》卷四《进守令图表》：

臣某言：臣先准熙宁九年八月八日中书札子，奉圣旨编修《天下州县图》，准今年（1087）二月十八日，尚书省批状，许令投进者。……窃以汉得关中之籍，始尽天下之险夷。周建主方之官，务同万民之弊利。文不备则不足资实用，事不核则无以待有为，编探广内之书，参更四方之论，该备六体，略稽前世之旧闻；离合九州，兼收古人之余意。四海可以隃度，率土聚于此书。仅欲终篇，适缘罪去，出守封疆者再闻，流落江湖者七年，每行抱于遗编，幸终尘于乙览。……今画《守令图》，并以二寸折百里，其间道路迂直，山川隔碍处，各随事准折。内废置郡县，开拓边境，移徙河渠，并据臣在职日已到文案为定，后未系臣罢职，别无图籍修立。大图一轴，高一丈二尺，广一丈；小图一轴；诸路图一十八轴；并用黄绫装缥。副本二十轴，用紫绫装缥，谨随表上进以闻。

前述裴秀和贾耽所编制的全国地图，皆以一寸折合百里。沈括的《天下郡县图》（《守令图》），却以二寸折合百里，比例尺大了一倍，变成1∶900,000的了。此外，并将方位改为二十四至，这大致和当时已经使用精密的罗盘有关。[48]沈括在《补笔谈》卷三，曾说：

> 地理之书，古人有飞鸟图，不知何人所为。所谓"飞鸟"者，谓虽有四至里数，皆是循路步之，道路迂直而不常，既列为图，则里步无缘相应，故按图别量径直四至，如空中鸟飞直达，更无山川回屈之差。予尝为《守令图》，虽以二寸折百里为分率，又立准望，互融傍验、高下、方斜、迂直之法，以取鸟飞之数。图成，得方隅远近之实，始可施此法，分四至八到为二十四至；以十二支、甲乙丙丁庚辛壬癸八干、乾坤艮巽四卦名之。使后世图虽亡，得予此书，按二十四至以布郡县，立可成图，毫发无差矣。

他似乎颇有先见之明。到了元朝，他所制《天下郡县图》便亡佚了。《宋史》卷二〇四《艺文志》："沈括《天下郡县图》一部，卷亡。"

宋朝开国之初，受契丹和西夏的双重威胁，故特别注意北边的国防，附带也使地图受到重视。宫殿中张挂地图，以便随时指讲。《长编》卷四九咸平四年（1001）十月庚戌，真宗曾指殿壁所挂地图对臣僚说："契丹所据地，南北千五百里，东西九百里，封域非广也；而燕蓟沦陷，深可惜耳。"[49] 在较早的时期，宋和契丹已不断用兵，谍报活动频繁。《玉海》卷一四《元祐职方图》："至道元年（995），府州折御卿大破契丹，图山川地形，以按视焉。三月，内臣杨守斌以地图来上，帝阅视久之。"[50]

当时由于军事及行政上的需要，对边境地图特别重视。这就地区来说，约可分为三种：（一）外国的或沦陷地区的，如《契丹地图》《幽燕地图》《使辽图抄》《河西陇右图》以及《西州图》等。（二）国界图或对境图，如《大辽对境图》《大金接境图》《西界对境图》以及《五路都对境图》等。仁宗嘉祐二年（1057）曾用《河东地界图》作为争回被侵土地的依据。（三）边地图或接近边界的国内地区图，如祥符中曹玮、张宗贵的《泾原环庆两路州军山川城寨图》，嘉祐四年王庆民所上的《麟府二州图》以及元丰五年（1082）刘昌祚所上的《鄜延边图》等。[51]

从有关宋代的史籍中，尤其是《宋史》《玉海》《宋会要辑稿》和《续资治通鉴长编》等，可以找出许多关于地图的记载。《玉海》卷九一《乾道选德殿御屏　华夷图》："乾道元年（1165）七月癸丑，晚御选德殿，御座后有金漆大屏，分画诸道，各列监司郡守为两行，以黄签标识职位姓名。上指示洪适等曰：'朕新作此屏，其背是《华夷图》，甚便观览，卿等于都堂亦可依此。'"就因为朝廷重视地图，故献图之风甚盛。[52] 我认为宋代图经编著之特盛，也和地图制作之普遍有关。

就现存的资料而言，或因为宋代后于唐代，故见于著录的宋代地图要比唐代为多；并且宋代的地图，种类也较繁杂，除全国图、外域图及边防图外，举凡山川、水利、治河、海道、交通、都会乃至宫殿，也莫不有图。赵彦卫《云麓漫钞》卷八记载："《长安图》，元丰三年（1080）正月五日，龙图阁待制知永兴军府事汲郡吕公大防，命户曹刘景阳按视，邠州观察推官吕大临检定。其法以唐都城大明宫，并以二寸折一里（约合1：900,000）；城外取容不用折法，大率以旧图及韦述《西京记》为本，参以诸书及遗迹，考定太极、大明、兴庆三宫，用折地法，不能尽容诸殿，又为别图。……"《宋会要辑稿·方域一》东京大内条："建隆三年（962）五月，诏广城，命有司画洛阳宫殿，按图以修之。"

唐代的地图，似乎已无法再看到了，除非能在古墓中发现。但宋代的地图，还有少数被保留下来，例如税安礼的《历代地理指掌图》、程大昌的《禹贡论图》或《禹贡山川地理图》，[53] 以及刊于南宋末叶而编者姓氏不详的《舆地图》。[54] 但更值得注意的，是在西安和苏州还保存着的四幅完整的宋代石刻地图。

在著名的西安碑林中，保存有一块伪齐阜昌七年（南宋绍兴七年，金天会十五年）刻的石碑。碑高宽皆三尺余，在碑的两面，分别刻着《华夷图》和《禹迹图》。在这两幅图上，都保存着一些唐代的地名；而且根据图名、绘法以及图上的说明，都可证明是因袭唐代贾耽《海内华夷图》制成的，可视为唐、宋两代地图学的混合体。此二图的原图制作时间，由地名的"年龄"可约略推测《华夷图》作于神宗朝（1068—1085）；《禹迹图》稍迟，似绘于神宗哲宗两朝之交，也就是十一世纪之末。《华夷图》中因有"契丹即今称大辽国"字样，故也可能经过辽国人的摹绘和修改。

《华夷图》不画方格，图名刻在上边中央；西边注明东、西、南、北方向。图上画有河川、湖泊、山岭、长城以及州府名称，大致和实际情形相差不多；而长城的图式甚为可爱，普遍为后来地图所采用。山脉用人字形表示，海岸轮廓比较失真，有海南岛而无台湾，江河源流也不很准确。在图的四周，记载着边境国家的名称以及它们内附的经过；图的右下角附有说明："其四方蕃夷之地，唐贾魏公图所载，凡数百余国，今取其著闻者载之，又参考传记以叙其盛衰本末。"又说明更西的许多国家，"以其不通名贡而无事于中国，今略而不载"。可知该图所包括的地区范围，已远较贾耽《海内华夷图》为小，尤其是西部。[55]

《禹迹图》画有方格，比例尺稍大，每方折地百里；横方70，竖方73，总共有5,110方。大概是因为采用比较精密的摹绘法，故海岸线和水系的轮廓都更接近真实。图中黄河在开封东北折向北流，至天津附近注入渤海；和《华夷图》黄河下游的径向东北流显然不同。故又可知该图的原稿必完成于庆历八年（1048）之后，因为这一年的六月，黄河在澶州商胡埽决口，才改向北流。

苏州文庙所保存的石刻《地理图》，高六尺七分，宽上三尺一寸五分，下三尺二寸五分，上石时间为南宋理宗淳祐七年（1247）。根据图下王致远的跋，证明此图是黄裳为嘉王邸翊善日所进；后来王致远在四川得到，携回苏州刻石以传。黄裳到嘉王府的时间在孝宗淳熙十六年（1189），图稿应完成在该年之前。再就地名的变迁观察，该图曾在神宗时据唐代旧图及契丹图增补，后来黄裳又参照北宋末年的地名再加修订，黄河、汴河两岸加了一些金国的地名。此图不画方格，山脉更为形象化。在山岭上还绘有森林的符号，海岸线和江河的轮廓也比较正确。所有的州名和山名，都加上长方形的框，所有水名皆围以椭圆形的圈，以资醒目。因此该图的内容虽颇混杂，但大体上还算清楚。

当时江南的大都市平江，就是今日的苏州。在南宋绍定二年（1229）夏天刻石的《平江图》，一直在苏州府学流传下来，这可能是中国现存最早最佳的都市地图。[56]但较少为学人所注意。1976年应邀北访，因唐山大地震之故，要先去东北再转北京，在等候期间，有关方面安排我游览新安江水库、杭州、苏州等地。我一到苏州，就急于想看《平江图》，第一批陪同说保存该图的市博物馆在修理，不开放，颇为失望。翌日游罢著名园林回来，接待人员说我可看《平江图》，已有人连夜搬开上万块砖头。晚餐时领导来访，告诉我下午三时许太阳光照射该图，最适时拍摄照片，届时派车来接，态度起了180度转变。于是我看到了这幅珍贵的石刻地图，并站在图边拍照留念。

上述四幅石刻地图，颇能反映宋代制图的水平。

六、《舆地图》和《广舆图》

从裴秀创制《禹贡地域图》到贾耽完成《海内华夷图》，中间经过五百余年；再过了五百多年，中国又出现一位著名的地图学家，他就是元代的朱思本（1273—1333）。

朱思本是江西临川人，[57]曾在信州龙虎山上清宫学道；最初师事张留孙，后来帮助吴全节掌管江南道教，是一个地位颇高的道教徒。他利用奉诏代祀名山河海的机会，[58]得以旅行各地，考察地理，研究城市沿革。他总结了前人的经验，应用当时见存的图籍，订正山川名称，费时十年（39—48岁），编成了有名的《舆地图》二卷。据说是先成分幅，然后合为总图，也是采用"计里画方"的图法。此一半官方性质的地图，曾流传到清初，一直是元、明、清三代舆图的主要范本。[59]刘献廷《广阳杂记》卷二："朱思本舆图，纵横界画，以五十里为一方，即裴秀准望之意也。"

《舆地图》可惜已失传了。朱思本虽然曾将该图刻在道院的石碑上，但也没有能流传下来。[60]现在我人对朱思本地图的了解，只靠他的一篇自叙以及《广舆图》初刊本首幅《舆地总图》。日本皇宫读书寮原藏明嘉靖四十年（1561）浙江初刊罗洪先所编《广舆图》的卷首，有如下一篇很重要的自序（《舆图旧序》）：

予幼读书，知九州山川。及观史司马氏周游天下，慨然慕焉。后登会稽，泛洞庭，纵游荆、襄，流览淮、泗；历韩、魏、齐、鲁之郊，结辙燕、赵，而京都实在焉。继是奉天子命，祠嵩高，南至于桐柏；又南至于祝融，至于海。往往讯遗黎，寻故迹，考郡邑之因革，核河山之名实。验诸滏阳、安陆《石刻禹迹图》《建安混一六合郡邑图》；乃知前人所作，殊为乖谬，思构为图以正之。阅魏郦道元注《水经》、唐《通典》《元和郡县志》、宋《元丰九域志》、今秘府《大一统志》；参考古今，量较远近。既得其说，而未敢自是也。中朝士夫，使于四方，遐迩攸同，冠盖相望；则每嘱以质诸藩府。博采群言，随地为图，乃合而为一。自至大辛亥（1311）迄延祐庚申（1320），而功始成。其间河山绣错，城连径属，旁通正出，布置曲折，靡不精到。若夫涨海之东南，沙漠之西北；诸蕃异域，虽朝贡时至，而辽绝罕稽，言之者既不能详，详者又未可信。故于斯类，姑用阙如。嗟乎！予自总角，志于四方，及今二毛，讨论殆遍。兹图盖其平生之志，而十年之力也。后之览者，庶知其非苟云。是岁日南至，临川朱思本本初父自叙。

从这篇自叙中，可知朱思本的工作态度非常认真。[61]他的足迹遍及中国东南半壁，因旅行而获得的地理知识，似乎远超过裴秀和贾耽。故他所编的《舆地图》，实为野外考察和书本知识的结合。虽然他所采用的仍为"计里画方"的绘法，但其精密度必已有所改进。对于他自己不熟悉的地区，以及域外资料不足或不可靠的，宁缺毋滥。他所编成的《舆地图》，原图长宽各七尺，因为图幅很大，不便于一般使用。明代罗洪先乃加以改编，另成《广舆图》。

罗洪先为江西吉水人。嘉靖八年（1529）举进士第一，亦即状元，《明史》有传。[62]他鉴于朱思本《舆地图》的图幅太大，不便舒展，也不易保存，故"据画方易以编简"，将大幅改为小幅，把单张地图分割为地图册。他所编的地图，可能因为依据朱图加以增广，故称之为《广舆图》；成图时间在1540年前后。其中两直隶、十三布政司图共十六幅，基本上是依朱图改绘；其他九边图十一幅，洮河、松潘、虔镇、麻阳诸边图五幅，黄河图三幅，漕河图三幅，海运图二幅，以及朝鲜、朔漠、安南、西域图四幅，皆为罗氏所增。罗氏所写的《广舆图序》，曾有如下的记载：

……尝遍观天下图籍，虽极详尽，其疏密失准，远近错误，百篇而一，莫之能易也。访求三年，偶得元人朱思本图，其图有计里画方之法，而形实自是可据。从而分合，东西相伴，不至背舛；于是悉所见闻，增其未备，因广其图至于数十。其诸沿革统驭，不可尽载者，咸具副纸。山中无力佣书，积十余寒暑而后成。……

　　按朱图长广七尺，不便卷舒，今据画方，易以编简。仰惟大明丽天声教，无外远轶，古今可以观德，作舆地总图一；内畿外邦，域民建守，小大相承，动无遗法，作两直隶、十三布政司图十六；王公设险，安不忘危，夷夏大防，严在疆圉，作九边图十一；山谷藏疾，时作弗靖，魁究窜伏，功在刊涤，作洮河、松潘、虔镇、麻阳诸边图五；壶口既治，宣房载歌，沉玉负薪，群策毕效，作黄河图三；水陆萦纡，漕卒岁疲，储峙孔艰，国用攸赖，作漕河图三；四海会同，溟渤远输，仿佛往踪，用备不虞，作海运图二；四夷来王，兵革不试，治之极也，作朝鲜、朔漠、安南、西域图四，终焉。凡沿革附丽，统驭更互，难以旁缀者，各为副图六十八。[63] 山川城邑，名状交错，书不尽言，易以省文二十有四。

　　这里所谓"省文二十有四"，便是二十四种地图符号。例如山从ⵯ，水从ⵦ，界从ⵜ，路从`..，府从□，州从◇，县从○，驿从△，卫从■，所从◆，屯从●，堡从▲，城从⊡，隘从◈，营从⊙，以及站从△，等等，又似乎是中国地图大量采用符号代表地形地物之始；实远早于欧西国家，而未为中外地理学家所注意。[64]

　　朱思本的《舆地图》，通过罗洪先的增订和分幅，才能得到推广，才能保存下来，并进一步扩大了它的影响。明末清初的制图家，绝大多数皆以《广舆图》作为蓝本或根据。[65]陈组绶的《皇明职方地图》[66]和顾祖禹的《读史方舆纪要》附图，都直接或间接承袭了此一传统。清代初年虽有外国传教士所制的新图，但影响只限于宫廷，民间并不流行。故朱思本、罗洪先系统的地图，直到清代中叶仍占相当优势。

因朱思本对中国地图的贡献，使我联想起道家传述的《五岳真形图》中的《东岳真形图》。东岳即泰山，如果拿今日泰山的平面地形图和《东岳真形图》对照，则似乎中国人又早已发明了等高线图法及晕滃平面图法。该图的作者及制作年代皆不详，见附于《汉武帝内传》；《云笈七签》卷七九称东方朔作图序："五岳真形者，山水之象也。"据《四库全书总目提要》卷一四二，《汉武帝内传》似为魏晋间文士所作，否则也是六朝初期的古书。书中所说固多荒诞，或由道家附会而成，[67]但其所谓"下观六合，瞻河海之短长，察丘岳之高卑，……乃因山源之规矩，睹河岳之盘曲；陵回阜转，山高陇长，周旋透迤，形似书字。是故因象制名，定实之号。画形秘于玄台"，又很可能和观察及描绘地形有关。据《太平御览》所引，该书对于若干山峡和溪谷的深宽，好像是经过实地测量似的。

实用的山水图和艺术作品的山水画，原不易分别。方志中所见的许多插图，多数和山水画相似，唯一的差别是地名的有无。因此不妨将注有地名的称为山水图，不注地名的称为山水画。[68]中国山水图的发达，除了自然环境的多山多水外，料必和宗教也有关系；佛教及道教的寺观，多数在偏远的山林，而逃避现实的士大夫，也以隐居山林为清高。这些人因为经常住在山里，对山地的地形自然较为熟悉，绘画起来易臻逼真；完成于较早时期的释惠远的《江淮名山图》，道教徒陶弘景的《山图》，可作为代表。[69]敦煌莫高窟所见的六朝山水壁画，显现了浓厚的原始地图特质。

明代地图除了应用大量地图符号外，也普遍设色。明代的一般着色地图，亦似唐宋时代，概以黄色为河川，红色为道路，而以青色为山岭。《升庵全集》卷七六《百川》条："吕温《地志图序》：'粉散百川，黛凝群山。亦如今地理图黄为川，红为路，青为山。'"我想古人之用黄色代表河川，因为古代的学者多出生于北方或多在北方做官，而北方的大河，如黄河及其支流，水色多长年黄浊，很自然地联想到用黄色代表河川了。

在这里，必须附带提到《郑和航海图》。明代初年郑和七下西洋，是中国地理学史上的大事，他们当时所使用的地图及详细记录，已经被毁。间接遗留下来的，只有茅元仪所著《武备志》第二四〇卷的附图。该图原名《自宝船厂开船从龙江关出水直抵外国诸番图》，因嫌其太长，一般简称为《郑和航海图》。原图共分二十页，现加以重绘，接并为四段。此图以南京为起点，最远到达非洲东岸肯雅（Kenya，即肯尼亚。编按）的慢八撒（Mombasa，即蒙巴萨。编按），附有五百多个地名。茅元仪在《武备志》的序里没有说明该图的来历，只说明成祖朱棣派人出使海外诸国。"当是时，臣为内竖郑和，亦不辱命焉。其图列道里国土，详而不诬。载以昭来世，志武功也。"至于此图是否根据郑和原来所用地图绘制，以及何人何时所绘，皆不得而知。但我们知道明世宗嘉靖三十五年（1556），胡宗宪总督浙江军务，为着防御倭寇，曾请郑若曾等人收集和海防有关材料，编辑《筹海图编》。茅元仪的祖父茅坤，曾参加《筹海图编》的编辑工作，见到一些和海防有关的材料；而茅坤又做过兵部的官，故也可能看到兵部的档案。所以此一地图必定有其渊源。就航程和地名观察，此图大概是明宣德五年（1430）郑和最后一次下西洋的记录，在中国地图学史上，可算是现存最早最详细的航海图了。

从宋代以至金、元、明、清，地图皆由兵部职方掌管。[70]明代也有三年造送地图一次的制度。《大明会典》卷一三三："洪武二十六年（1393），定凡天下要冲及险阻去处，各画图本，并军人版籍，须令所司成造送部，务知险易。"又"成化元年（1465），令图本户口文册，俱限三年一次造报"。但因历朝各代规定造送地图的法令时常改变，故事实上也不一定能如期造送。

七、余论

上述事实，说明了中国地图学的发展甚早，远早于西方国家。长沙马王堆汉墓发现的古地图，进一步提供了实物证据。从西晋初年裴秀创作制图六体，经唐代贾耽和元代朱思本等人的发扬光大，到明代罗洪先的改编《广舆图》，传统上都采用"计里画方"的图法，或称方格图法。中国此一传统的制图法，在十三、十四世纪之交传播到西方，影响了阿拉伯制图的方法和技术。随后十四、十五世纪欧洲地图学的发展，不仅得力于阿拉伯人对托勒密图法的实践改进，而且也通过阿拉伯人的媒介，吸取了中国"计里画方"图法的精华。

不幸在万恶的鸦片战争之后，中国曾有百多年的黑暗时期，使得中华民族所创造的光辉璀璨的文化，受到了歧视乃至完全抹杀！目下流行的所谓制图学著作，事实上只能算是欧洲人的制图学，根本不提中国古代的先进制图学和伟大的制图学家。教员在不知不觉的情况下，竟乐于接受这些充满偏见的教科书，最为可叹！

我原想改造他们，但发觉困难重重，最后只得把整个计划放弃。国家和民族的耻辱，并非一天所造成，也不是旦夕可以消除的！1964年7月，国际地理学会在伦敦举行第二十届大会后，8月初又在爱丁堡和国际地图学会（International Cartographic Association）联合举办了研讨会（Symposium）；各国学者所提出的论文共计119篇，其中除《利玛窦对远东地图学的影响》一文外，再没有任何东西关联中国的了。

当时我正受委托主持东亚和东南亚土地利用图的编制，曾和意大利的凡塞蒂（Vanzetti）教授代表世界农业地图集委员会（Committee for the World Atlas of Agriculture）参加爱丁堡研讨会，和各国地图学家有所接洽，发觉此等著名人物，包括长期把持国际地理学会和地图学会的巨头，对于中国古代非常进步的地图学，几乎一无所知。记得有人问起中国古代城市有无明细地图？我告诉他们，除了长安、洛阳等古都很早就测绘地图外，在清代初年，中国还测绘了六百五十分之一的明细北京图，把每一栋建筑物都画到了图上，无疑为当时全世界最佳的大比例都市图，但听者始终将信将疑。当我再说明非但亲眼看见过这庞大图册，而且还保有缩小的照片时，忽然有人提醒我说：你们中国在清代初年所完成的一切较佳地图，都是由欧洲传教士帮助测绘的！

经过这次的教训和刺激，我觉得自己有责任要做一些弥补的工作。事实上，早些时就有不少国际朋友对我说过，欧美学者对中国古代优秀的文化知道得很少，他们不识中文，也没有机会看到这些地图，我应该提要把它们介绍出来。所以我归来之后，决定把多年收集得到的资料加以整理，在1968年11月于印度新德里举行的第21届国际地理学会，提出了一篇叫作《中国地图学的发展》（*The Development of Chinese Cartography*）的论文。其后继续收集资料，不断加以扩充。当我知道长沙马王堆出土了古地图，一直很高兴。其中第一幅地形图经修理发表后，我几乎是立刻执笔，加工完成了此一论文。

这篇论文写到明代为止。至于清初的大规模地图测绘事业，将要另外写成一篇论文。首先因为康熙、雍正、乾隆三朝的地图测绘，主要是通过西洋传教士之手；次之是测绘的方法，基本上是利用经纬度网，和中国传统的"计里画方"图法，很不相同。加上资料比较丰富，实物保留颇多，也宜乎分别处理。

最近十余年，我每年都接到写论文的邀请；因为工作太忙，大多数推辞了，唯独《人文地理学研究进展》（*Progress in Human Geography*）创刊，要求我撰述中国地图学发展史稿时，我接受了。因为我实在不能不写。[71]

注释

1　地图是夹在其他帛书中叠放在一个长方形漆奁的格子内，用很薄的帛绘画，经过长期叠压，边缘残破，已经断裂为32片；其中5片破损较重。古图出土时好像一堆豆腐渣，经故宫博物院修复厂修裱工人的精心处理，先一层层揭开，再把碎片一一粘连，裱糊成32张帛片；每张帛片长24厘米，宽12厘米，然后合并成一整幅。唯因保存不得其法，最后终于毁坏，殊为可惜。

2　地图的朝向，有人认为古代的地图朝南，近代的地图朝北，这是不正确的。大致全国性的地图皆朝北，局部性的地图，因其绘制目的不同，朝向有异。这幅图是边区图，要防南粤，故朝南。我在罗马教廷图书馆所发现的长达5米、清康熙时测绘的长城图，也是朝南的。明末浙江、福建沿海图则朝东。将来如能在西北地区出现一幅汉代局部地图，说不定会是朝北甚至朝西的。

3　此项比例是一个平均的概数，利用古今地图上能够大致确定位置的五个同名点，然后分别在复原图和现代五十万分之一地形图对比测算，可知复原图主区的比例介乎十七万分之一到十九万分之一，平均约为十八万分之一。又按当时的度量制，一里折合三百步，或折合一千八百尺，或折合一万八千寸，故相当于一寸折合十里，也是一个合理的整数比例。

4 据历史文献记载，在马王堆三号汉墓下葬前十多年，割据岭南的南越王赵佗，自称皇帝，反叛中央，进扰长沙国的南部，汉王朝曾调兵遣将加以讨伐，仗打了一年多，相持不下。不久吕后死了，战争也就停止了。从三号汉墓同时出土的驻军图和大量兵器来看，墓主人利苍之子很可能就是长沙国的一员负责将领，而这三幅地图就是为应付这次战争而绘制的。尚在整理中的驻军图，绘的也是同一地区，但范围较小；图中绘有"周都尉军""徐都尉军""司马得军"等军队的分布情况，以及居民户数和村庄之间的距离等，或许就是汉代所称的军阵图。

5 古代巴比伦亦即美索不达米亚（Mesopotamia）地带，曾发现四千多年前绘在土陶片（clay tablet）上的地图，但只是一些简陋的原始地图，不可能和马王堆汉墓出土的地图比拟。

6 见杨甲所编《六经图》（六卷），《宋史》二〇二《艺文志》一五五有著录，北京图书馆有藏本。杨甲《六经图》所附的地理图，是目前已知全世界最早刊印的地图，较卢卡思·布兰迪斯（Lucas Brandis）在 1475 年于吕贝克（Lübeck）出版《新编历史入门》（*Rudimentum Novitiorum*）所附地图早三百多年，而其准确度也远较后者为高。

7 谭其骧《马王堆汉墓出土地图所说明的几个历史地理问题》，载《文物》1975 年第 6 期。

8 《钦定诗经传说汇纂》第二十卷《周颂》记载："於皇时周，陟其高山。隋山乔岳，允犹翕河。"何楷说："隋山两句，望秩以祀山川也。"孔颖达说："天子巡守所至，则登其高山而祭之。……则知隋山乔岳，允犹翕河，皆谓秩祭之事。"《尔雅·释言》："犹，图也。"郑玄的笺注解释"犹"为地图，他说"隋山乔岳，允犹翕河"二句，便是按照地图上所指示的山川，依次进行祭祀的意思。如果郑玄的推想不错，这可能便是中国现存的有关地图的最早记录。在古代社会中，祭祀是很重要的。

9 《周礼·地官司徒》有如下的一段记载："大司徒之职，掌建邦之土地之图，与其人民之数，以佐王安扰邦国。以天下土地之图，周知九州之地域广轮之数，辨其山林、川泽、丘陵、坟衍、原隰之名物，而辨其邦国都鄙之数，制其畿疆而沟封之，设其社稷之壝而树之田主，各以其野之所宜木，遂以名其社与其野。"这说明了大司徒的职责，主要是保管国家的土地之图。据郑玄解释："土地之图，若今司空郡国舆地图。"这一段文字，不但提到地图的用处以及它的内容，而且也证实了中国老早便设有保管地图的专官。此种天下土地之图，不仅有其地域的范围，并且还表明了各项地形地物。原注中对于丘、陵、坟、衍的解释是："土高曰丘，大阜曰陵，水崖曰坟，下平曰衍。"又云："小司徒之职，……凡民讼以地比正之，地讼以图正之。"《周礼·天官冢宰》："小宰……以官府之八成经邦治……三曰听闾里以版图。"郑司农云："版，户籍也；图，地图也。"《周礼·春官宗伯》："墓大夫掌凡邦墓之地域为之图，令国民族葬而掌其禁令。"《周礼·夏官司马》："职方氏掌天下之图，以掌天下之地，辨其邦国、都鄙、四夷、八蛮、七闽、九貉、五戎、六狄之人民，与其财用、九谷、六畜之数，要周知其利害。"

10 《汉书》卷一九《百官公卿表》："御史大夫，秦官，位上卿，银印青绶，掌副丞相；有两丞，秩千石。一曰中丞，在殿中兰台，掌图籍秘书。"

11 汉代大天文学家张衡（78—139），他对地理学和地图学的贡献，可能为天文学的辉煌成就所掩盖，而未为人所注意。《后汉书》卷五九《张衡传》："衡善机巧，尤致思于天文、阴阳、历算。……安帝雅闻衡善术学，公车特征拜郎中，再迁为太史令，遂乃研核阴阳，妙尽璇玑之正，作浑天仪，著《灵宪》《算罔论》，言甚详明。"其中《算阂论》，说是"网络天地而算之"，显然和经纬度的概念有关。

12　荆轲刺秦王的故事发生于战国时代。荆轲原来是卫国人，后到燕国，鉴于燕国面临强秦的威胁，情势危急，于是挺身而出，想去刺杀秦王。他以奉献督亢地图为名，要求晋见秦王，面递该图。也正因为这幅地图很难得和很有价值，秦王才亲自接见荆轲，于是发生了有名的壮烈故事。

13　张松献地图的事发生于东汉末年。当时刘备为了进占四川，曾笼络张松和法正二人，目的是想让他们提供益州（四川）的情报。后来张松果然把益州的地理形势和军事情况报告给刘备，并且将山川险要绘成地图，献给刘备，于是刘备才得知益州的虚实。《三国志·先主传》注引《吴书》的一段文字："备前见张松，后得法正，皆厚以恩意接纳，尽其殷勤之欢。因问蜀中阔狭，兵器府库，人马众寡，及诸要害道里远近，松等具言之，又画地图山川处所，由是尽知益州虚实也。"

14　关于这一方面的类似记载很多，《旧唐书》卷一三《德宗本纪》贞元十三年五月丙戌条："剑南节度使韦皋收复巂州，绘画地图以献。"同书卷一四元和二年四月庚辰条："岭南节度使赵昌进琼、管、儋、振、万、安六州六十二洞归降图。"

15　陈秀公系指陈升之（1011—1079），建阳人，景祐（1034—1037）进士，累官侍御史，知杂事。宋神宗时，拜同中书门下平章事，封秀国公。

16　张方平《乐全集》卷二七《请防禁高丽三节人事》条："臣窃闻高丽国进奉使人下三节人，颇有契丹潜杂其间，经过州县，任便出入街市买卖，公人百姓只应交通，殊无检察。所至辄问城邑、山川、程途、地里、官员、户口，至乃图画，标题意要，将还本国。自明州至京水路三千余里，昨淮浙饥疫，公私凋耗，国之虚实，岂宜使蕃夷细知？"

17　《汉书》卷三九《萧何传》："及高祖起为沛公，何尝为丞督事。

沛公至咸阳，诸将皆争走金帛财物之府分之，何独先入收秦丞相御史律令图书藏之。沛公具知天下厄塞，户口多少，强弱处，民所疾苦者，以何得秦图书也。"

18　秦始皇统一中国后，六国的图籍被集中到京都咸阳。秦朝灭亡时，此等图籍为萧何所接收，藏于石渠阁。《三辅黄图》卷六："石渠阁，萧何造，其下砻石为渠以导水，若今御沟，因为阁名。所藏入关所得秦之图籍。"东汉班固撰《汉书·地理志》，还引用到秦代的地图。《汉书》卷二八《地理志》代郡班氏下注："秦地图书班氏，莽曰班副。""琅琊郡"长广下注："奚养泽在西，秦地图曰剧清池，幽州薮，有盐官。"可能东汉末年散失了，故在西晋初年，裴秀便说："今秘书既无古之地图，又无萧何所得。"

19　裴秀这样给汉代地图所下的笼统评价，并不完全正确；本文第一章所述的马王堆汉墓出土地图，便是一个明显的实例。裴秀当然没有机会看到汉墓内的地图，或许他看见的都是些全国性比较简略的地图。

20　《尚书·周官》："司空掌邦土，居四民，时地利。"

21　《隋书·经籍志》："《春秋土地名》三卷，晋裴秀客京相璠撰。"《水经注·谷水注》："京相璠与裴司空季彦修《晋舆地图》，作《春秋土地名》，亦言今太仓西南池水名翟泉。"

22　《禹贡地域图》大概是历史地图性质，后人绝少征引，可能很早便散失了。但唐代司马贞《史记索隐》中，曾提到裴秀的《冀州记》；这或许是裴秀所写的另外一篇记。王庸曾怀疑它是《禹贡地域图》十八篇中《冀州幅》的图说，见其所著《中国地图史纲》（北京三联书店，1958 年），二二至二三页。

23　这个比例约略相当于 1∶1,800,000。

24　裴秀的《地形方丈图》似乎曾流传到唐代，是一幅全国大地图。唐虞世南《北堂书钞》卷九六图九《方丈图》："《晋诸公赞》曰：司空裴秀，以旧天下大图，用缣八十匹，省视既难，事又不审，乃裁减为方丈图，以一分为十里，一寸为百里，备载名山都邑，王者可不下堂而知四方也。"梁昭明太子《谢敕赉地图启》："晋世方丈，比非其妙。"唐《历代名画记》卷三也著录："裴秀《地形方丈图》。"

25　清代胡渭的《禹贡锥指》，曾对裴秀制图六体加以如下的解释："今按分率者，计里画方；每方百里、五十里之谓也。准望者，辨正方位，某地在东西，某地在南北之谓也。道里者，人迹经由之路，自此至彼，里数若干之谓也。路有高下、方邪、迂直之不同，高谓冈峦，下谓原野，方如矩之钩，邪如弓之弦，迂如羊肠九折，直如鸟飞准绳，三者皆道路夷险之别也。人迹而出于高与方与迂也，则为登降曲折之处，其路远。人迹而出于下与邪与直也，则为平行径度之地，其路近。然此道里之数，皆以着地人迹计，非准望远近之实也。准望远近之实，必测虚空鸟道以定数，然后可以登诸图，而八方彼此之体皆正，否则得之于一隅，必失之于他方，而不可以为图矣。"（见《皇清经解》卷二七）

26　关于罗马帝国时代埃及人托勒密著述中的地图，尚有不同的说法；其中一说是原著并无地图，直到1478年再版时才加绘附入。

27　托勒密总结了前人的研究成果，首先提出地图经纬线网的基本概念，并且进一步考虑到怎样把"地球表面的地点，转移到平面上去，而不致发生歪斜的方法"。这便是地图投影的问题。他创造性地编制了第一幅采用单圆锥投影的世界地图，普遍地被引用了一千多年，这在西方地图学史上也具有划时代的意义。故裴秀和托勒密，可视为东西方地图学史上的两颗最灿烂的明星。裴秀所发明而经贾耽等人实践改进的"画方"图法，约在十三到十四世纪之交传播到西方。当时阿拉伯的制图家，加上一个拉丁的制图家马里诺·萨努托（Marino Sanuto），皆曾采用"画方"的图法。[马里诺·萨努托曾用"画方"之法绘制巴勒斯坦（Palestine）图，见其于1306年所著的《基督徒的秘密》（*Liber Secretorum Fidelium Crucis*）一书。]早在八世纪中叶，广州就有大批阿拉伯人；商业的来往，必然引起文化的交流。十四世纪初年，蒙古人征服欧亚大陆，阿拉伯制图家 al-Mustaufi al-Qazwini 的制图方法便是方格加上地名，可说是完全的蒙古式，和《元经世大典》的地理图甚为相似（例如他在 1330 年所绘的伊朗地图，收入所著 *Ta'rikh-Guzida*）。故十四至十五世纪欧洲地图学的进步，不仅得力于阿拉伯人对托勒密图法的发扬光大，而且也通过阿拉伯人的媒介，吸收了中国古老"画方"图法的精华。

28 东汉桓帝（147—167 年在位）时的奏章曾引《巴郡图经》，可见其在公元 150 年左右便已存在了。《华阳国志》卷一《巴志》："孝桓帝以并州刺史秦〔泰〕山但望字伯阖为巴郡太守。……永兴二年（154）三月甲午，望上疏曰：谨按《巴郡图经》境界，南北四千，东西五千，周万余里，属县十四，盐铁官五，各有丞史，户四十六万四千七百八十，口一百八十七万五千五百三十五。"而北魏郦道元《水经注》所引《荆州图副记》以及《隋书·经籍志》著录的《周地图记》一○九卷和《诸州图经集》一○○卷，都是类似的著作。

29 《唐会要》五九《职方员外郎》："建中元年（780）十一月二十九日，请（诸）州图每三年一送职方，今改至五年一造送。如州县有创造，及山河改移，即不在五年之限。后复故。"五代之际，地方造送地图的制度，曾经一度废弃。《五代会要》一五《职方》："后唐天成三年（928）闰八月，敕诸道州府每于闰年合送图经地图，今后权罢。"

30 《旧唐书》卷四六《经籍志》、《新唐书》卷五八《艺文志》地理类，皆记录了长安四年《十道图》十三卷及开元三年《十道图》十卷；《新唐书》卷五八《艺文志》地理类著录《元和十道图》十卷，但也有作三十卷的，大概都是图册或图集性质。

31 《旧五代史》卷四三《唐书》一九《明宗本纪》："长兴三年（932）四月戊午，中书奏：'准敕重定三京、诸道州府地望次第者。旧制以王者所都之地为上，今都洛阳，请以河南道为上，关内道为第二，河东道为第三，余依旧制。其五府，按《十道图》，以凤翔为首，河中、成都、江陵、兴元为次……《十道图》有大都护，请以安东大都护为首。

防御团练等使，自来升降极多，今具见在。其员依新定《十道图》以次第为定。'从之。"

32 《新唐书》卷二一六《吐蕃传》："乾元（758—760）后，陇右、剑南西山三州七关军镇监牧三百所，皆失之。宪宗尝览天下图，见河湟旧封，赫然思经略之，未暇也。"《旧唐书》卷三八《地理志》："上元（760—761）年后，河西、陇右州郡，悉陷吐蕃，大中、咸通之间，陇右遗黎始以地图归国。"

33 《册府元龟》卷四九七《邦计部·河渠》条："同月（元和八年十二月）监铁使王播进《供陈许琵琶沟年三运图》。……长庆二年八月盐铁转运使王播进《新开颍口图》一轴。"后唐明宗长兴三年（932）："六月壬子朔，幽州赵德钧奏：'新开东南河，自王马口至淤口，长一百六十五里，阔六十五步，深一丈二尺，以通漕运，舟胜千石，画图以献。'"（《旧五代史》四三《唐明宗纪》）

34 贾耽是一位品德极高的爱国者，他在唐朝中期官至宰相。其为学专长地理，《新唐书》卷一六六有传："耽嗜观书，老益勤，尤悉地理。四方之人与使夷狄者见之，必从询索风俗，故天下地土区产、山川夷岨，必究知之。方吐蕃盛强，盗有陇西，异时州县远近，有司不复传。耽乃绘布陇右、山南九州，且载河所经受为图，又以洮湟甘凉屯镇额籍、道里广狭、山险水原为《别录》六篇、《河西戎之录》四篇，上之。诏赐币马珍器。又图《海内华夷》，广三丈，从三丈三尺，以寸为百里。并撰《古今郡国县道四夷述》，其中国本之《禹贡》，外夷本班固《汉书》，古郡国题以墨，今州县以朱，刊落疏舛，多所厘正。帝善之，赐予加等。或指图问其邦人，咸得其真。又著《贞元十道录》，以贞观分天下隶十道，在景云为按察，开元为采访，废置升降备焉。"

35 《古今郡国县道四夷述》是一部极有价值的历史地理著作，现在《新唐书·地理志》中还保存一小部分的文字；可见在北宋修《新唐书》时，这部书还不曾散佚。大概因为该书篇幅过繁，贾耽又提要写成《贞元十道录》四卷。此书也早散佚了，但近年已在敦煌石窟发现了残本，成为现存总地志中最早的写本；不但比《元和郡县图志》的著作时期早，而且《元和郡县图志》也没有这样早的写本。唐权德舆《权载之文集》卷三五《魏国公贞元十道录》序："相国魏公……献《海内华夷图》一轴，《古今郡国县道四夷述》四十卷。……又提其要会，切于今日，为《贞元十道录》四卷。其首篇自贞观初以天下诸州分隶十道，随山河江岭，控带纡直，割裂经界而为都会；在景云为按察，在开元为采访，在天宝以州为郡，在乾元复郡为州，《六典》地域之差次，四方贡赋之名物，废置升降，提封险易，因时制度，皆备于编。而又考迹其疆理，以正谬误；采获其要害，而陈开置。至若护单于府并马邑而北理榆林关外，宜隶河东；乐安自乾元后河流改故道，宜隶河南。合州七郡，北与陇坻，南与庸蜀，回远不相应，宜于武都建都府以恢边备，大凡类是者十有二条。制万方之枢键，出千古之耳目，故今之言地理者，称魏公焉。"

36 《长编》卷一九太平兴国三年正月："建隆初，三馆所藏书，仅一万二千余卷。及平诸国，尽收其图籍。惟蜀、江南最多；凡得蜀书一万三千卷，江南书二万余卷。又下诏开献书之路，于是天下书复集三馆，篇帙稍备。……"但《景定建康志》卷三三《文籍志》却说："皇朝开宝八年平江南，命太子洗马吕龟祥，就金陵籍其图书，得六万余卷。"司马光《涑水记闻》卷二："周仁冀事钱俶，首建归朝之策，吴越丞相沈虎子者……遂定速纳两浙地图，请效上为内臣。"

37 《玉海》卷一四《太平兴国闰年图》："兴国二年闰七月丁巳，有司上诸州所贡闰年图。故事，三年令天下贡地图与版籍，皆上尚书省。国初以闰年为限，所以周知地理，山川之险易，户口之众寡。至雍熙中，吴晋悉平，奉图来献者，州郡几四百。"

38 《长编》卷六六景德四年（1007）八月己酉条："命知制诰孙仅，龙图阁待制戚纶，重修十道图，其书不及成。"《宋会要辑稿·职官六》枢密院条："（景德）四年七月，诏诸路转运，各上所部山川地势，地里远近，朝廷屯戍军马，支移租赋之数，召翰林画工为图，纳枢密院，以备检阅。"

39　陈襄《州县提纲》卷二《详画地图》条："迁吏初至，虽有图经，粗知大概耳。视事之后，必令详画地图，以载邑井都保之广狭，人民之居止，道途之远近，山林田亩之多寡高下，各以其图来上；然后合诸乡邑所画，总为一大图，置之坐隅，故身据厅事之上，而所治之内，人民地里山林川泽，俱在目前。凡有争讼，有赋役，有水旱，有追逮，皆可以一览而见矣。"《宋史》卷四百《袁燮传》："……登进士第，调江阴尉。浙西大饥，常平使罗点属任振恤，燮命每保画一图，田畴、山水、道路悉载之，而以居民分布其间，凡名数治业悉书之。合保为都，合都为乡，合乡为县，征发、争讼、追胥，披图可立决，以此为荒政首，除沿海制属。"

40　地方上编制地图，一则可作为本地赋税、政令的考查和依据；一则呈送中央，作为中央政府施政和规划的凭借，而全国一统的地图也赖以制成。且如果进图的行政单位太小，以致图幅过多，则在没有准确而统一的比例、犬牙相错的情形下，中央政府也不易把许多小图加以适当的合并。于是咸平四年有吴淑进言，请以诸路所纳图并上职方；又请各路上诸州闰年图之外，每隔十年画本路总图一，亦上职方，如此改用各路总图合并为全国总图，工作就比较容易了。

41　宋代行政区域的路，其数目屡经改变；多则达二十六路，少则仅十五路，而以分十八路的时期为较长。故除了晏殊的《十八路州军图》，赵彦若的《十八路图》外，还有《十七路图》和《十七路转运图》。

42　《宋会要辑稿·方域》七杂录："神宗熙宁四年二月十八日，诏监单州酒税、太常丞、集贤校理赵彦若归馆，管勾画《天下州府军监县镇地图》。先是中书差图画院待诏绘画，而诏差有记问朝臣一人，稽考图籍，庶不失真，故命彦若领之。"

43　吕南公《灌园集》卷八所载《十八路地势图》序："余求世儒所出《禹贡图》，观之，家各不同。则知其不能裁，以后世之所变然也。愿一作是书，欲见职方图经而不可得。熙宁末年，得所谓《十八路图略》

者考之，参以天禧《九域书》，则四封际接，往往差舛，盖画手之屡失也……"

44 《宋史》卷三三一《沈括传》："辽萧禧来理河东黄嵬地，留馆不肯辞，曰：'必得请而后反。'帝遣括往聘，括诣枢密院阅故牍，得顷岁所议疆地书，指古长城为境，今所争盖三十里远，表论之。帝以休日开天章阁召对，喜曰：'大臣殊不究本末，几误国事！'命以画图示禧，禧议始屈。"

45 《长编》卷二六五："……括至敌庭，敌遣南宰相杨益戒就括议；括得地讼之籍数十于枢密院，使吏属皆诵之，至是益戒有所问，顾吏属诵所得之籍，益戒不能对，退而讲寻。他日复会，则又以籍对之，……凡六会，敌人环而听者千辈，知不可夺，遂舍鸿和尔而以天池请。括曰：'括受命鸿和尔，不知其他。'得其成以还。"

46 《宋史》卷三三一《沈括传》："（神宗）使行至契丹……括乃还。在道图其山川险易迂直，风俗之纯庞，人情之向背，为《使契丹图抄》，上之。拜翰林学士。"

47 《梦溪笔谈》卷二五："予奉使按边，始为木图，写其山川道路。其初遍履山川，旋以面糊木屑写其形势于木案上，未几寒冻，木屑不可为，又镕蜡为之。皆欲其轻，易赍故也。至官所，则以木刻上之，上召辅臣同观，乃诏边州皆为木图，藏于内府。"《后汉书·马援传》："于帝前聚米为山谷，指画形势，开示众军所从道径往来，分析曲折，昭然可晓。"虽然也可说是活动的地形模型，但只是临时性质的。《南史》卷二〇《谢弘微传》附《谢庄传》说刘宋（420—478）时代的诗人谢庄（421—466），曾制成木方寸图，并且可以折并："离之则州别郡殊，合之则寰内为一。"欧洲最早的地图模型，多数认为是1667年所制的瑞士苏黎世（Zurich）州的模型，也有人认为是保罗·道克斯（Paul Dox）在1510年所制库夫施泰因（Kufstein）邻近的模型图。

48 沈括对于罗盘针也很有研究，他在《梦溪笔谈》卷二四中，不但记述了四种指南针的装置方法，而且也明确地说明磁石针所指方向是南微偏东。他所发现地磁的偏差现象，要比西方早四百多年。他曾经说："方家以磁石磨针锋，则能指南；然常微偏东，不全南也。……其中有磨而指北者，予家指南、指北者皆有之。"

49　《玉海》卷一四："咸平四年十月庚戌，上以陕西二十三州地图示辅臣，历指山川险易，蕃部居处。又指秦州曰：'此州在陇山之外，号为富庶，且与羌戎接畛。已命张雍出守，冀其抚绥有方。'次指殿北壁灵州图曰：'此冯业所画，颇为周悉；山川形胜如此，安得智勇之士，为朕守之乎？'又指南壁甘、沙、伊、凉等州图曰：'此图载黄河所出之山，乃在积石山外，与《禹贡》所述异。'又指北壁幽州北契丹国界图，载契丹所据地，南北千五百里，东西九百里。上曰：'封域非广，惜燕蓟之沦异俗也。'先是八月戊申，上出环、庆、清远军至灵州地图，指示辅臣。又指灵州西榆木天涧路。且议战守方略。五年（1002）六月甲申，对辅臣于便殿，出河北东路地图，指示山川要害。"

50　关于契丹地图，在石敬瑭未断送"燕云十六州"前，曾有人将契丹地图献给后唐。《补五代史艺文志》："《契丹地图》一卷，长兴三年（932）契丹东丹王突欲进。"北宋太祖时，有《幽燕地图》。《玉海》卷一四："太祖以《幽燕地图》示赵普，普曰：'此曹翰为之。'上曰：'然。'……"陈振孙《直斋书录解题》卷八："《契丹疆宇图》一卷。不著名氏，录契丹诸夷地及中国所失地。"

51　《玉海》卷一六《熙宁北道刊误志》："嘉祐元年，萧扈来贺正，言阳武寨、天池庙侵北界。诏馆伴使王洙持图道本末。"又卷一四《元祐职方图》："嘉祐二年正月壬午，以《河东地界图》示契丹使萧扈。"

52　《宋史》卷二九二《盛度传》："……奉使陕西，因览疆域，参质汉唐故地，绘为《西域图》以献……改起居舍人、知制诰。度尝奏事便殿，真宗问其所上《西域图》，……今复绘山川、道路、壁垒、区聚，为《河西陇右图》，愿备上览。"《玉海》卷一四《河西陇右图》："天禧二年（1018）十一月己未朔，以知制诰盛度为学士。先是度奉使陕西，因览疆域，参质汉唐故地，绘为《西域图》以献。祥符六年（1013），迁知制诰。明年，奏事便殿。上问山川形壤之制，内出缯命工别绘。度因言已图汉所置五郡，复究寻五郡之东南，自秦筑长城，唐置节度，绘其山川道路，区聚壁垒，为《河西陇右图》以献。上称其博学。"

《玉海》卷一六："（太平兴国）三年（978）正月丁未，知广州李符献《海外诸域图》《岭表花木图》各一。"《玉海》卷一四《元祐职方图》："元丰六年七月壬申，知延州刘昌祚以鄜延边面，东自义合，西至德静，绵亘七百里，堡寨疏密不齐，烽燧不相应。乃立为定式，凡耕垦、训练、战守、屯戍，度强弱，分地望，图山川形势上之，上嘉纳。"

《宋会要辑稿·方域》一〇："（大中祥符）七年（1014）八月，荆湖北路转运使高伸，乞开辰鼎州路街，画图进呈，……"同书《食货》三六"榷易"条："至道二年（996）十一月，江淮发运使杨允恭言，相度到自湖南至建安水陆诸州茶盐利害，并进沿江地图。"同书《蕃夷》七景祐四年（1037）三月二十五日条："判鸿胪寺宋郊言，请自今外夷朝贡，并令询问国邑、风俗、道途远近，及图画衣冠、人物两本，一进内，一送史馆，委修撰官依传题纪，从之。"同书《职官》三六国信所条："（皇祐）五年（1053）二月二十一日，诏令国信所，申明旧条，密谕河北州军，今后人使驿舍，不得供设置州府图障。先是，户部副使傅永言：'臣昨奉使契丹，接伴副使李翰问益州事，臣诘其由，乃是尝于都亭驿见益州图。'"

《长编》卷五一咸平五年（1002）正月丁未条："……贼进陷清远军，（郑）文宝时居母丧，服未除，即命相府召文宝，询其策略，文宝因献《河西陇右图》，且言灵州不可弃。"同书卷五四咸平六年（1003）五月乙卯："知广州凌策献《海外诸蕃地理图》。"同书卷六三景德三年（1006）七月丙寅条："先是内侍赵守伦议，自京东分广济河，由定陶至徐州入清河，以达江湖漕运，役既成，遣使覆视，绘图来上。"同书卷六三景德三年七月辛酉："缘海安抚使邵晔，上邕州至交州水陆路及控制宜州山川等图，上以示辅臣。……"同书卷一八五嘉祐二年（1057）四月辛未："通判黄州殿中丞赵至忠，上契丹地图及杂记十卷。"此杂记便是《虏廷杂记》。

《皇朝编年纲目备要》卷一八熙宁元年（1068）秋七月条："（韩）琦奏……今画沿边城寨对西界者，作图进呈。"《宋会要辑稿·兵》二八，元丰五年（1082）九月条："上批，先有《西界对境图》。兴师西讨以来，诸处保奏文字中，指画山川道里，多有异同，无以考证，可令逐路选委。昨出界熟知贼境次第使臣蕃官，差精巧画工，同指说山川堡寨，应西贼聚兵处地名，画对境地图，以色别之，上枢密院，候取到旧境图及军兴奏报文字，比对考校，绘为五路都对境图。"

尹洙《河南集》卷二三按地图条："国朝自继迁之叛，弃碛西之地，享祀已远，图书亡逸，故其道里之迂直，山川之险易，世人罕有详悉者，……昨闻屯田员外郎刘涣曾进《西鄙地图》，颇亦周备，平夏图牒，秘府及民间当有存者，伏望博加求访，命近臣参校同异，形于绘素，而颁之于边将。"

53　南宋淳熙辛丑（1181）迪功郎泉州州学教授陈应行的《禹贡论图》跋，有云："阁学尚书程公，曩在经筵，进黑水之说，上动其听，因以《禹贡》为论为图，启沃……其本藏之秘馆，天下学者，欲见而不可得。岁在庚子（1180），公以法从出守温陵，而编修彭公提舶于此，与公有同舍之旧，得其副本。应行一日区衣彭公之门，质疑之余，出示书一编曰：'此程公所进《禹贡论图》也，子见之乎？'因再拜以请，而三复其说，见议论宏博，引证详明，皆先儒之所未及，乃请于公，愿刊之郡庠，以与学者共之。公曰：'是吾志也。'乃出公帑十五万余，以佐其费，复请公序，以冠其首。凡所画之图，以青为水者，今以黑色和水波别之；以黄为河者，今以双黑线别之；古今州道郡县疆界，皆画以红者，今以单黑线别之。旧说未安，皆识之以雌黄者，今以双路断线别之。斯文一传，使学者观帝王之疆理，见宇宙之寥廓，感慨今昔，皆有勒功燕然之心；则阅此书者，岂少补哉。"

《地理指掌图》大概就是《历代地理指掌图》，苏轼为该图所作的序，说："图书之作，其来尚矣。《周官》诏观事则有志，诏地事则有图；图也者，所以辅书之成也。昔苏秦按此以说诸侯而知六国有十倍之势，萧何藏此以相高祖而知天下厄塞之所在。"

54　这幅《舆地图》，不是朱思本的《舆地图》，为日本京都的东福寺塔头栗棘庵所保存，故亦称《栗棘庵舆地图》，有若干日本学者曾加以研究，我也见过此图，曾加以摄影。原图分成二幅，每幅高六尺二寸三分，宽度在上边为二尺九寸七分，下边为二尺九寸八分。从其上的地名观察，似为南宋时代的作品，很可能和光宗（1190—1194年在位）初年黄裳所制的木刻《舆地图》有渊源关系，而于南宋末年咸淳朝增订府州县名而成。也曾有人怀疑此一《舆地图》为王象之所撰，但考证文字记载，二者名称虽同而内容实异。（按：王象之所撰的《舆地图》为分卷的图册，而并非单幅的地图。）陈振孙《直斋书录解题》卷八："《舆地图》十六卷，王象之撰。《纪胜》逐州为卷，图逐路为卷；其搜求亦勤矣。至西蜀诸郡尤详，其兄观之漕夔门所得也。"

55　《华夷图》在空白处附注文字。右上方注："契丹即今称大辽国，其姓耶律氏。"在朝鲜半岛上，东北有"沃沮"二字，东南有"新罗"二字，西南有"百济"二字，西北有"高丽平壤"四字。中间的文字则说："辽海之东，周封箕子于朝鲜，汉置乐浪等四郡。高丽在辽东之东千里，东晋以后居平壤，世受中国封爵，禀正朔。"在西夏的部位，注："夏国自唐末拓跋思恭赐姓李氏，宋端拱初，赐以国姓，至宝元元年昊始僭号。"左上角的注："宋自建隆以来，通国者为阗、高昌、龟兹、大食、天竺。"左下角注西南夷："宋乾德以来，酋领皆请内属。"另一注则云："驩州、日南，即越裳林邑之地，汉马援植铜柱以表汉界，宋自开宝以来，交趾修贡，请内附，皆受封爵。"

56　中国古代曾有许多都市图记，现存最早的记载是东汉的《三辅黄图》和《长安图》。《三辅黄图》的图早已失传，现仅保留一部分图上的文字注记和说明。《长安图》则连文字都保存得很少，它可能是西汉建都长安时的产品。至于洛阳，《隋书·经籍志》中有晋人杨佺期绘制的《洛阳图》。杨衒之的《洛阳伽蓝记》，虽然无图，但因记述详明而有条理，颇可用以恢复当时洛阳城图。隋代有宇文恺的《东都图记》二十卷。现存最早的洛阳图，要算《汉晋四朝京城图》里所见的，大概是宋人的作品。

57　《临川县志》卷二七："朱思本，临川人，精舆地之学。"阮元所辑《四库未收书目提要》卷五："思本字本初，豫章临川人，尝学道于龙虎山中，贞一其号云。顾嗣立《元诗》四集称思本尝从吴全节居都下，博洽文雅，见称于时，所著诗文稿世无刻本……思本好学远游，遍历名山大川，几半天下。尝以昔人所刻《禹迹图》《混一六合郡邑图》，皆有乖谬，乃参阅《郡县》《九域》《一统》等志，考订古今，校量远近，成《舆地图》一书。……今文稿内有《舆地图》自序一篇，可证也。大约思本之学，地理为长也。"

58　吴全节在元成宗朝（1295—1307）奉命代天子祭祀五岳四渎等名山大川，稍后朱思本亦屡受同样使命。柳贯为《贞一斋诗文稿》所作的序云："比年奉将使指，代祀名山，车辙马迹，半天下矣。"思本在他的诗稿中，也曾自注："至大四年（1311）辛亥，予年卅九。承应中朝，奉诏代祀海岳，冬十二月还京。"又《衡岳赋序》云："仁宗皇帝践阼之初年（即皇庆元年，1312），思本以外史承应中朝，奉诏代祀。"又《游庐山诗》注："延祐三年（1316）冬，余行役江淮。"

59　从朱思本的《舆地图》到明末陈组绶的《皇明职方地图》，三百余年之间，可说是一脉相承。朱思本系统的地图，直到清代中叶才被《大清一统舆图》所代替。但在此一时期，偶亦有不属此一系统的地图存在。日本京都本愿寺所藏明建文四年（1402）朝鲜所制的《混一疆理图》，即为一例。此图广五尺三寸四分，长四尺三寸四分，上划一线，篆额有"混一疆理历代国都之图"十字，下划一线，有权近的题跋："天下至广也，内自中邦，外薄四海，不知其几千万里也。约而图之于数尺之幅，其致详难矣。故为图者率皆率略。惟吴门李泽民《声教广被图》颇为详备；而历代帝王国都沿革，则天台僧清浚（1328—

1392)《混一疆理图》备载焉。建文四年夏，左政丞上洛金公（按：即金士衡），右政丞丹阳李公（李茂），燮理之暇，参究是图，命检详李荟，更加详校，合为一图。其辽水以东，及本国疆域，泽之图，亦多缺略。今特增广本国地图，而附以日本，勒成新图，井然可观，诚可以不出户庭而知天下也。夫观图籍而知地域之遐迩，为治之一助也。二公之所以拳拳于此图者，其规模局量之大可知也。近以不才，承乏参赞，以从二公之后，乐观此图之成而深幸之。既偿吾平日讲求方册而会观之志，又喜吾他日退处环堵之中，而得遂其卧游之志也。故书此于图之下云。是年秋八月阳村权近志。"按：权近为朝鲜国王太宗时的名臣，世称阳村先生。照他的题跋看来，此图是合并李泽民的《声教广被图》和清浚的《混一疆理图》再增添朝鲜及日本部分而成。查《国朝宝鉴》，建文四年壬午春正月，有遣陪臣金士衡贺登极的事，故可能在建文四年着手编制。因为金士衡的奉使南京，看到了泽民、清浚二人的地图，加以仿制，回去后令李荟详校，并增补朝鲜及日本部分，以适应其本国的需用。该图海及咸水湖着绿色，河川及淡水湖着蓝色，印度向南突出作半岛状，可见深受阿拉伯图法的影响，而与传统的中国舆图颇有不同。

60　瞿镛《铁琴铜剑楼藏书目录》卷二二亦收《贞一斋杂著》，并解释云："《贞一斋杂著》一卷、《诗稿》一卷，钞本。元朱思本撰。思本字本初，江西临川人。学道龙虎山中，从张仁靖真人扈直两京。又从吴全节居都下。后主席玉隆万寿宫。尝以周游天下，考核地理，竭十年之力，著有《舆地图》二卷，刊石于上清之三华院，惜今不传。"

61　虞集园曾赞扬朱思本："至于职方之学，尤所遍善。遇辁轩远至，辄抽简载管，累译而问焉。山川险要，道径远近，城邑沿革，人物土产风俗，必参伍询诘，会同其实。虽靡金帛费时日不厌也。"

62　罗洪先，字达夫，别号念庵。《明史》本传："洪先归，益寻求守仁学，甘淡泊，炼寒暑，跃马挽强，考图观史，自天文、地志、礼乐、典章、河渠、边塞、战阵、攻守，下逮阴阳算数，靡不精研。"嘉靖丙寅（1566）巡按山东监察御史韩君恩所作的《刻广舆图叙》："《广舆图》者，广四海九州土宇眅章之厚，与夫建置经略之方也。其图作于元朱思本氏，闻见甚悉，阙略犹多，未之广也。念庵罗先生，考订增定，从而广之，家藏未传。冢宰我柏泉胡夫子，刊补著论，始传于浙，犹歉未广。夫子以恩为门下士，付刊本命翻刻焉。"

63　但目前所可能见到的版本，不论明朝的或清朝的，都没有"副图六十八"，或许罗洪先绘了，却不曾刊行。据胡松的序，可知倭（日本）和琉球二图是胡松补入的，当时胡松任浙江布政使。此外，《东南海夷总图》《西南海夷总图》及《华夷总图》，罗氏皆不曾提到，大概都是刊行时补入的。

64　1957 年我在京都大学人文科学研究所看到《广舆图全书》，曾摄影取得一册。断续加以研究，写成《广舆图全书的地理学评论》一篇，可惜迄无时间整理；同时我对于该书的出版年代，也有所怀疑。其后赖好友协助，在东京的国会图书馆（原属皇宫读书寮）摄影取得另一册更珍贵的初刊《广舆图》。稍暇当加以比较研究，修订前述论文。

65　明嘉靖以后直到清代初年的地图，大多数和《广舆图》有渊源关系，例如万历间汪作舟的初刊《广舆考》，天启中程道生的《舆地图》以及崇祯朝吴学俨、朱绍本等的《地图综要》和潘光祖的《舆图备考》，都显然采取《广舆图》的材料而各有增损。此外项笃寿的《考定舆地图》、沈元华的《舆地图志》以及姚星吴的《舆地图》等，也很可能是《舆地图》和《广舆图》系统下的制作。从嘉靖末年到清嘉庆初年的二百余年间，《广舆图》的支配和影响作用几乎是空前的。《广舆图》的一个附带贡献，是保存了朱思本《舆地图》的自序，而这篇自序正是中国地图史上一种很重要的文献。

66　明代的主要地图，皆渊源于朱思本的《舆地图》。罗洪先的《广舆图》，系根据《舆地图》改编；而陈组绶的《皇明职方地图》，则根据《广舆图》改编，亦隶属于同一系统。该图各省加上了府的界线，而且图式明朗美观，和嘉靖本的《广舆图》相差不多。《皇明职方地图》大序云："元人朱思本计里画方，山川悉矣，而郡县则非。罗念庵先生因其图，更以当代之省府州县，增以卫所，注以前代郡县之名。参以桂少保尊、李太宰默二公之图叙，广以许论之《边图》，郑若曾之《海图》，易以省文二十有四法，可谓精意置制，略无遗议。但以天下幅员之广，道里无数，则东西南北莫辨。旧图（指《广舆图》，下同）于郡县惟记其名，不书其险；所以郡县可考，而山川之险阻莫测。京省郡县，全在责实于内；故凡遁逃泽薮，不可不备。旧图于边墙图其内，不绘其外；所以图以内易见，而图以外难知。九边之要，全在谨备于外，故外夷出没，不可不详。旧图边镇不分，大宁、开平、兴和、东胜四边虽失，犹二祖之版图也，乌可遂弃而不问？旧图有黄河有漕河，皆今昔莫辨，而无农丈人（即余寅，宁波人）之《禹贡河山图》，无《江山图》，无《弱水图》，无《黑水图》；以此高山不足以刊旅，大川不足以涤源。旧图漕河太略。无海防而有海运，无《太仆图》。旧图在万历以前，今历两世，朝代异则沿革异，制不揣复因七氏之图而加广之。爰修《天下大一统图》二，以便全览；修两直隶十三布政司图十五，以知官守；修新旧九边图、七镇图十有五，以严大防；修山川图四，以察地势；修河漕海运图二、海防图一，以别水道；修太仆总辖图一，以知马政；而亦尾以朝鲜、朔漠、安南、西域、岛夷图终焉。"

67 《龙威秘书》一集第六册《汉武帝内传》云："帝又见王母巾笈中有一卷书，盛以紫锦之囊。帝问此书是仙灵方耶？不审其目可得瞻盻否？王母出以示之曰：'此《五岳真形图》也。昨青城诸仙，就吾请求，今当过以付之；乃三天太上所出，文秘禁重，岂汝秽质所宜佩乎？今且与汝灵光生经，可以通神劝心也。'帝下地叩头，固请不已。王母曰：'昔上皇清虚元年，三天太上道君，下观六合，瞻河海之长短，察丘山之高卑，立天柱而安于地理，桢五岳而拟诸镇辅……乃因山源之规矩，睹河岳之盘曲；陵回阜转，山高陇长；周旋逶迤，形似书字。是故因象制名，定实之号。秘于玄台。'"

68 但有些明明是山水画，却也注上地名，颇为奇特。我在日本和欧洲都看见过，包括一幅武夷山图，曾加以摄影记录，可惜现在都找不到了。

69 《太平寰宇记》卷一二七曾引陶弘景的《山图》。除《山图》之外，又有专门画江的画，例如《隋书·经籍志》著录张须元的《缘江图》,《历代名画记》卷三有刘氏《江图》,僧道安除著述《四海百川水源记》一卷外，还有《江图》。此外《历代名画记》卷三所述的"河图十三又八卷"，则为黄河的地图。至于《太平御览》卷三三五所引的《吴时缘江戍图》,那就近乎军用地图了。

70 《续通典》卷二七《职官》五："金兵部尚书一人，掌兵籍、军器、城隍、镇戍、厩牧、铺驿、车辂、仪仗、郡邑图志、险阻障塞、远方归化之事。"又"元兵部尚书三人，掌天下郡邑、邮驿、屯牧之政令；凡城池废置之故，山川险易之图，兵站屯田之籍，远方归化之人"。又"明兵部尚书一人……职方郎中一人，掌舆图、军制、城隍、镇戍、简练、征讨之事。凡天下地理险易远近，边腹疆界俱有图本，三岁一报，与官军车骑之数偕上"。

71 Chen Cheng-siang "The Historical Development of Cartography in China"; *Progress in Human Geography*, Vol.2, No.1, pp.101-120, Alden Press, Oxford, 1978.

第十篇　论游记

一、引　言

　　游记是中国文化地理的一个组成部分，有其特殊的性质。游记之于地理，相当于传记之于历史；游记以地方为对象，传记则以人物为中心。中国因为疆域广阔，历史长久，文化发达，故积累起来的游记数量甚多。

　　中国到底有多少游记？我想没有人能答复这个问题。这有很多实质上的困难，现在试举一例。游记的名称颇多，有称为"录"的，如《异域录》；有称为"传"的，如《南海寄归内法传》；有称为"图经"的，如《高丽图经》；也有从篇名上看不出是游记的，不一而足。有些名为日记或日录的，事实上也是游记，例如《辛丑日记》以及《扈从东巡日录》等。同一游记，常有不同的名称，而且可能有三四种之多。正史的传中，每夹杂游记；游记之中，也附录游记；虽言只有数十字或数百字，但所记常颇有价值。

　　后晋天福三年（938），于阗国王李圣天使者马继荣，奉红盐、郁金、牦牛尾、玉靬等入贡。于是后晋高祖石敬瑭派供奉官张匡邺假鸿胪卿、彰武军节度判官高居诲报聘，册封李圣天为大宝于阗国王。张、高等人在当年冬十二月从灵州出发，花两年时间走到于阗，天福七年冬归来，其时石敬瑭已死。高居诲根据沿途地理风俗及见闻，撰写了一卷《于阗国行程录》，亦称《居海记》，而《宋史·艺文志》（卷二〇八）又名《平居诲于阗国行程录》。在称为《居海记》的情况下，没有人会晓得它是一篇游记。[1]杭州人郁永河的《裨海纪游》，是有关台湾最早最好的游记；虽另外还有《采硫日记》和《渡海舆记》两个篇名，但大致还可以想象是游记，不过一种变成三种罢了。这样一来，统计游记就很困难。

皇帝旅行，包括出征或出巡，每携带文人记录行程及见闻；也有随行人员自动留意记录的。明代金幼孜的《北征录》和《北征后录》，是分别扈从永乐皇帝第二次（1410）和第三次（1414）北征的记事。[2]清代高士奇的《扈从东巡日录》，是1682年扈从康熙第二回东巡的记录。于是又产生了另一形式的游记。

康熙帝玄烨是一位自幼喜爱地理的皇帝，勤于走动。他在康熙十年（1671）到三十七年（1698）之间，曾三次到东北地区巡视；其中以第三次跑得最远，到了吉林和哈尔滨中间的法特哈拉。耶稣会传教士南怀仁（Ferdinand Verbiest），也曾扈从康熙东巡；他所写的《鞑靼旅行记》（亦作《鞑靼扈从记》），写得更好更详尽。汪灏的《随銮纪恩》，是他在康熙四十二年（1703）跟皇帝北巡的记录；出古北口到达喀喇河屯后，循滦河支流伊逊河北上，一直走到木兰围场。

写此等游记的机要大员，顾忌很多，文字因谨慎而变得呆板，只是流水账式逐日记录行程、天气、风物、胜迹和崿殿动态；非但地理学的价值少，而且缺乏活泼的气息。倒是小人物写的游记，比较真切有趣。就像《藏行纪程》吧，它是杜昌丁在康熙六十一年（1722）写的，属日记式，文字也不熟练，但却能流露真情。例如八月"初十日，六十里至江边，路之窄已习惯矣。浮桥已断，从溜筒过；以百丈之宽，而命悬一索；一失足，则奔流澎湃，无所底止。此中惶惶，然不得以身试也。令猓猓扶过，初脱手，闭目不敢视，耳中微闻风声；稍开，见洪流汤汤，复急闭。达彼岸，然后开视；坐观行李人马俱从索渡，真一奇胜。然天下之险，莫过于此也。宿江干"。

坐溜索过了江，惊魂甫定，诗兴突发，于是又写了一首叫作《溜筒江》的诗。原诗道："一索横飞过，危悬无着身。非船登彼岸，不筏渡迷津。疑是秋千戏，真成解脱因。下临波浪涌，何处世间尘？"诗不算好，但地理意味颇浓。

过江前三日，又曾越过高大的雪山。"（八月）初七日上大雪山，晴；至半山，忽大雾雨雪。冒雪而上，仆从无不下泪。余步行过顶，宿。寒甚如隆冬。雪止，焚柴向火，一夜湿衣始干。"

"初八日，晴，下雪山，道甚泥泞，死马塞途，无下足处。下三十余里，则甚干。宿梅李树，歇一日。"这是对西南横断山脉很真实的描写。横断山脉的山岭和河谷作南北走向，中间的几个河谷，太平洋和印度洋的夏季风皆不易到达，除了高处的迎风山坡外，河谷低地非常干燥。

二、游记的种类

　　游记主要可分为两类。一类是游山玩水，描述见闻风物；多数行程短、篇幅小，而文笔优美。换言之，也就是以文采见称，一般比较缺乏地理学的记录价值。唐代文学家柳宗元所撰的游记，可视为此类游记的代表。另一类是行役记，因特定目的或使命远出旅行；有些走几万里路，往返历时数年。此类行役，很多是跑到外国去的，常有多人结伴同行，按行程或逐日把沿途见闻记录下来；洋洋数万言，乃至数十万言。唐代高僧玄奘所撰述的《大唐西域记》，可视为这一类游记的最好代表。

　　也有人天性爱好旅行，长年在外边走动，真正为游览而旅行。明代末年的徐宏祖（1586—1641），为了游览名山大川和名胜古迹，几乎走遍全国。他所撰的《徐霞客游记》，是我国最著名的游记之一。除了记述行程外，还指陈特殊的地形地物，特别是对石灰岩或岩溶的溶蚀地貌，做了详尽的考察研究；同时对云南腾冲一带火山爆发和温泉、硫磺矿等方面，以及对许多其他地区的地形、水文、气候、植被等的记载，也多数很有价值。在中国游记里，这是一个稀罕的例子。因为它的特殊重要性，我已决定在《中国游记选注》中单独编为一集。

　　明代初年郑和七下西洋，是中国人航海的空前创举，也是非常特殊的远征或行役。他跑的路最远，随行的人数最多；舰队规模之大、行色之壮，非古代任何其他国家的航海者所能比拟。他每次回航，都向永乐帝详细报告；但可惜当时的一切记录和所使用的地图，皆已在朝廷改变航海政策时被毁。间接遗留下来的，只有茅元仪所著《武备志》第二百四十卷的附图以及下西洋随从所撰的《瀛涯胜览》《星槎胜览》《西洋番国志》三书。后三者也可看作游记，只是格式较为特殊而已。

元代初年蒙古大军的西征，重新打开了中国对西域的陆上交通，附带也产生了好几篇长途的行役记。其中当以《长春真人西游记》最有价值，记录了从山东登州起，一直走到阿富汗兴都库什山北坡成吉思汗行帐的见闻。它不但富于地理学的记录价值，并且可用以订正若干史书，包括《元史》和《圣武亲征录》等关于成吉思汗西征记载的错误。此外尚有耶律楚材的《西游录》，刘郁的《[常德]西使记》以及刘祁的《[乌古孙仲端]北使记》等。

耶律楚材的《西游录》，常和长春真人的《西游记》相提并论，甚至混为一谈；实则二者的性质大不相同。《西游记》详细地记载了西行的山川道里、风俗人情以及沿途的经济、政治、历史与文化；全篇两卷合计18,950字。而《西游录》的完整本，全文也不过5,500字（通常所见的是盛如梓的节略本，只有1,800多字）；其中一大半攻击长春真人，且多意气用事。故《西游录》只在研究全真教对于元代的影响时，或有若干参考价值；其所包含的地理学记录甚少。

同时就写作的方法说,《西游录》也不是严格纪行的游记,而只是事后的一种追忆记。《西使记》是元宪宗九年(1259)常德奉命西去波斯觐见皇弟旭烈兀的游记,但其前后体裁不一,多据传闻而少亲见。《北使记》全文仅942字,是乌古孙仲端于1220年代表金朝去向成吉思汗求和的行役记,本来是向北走的,后因成吉思汗西征,他不得不也跟着改向西行,故《北使记》事实上也是西使记。稍后还有耶律楚材孙子耶律希亮的避难《西域记》,皆可称为长途的短游记。

张德辉的《塞北纪行》,是长途短游记中较佳的一篇。我最初在《天下郡国利病书》中读到这篇游记,就加以注意。张德辉(1194—1274)是太原人,他在1247年应忽必烈征召,从镇阳(河北正定)出发走到和林;翌年南归,阴历六月中旬就写了这篇游记。文笔简练优美,前半部富有地理学价值,后半部主要记录会见忽必烈的经过,有较多的历史价值。

自外堡行一十五驿,抵一河,深广约什滹沱之三;北语曰翕陆连(按:即克鲁伦河),汉言驴驹河也。夹岸多丛柳,其水东注甚湍猛。居人云:"中有鱼长可三四尺,春夏及秋捕之,皆不能得;至冬可凿冰而捕也。"濒河之民,杂以蕃汉,稍有屋室,皆以土冒之。亦颇有种艺,麻麦而已。

《塞北纪行》在王恽《秋涧先生大全集》第一百卷作《张参议耀卿纪行》，李文田氏添以"塞北"二字，遂以《塞北纪行》见称。清乾隆《口北三厅志》和道光《热河府志》，皆录有此记，但曾被删改，并易名《岭北纪行》。方志中所录的游记，为数极多；有的全篇照抄，有些则加以删缩。赵珙的《蒙鞑备录》，彭大雅、徐霆的《黑鞑事略》以及张穆的《蒙古游牧记》等，都参考了这篇《塞北纪行》。

　　关于这篇游记，丁谦曾写过《元张参议耀卿纪行地理考证》，列入浙江图书馆丛书（亦称《蓬莱轩地理学丛书》）。我的忘年之交姚从吾教授，也发表过《张德辉〈岭北纪行〉足本校注》一文，刊载于台湾大学《文史哲学报》第十一期。他在校注期间，曾多次到我研究室商讨地理问题；其实我那时已经注释完了这篇游记，只因忙于著作《台湾地志》，一直没有工夫整理。当我出示关于这游记的彩色路线图，他大为高兴，我就借他使用。他和我住在同一街巷中，经常见面，从此以后便更为亲切。

　　蒙古人的西征惊动了欧洲，于是有很多的外交使节和旅行家跑到中国来，最著名的是普兰·迦尔宾（Giovanni de Piano Carpini，约1182—1252）、鲁不鲁乞（Guillaume de Rubruquis，约1215—1270）和马可·波罗（Marco Polo）等三人。其中普兰·迦尔宾系于1245年奉教皇之命，从法国里昂出发，经德国、波兰、俄国南部，渡顿河和伏尔加河，绕里海和咸海北边东来，在过塔拉斯（Talas）城前后，其行程颇和长春真人相同；再沿准噶尔盆地西侧，越阿尔泰山，穿杭爱山而到达和林（Karakoron，1220—1260年为蒙古汗庭）。鲁不鲁乞于1253年奉法王路易九世之命，经克里米亚东来；进入中亚细亚之后，所取路线约略和普兰·迦尔宾相同。他对和林城有很好的描写，全部记录较普兰·迦尔宾所写的为佳。马可·波罗则在1271年东来，在中国待了13年，其游记已早为人所知。

古代的中国人和现在的中国人，气质颇不相同。古代的中国人比较重视文化，一个普普通通的官员，奉派出国旅行一次，也会留下一篇游记。三国时吴国对扶南遣使，隋代对赤土国的招抚，盛唐对南海的交往以及元明两朝对西洋和南海的经略，曾产生大量的游记。[3]在历代正史的艺文志中，可看到许多游记的名目。例如《新唐书·艺文志二》（卷五八），便著录《达奚通海南诸蕃行记》一卷。《宋史·艺文志三》（卷二〇四）作《达奚弘通西南海蕃行纪》一卷。《通志·艺文略》（卷六六）作《海南诸蕃行纪》一卷，达奚通撰；而《崇文总目》又再简化为《诸蕃行纪》一卷，达奚通撰。名称虽异，实为同篇。

达奚为复姓，属拓跋族。《周书》和《隋书》中可看到许多姓达奚的人。《玉海》证引《中兴馆阁书目》解题[4]，说《海南诸蕃行纪》是唐上元年间，唐州刺史达奚弘通所撰进[5]。他当时担任大理司直[6]，奉命出使南海诸国，经历赤土、虔郎等三十六国。但这篇游记，早在宋代便散佚了。就这篇游记说，非但篇名颇多差异，而且连撰述者也有达奚通、达奚弘通和达奚洪等不同的名字。

罪恶昭著的鸦片战争之后，中国国运至衰微的极点。在很长的一个时期内，洋人到中国旅行探险，如入无人之境。他们要到什么地方，就可以跑到那个地方；他们公然盗窃珍贵文物，也没有人敢阻拦。在十九世纪和二十世纪之交，如此丧权辱国的事曾经屡次发生。

原籍匈牙利而于1904年归化英国的Marc Aurel Stein，中文有翻译为斯坦因的。他在1900—1901年、1906—1908年和1913—1916年，三次到中国的西域旅行，收获极为丰富，包括敦煌的大批珍贵古代文物。[7]1912年出版《中国沙漠中的遗址》（*Ruins of Desert Cathay*）二卷，于是声名大噪；1921年出版《西域考古图记》（*Serindia*）五卷，名气更大。1929年又出版了《亚洲腹地考古记》（*Innermost Asia*）四卷，规模也很大。日本读书人也大捧特捧，称之为大发现！中国的读书人尤其应该想想：为什么自己的东西要劳人家去发现呢？

斯坦因的著作，可视为另一类游记；学术价值虽不高，但资料珍贵而丰富。他曾将三次探险旅行，缩写成《沿着古代中亚的道路》（*On Ancient Central-Asian Tracks: Brief Narrative of Three Expeditions in Innermost Asia and North-Western China*），于1933年由麦克米兰（Macmillan）书店出版。[8]他在1936年又计划第四次旅行，结果没有如愿，1943年便病死了。终其一生写成了一百六十多种文章和书。

其他外国人进行类似考察探险旅行的很多，有些也犯有类似的"罪行"。[9]

三、游记中的游记

佛教传入中国之后，中国人接受了佛教而加以改变，使其发扬光大，成为中国文化的一部分，然后再输出到朝鲜和日本等地。佛教日渐流传的情形下，中国高僧为了取经和精研教义，曾不辞艰苦，渡戈壁流沙，越高山雪岭，络绎前往天竺。法显和玄奘，只不过是最著名的人物；《佛国记》和《大唐西域记》，也只不过是最主要的游记。其他次要僧侣所撰述的简短游记，为数甚多。有些从海路去天竺的，对南洋古地理的介绍也做出了贡献。义净的《南海寄归内法传》，就是一个很好的例子。

《洛阳伽蓝记》（卷五）城北，夹入惠生、宋云西行求法一节，[10]记北魏孝明帝神龟元年（518），太后派遣惠生、宋云、道荣等去西域取经，到正光三年（522）二月返抵洛阳的经过。《吴船录》上卷附录的继业三藏《西域行程》，记载北宋乾德二年（964），宋太祖派沙门三百人入天竺求舍利及贝多叶书，到开宝九年（976）归来；继业三藏是其中一人，后来携带经卷到峨眉山修行。范成大说峨眉牛心寺："寺所藏涅盘经一函四十二卷，业于每卷后分记西域行程；虽不甚详，然地里大略可考，世所罕见，录于此以备国史之阙。"这就成为游记中的游记了。[11]

南宋爱国文人范成大（1126—1193），不但是诗词的高手、方志的名家，而且还写过三篇游记——《揽辔录》《骖鸾录》《吴船录》。其中《揽辔录》是乾道六年（1170）出使金国中都（北京）的经过，内中提到该年九月六日（阳历10月17日）北京不寻常的大雪。[12] 查现代的记录，北京平均初雪是11月25日，最早初雪是11月9日，最迟初雪为12月15日。《骖鸾录》是记乾道八年十二月，从苏州出发，经浙江、江西、湖南走到广西的沿途见闻。翌年又在桂林遇到大雪。《吴船录》最长也最好，记淳熙四年（1177）从成都循长江水路回到苏州的情形。[13]

《吴船录》不但宜和《范石湖集》第十八、十九两卷的106首诗同时阅读，而且也应该和陆游的《入蜀记》相对照。陆游是范成大的好朋友，他在乾道六年先范成大入蜀，转去汉中；后来到成都，担任范成大的参议官。他的《入蜀记》分六卷，只二万五千字，逐日记载从绍兴到奉节的行程；地理学的价值虽略逊于《吴船录》，但实有相互补充的作用。《入蜀记》从东到西，《吴船录》从西到东，二者皆先详尽而后简略；兼以作者的观点有差异，正可引用以比较和印证。

游记之中出现游记，并不稀罕。我曾记录下许多实例，但我的书房混乱，加上其他事故，一时找不到了。明代倪谦的《朝鲜纪事》，提供了比较特殊的例子，而且使我回想起1963年游历朝鲜的事。

1963年我受世界农业地理委员会之托，到韩国接洽合作研究事宜，曾作颇长时间的停留。在访问国立汉城大学时，看到了明代刻版的《朝鲜纪事》，我就借来阅读，发现其中竟有《汉江游记》。而前此两日，朋友们陪我游览汉城、汉江，我也写了一点游记。

《朝鲜纪事》是记明代宗景泰元年（1450）送皇帝诏书到朝鲜去的事。那个时候，朝鲜是明朝的藩属，连国名"朝鲜"也是明太祖给取的。作者以上国大使的身份，态度颇为傲慢，说话很不客气。沿途逐日所记的，不外何时从某地出发，多少里到达何处，什么地方官宴请问安等等，读起来枯燥乏味。回程临行之时，朝鲜当局曾热闹招待。"酒罢，请游汉江，下楼登舟。复酌，赋一章，缘崖溯流而上……辛酉王遣左副承旨李季甸、判汉城府李孟畛来问安，小宴，申叔舟来送纸墨笔，酬之以诗。请游杨花渡，渡濑汉江，乃乘轿自东城出；比至，王预遣都承旨李思哲、兵曹判书闵伸设幄相迓，入幄啜茗罢，步舟石巅，供帐甚盛；苍松环绕，举酒极目，风帆沙鸟，景殊幽旷。席上赋诗一章。酒罢，请游汉江。登舟复酌，赋诗一章，沿流而下，至喜雨亭，王又遣官预置酒亭中，席上又赋诗一章，至暮还。……有汉江游记。"

我想这篇《汉江游记》一定简短，不见得会单独刻行。但倪谦这人好饮酒赋诗，可能留有诗文集。于是想在诗文集中找出这篇游记。我找遍汉城所有的著名图书馆，始终没有结果。寻访那"苍松环绕"、下视汉江"风帆沙鸟"的胜处，也不可得。当时的经过，都记载在我《汉城行》一文中。对于汉城，我有无限留恋；日本报刊，不再使用"汉城"的名称而改以"Seoul"拼音，我曾提抗议，他们的解释是韩国当局改的，日本只是被动采纳。我真想有一天这个可爱的地名能改回来。我希望能够再去汉城一次，多住些时日，重写一篇较好较详尽的游记。

四、史传中的游记

东方以汉族活动范围作为中心的文化，和西方分布地中海沿岸的文化，中间虽隔着无际的草原和沙漠，但文化接触老早就有了。我想有了马和骆驼，尽量循绿洲（oases）而行，东西交通并无多大困难。甘肃和土耳其从地下发掘出来的陶器，形态、绘画和纹饰都有相似之点。我为此曾特地跑到安卡拉（Ankara）的博物馆去参观摄影，整整停留了一个星期。

张骞是中国历史上通西域而留有记录的第一人，《史记》虽没有为他单独立传，但卷一二三的《大宛列传》，对张骞的出身和出使西域说得很详细，似乎就代替了游记。"骞身所至者大宛、大月氏、大夏、康居，而传闻其旁大国五六，具为天子言之。曰：'大宛在匈奴西南，在汉正西，去汉可万里。其俗土著，耕田，田稻麦。有蒲陶酒。多善马，马汗血，其先天马子也。有城郭屋室。其属邑大小七十余城，众可数十万。其兵弓矛骑射。其北则康居，西则大月氏，西南则大夏，东北则乌孙，东则扜罙、于窴。于窴之西，则水皆西流，注西海；其东水东流，注盐泽。盐泽潜行地下，其南则河源出焉。多玉石，河注中国。而楼兰、姑师邑有城郭，临盐泽。盐泽去长安可五千里。匈奴右方居盐泽以东，至陇西长城，南接羌，鬲汉道焉。'"

与此相类似，唐代曾派遣刘元鼎到拉萨和吐蕃会盟，回来时经过黄河源附近。但他的旅行不见于本传，而详于吐蕃传中。

《新唐书·吐蕃下》（卷二一六）：

> 以大理卿刘元鼎为盟会使，……元鼎逾成纪、武川，抵河广武梁，故时城郭未隳，兰州地皆秔稻，桃李榆柳岑蔚，户皆唐人，见使者麾盖，夹道观。至龙支城，耆老千人拜且泣，问天子安否，言："顷从军没于此，今子孙未忍忘唐服，朝廷尚念之乎？兵何日来？"言已皆呜咽。密问之，丰州人也。过石堡城，崖壁峭竖，道回屈，虏曰铁刀城。右行数十里，土石皆赤，虏曰赤岭。而信安王祎、张守珪所定封石皆仆，独虏所立石犹存。赤岭距长安三千里而赢，盖陇右故地也。日闷怛卢川，直逻娑川之南百里，臧河所流也。河之西南，地如砥，原野秀沃，夹河多柽柳。……度悉结罗岭，凿石通车，逆金城公主道也。至臧谷，就馆。

伟大史家司马迁，青壮之年曾跑过很多地方。《史记·太史公自序》（卷一三〇）：

迁生龙门，耕牧河山之阳。年十岁则诵古文。二十而南游江、淮，上会稽，探禹穴，窥九疑，浮于沅、湘；北涉汶、泗，讲业齐、鲁之都，观孔子之遗风，乡射邹、峄；厄困鄱、薛、彭城，过梁、楚以归。于是迁仕为郎中，奉使西征巴、蜀以南，南略邛、笮、昆明，还报命。

他虽言没有留下游记，但已把实地观察的心得零碎地融到《史记》之中。我每读《史记》，特别是《河渠书》和《货殖列传》等，时常觉得自己跟在太史公身后游历。

我读郦道元的《水经注》、杨衒之的《洛阳伽蓝记》、乐史的《太平寰宇记》以及祁韵士的《西陲要略》等书，也有类似的感受。

古代的高僧，旅游广而且远，常撰述游记。因此在高僧传中，也常可寻到游记。例如《宋高僧传·释跋日罗菩提（Vajrabodhi）传》（卷一），便有如下的一段记载：

次复游师子国，登楞伽山。东行佛誓、裸人等二十余国。[14] 闻脂那佛法崇盛，泛舶而来；以多难故，累岁方至。开元己未岁（开元七年，即 719 年）达于广府。

从游览锡兰起以至到达广州，只有 49 个字，当然简略不过，但它也构成为一篇游记。像这样的短游记极多，我曾用卡片抄录，一张卡片可以抄一篇游记。如《续高僧传·那提三藏传》（卷四）："显庆元年（656），敕往昆仑诸国，采取异药。既至南海，……"

五、游记的地理学记录价值

游记中常夹杂富有现代科学价值的观察记录，除上述《徐霞客游记》外，盛唐杜环的《经行记》，对冰川地形也作过深刻的描述。唐玄宗天宝十载（751），杜环随大将高仙芝西征，道经天山，曾看见过木札尔特冰川，并攀登了冰川的源头；指出雪海之中的积雪，因受到自重压实，形成为冰川。冰川形成之后，仍不断运动和变化。他对山谷冰川的增长、季节消融，以及冰蚀地形，都作了有趣的记载："岭端夏日消释，泛滥四出。冬复增高，……及其融时，冰细若臂，衍石于颠；柱折则摧，当者糜碎。"这是对冰川桌（glacial table）或冰蘑菇很生动的描写。此外又说："冰中常函马骨，又含巨石如屋。"真想不到杜环会对冰川生这样大的兴趣，而且又能如此地观察入微。

杜环的《经行记》虽早已散佚，但后来的著述颇有转引。清代著名的地理学家徐松（1781—1848），在十九世纪初年完成的《西域水道记》，便转引了杜环的记述。日本人珍视唐代的著述，多方搜求保存，想来在日本的大图书馆里，或许还可能找到。近年我访问日本，每到一个图书馆，总打听一下这篇很短的游记，以便加以注释，收入我的《中国游记选注》第四集，但直到现在还没有发现。我会坚持下去，直至找到为止。

北宋初年王延德（939—1006）的《使高昌记》，亦作《西州程记》，记载其在太平兴国六年（981）五月离开汴梁，翌年四月到达高昌的经过。当时因河西走廊为西夏占据，无法通过，只得从夏州向西北走，取道蒙古，循唐代参天可汗道，先到镇州的可敦城，然后再折向西南，到达吐鲁番盆地。八年春动身返国，而于雍熙二年（985）四月抵达开封，来去费时四年。

《宋史·王延德传》（卷三〇九）：

> 王延德，大名人。少给事晋邸。太平兴国初，补殿前承旨，再迁供奉官。六年，会高昌国遣使朝贡，太宗以远人输诚，遣延德与殿前承旨白勋使焉。自夏州渡河，经沙碛，历伊州，望北庭万五千里。雍熙二年，使还，撰《西州程记》以献。

《宋史·高昌传》（卷四九〇）载有这篇游记的全文。

> 地无雨雪而极热。每盛暑，居人皆穿地为穴以处。飞鸟群萃河滨，或起飞，即为日气所烁，坠而伤翼。屋室覆以白垩。雨及五寸，即庐舍多坏。有水，源出金岭，导之周围国城，以溉田园，作水碾。

吐鲁番盆地绝少雨水，农田全赖高山雪水灌溉。公元969年的一次大雨，雨量多至五寸，把多数房屋都毁坏了。这是多么珍贵的特殊气象记录！

> 又五日，上金岭；过岭即多雨雪。

这是说通过山口达天山北麓之后，雨雪就比较多了。准噶尔盆地接受西边来的水汽，有较多的雨雪，特别是在春季。

> 北廷北山中出硇砂，山中尝有烟气涌起，无云雾，至夕光焰若炬火，照见禽鼠皆赤。采（硇砂）者着木底鞋取之，皮者即焦。下有穴，生青泥；出穴外即变为砂石，土人取以治皮。

这是对火山口硫磺矿的描写。

王延德的行役，走的路线出奇地曲折；即使河西走廊为西夏所占，不得不向北迂回，也不必花这么长的时间，才达成此项出使任务。原因是在西夏的西北侧，散布着很多蒙古人的部落。宋王朝想联络此等部落，牵制或夹击西夏，因此王延德在18个部族进行活动，耽搁了较长时间。而这些蒙古部族，因游牧迁移的关系，位置很难确定，史书又绝少记载，遂使旅行路线图的绘制分外困难。

六、风土记和游记

风土记也可能是很好的游记，元代初年周达观所撰的《真腊风土记》便是一例。南宋灭亡后，蒙古人曾讨伐占城和安南，且有一小队人马从占城侵入真腊；但因受地形和气候的阻碍，没有完全达到目的。于是改用"威胁外交"的手段，派遣招谕使去说服，要近邻各小国自动进贡内附。周达观是被派到真腊去的使节团成员之一。他在元贞二年二月（1296年3月）离宁波，同月二十日（3月24日）从温州港口放洋，三月十五日（4月18日）到达占城。这一段航程，顺着东北季风，只走了26天。以后因为逆风和航行内河水道，又值浅水期，故延至七月（阳历8月）才到达当时真腊的国都安哥。

使节团在安哥停留约一年，并非交涉或谈判拖了时间，而是气候和水文对于交通的限制，必须等到第二年大湖水涨，海上有西南季风才能回航。他们在大德元年六月（1297年7月）起程，八月十二日（8月30日）返抵宁波，路上也只走了一个多月，但往返全程为时一年半。周达观回国后不久，就用口述的方式录成了风土记。全文约8,500字，分为四十一节。其中第十八节《耕种》：

> 大抵一岁中，可三四番收种；盖四时常如五六月

天，且不识霜雪故也。其地半年有雨，半年绝无。自四月至九月，每日下雨；午后方下。淡水洋中水痕高可七八尺，巨树尽没，仅留一秒耳。人家滨水而居者，皆移入山后，十月至三月，点雨绝无，洋中仅可通小舟，深处不过三五尺，人家又复移下。耕种者指至何时稻熟，是时水可淤至何处，随其地而播种之。耕不用牛，耒耜镰锄之器，虽稍相类，而制自不同。（然水傍）又有一等野田，不种（而）常生（稻）；水高至一丈，而稻亦与之俱高，想别一种也……

短短两百余字，写出了今日柬埔寨的许多重要地理事实，包括气候、水文、土地利用、耕种收获、季节移往以及浮稻（floating rice）的特殊生长情况。

为了彻底了解《真腊风土记》，我曾在1968年11月趁出席第21届国际地理学会之便，到柬埔寨的古都安哥实地游览观察。我去安哥时，随身携带这篇游记及皮尺，就疑难各点绘成游览路线，亲自逐一去找寻答案。结果发现在距离方面偶有差异外，其余几乎完全和废墟的实在情况符合。例如《城郭》节说："州城周围可二十里，有五门，门各两重。惟东向开二门，余向皆一门。城之外巨濠，濠之外皆通衢大桥；桥之两旁各有石神五十四枚，如石将军之状，甚巨而狞。"关于城的周围，我事先在地图上量过，约为12公里，和20里相差不多。五个城门一一走过，城濠宽约100米，多属杂草丛生，我都拍了些照片；唯独忘掉点数一下桥旁石神。所以从巴戎（Bayon）回来，到城门边时请开车的朋友把车速放慢，让我在车里数一下石神的个数，结果一边只得25个，相差2个。于是停车步行循右边数过去，再从左边数回来，果然两旁的石神共为54个。"桥之两旁各有石神五十四枚"是指五条通衢大桥的两旁各有石神54枚。

《真腊风土记》最受重视的一部分，是对安哥的描写。古都安哥历经暹罗的侵扰而被迫放弃后，不久便沦为废墟，终被森林所淹没。十九世纪初年这篇游记被译成法文时，无人相信这个古都真的存在。就因为有这篇游记，当时统治柬埔寨的法国人，才起寻觅这个废墟的念头，按照文章所述的方位去勘探。1850年时，传教士夏尔·布意孚（Charles Bouillevaux）看到过废墟的一角；1863年博物学家亨利·穆奥（Henri Mouhot）漫游安哥，翌年发表了游记，于是引起欧洲人的注意和好奇。这和玄奘《大唐西域记》的指导英国人和印度人，使他们成功地发掘纳兰达（Nalanda）废墟的事实极为相似。二三十年前，我从书本上获悉这些事情；1968年底，亲眼看到了这两个著名的废墟，曾使我有过感慨：我钦佩中国古代游历家一贯的实事求是的精神，叹息这一代游离"知识分子"普遍的懵懂、无耻及低能！

当国势衰微、民族受到迫害时，行役者即使写作了游记，也往往没有光彩。马建忠（1844—1900）所撰而于1896年出版的《南行记》，可视为一例。这位洋务专家，在光绪七年（1881）被北洋大臣李鸿章派去印度，和英帝国主义的代理人商讨鸦片贸易事宜。六月二十四日（阳历7月

19日）从天津坐船出发，经过上海、香港、西贡、新加坡、槟榔屿、加尔各答（Calcutta）、孟买（Bombay）及科伦坡（Colombo）等，而于10月18日回到上海。他逐日记录所见所闻，以及对印度的观感等，全文约2万字。随行的吴广霈，另外写了一篇《南行日记》，着重记载各地的风土人情以及同华侨的接触，约2.6万字。把这两篇游记配合阅读，可以构成一种合格的风土记，但风格和《真腊风土记》及《异域录》等迥然不同！

从上海到香港途中，7月30日写道："读鸦片书数则，与友人纵谈。鸦片入中国以来，遗祸之烈，糜财之多，慨然同感云。"《南行日记》同一天所记是："今种之不许，禁之未能，数百万金钱，日流入于印度（英国人荷包），漏卮何胡底也。"当时英国人半武装倾销鸦片，生意愈做愈大，钱愈挣愈多，生活得到改善，而中国人却被害得穷而且弱；清皇朝焦头烂额，只得派员向鸦片战争的胜利者英国人求情，希望能同意在香港设立专营的公司，务使"中国于进口鸦片无虞奸商之偷漏，贵国于出口鸦片亦岁有定项之可收！"

《李文忠公全集·奏稿》（卷四一）："臣维印度洋药（鸦片）之来中国，首须先到香港，而私销即在该处为多。按总税务司开呈总册，每年私销者约有二万数千箱。"同文集《朋僚函稿》（卷二十）："此事关系重大，必须印度和香港英官允行，方可试办。"马建忠虽和各埠殖民官员，包括总督等一再商议，但似乎因对方条件苛刻，终于无法完成使命。

我所读过的游记中，提到英国人利用鸦片毒害中国人的，绝不会少于十篇。游记附带记载了帝国主义的罪行，倒做出了另一意外的贡献！中国人应不要忘记伟大汉文化的衰退，实和鸦片的毒害有密切关系。

七、从《东番记》说到《裨海纪游》

短的游记可能有高的学术价值，也可能记述很长的行程。唐代的李翱，在宪宗元和四年正月十八日（阳历为809年2月6日）从洛阳出发，循洛水，入黄河，转汴渠；接山阳渎，经扬州，沿江南运河，过苏州、杭州；溯钱塘江转信江，渡鄱阳湖入赣江；越大庾岭，循浈江和北江南下，在同年六月初九日（阳历7月24日）到达广州。照他的说法，全程是7,600里，费时169天。但他所写的游记《来南录》，全文仅846个字。简练的好文章，是可能用800多个字记述8,000里路的行程的。

另一个例子是《东番记》，是有关台湾的第一篇游记，全文仅1,400多字，却写得非常周到。明神宗万历三十年（1602）底，因为大批倭寇侵入台湾，为害当地的渔民和商贩，于是有沈有容的剿倭。陈第游兴正浓，和沈有容同行。破倭之后，亲入台湾，实地观察，回来后就写了这篇《东番记》，成为中国人记载台湾最早也最确实的地理文献。中国人最初知道"台湾—大员"这个名称，也来自这篇游记。[15]

东番夷人不知所自始，居澎湖外洋海岛中，起魍港、加老湾，历大员、尧港、打狗屿、小淡水、双溪口、加哩林、沙巴里、大帮坑，皆其居也。断续凡千余里，种类甚蕃，别为社；社或千人，或五六百，无酋长，子女多者众雄之，听其号令。性好勇，喜斗，无事昼夜习走，足蹋皮厚数分，履荆刺如平地，速不后奔马，能终日不息，纵之，度可数百里。邻社有隙，则兴兵，期而后战，疾力相杀伤，次日即解怨，往来如初，不相仇。所斩首，剔肉存骨，悬之门：其门悬骷髅多者，称壮士。地暖，冬夏不衣，妇女结草裙，微蔽下体而已。无揖让拜跪礼，无历日文字，计月圆为一月，十月为一年，久则忘之，故率不纪岁，艾者老髦，问之弗知也。交易结绳以识。无水田，治畬种禾，山花开则耕，禾熟拔其穗。粒米比中华稍长，且甘香。采苦草，杂米酿，间有佳者，豪饮能一斗。时燕会，则置大罍，团坐，各酌以竹筒，不设肴，乐起跳舞，口亦呜呜若歌曲。男子剪发，留数寸，披垂；女子则否。男子穿耳，女子断齿，以为饰也（女子年十五六，断去唇两旁二齿）。地多竹，大数拱，长十丈；伐竹构屋，茨以茅，广长数雉。族又共屋，一区稍大，曰公廨，少壮未娶者曹居之，议事必于公廨，调发易也。娶则视女子可室者，遣人遗玛瑙珠双，女子不受，则已；受，夜造其家，不呼门，弹口琴挑之。口琴薄铁所制，啮而鼓之，铮铮有声，女闻纳宿，未明径去，不见女父母。自是宵来晨去必以星，累岁月不改。迨产子女，妇始往婿家，迎婿如亲迎，婿始见女父母，遂家其家，养女父母终身，其本父母不得子也。故生女喜倍男，为女可继嗣，男不足著代故也。妻丧复娶，夫丧不复嫁，号为鬼残，终莫之醮。家有死者，击鼓哭，置尸于地，环煻以烈火，干，露置屋内，不棺。屋坏重建，坎屋基下，立而埋之，不封，屋又覆其上，屋不建，尸不埋；然竹楹茅茨，多可十余稔，故终归之土，不祭。当其耕时，不言，不杀，男妇杂作山野，默默如也。道路以目，少者背立，长者过，不问答，即华人侮之，不怒；禾熟复初。谓不如是，则天不佑，神不福，将凶歉，不获有年也。女子健作；女常劳，男常逸。盗贼之禁严，有则戮于社。故夜门不闭，禾积场无敢窃。器有床，无几案，席地坐。谷有大小豆，有胡麻，又有薏仁，食之已瘴疠。无麦。蔬有葱，有姜，有番薯，有蹲鸱，无他菜。果有椰，有毛柿，有佛手柑，有甘蔗。畜有猫，有狗，有豕，有鸡；无马驴牛羊鹅鸭。兽有虎，有熊，有豹，有鹿。鸟有雉，有鸦，有鸠，有雀。山最宜鹿，儦儦俟俟，千百为群。人精用镖，镖竹棳铁镞，长五尺有咫，铦甚。出入携自随，试鹿鹿毙，试虎虎毙。居常禁不许私捕鹿，冬，鹿群出，则约百十人即之，穷追既及，合围柬之，镖发命中，获若丘陵，社社无不饱鹿者。取其余肉，离而腊之；鹿舌鹿鞭（鹿阳也）鹿筋亦腊，鹿皮角委积充栋。鹿子善扰，驯之，与人相狎。习笃嗜鹿，剖其肠中新咽草，将粪未粪者，名百草膏旨，食之不餍，华人见辄呕。食豕不食鸡，畜鸡任自生长，惟拔其尾饰旗。射雉亦只拔其尾，见华人食鸡雉，辄呕；夫孰知正味乎？又恶在口有同嗜也。居岛中，不能舟，酷畏海，捕鱼则于溪涧，故老死不与他夷相往来。永乐初，郑内监航海谕诸夷，东番独远窜，不听约，于是家赂一铜铃，使颈之，盖狗之也，至今犹传为宝。始皆聚居滨海，嘉靖末，遭倭焚掠，乃避居山。倭鸟铳长技，东番独恃镖，故弗格。居山后，始通中国，今则日盛。漳泉之惠民，充龙烈屿诸澳，往往译其语，与贸易，以玛瑙、磁器、布、盐、铜簪环之类，易其鹿脯皮角，间遗之故衣，喜藏之，或见华人一着，旋复脱去。得布亦藏之，不冠不履，裸以出入，自以为易简云。

野史氏曰：异哉东番！从烈屿诸澳，乘北风航海，一昼夜至澎湖，又一昼夜至加老湾，近矣。乃有不日不月，不官不长，裸体结绳之民，不亦异乎？且其在海而不渔，杂居而不嬲，男女易位，居瘗共处。穷年捕鹿，鹿亦不竭。合其诸岛，庶几中国一县，相生相养，至今历日书契，无而不阙，抑何异也。南倭北虏，皆有文字，类鸟迹古篆，意其初有达人制之耶。而此独无，何也？然饱食嬉游，于于衎衎，又恶用达人为，其无怀葛天之民乎？自通中国，颇有悦好，奸人又以滥恶之物欺之，彼亦渐悟，恐淳朴日散矣。万历壬寅冬，倭复据其岛，夷及商渔交病。浯屿沈将军往剿，余适有观海之兴，与俱。倭破，收泊大员，夷目大弥勒辈率数十人叩谒，献鹿馈酒，喜为除害也。予亲睹其人与事，归语温陵陈志斋先生，谓不可无记，故撮其大略。

不过，有关台湾最重要的行役记，却是郁永河所撰的《裨海纪游》，又名《采硫日记》和《渡海舆记》。记载清康熙三十六年（1697）从福州出发，南下经厦门，渡台湾海峡，循台湾岛西部海岸北上，由淡水坐海舶进入台北盆地，到大屯山麓北投一带采办硫磺的经过。对当时台湾的情况，特别是原住少数民族的生活和风俗习惯，作出了极有价值的记录。

清初台湾土地的开拓，仍限于嘉南平原的南部和高雄平原的北部，面积狭小。郁永河循西海岸北上时，描写自佳里兴以北，几乎全是平埔番的聚落，殆不见汉人足迹。彰化以北，更为荒凉。《裨海纪游》有一段描写桃园冲积扇的景象说："自竹堑迄南崁，八九十里，不见一人一屋，求一树就荫不得。掘土窟，置瓦釜为炊；就烈日下，以涧水沃之，各饱一餐。途中遇麋、鹿、麇、麔逐队行，甚夥；驱獫猲獢，获三鹿。既至南崁，入深箐中，披荆度莽，冠履俱败；直狐貉之窟，非人类所宜至也。"这些描写很真切，富有地理学的记录价值；拿来和现在的景观比较，该多有趣。

郁永河在康熙三十六年阴历五月初二日坐海船溯淡水河进入台北盆地，描写：

由淡水港入，前望两山夹峙处，曰甘答门，水道甚隘。入门，水忽广，漶为大湖，渺无涯涘。行十许里……张大云："此地高山四绕，周广百余里，中为平原，惟一溪流水。麻少翁等三社，缘溪而居。甲戌四月，地动不休，番人怖恐，相率徙去。俄陷为巨浸，距今不三年耳。"指浅处犹有竹树梢出水面，三社旧址可识。沧桑之变，信有之乎？

这便是大地震引起地陷的一个具体例子。此处甲戌是指康熙三十三年，亦即公元1694年，距今不过300年。中国古代文献中不是没有因大地震而引起地陷、陆沉的记载（国际研究中国之家出版的《地录》一书，列有此项记录），但似乎都没有像此一记录明细确切；我在《台北盆地》一书中，曾经加以征引。[16]

八、古游记的整理和注释

比较古老的游记，特别是有不同版本的，需要整理并加以注释。中国年轻的一代，对古典文学的阅读能力很差，他们在无法享受祖国的优美文化时，可能把嗜好转移到比较下流的方面去，影响人民的气质，这是民族的悲剧。中国的地理学家，过去在这方面未能尽责。同样的，中国的历史学者，对传记也没有肯下功夫。为了生存，或企图过所谓"美好的生活"，这些人把所有的时间和精力，浪费到应付人事或人事斗争方面去了。中国的学术倒退，文化沉沦，这是基本原因；现在非但未见改善，而且愈演愈烈！

注释游记固有其必要，却应具备适当的条件，包括兴趣和能力，还要加上图书设备。彻底注释古人游记，需要丰富的和科学的地理知识，并应有适当的历史知识作为辅助。最基本的要求之一，是把旅行的路线研究清楚，最好是要绘成地图；但此项工作，经常遭遇困难。阅读游记，原是一种享受或欣赏，但要严正地注释游记，却变成了一重负担！

《穆天子传》这篇最古老的游记，有人斥为伪书，有人视为神话，也有人称之为小说；它是西晋咸宁五年（279），在今河南汲县（1988年，撤销汲县设立为卫辉市。编按）战国墓中所发现的大批竹简文章中的一篇。我觉得它是真实的游记，只是写得出奇的深奥和简略罢了。周朝有穆王这个国王，他鉴于犬戎势力的扩张，阻碍了周王朝跟西北地区的交往，于是亲自西征犬戎，"获其五王"，打了胜仗，重新开辟了通西域的道路，并把一批犬戎部族迁徙到了太原。

作为一个国王，在征战获胜之后，想再多走一些路，考察有关地区的山川形势，会见少数民族的群众及其首领，采集一点异域的动植矿物，总比长期耽在宫廷里好些。在穆天子那个时代，中原和西域的关系密切；黄河河套边外，不像现在全是荒漠。汉唐时代的中国人可以通西域，为什么先秦时代的中国国王不可能远游？我认为穆天子是张骞的先驱。张骞的胆识和毅力固令人钦佩，但他的通西域绝非"凿空"；远在他以前，中原地区和中亚乃至西亚之间，就不断有人来往。

细读《穆天子传》，再配合适当的史地知识，我觉得这位好游的国王，是从洛阳出发，北渡黄河，循太行山麓北上，经过漳水、盘石（今山西平定东）等地，越过钘山（今河北井陉西），沿滹沱河北岸西行，出隃之关隥（今雁门关），到达河宗氏居住的地方（今内蒙古河套以北）。从这里他向西南走，进入青海高原；经乐都和积石等地，到达西夏氏境内。由此他再向西去，通过珠余氏，就到了春山、珠泽和昆仑之丘。

从昆仑往西三千多里，到达了西王母之邦；再折而北行约二千里，到了"飞鸟之所解羽"的大草原。依地望、道里推测，这些地方都在中亚细亚。他去时走天山南路，回来时走天山北路，和日后中国通西域的主要交通路线符合。但当穆王西行的时候，徐国带领一些东夷部落乘机向周朝进攻。于是穆王只得日夜兼程从西北赶回，征讨徐国和越国，巩固了周王朝在东南方的统治。可能也就是这个缘故，他的游记写得极简略；地名和人名不易分辨，许多地名的方位也很模糊，以致注释非常困难。

有不少的著名中国游记，已被翻译成外国文字。这包括《大唐西域记》《异域录》《真腊风土记》《宣和乙巳奉使金国行程录》《长春真人西游记》等。也有许多著名的中国学者，像王国维、徐松、丁谦和张星烺等，对《长春真人西游记》下过功夫，但都不完备，有的甚至引起相反的作用。早在1915年时，丁谦写了《〈长春真人西游记〉地理考证》

一文，刊载于《浙江图书馆丛书》第二集，他原来的意思大概是想把全篇紧缩连贯，成一纯粹的游记；但结果竟把许多有价值的地理记录删掉，并且也颇有一些严重的错误。例如"三月五日起，之东北，四旁远有人烟，皆黑车白帐，随水草放牧，尽原隰之地，无复寸木"一段，被改成了"三月五日起，向东北，四远有人烟"。错误则包括将盖里泊指为今日的达里泊，耶律阿海误为耶律楚材，等等。

1926年，王国维详细地注释了《长春真人西游记》，列为《蒙古史料校注》之一，以广博见称，但对地理的解释仍嫌不足。约略同时，张星烺也对这篇游记作过注释，但有关地理方面的，似乎全部采自布莱资奈德（Bretschneider）的英译本。1931年在伦敦出版的亚瑟·韦利（Arthur Waley）所翻译的《炼金术士的旅行》（ *The Travel of an Alchemist* ），英文写得较好，但注释很少，大部分根据王国维的注释本。韦利的这个译本，也有许多错误，像第16页的K'unlun mountains in Shantung，显然是昆仑山之误。由此可见，注释游记并非易事。

清代初年康熙亲信图理琛（1667—1740）所撰的《异域录》，先后被译成法、俄、德、英、日等五种文字；但中国人自己对于这部游记，反少注意。这是记图理琛等四人，在康熙五十一年（1712）奉命出使土尔扈特国，从北京向西北一直走到里海北边的草原，通过大戈壁、高山以及寒带的森林和沼泽，往返费时三年。我最初在《小方壶斋舆地丛钞》读到这一篇游记，就觉得很有地理学价值，想加以注释和评论。1957年我第二次访问京都，发现京都大学东洋史研究室藏有该书初版的世界孤本。1959年应柏林地理学会邀请，去柏林参加现代地理学之父洪包德（即洪堡。编按）逝世一百周年国际纪念大会，在故宫夏洛腾堡宫（Charlottenburger Schloss）的总统代表招待晚宴中，听说了在二次世界大战后期，德国人曾将柏林的贵重文物疏散到南部山区的若干小镇，迄未搬回柏林。稍后到达图宾根（Tübingen）大学，在费师孟（Wissmann）教授家中又谈起战时文物的疏散；费师孟（Wissmann）教授夫妇告诉我，他们大学便收藏了许多疏散的图书，而且还包括不少中国古书。第二天费师孟（Wissmann）教授等人陪同我参观这古老大学的图书馆时，意外地看到了稀罕的满文本《异域录》，并且取得了摄影本。[17]

《异域录》的产生，有赖于清帝国的声威以及康熙的深谋远虑和气魄。我记得在中文大学研究院的《中国文化地理》讨论班上，曾说过《异域录》这部游记，具有特殊的政治和人事背景，而且它的被翻译成多种文字，也和政治的现实需要有关。图理琛固然是康熙皇帝的心腹之臣，但如果康熙不爱好地理，他不见得会这样起劲地撰述《异域录》，刊印了满文本，又刊汉文本的。

九、日记式游记及其举例

日记式的游记，往往写得很长；但沙里淘金，也可能找到一些有价值的记载。清代末年天津人华学澜，1901年被指派为贵州省副主考官，从北京一直走到贵阳，全程费时73天（中途停留休息12天，实际走路的是61天）。他参考了严范孙的《使黔日记》，写了一大册《辛丑日记》，逐日记其行程（从五月十五日到七月二十八日），包括天气；主持了乡试之后，九月二十二日又自贵阳起程回京，而于十二月初十日到达保定。这条路是明清两代从北京通往云南、贵州的主要官路，水陆兼用。

因为他是逐日逐站记录的，这些站除了县城外，多数是较大的市集。此等市集的通名，视地区而异。[18]从保定斜向西南，我们看到许多以店、镇、铺、塘为名的市集更替出现。当时铁路只修筑到保定，其余行程全靠轿和船，非但走得很慢，而且颇为辛苦，不断地受到臭虫和蚊虻的侵扰。

从河南进入湖北，未到樊城之前，在吕堰镇因为没有像样的旅店，不得不寄住巡检家里，仆从则住小客栈。但正副主考官，必须走到小客栈去大便。"余因大便到店，其逼仄凋敝，不堪言状。且店家亦有内眷，而店内并无厕所。求一大便之地不可得，乃就空室遗焉。小憩时许，蟊甚多。"蟊就是臭虫。

在湖南省沅陵和长溪之间，他又写道："连日蚊甚多，挥扇不停，尚为所噬，夏布所不能御也。今日入遗时尤苦。"乡试的主考，并非小官，但旅行时却碰到如此情况，足见全国环境卫生普遍恶劣，生活水平低下。农村百姓生计艰苦，更可想而知！

北方人到南方，对地理景观的改变不免敏感。他到达湖北省中部的荆门时，记载："自入湖北境即有稻田，然仍多蓻梁稷（按：指旱粮）者。今日所见，稻田多于梁稷。弥望葱蒨，且时闻水声潺潺，又一景象也。"水是形成中国南北地理景观不同的最主要因素，这位作者的观察力是不差的。

日记对于市集的形容："又二十里至小冀镇，镇有土城。入寨门至天成店茶尖。……五里又入一土城，门榜曰信庄寨。……于路又见土城二，皆未入，亦不知何名。"

过常德南行，停留的市集驿站多以铺为名。七月初三日，"二十五里，辰初三刻至太平铺，……二十里，巳正至黄土铺"。初四日，"三十八里，巳初二刻至狮子铺"。初五日，"四十里，巳正至桃板铺茶尖"。接着是"铺"和"塘"并见；到湖南、贵州边境，停留处的地名塘比铺多。进入贵州省境后，可看到一连串的"塘"。十三日到达玉屏县，"午正后复行，十里经南宁塘，又二十里至玉屏县"。十四日，"又十里羊坪塘，……十里漫坡塘"。十五日，"路过铺田塘、小溪塘、平蛮塘"。舆夫凡歇二次，不记里数。此后在施秉和贵阳之间，还经过蓝桥塘、黄丝塘、瓮城塘、新安塘、麻子塘、谷脚塘等许多以"塘"为名之地。

轿是很原始的交通工具，文弱书生不能走远路，只得坐轿。他们坐在轿中，不能观察沿途风物，除看书外就是睡觉。过桃源洞后，又写道："因山路难行，每轿加纤夫八名。法以绳缚轿底铁环，斜行至杠头系住；然后引而长之，再系纤板。左右各四人，曳之以行。"将到辰溪时，"本日所行之径甚仄，两旁草木枝叶相交。舆行其中，但闻籁籁作响；若非纱窗为障，面目必被刺伤"。过怀化后，"纤夫多童子，仆从欲易之。余等以今日路少而易行，换夫须耽搁时刻；且因昨日纤夫虽非童子，而吸洋药（按：即鸦片）者多，瘾发则行走不动，反不如童子之捷健也。嘱不必易"。到芷江过罗旧驿后，"忽闻砰訇一声，轿跌于地，随即翻入道旁田中。余随轿而倒，左手自纱窗中破纱而出，陷入于泥。轿中书籍茶壶等物，纷纷坠落。余身横卧轿中，转侧良久，始蛇行而出，衫裤皆湿"。过施秉时，"乃若辈多嗜洋药，早起各就烟室吸食，非催促不至"。

鸦片毒害中国之甚，这本游记是一明证。上述轿翻田中，很可能是轿夫毒瘾发作。轿夫、扛夫固多嗜鸦片，甚至入闱期间，因为考官也吸鸦片，竟不得不在官厅内设置烟具！英国人看到了，一定会莞尔！英国人存心以鸦片毒害中华，以及用奴化教育麻痹香港人民，同是两项不可宽恕的罪行，必须清算。

"见堂上设有烟具，盖述之、济丞二人皆吸洋药。因关防严密，不能随便归房，筱苏恐其瘾发不支，故令设具于此。"

贵阳多阴雨，特别是夜间多雨。《辛丑日记》的作者，在阳历七月二十九日到九月二十一日的51天中，记录了46天的天气；其中阴雨天计为36日，晴天只得10日。例如八月一日记载："雨又作，三更后大雨如注，彻夜不止。"初二日"晚雨又作。三更后，又雨。终夜有声"。初三日"夜雨又作，醒则闻雨声淅沥"。九月初一日"天气阴晴不定，夜大雨"。初九日"天终日阴，晚微雨，入夜不息"。

归途于九月二十二日从贵阳启程，循原路回到施秉后改坐木船，三十日出发，"巳初登舟，舟长五丈；篷顶亦高，可以起立。……巳正解缆；倒行十五里至诸葛洞。本拟至此登岸，步行过滩。舟子力言无事，乃已。但见滩有三层，层高尺许；水为两山所束，浪叠如雪，声沸如雷。舟子篙桨并施，从巨石纵横中悬流而下；稍一失手，则舟碎矣。舟中人无不愕然变色者。"

水行七十五里，当天申正抵镇远。在此换乘较大的木舱，直下常德。所坐客船有8—10个房舱，还有会客室。"坐船名曰官艇，广八尺余，长约七丈有奇；其高过人，可以随便行走，无妨帽碍眉之虞。"十月初四日开船，自镇远到常德共计16站，沿途通过很多险滩；分别以滩、洞、岩、堆、峡、崖、泷、槽、垱等命名。"自镇远开船，船皆去舵倒行而下；须至黔阳，然后安舵掉头顺行，盖河流至此始盛也。"同月二十四日抵达常德，一共走了20天。

此时洞庭湖太平口水道已浅，须循陆路经澧县和公安，到杨家尖尖江口登舟，坐鸭梢船顺流下荆州。然后改由陆路向东北走，一直照来时原路，于十二月初十日回到保定。综计从荆州到保定，一共走了36天。

对于这部游记，我并无偏好。我所读过的长游记，也决不限这一部。像徐松、林则徐等充军到新疆的游记，我都作有较好而且更详细的记录，并且绘制了很精密的路线图。我之所以特别提出这一部游记，主要是因为：（一）我大量的阅读摘记，皆在1977年底离开中文大学时散失，这本用铅笔写的摘记是偶然保存下来的。（二）在我计划中出版的十册《中国游记选注》，不包括《辛丑日记》；同时在目前已选定的游记中，没有一篇的路线和这部游记同一方向；如果不把它的有价值记录在此提出，将有失公允。（三）谈论"鸦片"二字，香港人还缩首畏尾，明明是肮脏的鸦片战争，竟强迫教科书改用"商业战争"。正因为帝国主义者有所忌讳，这部揭发了鸦片遗害中国的游记，也就值得加以注意。

十、余论

喜欢旅行的人，并不都能写游记。写了游记的，也不见得皆可刊印流传。就我个人说，曾到过很多地方，国际地理学界公认我是全世界旅行最广远的同志之一。日本地理学家之中，从未有人跑过他们全国所有的都、道、府、县，而我却做到了。日本朋友同我开玩笑："如果我是国防大臣，一定把你抓起来，问你何以要把日本各地都跑遍。"

曾有好几位日本同行告诉我，日本地理学家之中，从无一人走遍全国各县的。池田正友向我说过不止一次。他是我1957年结交的朋友之一，我最后数次离开东京，每次依依不舍，一定要直送到机场的正是此人。我1957年会议后被留讲学，返台之前东京地学协会送别会上我提到要感谢的14

人中，第6名便是池田，事见《地理学杂志》第706号。

我旅行时总尽量做笔记，回到住处就做初步整理，又多拍照片，且所拍的照片都编了号。每一次旅行的结果，皆可写成一部游记，但苦无时间都整理出版；只是把所获装入一个大的牛皮纸封套，注上暂拟的游记名称就算了事！我之所以不得不如此，主要原因便是忙着注释古人的好游记。我认为整理和注释古代游记，是地理学家的责任之一；如果我不做此项工作，可能就没有其他地理学家肯做。因此我觉得用现代科学方法注释古游记，远比出版我自己的游记重要。

在《台湾地志》下册第1,300页我的上半期著作目录中，第一种便是1932年写的《雁荡山游记》。那年我十岁，但为了报考初中，无可奈何改成十二岁；因为那时政府严格规定，满十二岁才能报名投考。考取初中之后，跟父亲和小叔同游北雁荡山，回来写了这篇小游记，发表于学生会的壁报上，附有彩色的旅行路线图。从此以后，除了在1957年发表过一篇《日光之游》（载《民航公司月刊》第十一卷第三期，附有6幅图片）以及1976年打字油印的《两游颐和园》外，我的几部长篇游记，如1953年写的《美国印象记》和《哈瓦夷游记》，1955年的台湾《环岛廿七天》，1958年的《日本纪行》，1959年的《柏林之行》，1962年的《马剌甲与槟榔屿》，1963年的《汉城行》，1964年的《沉沦的殖民帝国》和《北欧四国见闻》，1972年的《环球一周》，1974年的《热带轻装登雪山》，1975年的《重游澳洲和纽西兰》以及1977年的《东南西北行》和《新北行录》等，都没有正式出版。其中最后一种又名《一次绝望的旅行》，曾经打字油印过。

整理和注释古游记，勉强告一段落，1979年出版了《中国游记选注》第一集，全部可能要出十集。[19] 第一集所收的六篇游记，不是最早完成注释的，也不一定最好。而完成于康熙晚年的《异域录》，可提供许多启迪和教训。

我所能做到的，是利用注释《异域录》和《真腊风土记》的机会，以比原文多十余倍的文字，征引历史纪事，把我的心意灌注进去，三次用不同的方式出版，分寄许多有关的人物，希望能引起他们的注意，读点历史和地理，但似乎丝毫不起作用。读者如能细心阅读《中国游记选注》第一集有关各篇，不难看出我如何苦心孤诣，把思虑融化在著述之中，希望有益于国家和民族。

游记选注第一集的自序中，我忘记提起日本各大学图书馆所给予我的便利，必须在此补充说明。日本的图书设备，远比台湾和香港等地区好。香港两所大学的藏书，根本无法适应高深的学术研究。进行专题研究工作，就不得不向日本跑，这便是我经常去日本的原因。每次到日本，在旅馆稍事安顿后，几乎立刻钻进了图书馆，全心全意读方志、看游记之类的中国古书。好多大学的图书馆长，包括京都大学的平冈武夫教授等，都变成了朋友，他们很优待我，可在书库里自由取阅，还不断定时送茶和点心。我要复印文章，甚至整本书，只需夹一张纸条，写上几个字，就有人会给我办妥。日本人尊重学术，所以科技能出人头地，也是我喜欢日本的主要原因。日本朋友的多方面亲切照顾，增加了我读书的乐趣。他们特别信任我，即使极珍贵的古书，周末也让我带回旅馆去看，而且根本不用写什么借据。他们图书馆本身没有收藏的，也会代我从别的图书馆借来。我每一研究项目的完成，都包含着日本朋友们的一些友谊。因此我也经常寄赠著述，作为报答。如果我要继续做学术研究，包括计划中十集《中国游记选注》的完成，今后还须不断地向日本跑呢！

注释

1 《居诲记》虽不是很好的游记，但写得平实，又比较罕见；它不算古老，也有一千多年历史了。所记为公元 940 年前后之事。"自灵州过黄河，行三十里，始涉沙入党项界，曰细腰沙、神点沙。至三公沙，宿月支都督帐。自此沙行四百余里，至黑堡沙，沙尤广，遂登沙岭。沙岭，党项牙也，其酋曰捻崖天子。渡（循）白亭河至凉州，自凉州西（西北）行五百里至甘州。甘州，回鹘牙也。其南山百余里，汉小月支之故地也；有别族号鹿角山沙陀，云朱耶氏之遗族也。自甘州西，始涉碛（戈壁滩），碛无水，载水以行。甘州人教晋使者作马蹄木涩，木涩四窍，马蹄亦凿四窍而缀之，驼蹄则包以牦皮乃可行。西北五百里至肃州，渡金河，西百里出天门关，又西百里出玉门关，经吐蕃界。吐蕃男子冠中国帽，妇人辫发，戴瑟瑟珠；云珠之好者，一珠易一良马。西至瓜州、沙州，二州多中国人，闻晋使者来，其刺史曹元深等郊迎，问使者天子起居。瓜州南十里鸣沙山，云冬夏殷殷有声如雷，云《禹贡》流沙也。又东南十里三危山，云三苗之所窜也。其西，渡都乡河曰阳关。

沙州西曰仲云，其牙帐居胡卢碛。云仲云者，小月支之遗种也，其人勇而好战，瓜、沙之人皆惮之。胡卢碛，汉明帝时征匈奴，屯田于吾卢，盖其地也。地无水而尝寒多雪，每天暖雪销，乃得水。匡邺等西行入仲云界，至大屯城，仲云遣宰相四人、都督三十七人候晋使者，匡邺等以诏书慰谕之，皆东向拜。自仲云界西，始涉酴碛，无水，掘地得湿沙，人置之胸以止渴。又西，渡陷河，伐柽（柳）置水中乃渡，不然则陷。又西，至绀州；绀州，于阗所置也；在沙州西南，云去京师（开封）九千五百里矣。又行二日至安军州，遂至于阗。圣天衣冠如中国，其殿皆东向，曰金册殿，有楼曰七凤楼。以蒲桃为酒，又有紫酒、青酒，不知其所酿，而味尤美。其食，粳沃以蜜，粟沃以酪。其衣，布帛。有园圃花木。俗喜鬼神而好佛。圣天居处，尝以紫衣僧五十人列侍，其年号同庆二十九年。其国东南曰银州、卢州、湄州，其南千三百里曰玉州，云汉张骞所穷河源出于阗，而山多玉者此山也。其河源所出，至于阗分为三：东曰白玉河，西曰绿玉河，又西曰乌玉河。三河皆有玉而色异，每岁秋水涸，国王捞玉于河，然后国人得捞玉。"

"自灵州渡黄河至于阗，往往见吐蕃族帐，而于阗常与吐蕃相攻劫。匡邺等至于阗，圣天颇责诮之，以邀誓约。匡邺等还，圣天又遣都督刘再升献玉千斤及玉印、降魔杵等。汉乾祐元年（948），又遣使者王知铎来。"此行的出发点灵州，即今宁夏灵武，在首府银川市以南，黄河东岸。《新五代史》卷八《晋本纪第八》："（天福）三年九月己未，于阗国使马继荣来。……冬十月庚子，封李圣天为大宝于阗国王。"

《旧五代史》卷七七《晋书》三《高祖纪》天福三年"九月乙丑，于阗国王杨仁美遣使贡方物"。而十月庚子，则有"于阗国王李圣天册封为大宝于阗国王"。天福四年三月乙巳又有"回鹘可汗仁美遣使贡方物"。

2　永乐曾五次亲征蒙古。大学士金幼孜、杨荣诸人，经常扈从。本传称成祖重视幼孜文学，所过山川要害，辄命记之，幼孜据鞍起草立就。永乐八年第二次亲征，农历二月初十出发，七月十七日回北京；永乐十二年第三次亲征，三月十七日出发，八月二日返京。永乐二十二年最后一次亲征，讨伐降而复叛的阿鲁台，回程到榆木川时永乐病死了。这次杨荣和金幼孜也随行，杨荣写了一篇《后北征记》，每易和金幼孜扈从永乐第三次亲征所写的《北征后录》混淆。

3　详见陈正祥《中国游记选注》，国际研究中国之家《中国研究丛书》第 2 号，共分十集，其第一集已交由商务印书馆香港分馆出版（1979 年）。现已由台北南天书局重新出版。

4　《中兴馆阁书目》为南宋淳熙五年（1178）完成的官藏图书目录，为古代全世界最大规模的图书目录之一。

5　唐州在山南东道东北隅，北接都畿道，东邻河南道。州治在今河南省泌阳县。

6　司直为大理寺属官。《旧唐书·职官志·大理寺》（卷四四）："司直六人，从六品上；评事十二人，从八品下，掌出使推核。"《新唐书·百官志·大理寺》（卷四八）："司直六人，从六品上；评事八人，从八品下；掌出使推按。"

7　斯坦因早在 1886 年就发表了关于阿富汗的著作，英帝国主义者觉得此人值得利用，1888 年就任命他做拉合尔（Lahore）的东方书院（Oriental College）校长；于是他就利用这间学校做基地，为无恶不作的英帝国主义者收集所要的情报。他从敦煌盗窃的大批珍贵文物，据说经有关政府安排，分批卖给欧美各大博物院和图书馆，发了大财。他利用这些钱出版游记，赚了更多的钱。现在伦敦英国博物馆所编号保存的，只占很小的一部分。我指责英国人盗窃，但他们却以为自己对这些古文物的存在有功！

8　王竹书曾将此著译成中文，发表于国立北平图书馆馆刊九卷五期，名为《斯坦因千佛洞取经始末记》，而竟不敢或不便使用盗经字样！他有权任意将人家国家的文物取走？

9　陈正祥《中国地科学的发展》，国际研究中国之家《中国研究丛书》第 9 号，1981 年。

10　这一节的记载是混合《惠生行纪》《道荣传》《宋云家记》为一体，亦即佛徒所谓"合本"之体。"闻义里有敦煌人宋云宅，云与惠生俱使西域也。神龟元年十一月冬，太后遣崇立寺比丘惠生向西域取经，凡得一百七十部，皆是大乘妙典。"杨衒之在《洛阳伽蓝记》之末，曾按数语："惠生行记事多不尽录。今依道荣传，宋云家记，故并载之，以备缺文。"

11　参阅本篇注释3。

12　见陈正祥《诗的地理》，商务印书馆香港分馆，1978年。增订扩大版改由台北南天书局出版发行。

13　同本篇注释3。

14　此处佛誓指Crivijaya，也有译作舍利毗逝的。裸人国概指尼科巴群岛（Nicobar Islands）。

15　陈正祥《台湾地志》，敷明产业地理研究所研究报告第94号，上册，1959年。该书上、中、下三册现已由台北南天书局再版。

16　陈正祥《台北盆地》，敷明产业地理研究所研究报告第84号，1958年。

17　最近德国还出版了一种关于《异域录》的新研究，这显然是因为中苏关系紧张而引起。书名《中国的首任驻俄公使》（*Chinas Erste Gesandte in Russland*），作者为乔万尼·斯达理（Giovanni Stary），计231页，内容分四部分，1976年由威斯巴登（Wiesbaden）的奥托·哈拉索维茨出版社（Otto Harrassowitz Verlag）出版。

18　陈正祥《中国的地名》，商务印书馆香港分馆出版，1978年。增订版即将由台北南天书局发行。

19　参阅本篇注释3。

第十一篇　方志的地理学价值

一、方志的特性、种类和分布

　　方志或称地方志，是中国文化的一项特殊结晶，在别的国家似乎找不到相同的东西。在某些方面，方志虽有点像欧美国家的区域研究（regional study），但也并非完全相同。[1]

　　关于中国方志的性质，包括它究竟是历史抑或地理，过去的学者们争论已多。但我觉得这个问题并不重要，正同大学里地理系之应设在文学院或理学院一样的无关宏旨。事实上，方志所包含的部门甚广，远超出历史和地理的范畴，故颇难断定其归依。就地理学家而言，与其红了脖子同人家争论，硬将方志说成地理，倒不如发掘方志中所蕴藏的丰富地理学资料；利用现代科学的方法，做一些有益于中国地理学的研究。

　　方志的富于地理学价值，可分两方面来说明：单独地看，方志是一种记叙地方的综合性著作，包括许多和地理学有关的内容。例如建置沿革、山川形势、自然灾害、土地开发、水利设施、交通、物产、人口、都邑乃至所附的地图，都很明显地构成了地理事项。并且事实上，方志中还有许多比较间接的或隐蔽的地理记录，例如八腊庙之联系蝗虫灾害等等。联合起来说，也就是对所有方志来说，则方志又具备两大特色。第一是数量多。据我个人所做的估计，全世界现存的中国方志约达11,000种。第二是分布广，全国古今的各级行政区划，包括省、府、州、厅、县，绝大多数都已修有志书。

此外，方志中的地理记录，在时间上复具有连续性。同一种方志，尤其是在文风较盛或比较富庶的地方，常经一再地续修和重修，多数拥有数百年的历史。这就包含了珍贵的地理变迁资料，而地理变迁便是现代地理学的主要研究对象之一。我过去17年研究台湾地理的总报告《台湾地志》，便是从地理变迁开始的；当我写该书的第一章时，曾应用了所有有关台湾的旧方志。[2]

近代欧洲地理学界所享受的一大便利，是他们的国家拥有较多和较长时期的地理记录，可用以做比较的研究。但在若干方面，中国实有更好和更多的地理记录；而此项地理记录，便多数蕴藏在方志之中。所不幸的，是我们这个"东西南北数千里，上下古今几千年"的文化之矿，在近代向来未受人重视，也没有人想去发掘，更谈不到有计划地整理和研究。

方志的种类很多，其规模和编纂水准颇不相同。有以全国为编纂对象的一统志，例如《大明一统志》《大清一统志》以及早先的《元和郡县志》和《元丰九域志》等。有以省区为编纂对象的通志，如《浙江通志》和《广东通志》等；全国29旧省区中，已有23省修有通志。再次是府、州、厅、县志，如《广州府志》《嘉应州志》《佛冈厅志》，以及《新安县志》等。到清代末年为止，包括台湾，全国共有216府，其中有210府已修有府志；80个直隶州，其中只有6州没有修志。

在县厅之下，还有以乡镇为编纂对象的乡镇志，例如佛山的《忠义乡志》、宝山的《罗店镇志》和连阳的《八排风土志》等；³有以村为对象的村志，如贵池的《杏花村志》和合肥的《香花墩志》；有以卫为对象的卫志，如《威海卫志》；有以里为对象的里志，如上海的《真如里志》；也有以盐场为对象的志，如《吕四场志》；以盐池为对象的志，如《花马池志迹》；以关隘为对象的志，例如《山海关志》、《居庸关志》、《四镇三关志》（蓟州、昌平、辽东、保定谓之四镇，居庸、紫荆、山海谓之三关）；以风景区为对象的《西湖游览志》、《峨眉山志》（中英文对照）以及《北戴河海滨风景区志略》等。

另外有些著述，其名称虽不像方志，但内容却完全和方志相同；而且有的实较以志为名者为佳。印光任和张汝霖合撰的《澳门纪略》，便是一例。而《沃史》（曲沃县志）、《翼乘》（翼城县志）、《剡录》（嵊县志）、《壬癸志稿》（太仓州和镇洋县的志稿）、《蛮书》（云南志）、《番郡璨录》（饶州府志）、《禾川书》（永新县志）、《信今录》（山阳县志）、《澧纪》（澧州志）、《宛署杂记》（宛平县志）、《练川图记》（江苏嘉定县志）、《汶川图说》、《金陵待征录》、《凤阳新书》、《吴郡图经续记》、《水城厅采访册》、《濮镇纪闻》、《皋兰县红水分县采访事略》以及《塔尔巴哈台事宜》等，更易为读者所忽略。

现存方志的分布，可分为两方面来说，一是产地的分布，也就是修志地方的分布，这和全国人口分布有符合的趋势。开发久人口多的地区，所修的方志也多。二是收藏的分布，或收藏方志较多的图书馆的分布，则不限于中国本土。日本和美国，也收藏有大量的方志。北京、上海、南京、东京、京都和华盛顿，是今日世界上收藏方志的六大中心，其所藏皆在五千部以上。[4]

二、方志的渊源和发展

方志这个名称，似乎起源于《周官》的外史掌"四方之志"。按《周官》一书，系成于战国时代，由此可知方志的历史已甚古老。但唐代以前的方志，多已不复存在，所存的也多数附丽于正史之中。[5]虽言在《史记》或更早的史书中，已经有丰富的地理记述，例如《史记·河渠书》（卷二九），但最早最好而又以"志"为名的，当推《汉书·地理志》。

《隋书·经籍志·地理记》（卷三三）有云：

> 昔者先王之化民也，以五方土地，风气所生，刚柔轻重，饮食衣服，各有其性，不可迁变。是故疆理天下，物其土宜，知其利害，达其志而通其欲，齐其政而修其教。故曰广谷大川异制，人居其间异俗。《书》录禹别九州，定其山川，分其圻界，条其物产，辨其贡

赋，斯之谓也。周则夏官司险，掌建九州之图，周知山林川泽之阻，达其道路。地官诵训，掌方志以诏观事，以知地俗。春官保章，以星土辨九州之地，所封之域，以观祅祥。夏官职方，掌天下之图地，辨四夷、八蛮、九貉、五戎、六狄之人，与其财用九谷六畜之数，周知利害，辨九州之国，使同其贯。……汉初，萧何得秦图书，故知天下要害；后又得《山海经》，相传以为夏禹所记。武帝时，计书既上太史，郡国地志，固亦在焉。而史迁所记，但述河渠而已。其后刘向略言地域，丞相张禹使属朱贡条记风俗，班固因之作《地理志》。其州国郡县山川夷险时俗之异，经星之分，风气所生，区域之广，户口之数，各有攸叙，与古《禹贡》《周官》所记相埒。是后载笔之士，管窥末学，不能及远，但记州郡之名而已。晋世，挚虞依《禹贡》《周官》作《畿服经》，其州郡及县分野、封略、事业、国邑、山陵、水泉、乡亭、城、道里、土田，民物风俗，先贤旧好，靡不具悉，凡一百七十卷，今亡。而学者因其经历，并有记载，然不能成一家之体。齐时，陆澄聚一百六十家之说，依其前后远近，编而为部，谓之《地理书》。任昉又增陆澄之书八十四家，谓之《地记》。陈时，顾野王抄撰众家之言，作《舆地志》。隋大业中，普诏天下诸郡，条其风俗、物产、地图，上于尚书。故隋代有《诸郡物产土俗记》一百五十一卷，《区宇图志》一百二十九卷，《诸州图经集》一百卷。其余记注甚众。……

这一段文字为有关中国方志发展的重要文献。由此可知《汉书·地理志》和《禹贡》《周官》有着很密切的渊源关系，并且也附带地说明了两项事实：第一，班固的《地理志》，集了当时全国性地理著述的大成，加以发扬光大；后出正史中的地理志，除地名及数目有所增添外，在体例上绝少有超越它的。第二，古书中的经、记、注、图经、地记、舆地志和地理书等，多数都同方志有关，有些根本便是方志的前身。

《汉书·地理志》（卷二八），首述全国地理概况，显然是根据《禹贡》和《职方》。次之分记郡国，最后综论各地区的物产和民俗。已颇能分析地理环境对于民俗的影响，可视为现代区域地理的雏形；几乎规定了后出地理志的格式，其影响甚为深远。

> 淮、海惟扬州。彭蠡既猪，阳鸟逌居。三江既入，震泽底定。篠簜既敷，草夭木乔，厥土涂泥。田下下，赋下上错。贡金三品，瑶、琨、篠簜，齿、革、羽、毛，岛夷卉服，厥篚织贝，厥包橘、柚，锡贡。均江海，通于淮、泗。

> 南海郡，秦置。户万九千六百一十三，口九万四千二百五十三。县六：番禺、博罗、中宿、龙川、四会、揭阳。

> 东平国，故梁国，……宣帝甘露二年为东平国。莽曰有

盐。属兖州。户十三万一千七百五十三，口六十万七千九百七十六。有铁官。县七：无盐、任城、东平陆、富城、章、亢父、樊。

天水、陇西，山多林木，民以板为室屋。及安定、北地、上郡、西河，皆迫近戎狄，修习战备，高上气力，以射猎为先。

自武威以西，本匈奴昆邪王、休屠王地，武帝时攘之。初置四郡，以通西域，鬲绝南羌、匈奴。其民或以关东下贫，或以报怨过当，或以悖逆亡道，家属徙焉。习俗颇殊，地广民稀，水草宜畜牧，故凉州之畜为天下饶。……

敦煌郡，……正西关外有白龙堆沙，有蒲昌海。户万一千二百，口三万八千三百三十五。县六：敦煌，……杜林以为古瓜州，地生美瓜。冥安，南籍端水出南羌中，西北入其泽，溉民田。……

隋代和唐初的几个有雄心的皇帝，为了开疆拓土，必须收集地理资料作为基本参考，已颇注意于方志的编纂。方志的前身，如图经和图志等名称，虽言早在魏晋之间便已有了，惟大规模地编辑图经和图志，实始于隋炀帝大业年间（605—618）。当时郎蔚之曾编有《隋诸州图经集》一百卷；而《区宇图志》的规模则更大，其最后之定本多达一千二百卷。[6]

但我国古代的地方志，特别是唐以前的，几乎都失传了。现在仅存的两部早期地方志，是东汉会稽人袁康与吴平（一说子贡）所撰的《越绝书》和晋代常璩所撰的《华阳国志》。

编辑方志或图经，不能缺少地图；唐代的全盛时期，对地图的制作非常注意。"凡地图委州府三年一造，与版籍皆上省。"武后长安四年（704）和玄宗开元三年（715），皆曾制有十道图。中央政府设有专管地图和图经的官员，并规定地方编造地图和图经的期限。《唐会要》（卷五九）尚书省诸司下职方员外郎条，便有如下的记载：

> 建中元年（780）十一月二十九日，诸州图每三年一送职方，今改至五年一造送。如州县有创造及山河改移，即不在五年之限，后复故。

《新唐书·百官志》（卷四六）兵部尚书条有云：

> 职方郎中、员外郎各一人，掌地图、城隍、镇戍、烽候、防人道路之远近及四夷归化之事。凡图经非州县增废，五年乃修，岁与版籍偕上。

唐代所修的图经，非但已普及全国，而且颇为详尽。[7]《新唐书·艺文志·地理类》（卷五八）曾记孙处玄所纂的《润州图经》，多至二十卷。在敦煌石室所发现的《沙州图经》残卷，约撰于天宝十载（751），其内容系按州县记载山形、水渠、气候和土产等，并附有祥瑞及歌谣。同在敦煌发现的《沙州地志》和《沙州伊州地志》残卷，则成于唐末僖宗光启年间（885—888），其所记载的项目已较图经为多，包括沿革、位置、山川、湖沼、渠涧、乡户数、城镇、烽戍、风俗以及州县公廨等，实已和后来方志的内容相差不多。

唐代所完成的全国性志书，主要的计有贞观中魏王李泰门客所撰的《括地志》[8]，开元三年（715）的《十道志》，德宗贞元十七年（801）贾耽所著的《古今郡国县道四夷述》以及宪宗元和八年（813）李吉甫所上的《元和郡县图志》。《元和郡县图志》计四十卷，为正史地理志以外最早最详的全国性志书；起京兆府，尽陇右道，凡四十七镇。每镇皆图在篇首，冠于叙事之前；但其图至南宋时已佚，故改称《元和郡县志》。按隋唐志所著录的舆记图经，皆已散佚无存，其能流传至今的，唯《元和郡县志》为最古，而其体例也最完善。此外如许敬宗的《西域图志》，玄奘的《大唐西域记》以及韦述的《两京新记》和韦弘机的《东都记》，也皆有所贡献。

《四库全书总目提要》曾把《元和郡县志》和北宋乐史的《太平寰宇记》、王存的《元丰九域志》、欧阳忞的《舆地广记》、南宋王象之的《舆地纪胜》以及祝穆的《方舆胜览》等做了比较，认为还是《元和郡县志》的体例最好。它既是一部集魏晋隋唐方志发展之大成的代表作，也可视为富有特色的中国方志的楷模。

政治的中央集权，全国性交通网的建设，其和方志或图经的编辑，实有密切的因果互惠关系。强盛的皇朝为加强对本土及藩邦的统治，必须建设交通网，包括漕运和驿递。建设交通，固需要各方的地理知识，但在发展交通的过程中，也产生了新的地理资料，包括交通网建立后对于距离观念的校正等。故就皇朝而言，开发交通、编纂方志和加强统治，原是相辅相成的事。《资治通鉴》（卷二四九）大中九年（855）五月条，有一段记载颇堪玩味。

> 上密令翰林学士韦澳，纂次诸州境土风物及诸利害为一书，自写而上之，虽子弟不知也，号曰《处分语》（《诸道山河地名要略》）。他日，邓州刺史薛弘宗入谢，出，谓澳曰："上处分本州事惊人。"澳询之，皆《处分语》中事也。

《五代会要》（卷十五）兵部职方条有云：

> 长兴三年（932）五月二十三日，尚书吏部侍郎王权奏："伏见诸道州府，每遇闰年，准例送尚书省职方地图者，顷因多事之后，诸道州府，旧本虽存，其间郡邑或迁，馆递曾改，添增镇戍，创造城池，窃恐尚以旧规录为正本，未专详勘，必有差殊。伏请颁下诸州，其所送职方地图，各令按目下郡县镇戍城池水陆道路，或

经新旧移易者，并须载之于图。"……奉敕："宜令诸道州府，据所管州县先各进图经一本，并须点勘文字，无令差误。所有装写工价，并以州县杂罚钱充，不得配率人户。其间或有古今事迹，地理山川，土地所宜，风俗所尚，皆须备载，不得漏略，限至年终进纳。其画图候纸到，图经别敕处分。"

宋初开国，便注意于图经的编纂，《续资治通鉴长编》（卷十二）记载："开宝四年（971）正月戊午，命知制诰卢多逊等重修天下图经……"而《长编》（卷十四）开宝六年四月条，又有下列的记载，由此可知朝廷对于图经是何等重视。

> 是月，遣卢多逊为江南生辰国信使。多逊至江南，得其臣主欢心。及还，舣舟宣化口，使人白国主曰："朝廷重修天下图经，史馆独阙江东诸州，愿各求一本以归。"国主亟令缮写，命中书舍人徐锴等，通夕雠对送与之。多逊乃发。于是江南十九州之形势，屯戍远近，户口多寡，多逊尽得之矣。[9]

宋太祖开宝八年（975），又有宋准的受诏修定图经，事见《宋史·宋准传》（卷四四〇）。从这一连串的记录中，可知宋朝开国之初，对于图经非常重视，其重视的程度实超乎唐代。皇朝之重视图经，固然主要是为了政治上的目的，但也附带促进了方志的发达。

真宗景德元年（1004）和契丹缔结"澶渊之盟"以后，为明了地方，准备国防，皇帝经常出巡，也很注意图经的编纂。例如景德四年巡幸西京时，曾命扈从的侍讲学士邢昺等修沿途地理。《玉海》（卷十四）《祥符州县图经》条："（景德四年二月）庚辰，真宗因览西京图经，有所未备，诏诸路州府军监，以图经校勘，编入古迹；选文学之官，纂修校正，补其阙略来上。及诸路以图经献，诏知制诰孙仅，待制戚纶，直集贤院王随，评事宋绶、邵焕校定。仅等以其体制不一，遂加例重修。命翰学李宗谔、知制诰王曾领其事；又增张知白、晏殊，又择选人李垂、韩羲等六人参其事……（祥符）三年十二月丁巳，书成，凡一千五百六十六卷［目录二卷］。宗谔等上之，诏嘉奖。"

当时全国府、州、军、监的总数为四百二十一，故平均每一府、州、军、监约得四卷，已较唐代地方图经平均篇幅多出一倍以上。

大中祥符三年（1010）十一月丁巳，诏奖翰林学士李宗谔等上新修诸道图经，由是图籍大备。（刘文富《重修严州图经序》）

祥符初，命李宗谔修图经，有司请约唐《十道图》，以定赋役。［《玉海》（卷十四）《祥符九域图》条］

另一方面，对地方而言，方志也有实际的参考应用价值。我人阅读方志，可从地方首长的序文中，知道地方官一到任，常急于找地方志来看，想借此明了当地的情形。南宋大学问家朱熹（1130—1200）于淳熙六年（1179）出知南康军，一到任就要看郡志。有的甚至在赴任的途中，便接到了当地的图经了。

> 莱公晚窜海康，至境首，雷吏呈图经，迎拜于道。公问州去海近远，曰只可十里。（《湘山野录》）

> 置经界局于平江府，守臣直秘阁周葵见椿年问之曰："公今欲均税耶，或遂增税也？"椿年曰："何敢增税。"葵曰："苟不欲增，胡为言本州七十万斛。"椿年曰："若然，当用图经三十万数为准。"［《建炎以来系年要录》（卷一五一）绍兴十四年五月条］

由于州县等行政区划的改废，户口赋税的增减，以及河川道路等的变迁，使得图经必须时常重修。例如哲宗元祐三年（1088）四月，朝廷又命诸路州编制图经，呈送职方。我人从其他的文献中，可窥北宋时代所修的图经甚多，且已普及全国。[10] 就个别的州县说，试看浙江省的湖州，仅现存的宋代志书，便有六种之多，且其名称颇不一致。在真宗景德元年（1004）以前名《吴兴图经》，景德朝（1004—1007）所修者为《吴兴统记》，大中祥符（1008—1016）称为《祥符吴兴图经》；南宋绍兴（1131—1162）中称为《吴兴续图经》，淳熙（1174—1189）中名《吴兴志旧编》，而嘉泰（1201—1204）则为《吴兴志》。名称尽管不同，但其记录是连贯的，内容是相仿佛的。

就全国性的总志说，当以王存的《元丰九域志》为最出色。该志完成于元丰三年（1080），元丰六年闰三月付刻，元丰八年八月颁行，记述各府州军监的废置、沿革、等级、四至八到、户数、土贡和乡镇等，可视为宋代所修方志的代表。虽然在编辑方式上比较呆板，但其内容却相当充实。后来在应用上被认为过于简略，乃复有《新定九域志》《圣朝郡县志》《皇祐方域图志》以及《元丰郡县志》等的编纂。

> 绍圣四年（1097）九月十七日，兵部侍郎黄裳言："今《九域志》所载甚略，愿诏职方，取四方郡县山川、民俗、物产、古迹之类，辑为一书，补缀遗缺。"诏秘书省录《山海经》等，送职方检阅。（《玉海》卷十五《元丰郡县志》条）

南宋偏安东南，所修的地方志概局限于淮河以南地区，主要有范成大的《吴郡志》、周应合的《景定建康志》、施宿的《嘉泰会稽志》、梁克家的《淳熙三山志》、罗濬的《宝庆四明志》、卢宪的《镇江志》、刘宗的《襄阳志》、董棻的《严州图经》、吴芸的《沅州图经》、刘德礼的《夔州图经》以及李寿朋的《富川志》等。[11]方志发展到了宋代，在名称方面已是志、图经、记和图志等并用。我曾利用现在尚有书名及编纂年代可查的加以分类统计，发现在宋代所修的方志中，以志为名者计有383种，以图经为名者176种；此外尚有记82种，图志22种，全部合计约达800种。[12]

大多数图经、方志和地记的内容，除包括沿革、四至、疆域、城郭、户口、坊市、乡村、山川、桥梁、津渡、堰闸、铺驿、土产、学校和风俗外，尚有公廨、仓库、贡赋、课利、革兵、祥异、杂记、郡守、县令以及进士科举等项。较之唐代的图经方志，其内容已更见广泛。

元代因为时期短促，文事衰微，中央虽修有《大元一统志》，但地方修志之风不盛。就现存的书目而论，综计不出一百六十种。

明代初期，中央政府对于修志的态度，颇和北宋初年相似。洪武三年（1370），太祖命魏俊民等六人编类天下郡县形势为《大明志》；成祖时整理天下郡县图经，重修《大明志》；到英宗天顺五年（1461），完成《大明一统志》九十卷。其后伍余福在成化时仿《一统志》撰《陕西志》三十卷；林庭㭿、周广同撰《江西通志》三十七卷，又按事类编辑《湖广总志》九十八卷；郭棐、王学曾、袁昌祚等依《江西通志》例，撰《广东通志》七十三卷。关于府、州、县等地方志，明代仅在后期比较发达；尤其是嘉靖和万历两朝，所修的方志特多。[13]其内容和宋代所修的图经方志少有差别。

清代为中国方志的全盛时期。清初的几个皇帝，对于方志和地图都很有兴趣。康熙曾经说过："朕于地理，从幼留心。"但另一方面，当然也杂有政治的因素。他们入主中华，对关内偌大的地方不免觉得生疏，故特别需要地理知识来帮助他们统治。康熙为编制《皇舆全览图》，曾在其四十七年（1708）下令用西法测量全国，派遣传教士赴各省实地测绘，至五十六年（1717）完成。[14]雍正七年（1729）因修《大清一统志》，下诏各省慎重先修通志，限期完成。他那次的命令指定："考据详明，采摭精当；既无缺略，亦无冒滥。"雍正是一个非常严厉的皇帝，故疆吏无不遵命惟谨，礼聘著名的学者从事修志，先后很快完成了16省的通志。各省要修通志，又命令各府、州、县修志以供采择；这样一层层地下去，结果是各级行政单位，几乎都修了方志。这是我国方志普及的基本原因，也可说是修志事业的一大特色。

三、方志所包含的自然地理资料

完成于乾隆八年（1743）的《大清一统志》，共计三百四十二卷，规模甚巨，包括内地18省，1,600个府、州、县，57个外藩属国，30个朝贡国。内容水准较《大明一统志》为高，可视为全国的总地志。[15]其府、州、县部门，概按建置沿革、山川形势、城池、学校、户口、田赋、物产、风俗、古迹、关隘、堤堰、津梁、陵墓、祠庙、寺观、名宦、人物以及流寓等项记述；而此等项目，遂成为后来编纂地方志的标准内容。[16]

方志虽有传统的编纂格式，但其内容亦可能因地方性或时代迁移而略为变通。就地方性说，大运河所通过的各府县，对于运河或漕运总记载得特别详细。例如嘉靖《通州志略》，其第三卷即为漕运志；此外，乾隆《淮安府志》，专立运河篇；《扬州府志》有河渠编；《丹阳县志》有水利志。就时代的变迁说，可以《上海县志》为例。上海设县甚迟，然以开埠之故，后来发展迅速。因此断限于宣统三年（1911）的《上海县续志》，便不得不增加了水电、医院、商会、渔团、警察和女子学堂等新项目。

《上海县续志》目录

卷首　　图说

卷一　　疆域　沿革　界至　形胜　乡保　镇市
　　　　风俗　岁时　占验　方言

卷二　　建置上　城池　万寿宫＊　衙署　街巷　坊
　　　　表　仓庾　海关　各局＊　善堂　救火会＊
　　　　医院＊　水电＊　农会　商会＊

卷三　　建置下　会馆公所＊　义冢＊

卷四　　水道上　江　浦　支水　堰闸　塘　桥梁
　　　　津渡　码头

卷五　　水道下　治绩

卷六　　田赋上　恩蠲　户口　田亩　赋额

卷七　　田赋下　杂税　厘捐　芦课　漕运　海运
　　　　积储

卷八　　物产

卷九　　学校上　学校　劝学所　书院　义学

卷十　　学校中　初等小学堂*　两等小学堂*　高
　　　　等小学堂*

卷十一　学校下　中等以上学堂*　女学堂暨幼稚舍*
　　　　西国教会各学堂*　学会*

卷十二　祠祀　秩祀　私祀

卷十三　兵防　兵制　营署　军装　营汛　邮铺
　　　　渔团*　警察*　商团*　兵事

卷十四　职官表　驻县统辖官　县属各官　教职
　　　　会审员*

卷十五　名宦

卷十六　选举表上　科第　贡生　毕业生科第*　武科

卷十七　选举表下　辟荐　封赠　录荫　例仕

卷十八　人物

卷十九　　　人物

卷二十　　　艺术

卷二十一　　游寓

卷二十二　　列女

卷二十三　　列女

卷二十四　　列女

卷二十五　　列女

卷二十六　　艺文

卷二十七　　名迹　古迹　第宅园林　宗祠*　冢墓

卷二十八　　杂记一　祥异

卷二十九　　杂记二　寺观　教堂　僧道

卷三十　　　杂记三　遗事

卷末　　　　叙录

* 为续志所添的项目。

从方志的目录中，便可知道哪些部门包含地理学的资料，而且也看得出这些资料的蕴藏颇为散漫。为了说明的方便，不妨任意将此项资料归纳为自然地理和人文地理两大部门，择要举例说明它们的地理学价值。

中国方志关于自然地理的资料较少，我承认这是方志较弱的一面。但如能细心阅读，也能找到片段的或零星的有用记录，证明地形的变迁或指出特殊地形的分布。积少成多，待其累积到足够用以编制地图，其地理学的价值也就更进了一层。此项零星的自然地理记录，比较明显的有地震、山崩、河川改道、湖泊演变以及火山和温泉等等。地震的频率（frequency）和强度，势必影响工业建设和都市计划，而方志的祥异、赈恤和杂记中，便有地震的编年记录。中国科学院曾根据方志及其他文献搜集全国的地震记录，编印为三大册报告书，可视为方志有助于经济建设的很好实例。[17]

武宗正德元年（1506）四月癸丑地震连日。正德二年九月庚午地连震三日，摇撼民居，人有死者。正德七年滇池水溢，荡析民居百余所，死者无算。[《昆明县志·祥异》（卷八）]

康熙七年（1668）六月十七日戌时地震。先数日微震一二次，是夕震甚，山摇动，江河之水皆为鼓荡，停泊之舟多覆溺。地内外震，倒墙屋无算。[《重修丹阳县志·祥异》（卷三十）]

同治十一年（1872）壬申秋八月十九日辰时地震，先有声如雷。[《上海县续志·杂记一》（卷二八）]

南阳郡城北有紫山，紫山东有一水，无所会通，冬夏常温，因名汤谷。[宋盛弘之《荆州记》（卷一）]

宜都很山县有山，山有风穴，口大数尺，名为风井；夏则风出，冬则风入。……樵人有冬过者，置笠穴口，风汲之，经月还，涉长阳溪而得其笠，则知溪穴潜通。（同上）

方志中有关气候的记载，较地形和地形变迁稍多。在气候或节气等子目中，固然有好的资料，但散见于其他子目，尤其是祥异及赈恤中的零星记录，往往更具现代地理学的意义。此外还有物候（phenology）的记载，如惊蛰始雨水、谷雨桐始花、小暑蝉始鸣、秋分玄鸟归等，在测候事业尚未建立的古代，原为描写地方气候的重要根据。特别在领土如此广大的中国，南北物候的差异实更富于比较的价值。譬如桃花，在广东各县的县志中，多数说阴历十一月便开了，这要比北方的记录早好几个月。

其为气候，热多寒少；有霰无雪，草木长青。田二收，冬月寒暑衣服互着，或把扇；四月后梅雨郁蒸，砖地及石础皆润。[《莆田县志·舆地》（卷二）]

粤为炎服，多燠而少寒。三冬无雪，四时似夏，一雨成秋。……水气上蒸，春夏淫霖，庭户流泉，衣生白醭。即秋冬之间，时多南风，而础润地湿，人腠理疏而多汗。谚曰：急脱急着，强于服药。此气候之大较也。
[《新安县志·舆地略一》（卷二）]

十月水始冰，地始冻。北地仲秋即雪，水即冰，地即冻，冰已可渡。[《保安州志·天部气候》（卷一）]

……阴山以北，俱系牧地，不能种植；间有开垦，所出亦只数种，如油麦胡麻之类。归绥则与内地近似，惟耕硷有早晚耳。府志立春后，必有大风，较秋冬时尤烈。立夏坚冰始消，草木甲坼。夏至后虽三伏盛暑，早晚不离棉衣。立秋天已苦寒，处暑夏田始熟。白露前后即有严霜，野无遗禾，寒暑百草枯萎，人皆衣裘。霜降雨雪土工不兴，立冬冰结不解，地冻数尺。山南如此，山北可知。[《归绥识略·天部气节》（卷二）]

山川原隰异形，而气候早晚因之，是故物产异宜也，作息异齐也。明时授事，以民为则，先王重焉。上党山高，惟夏令不爽，冬令常侵于春秋之半，甚有入秋即霜，盛夏而雹者。试凭太行观之，中州之绿野铺茵，山中之黄芽始甲；迨夫千岩叶落，而山趾之树梢尚青，其气候相悬盖如此。是以岁惟一熟，亦惟黍稷为宜……
[万历《潞安府志·气候物产》（卷一）]

龙卷风（tornado）和台风等特殊天气现象，在方志中也有很多记载。虽然它们所使用的不是龙卷风这些名称，但只要略微具备现代气候学的训练，便可以看得出来。利用下列的记录，我人便不难求出全国龙卷风和台风等的发生范围及其频率。

嘉靖四年（1525）秋七月，锦州雨雹。有物如龙，拽去二小庄房舍庙宇三百余间，及器械林木无算。[明任洛《重修辽东志·祥异》（卷八）]

宣统元年（1909）三月中旬，黄风拔木，大雨。乌龙见于李家堡子，头尾毕见，骡马被风仆地，辽河水逆流，如壁。吉盛屯民房揭去房盖五间。（《梨树县志·大事记》）

宣统三年（1911）二月八日黑青见，六月十九日大风折树，摧倒墙屋无算。[《丹阳县续志·祥异》（卷十九）]

绍兴十九年（1149）六月某日，奔云礚礚，起于是山，俄顷，盲风骤雨大作，龙自郡城过，卷去女墙数百丈，居人余氏家小亭吸入云中；及有负贩者，被吸复堕而无伤焉。[《吴郡志·祠庙》（卷十三）]

康熙八年（1669）七月一日，有三龙，二白一黑，自西边海起飞，至城南而去，民房椽瓦卷去甚多。[《新安县志·防省志灾异》（卷十三）]

顺治十六年（1659）九月三十日台风大作，东角一派，长堤尽坏，海水淹入，晚禾绝粒。[《莆田县志·祥异》（卷三四）]

淳熙四年（1177）九月，明州濒海大风，海涛败鄞县堤五千一百余丈，漂没民田。[《宁波府志·逸事》（卷三六）]

康熙三十年（1691）八月大风，民屋及船多被飘颓。[《台湾府志·外志》（卷九）]

崇祯十六年（1643）四月二十四日飓风作，大雨、拔木、毁屋，覆舟甚多。[《新安县志·防省志灾异》（卷十三）]

雹（hail）的发生，在中国分布甚广，从黑龙江到广东，自新疆至台湾，几乎每个地方都有过降雹的记录。雹是一种很明显的天气现象，常随大风而来，并且多数会造成灾害；在地方上被认为是大事，方志都有详细的记载。方志中有关雹的记录，不但可用以编制雹灾的分布地图，且能求出各地降雹的频率和年中降雹的季节。此外，在方志的坛庙或有关的项目中，也可看到不少的雹神庙；而此等雹神庙的分布，又正同降雹频率最高的地区相符合。

下列的记录，是从光绪二年续修的《怀安县志》"灾祥"一目中找出来的，姑且视为华北地区降雹的代表。

嘉靖三十七年（1558）	秋八月大雨雹，树木多压折死。
三十八年（1559）	……至八月雨雹，深三尺，禾稼空。
顺治十八年（1661）	春二月至夏四月不雨，闰四月北南二路大雨雹，大如鸡卵，厚盈尺，被灾数十余堡。
康熙元年（1662）	……夏五月大雨雹，四郊人畜有伤。
乾隆二年（1737）	秋七月北路雨雹，六堡被灾，奉文赈济。
十五年（1750）	夏五月雨雹。
十六年（1751）	秋七月雨雹。
十九年（1754）	秋七月雨雹。
二十年（1755）	夏五月雨雹，麦成灾，秋有年。
二十五年（1760）	……六月雨雹。
二十八年（1763）	夏六月雨雹，秋霜。

三十年（1765）	夏六月雨雹。
三十二年（1767）	夏五月，秋七月雨雹。
五十一年（1786）	秋七月雨雹。
五十四年（1789）	夏六月雨雹。
五十五年（1790）	秋七月雨雹。
嘉庆五年（1800）	夏雨雹。
道光十三年（1833）	夏五月雨雹。
十七年（1837）	……秋七月雨雹。
十八年（1838）	秋七月雨雹。
二十一年（1841）	夏五月雨雹。
二十二年（1842）	秋七月雨雹，大如卵。
咸丰三年（1853）	秋七月雨雹。
十一年（1861）	秋七月雨雹。
同治十三年（1874）	夏六月雨雹，损伤禾稼，冲刷民地颇多。

我人试将此项记录加以整理排列，附入公历纪元。细心

地看一遍，马上可以发现如下几点事实：（1）从明嘉靖三十七年到清同治十三年，中间是316年，共降雹26次，平均约每隔12年降雹一次；（2）降雹的时间，没有例外地介乎五月到八月之间，或阳历的六月到九月，也便是盛夏之季；（3）雹有连续发生的现象，今年来了一次雹，明年后年颇有再来的可能，试观1558、1559，1661、1662，1750、1751，1837、1838，便可证明。

事实上，同在一年之中，也有连续降雹数次的可能。上表所列乾隆三十二年夏五月、秋七月，便曾各降雹一次。我在《保安州志》中，还曾找到一年降雹两次和三次的记录。

康熙三十年（1691）夏五月二十五日雨雹，岁歉米贵，民多饿死者；秋七月二十六日雨雹。[《保安州志·祥异》（卷一）]

康熙四十七年（1708）夏五月二十七日大雨雹，七月七日雨雹，二十七日复雨雹。（同上）

保安州即今日的涿鹿县，和上述的怀安县，同在北京西北侧的宣化盆地，二者相距仅数十里，往昔在行政区划上同属宣化府，但保安州发生连续性大雨雹的1691年及1708年，在邻近的怀安县却没有降雹的记录。这又指出了另外一个地理事实：原来降雹常局限于一隅，所波及的范围不广。气候学的知识也告诉过我们，降雹是一种富于局部性的天气异象，其所波及的范围每成带状。方志中的许多记录，也可以证明这点。

　　顺治十六年（1659）四月十一日未时大雨雹，大者如拳，广数里，长数十里，麦与秋禾无遗者。[《续修汤阴县志·杂志》（卷十）]

　　康熙六年（1667）秋八月四日大雨雹，起上葫芦堡至矾山，东西百里，伤禾万顷，山如积雪，野若铺霜，三日不消。杀男妇三人，羊驴无算，破头额者甚多……[《保安州志·祥异》（卷一）]

　　光绪三十二年（1906）夏雨雹，有大如鸡卵者，自西北德政村至东南之大康庄，平地厚几尺许，长几四十里，宽几十五里，麦禾无一存活者。[《大名县志·祥异》（卷二六）]

　　民国十九年六月二十二日下午一时许，阴霾暴发，冰雹骤至，大者如桃，小者如扣，逾二十分钟之久。西至贡红一带，东至满德堂，长约四十余里，宽约十余里，一切禾稼均经击碎，并击毙农夫一名。[《张北县志·艺文志·灾异》（卷八）]

　　向南到淮河流域，因冬半年的空气不像华北那么干燥，故降雹已不再集中于夏半年。换言之，除夏半年外，其余月份亦可能降雹。以安徽省的五河县为例，该县县志的"祥异"一节，对于降雹有颇完整的记录。我人从下列的记录中，可以知道：（1）自明弘治八年（1495）到清光绪二十年（1894）的399年间，五河县共降雹21次，平均每隔19年一次；其发生频率已远较上述的怀安县为低。（2）全年十二个月份中，除了阴历九月、十一月和十二月外，其余九个月份都降过雹；亦和怀安县之集中盛夏数月者大不相同。（3）降雹为时稍久，可能引起突然的水灾；这也是华北地区所没有的附带现象。

弘治八年（1495）	三月己酉暴风雨雹，杀麦。
嘉靖元年（1522）	七月大风雨雹。
十七年（1538）	夏六月雨雹，大如鸡卵。
三十四年（1555）	夏五月庚子大冰雹，河水暴涌，平地深丈许，村民走避不及，多葬身鱼腹。
万历三十一年（1603）	夏五月戊寅，大雨雹。
康熙八年（1669）	五月雨雹，淮水泛涨。
嘉庆九年（1804）	四月，天雨黑雹，二麦俱如糠秕。岁因大饥，逃亡过半。

十八年（1813）	五月十九日大风雨雹，黑白参错，二十、二十一日亦如之。
道光元年（1821）	四月雹伤禾稼，人相食。
九年（1829）	八月雨雹，深数寸。
十年（1830）	二月雨雹。
十二年（1832）	六月立秋后雨雹，大水伤稼。
十七年（1837）	北乡雹伤麦。
二十二年（1842）	四月大风雨雹，五月复雨雹。
二十八年（1848）	十月雨雹。
同治四年（1865）	正月大风雷电雨雹。
九年（1870）	四月十二日，夜大风，数百年古树皆拔去，雨雹，大如鸡卵，压毙人畜屋宇无数。
光绪二十年（1894）	四月杪雨雹，大如鹅卵，秣苗被伤。

华南降雹的频率又较华中为低，而且可能发生的月份也

更为分散。故在我国东南各省，人们的脑袋，虽言几乎每天都有被雹击中的可能，但所幸发生的频率较低，可不必提心吊胆。或许就因为不常见的缘故，在某些方志中，即使是靠近华中地区的，竟连雹的名称也弄不清楚。我们利用方志记录，遇到这种情况，就应该特别小心。

元至正元年（1341）春三月，雨核于杭州。（万历《钱塘县志·纪事》）

顺帝至正十二年（1352）三月二十三日，城中黑气亘天，雷电以雨，有物如果核，与雨俱下。……[（嘉靖《湖州府志》卷一）]

即使在福建和广东一带，降雹的频率也不算很低。试以福州兴化府的仙游县为例，据《仙游县志》所载，从明正德十一年（1516）到清乾隆二十八年（1763）的247年间，共曾降雹10次，平均每隔约25年降雹一次。而且这10次雹，系降于7个不同的月份；在季节的分配上，具有更分散的趋势。

正德十一年丙子春二月二十六日，飓风作，雨雹，大如卵，小如弹，禽兽击死，麰麦无遗种，东南乡尤甚。

嘉靖二十九年（1550）　　　庚申夏五月，雨雹，大风拔木，飘屋瓦。

隆庆四年（1570）	庚午春正月二十五夜，雷大震，雨雹。
万历十二年（1584）	己卯秋八月十七日，大风作，雨豆。
顺治八年（1651）	辛卯春二月，大雹。
康熙二十一年（1682）	壬戌，春三月十九日，大雨雹，郑庄人有着蓑笠击仆地者。牛死，折木，坏屋……
康熙三十年（1691）	辛未，自往岁冬不雨，至于夏四月，万井泉竭。田野荒地生毛，拔之有乳。二十一日大雨，又雨雹。秋大熟。
雍正七年（1729）	己酉……秋七月二日雨雹。
乾隆二十年（1755）	乙亥春三月二十二日雨雹。
乾隆二十八年（1763）	癸未春二月大雨雹，如棋子形。

香港以前所归属的宝安县，本名新安县。据嘉庆二

十四年（1819）所刻的《新安县志》记载，在1655年到1814年之间，也曾降过5次雹，但平均要每隔三十多年才有一次。

　　顺治十二年（1655）冬十月二十四日大雨雹，屋瓦破毁，人被击伤。

　　康熙二十五年（1686）八月十五日，天雨雹，如弹大。秋旱，禾稻无收。

　　乾隆五十三年（1788）二月雨雹。

　　嘉庆十二年（1807）二月……初十、十一等日，九龙、蚝涌一带雨雹，牛畜多被击死。

　　嘉庆十九年（1814）八月雨雹。

　　如果能够按照这个步骤，并选择记录比较详细的县志，求出三五百县的降雹频率，便可制作中国雹灾的频率地图。这是地理学家的责任，也可以说是地理学家的专利。因为只有受过现代地理学训练的人，才能应用"合成思索"（integrative thinking）的方法，将历史记录和地理科学连贯起来，做出创造性的研究和贡献。

　　同样的方法，也可以应用于以往中国水灾、旱灾和风灾等的研究。

四、方志所包含的人文地理资料

方志所包含的人文地理和经济地理的资料，较之自然地理为丰富。几乎在每一项目中，多少总可找出若干有用的地理记录。

物产为经济地理的重要部门，但方志对于物产的处理，常只胪列其名称或品种，概无统计数字，也不说明产在哪些地方。因此以现代经济地理学的观点，来评论方志中的物产一门，自不免感觉呆板和贫乏。但汇合所有的方志，则即使只列一个名称或品种，对于全国物产，尤其是特产的分布情况，仍有其参考的价值。因修志者对于当地物产之有无，必然知道得比外地人清楚，故这些记载便可能较其他文献可靠。例如樟树等热带树木，大家都知道它生长在南方，但究竟南到什么程度，或其分布"北限"到底通过哪些县份，从来就没有人作过肯定的答复。方志中对樟树的记载，可以帮助我人解决这个问题。[18]

个别的方志，对于物产一门，也有颇佳的记载，原未可一概而论。福建的《莆田县志》，便是一个较为明显的实例。兹摘录其中数则如下：

> 稻，有大冬稻、早稻、晚稻。大冬稻春种冬熟，岁惟一收；早稻春种夏熟，获后即插晚稻，岁可两收。有

米粘可酿酒者谓秫；有米白而香者谓白棱。又有占稻，出占城。《湘山野录》云：宋真宗以福建田多高仰，占城稻耐旱，遣使求其种十石，遗民种之，俗名早占白占。又有畬稻，不用水耕，高山皆可种。

番薯，万历中巡抚金学曾始传自外国，因名金薯。皮有白紫二种，可佐五谷之半，亦可为粉。近有一种来自台湾，形类莱菔，肉松而色黄，味同番薯。

蔗，以水田作陇种之，叶如菅茅，其茎有节，春种冬成。有二种，大者浆可解渴，小者捣其汁可煮糖。初成黑糖，以泥盖之成白糖。

紫菜，生海边石上，色紫，故名。潮来浸之，浮散挐挐然；潮退，则胶粘于石。冬时嫩者就石上搓取之，谓之冬菜，味美香。春时长者则摘取之，谓之春菜，味稍逊。《本草》云：凡海菜皆疗瘤、瘿结疾，故海傍人无此患。

斗鱼，俗呼花鱼。大如指，长二三寸；身有花纹，红绿相间；尾纯红，有黄点。善斗，儿童多隔盆以养，斗则合之。每斗，两口相衔，交持不舍。

关于该县著名的特产荔枝，《莆田县志》物产节又有如下详细的描述。

蔡端明《荔枝谱》云：闽中惟四郡有之，而兴化尤为奇特。树高数丈，大至合抱，形团团如帷盖，四时荣茂不凋。花似木犀，淡黄色，微香。实上圆下锐，大可径寸，壳若罗纹。初青，渐红；夏熟时，香气清远，色泽鲜紫，膜如桃花，核如丁香。剖之，凝如水晶，食之消如绛雪，色与味俱为第一。性畏寒，山谷间皆不能植。唐李赞皇谓此树为南方佳人不耐寒……

地下资源如金、银、铜、铁、锡以及石油、煤、煤气和井盐，方志中老早就有记载。马可·波罗（Marco Polo）游记中提到中国有黑色的石头可以燃烧，那已是很迟的事。[19]就四川省而言，晋代的《华阳国志》，便有不少关于煤气和井盐的记载，并指出中国人早已晓得利用地下资源了。方志中的此类记录，对于矿产的探勘，显然会有指点的作用。抗日战争期间，我就向资源委员会的翁文灏先生提出了此一观点。近年中央地质部为全面调查中国矿藏，曾大事搜集方志中有关矿产的资料。

临邛县，郡西南二百里，……火井江有火井，夜时光映上昭；民欲其火炎，以家火投之，顷许如雷声。火焰出，通耀数十里，以竹筒盛其光；藏之可拽行，终日不灭也。井有卤水，取井火煮之，一斛水得五斗盐。家火煮之得无几也。[《华阳国志·蜀志》（卷三）]

新荣县，郡西二百八十里，元康五年置，西迻㻫道，有盐井。大姓魏吕氏。（同上）

开凿运河为水利的措施之一，而水利和漕运皆属经济地理的范围。联络黄河和江淮的古汴河，为唐宋时代南北交通的大动脉，系利用黄河下游大冲积扇南侧的天然水道，再加人工疏通而成。但是此等水道并不稳定，时常改变，因此古汴河的水道也随之有所迁移。中国的历史学家，向来绝少利用地图，所以我也只晓得曾经有过这么一条运河，但始终不很明了它到底流过哪些地方，以及其水道先后变迁的情形。

方志中的古地理记录，对于历史地图的编制或古地理的复原工作，亦可有所贡献。就上述的汴河而言，我人可从河南、安徽和江苏的部分方志中，找到足够的资料，将古汴河的水道恢复出来。而且还可以知道较早的老汴河，系从开封东流，经过徐州汇入泗水；较后的汴河，其流向稍偏东南，通过商丘宿州和泗州而注入洪泽湖，并不经过徐州。[20]

关于类似的古地理研究，有时需要其他文献来补充。就汴河来说，宋代著述中提到的很多，有的且颇明细。例如孟元老的《东京梦华录》，对于汴河流过开封的情形，曾有如下的记载：

东城一边，其门有四，东南曰东水门，乃汴河下流水门也。其门跨河，有铁裹窗门，遇夜如闸垂下水面，两岸各有门通人行路，……西城一边，其门有四，从南曰新郑门，次曰西水门，汴河上水门也。

河道一节，又说：

穿城河道有四，……中曰汴河，自西京洛口分水入京城，东去至泗州，入淮，运东南之粮；凡东南方物，自此入京城，公私仰给焉。自东水门外七里至西水门外，河上有桥十三；从东水门外七里曰虹桥，其桥无柱，皆以巨木虚架，饰以丹艧，宛如飞虹，其上下土桥亦如之；次曰顺成仓桥，入水门里曰便桥；次曰下土桥，次曰上土桥，投西角子门曰相国寺桥。次曰州桥，正对于大内御街，其桥与相国寺桥皆低平不通舟船，唯西河平船可通，其柱皆青石为之，石梁石笋楯栏，近桥两岸，皆石壁，雕镂海马水兽飞云之状，桥下密排石柱，盖车驾御路也……西去曰浚仪桥，次曰兴国寺桥，次曰太师府桥，次曰金梁桥，次曰西浮桥，次曰西水门便桥，门外曰横桥。

沈括的《梦溪笔谈·杂志二》：

……予尝因出使按行汴渠，自京师上善门量至泗州淮口，凡八百四十里一百三十步。地势，京师之地比泗州凡高十九丈四尺八寸六分……验量地势，用水平望尺、干尺量之，不能无小差。汴渠堤外皆是出土，故沟水令相通，时为一堰节其水，候水平，其上渐浅涸，则又为一堰，相齿如阶陛。乃量堰之上下水面，相高下之数，会之，乃得地势高下之实。

此外如楼钥的《北行日录》上卷，有一段记录亦可证明我所定汴河水道的不误：

（十一月）二十九日辛巳，天明雪作，使副以下，巳时渡淮至泗州草馆，望拜如仪……十二月一日壬午，晴，车行六十里，临淮县早顿，……二日癸未，晴，风，车行八十里，虹县早顿……饭后乘马行八十里，宿灵壁。行数里，汴水断流。人家独处者，皆烧拆去。闻北人新法，路傍居民，尽令移就邻保，恐藏奸盗，违者焚其居……三日甲申，晴，车行六十里，静安镇早顿；又六十里，宿宿州。自离泗州，循汴而行；至此河益埋塞，几与岸平；车马皆由其中，亦有作屋其上……

汴河和大运河的开通，对东南的经济开发和文化发展都有好影响。而此两大运河的流向，正是我国经济和文化中心迁移的方向——从中原迁移到江南。大运河成为南北交通的大动脉之后，沿着运河的城市，如扬州和楚州（淮安），跟着繁荣起来。到了唐代中叶以后，长江下游已成为全国经济中心和粮食仓库，于是人口也有较快的增加。沿大运河的州县，其志书对于漕运和水利，常有明细的记载。以下是《丹阳县志》中水利篇的一段，甚富于地理学的价值。

丹阳一邑，乃江浙漕艘必由之路，而禁城一带，地势最高，水不能聚。查县志，西北有练湖，广袤四十余里，湖有上下两名。下湖贴近运道，但隔一堤。上湖仰受长骊诸山八十四流之水，由中埂石闸以入下湖，专济运河之涸。惟有山水骤发，势甚奔腾；溢则弥漫，止则竭乏；是以向设闸涵关锁，便于潴蓄。冬春启闸济运，夏秋启涵灌田；两省漕运转输，数万民田灌溉，实惟湖水是赖。其运河南北，有奔牛、吕城、陵口、黄泥坝各处闸座，依时启闭，调济漕运，规划无不详备。独是练湖地势高于运河，一遇水涸，湖底皆可垦种，每有奸豪垂涎侵占，妨漕病民，故明历年严禁，碑制昭然。即本朝定鼎之初，乘经制未备，捏为练湖荒弃，高者可耕，取其租银，以益芦课，侵占至九千余亩。前按臣秦世桢于顺治九年具疏详陈，部覆敕督按诸臣，严行司道官，力禁侵占，将废闸湖堤照旧修理，奉旨依议遵行在案。只因修理未固，年来湖堤圮倒，地方各官，畏工费浩繁，无处措办，竟不详议修复。每年漕艘经临，惟将运河派浚，大为民累。又有奸豪……等，贪利营私，悖违禁律，借口济漕无实，先后赴芦政衙门，朦混告佃，并从前史遗直等垦占，共至六千五百余亩，几废练湖，以致湖旁田地，并绝灌溉之利……

康熙十九年吏科张鹏以裕国便民事，奏请田湖，会巡抚慕天颜奏定，上湖高仰，召民佃种；下湖低洼，仍留蓄水。嗣后众皆效尤，二十四年报升下湖田四百二十八亩三分一厘二毫。报后，又于二十五年升下湖田七百四十三亩二分一厘五毫，三十一年升下湖田四千八十五亩一厘九毫，四十二年升下湖田一千九百六十五亩五厘。前后共升田七千二百二十一亩六分零，佃者愈多，原设涵洞闸坝，不利其存，反利其废。已升之外，存有四千四十余亩，亦尽行私垦，滨湖民田，岁有旱干之患，害不可胜言矣。

驿站和铺递，为中国古代陆上的交通设施。关于全国性的驿站和驿道分布，正史虽已有完备的记载，但比较详细的资料，仍然要借重地方的志书。关于我国铺递的距离，各家的看法颇不相同。我觉得古书中的若干记载，尤其引自名家手笔的，每因文而害义。为了要使文章美，或读起来顺口，常将数字简化或说得很笼统。由于地形的限制，特别是像江淮和江南水道的阻隔，铺和铺间的距离，并不必一律，是可能有少许伸缩的。

驿路五十一铺，每铺相去十里。[景定《建康志·铺驿》(卷十六)]

但嘉定《镇江志·邮传》(卷十二)在丹徒县下却有如此的记载：

施水坊铺，离城下铺六里半；下鼻铺，离城十里半；乐亭铺，离城一十七里；洪信铺，离城二十三里半；高资铺，离城三十里；炭渚铺，系界首，离城四十五里。

根据此项记录，可推算铺和铺间的相互距离各为六里半、四里、六里半、六里半、六里半和十五里，并不完全相等。当然，我们也不可轻易地引用不同时期的方志，粗心大意地绘制古代驿站路线图；因为驿站等设施经常在变动，有添置，有废弃。否则草率从事，很可能造成错误。

旧图经统记诸书，所载郡境馆驿，已俱不存；舣泊亭宇，废改略尽。[嘉泰《吴兴志·邮驿》(卷九)]

方志的田赋或户籍，每包括人口的资料，可用以研究我国古代的人口分布、人口增减、职业组成、都市发展以及人口重心的迁移等。读《丹阳县志》，可知该县在北宋真宗时（998—1022），居民不过10,640户；南宋孝宗时（1163—

1189）乃增至25,240户，而理宗时（1225—1264）又增至35,200户。惟较早时期的人口统计，引用时务须谨慎；特别要注意行政区划所包括的范围以及人民对于政府的心理态度。新近所修的方志，统计数字比较可靠；有的且已列成表格，应用便利。譬如《上海县续志·田赋上》（卷六）户口目，便有光绪三十四年（1908）及宣统元年（1909）的人口统计。

表24　1908年和1909年上海县的人口（不包括外侨）

地　域	光绪三十四年（1908）		宣统元年（1909）	
	户　数	口　数	户　数	口　数
城　厢	73,903	243,598	73,637	245,449
法租界	13,330	67,960	13,557	69,118
公共租界	46,113	530,000	46,909	550,000
北　乡	38,946	116,049	38,812	116,745
东　乡	34,654	113,961	34,592	114,930
东南乡	16,499	49,764	16,463	50,183
南　乡	12,654	38,967	12,626	39,238
西南乡	16,962	51,226	16,948	51,702
西　乡	17,653	53,118	17,621	53,619
合　计	270,714	1,264,643	217,165	1,290,984

　　建置沿革或其他有关的项目中，绝大多数都有地方设治及筑城的记录。这两项记录，对于中华民族生存空间及汉族文化圈的推广，具有重大的指示作用。我曾将全国府、

州、厅、县的设治和筑城年代，找出约1,200个，应用以绘制地图。这两幅中国文化地理图虽尚未成熟，不拟轻率发表，但已可明显地看出，汉族自中原发祥之后，向西南及东北的发展较迟。惟设治和筑城，并不一定有连带关系，二者之年代可能相差颇远。某些国防上的重要据点，其筑城可能远早于设治。例如黑龙江省的瑷珲，早在康熙二十三年（1684）便筑了黑龙江城，作为黑龙江将军的驻地，但直到光绪三十四年（1908）才设瑷珲厅，中华民国三年再改为瑷珲县。反之，南方有很多地方，虽早经设治，但因为没有需要，故迟迟才修筑城池。例如福建省的莆田在隋开皇九年（589）便设治了，但直到宋太平兴国八年（983）才筑城，前后相距几已四百年。大致说来，在边疆地区，筑城常早于设治；在比较安定的内地，或没有"夷狄"威胁的边区，则设治远早于筑城。

但在进行此项研究时，必须注意异地同名的事实。因为我国领土广而历史久，异地而同名的很多，应尽力查考文献，待完全肯定后再记到地图上去。否则张冠李戴，可能会闹笑话。就这一点说，方志有时亦能帮助我人解决困难。

> 隋开皇十一年（591），以湘阴岳县置玉州，今岳阳之玉州是也。唐玉州在今当阳县北沮水上。按唐志，武德六年（623）以江陵郡之当阳置玉州，八年废；今荆门之玉州是也。由是观之，置于隋者岳阳之玉州也；置于唐者荆门之玉州也。（宋马子严《岳阳志》）

建置沿革对于地名及其演变，有更为明显的考证价值。地名最富于地方性，只有当地的人士知道得最清楚。地名也是地理学的研究对象之一，我们要研究中国地名，或编辑大规模的中国地名辞典，必然非借重方志不可。当我初次看见广西的一个叫作"凿字溪"的地名，想来想去想不出它的命名意义；后来读了宋代《靖州图经》的残卷，才明白它的来源。

> 元丰癸亥（1083），通道于广西，于溪之旁得古碑，乃唐久视中（700）遣将王思齐率甲兵征蛮过此，隔碍山险，负舟而济，镌石以记岁月，而夷人以为凿字溪。今分入广西界，作零溪堡……（宋孙显祖《靖州图经》）

方志中的选举一门，系记录当地人士的科举功名，如秀才、举人和进士等，颇能反映文风或人才的盛衰。而此项盛衰演变，亦有其地理背景，同时也暗示了文化中心的迁移。在选举门中最被重视的为进士，这是我国古代的一种学位；大致有点像现代的Ph.D.（哲学博士。编按）。但大多数时期，所定标准较美国目前泛滥的博士学位为高。当唐代的全盛时期，中进士的人多数限于中原；江南寥寥无几，岭南更谈不到。到了宋代，江淮一带中进士的渐多。及至明清二代，情势倒转过来：江南成为人文渊薮，中原相形见绌。方志之中有进士的详细记录，正可利用进士籍贯分布的变迁，来研究中国文化中心的迁移。[21]

表 25　进士地理分布变迁之例（人数）

地　方	唐	宋	明	清
武功县（代表关中盆地）	14	7	2	0
钱塘县（代表太湖流域）	0	82	155	270

　　倭寇袭击我国沿海，系乘季风而去来；且其发生复富于历史地理的意味。方志对于倭患，提供了远较正史为详尽的记录；情形和蝗灾及雹灾等相似，亦可根据此等编年式的记载，求出其发生的频率。我国东南沿海，自南宋以后，饱受倭寇之患，因此有很多方志皆专列寇警一目；而沿海的城池，亦多数为御倭而设。据《乐清县志·寇警》（卷十四）所载，从明洪武二年（1369）到嘉靖四十年（1561）的 192年之间，曾有 13年发生倭患，而且一年之中可能连续数次。世宗嘉靖一朝，有 9 年发生过倭患。

　　洪武二年（1369）　倭寇温州乐清。

　　　十七年（1384）　倭寇乐清岐头。（倭自元至大间寇庆元，至是入温台境，始有边海筑城之议。）

　　永乐八年（1410）　冬十月五日，倭寇乐清蒲岐城，千户杨文死之。

　　　十五年（1417）　倭寇盘石，屠乐清。

　　嘉靖八年（1529）　夏四月，倭寇乐清县西门，十一月倭寇鹗头，邑人方辂拒战，死之。

二十三年（1544）　　倭寇窑奥、芙蓉，指挥戴祀江九山四人死之。

二十五年（1546）　　倭寇鹗头，处州人牟洪等拒战，胜之，斩首数十级。

三十一年（1552）　　春三月倭寇黄华，勇士三十六人力战死之。夏四月六日倭入沙角岐头。十一月倭夜劫水坑，壮士赵连力战死。

三十三年（1554）　　倭寇湖头。

三十七年（1558）　　春三月倭寇乐清，百户秦煌、应袭千户魏履谦战死，参将张铁及同知尹尚孔力御之。夏四月十二日倭寇乐清琯头，逼盘石；时兵道袁祖庚在盘石城，督守甚严，城外焚掠殆尽。十七日又有倭船百余，从黄华江斩关而入，竟逼乡城，焚毁四厢民居。

三十八年（1559）　　夏四月倭寇乐清，参将张铁却之。五月倭自太平败还，奔黄华，据舟出海。

三十九年（1560）　　夏五月倭寇乐清，义民连树拒战，大破之。

四十年（1561）　　倭寇乐清，庠生连应明战死。

倭寇之患，有时还从沿海深入内地。因此我人可将方志中记载倭患的地方找出来，制作一幅精密的倭患分布图，指出倭寇入侵的深度和范围；也可以特定一个时期或某一年，例如倭患极严重的一年，制作类似的地图。这些都是历史地理很有意义的项目，而方志即为此项研究工作的基本参考资料。福建的仙游县，并不滨海，但也有倭患。例如《仙游县志·撮遗》（卷五二），便有如下的记录。

（嘉靖）四十有二年（1563）癸亥冬十有二月，倭寇围城，相持五十余日，知县陈大有、典史陈贤固守；参将戚继光统兵至，围解，歼其党。

就绘制分布图而言，方志中其他可用的地理记录实在很多。像虎害狼患，亦可从方志中找到足够的资料，而绘成全国性的分布地图。

天启三年（1623），境内多虎，伤数百人。知县区日杨虔祷设捕，一日连杀五虎，教谕罗万钟著有杀虎歌。（《绩溪县志》）

康熙十九年（1680）、二十二年（1683）五县虎大横，白昼食人。（《宁波府志》）

顺治八年（1651），群狼入境。（《颍上县志》）

光绪十年（1884），狼噬人，小孩遇之多被害。（《乐清县志》）

乾隆三十七年（1772），狼虎成群，伤人甚多。（《新安县志》）

此外，方志中还有许多关于生命统计和疾病地理的资料，可用以绘制全国性的分布图，研究其发生的季节以及和气候之间的关系。就流行性的时疫说，又可求出其发生的频率。只要看《上海县续志·杂记》（卷二八）中的若干记录，便可相信此项研究完全可能，而我认为这正是社会地理学研究的新园地。

（光绪）十六年庚寅，夏时疫，流行霍乱症，多猝不及救。

二十一年乙未……秋大疫，患吐泻，死亡甚多。

五、八蜡庙之例

前面所说的，都是比较明显的地理记录。事实上，方志中还蕴藏着许多间接的或较为隐蔽的地理学资料。现在再让我举八蜡庙为例，从另一角度来观察方志的地理学价值。

八蜡庙原为祭祀农作物害虫的综合神庙，后来演变为专门祭祀蝗虫（locust）的庙。在华北地区，蝗虫向来是农作物最大的敌害，其为害的程度常极惨烈。[22]农民们为求消灾，只好立庙来祭祀它。很多地方，蝗虫被称为虫王；而奉祭蝗虫的八蜡庙，也便简捷了当地称为虫王庙。

农民们建立八蜡庙的目的，带有一点贿赂性：希望蝗虫接受了礼物或红包之后，不再来吃他们的庄稼；或只吃邻县的而不吃本县的。但蝗虫不见得个个讲理，有时也可能吃糊涂了而越界。如果真的这样不识相，那就只好改用武力对付了。正巧我国古代传说有一位勇敢的刘猛将军，赋有神力，可以驱除蝗虫。[23]因此有些比较现实的地方，便建立刘猛将军庙，想用武力来镇压蝗虫。在蝗灾特别严重的地区，八蜡庙和刘猛将军庙每每同时并存；这又显然是"先礼后兵""软硬兼施"和"双管齐下"的周密办法。

另外有少数地方，农民们为了表示周到，除八蜡庙和刘猛将军庙外，更专立虫王庙。例如河北省的徐水和武安等县，便有这种"三重祭"的情形。

呼蝗为八蜡，以为神虫，每飞过境，则焚纸钱拜祀之。(《枣强县志》)

八蜡庙在城内东北高阜上，祀八蜡神，俗称虫王庙，春秋编祭。(《怀柔县新志》)

虫王庙在北龙堂侧，与龙母二祠相传皆灵验；蝗蝻

水旱，有祷辄应。一在南关。(《望都县志》)

八蜡庙，俗名虫王庙，在北门外，康熙末年建，后改为刘猛将军庙。刘能驱蝗，有求必应，江浙多祀之。雍正六年奉文捐建。(《威海卫志》)

八蜡庙在城东北四里，地名四方台。八蜡庙仲春仲秋上戊日致祭。近又于八蜡之外，添设刘猛将军神位。(《蓟州府志》)

八蜡庙在城内东南隅，每岁春秋戊日僚属分祭。刘猛将军庙附祀八蜡庙。(《唐县志》)

刘猛将军庙，在五里牌。雍正二年，两江总督查题刘猛将军驱蝗灵异，请封扬威侯，令州县庙祀。乾隆十五年停蜡祭，祀刘猛将军……(《祁门县志》)

当年中国广大农村普遍极端穷困，若非逼不得已，绝不会劳民伤财地建立此等神庙。因此我们可以推论，有八蜡庙或刘猛将军庙存在的地方，一定有严重的蝗虫灾害；反之，没有蝗灾，或偶有蝗灾而并不严重的地区，也就不必建此等神庙了。这个推论，曾经帮助我解脱过困窘。因为在五十年代和六十年代，我担任好几个国际学术界专门委员会的委员，像联合国世界气象组织农业气象委员会、粮食及农业组织以及国际地理学会的土地利用委员会等，都曾要求我提供中国蝗虫灾害分布的地图。但事实上，中国从来就没有这种现成的地图，并且也根本没有资料可编制此项特定地图。就我个人来说，只要回几封航空信或电报，老实地告诉他们，便可推得一干二净。但这并不是最好的办法，一方面固然难免再来类似的要求；而更使我担心的是，将来研究报告出版，在中国的空白上势必按上"no data"的记号。这类专用于落伍地区的可耻记号，我看了就要脸红。所以对付这一类的要求，总不忍断然加以拒绝；哑子吃黄连，常苦得自己夜半绕室彷徨。

有一天我忽然想起了八蜡庙，也连带想到了上述的推论。于是我暂时丢下其他的研究工作，专心一意地翻方志，找八蜡庙、虫王庙和刘猛将军庙；白天找到一批，晚上就把它们按到地图上去。我从台湾大学找到南港的历史语言研究所，最后又找到东京、京都和天理。前后约八个月工夫，我制成了这幅中国蝗神庙的分布图（图31）。

这幅分布图，便是我"无中生有"，利用三千多种方志中的八蜡庙、虫王庙和刘猛将军庙的记录，找出了中国蝗灾分布的范围。从这幅图中，明显地可以看出几项事实：（1）中国蝗灾的分布，以黄河下游流域为最多，尤其是河北、山东、河南三省。（2）华中以南，蝗灾渐少；到了东南沿海，几乎完全没有。故福建、台湾、广东、广西四地，找不到一个八蜡庙或刘猛将军庙。（3）这些蝗神庙分布的"南限"（South limit），大致同春季及年平均80%的相对湿度等值线符合，而且同年降雨量1,200毫米的等降水量线也很接近。（4）云南省虽在南方，但因为是一个高原，其中

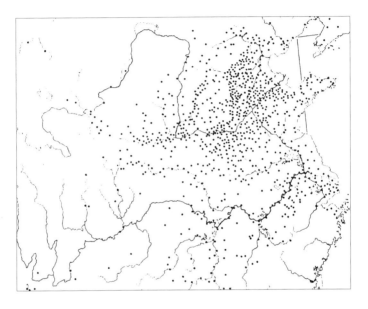

图 31　主要蝗神庙之分布

（包括八蜡庙、虫王庙和刘猛将军庙。陈正祥绘制。）

部的湿度和雨量和东南各省不同，而和太湖流域相似，所以蝗灾的发生也较普遍。

不见八蜡庙或刘猛将军庙的地方，尤其是接近蝗患区的，并非完全没有蝗灾。只是因为发生的频率较低，不必破费建庙供奉而已。例如杭州，在方志中找不出八蜡庙或刘猛将军庙，但根据《钱塘县志》的纪事，也曾经发生过两次蝗灾。一次在南宋初年，另一次在明嘉靖二十五年（1546）；后者的记载如此："（嘉靖）二十五年夏六月大蝗，自西北来，凡二日，所过田禾草木俱尽。"同样，根据《宁波府志》，可知在宋淳化元年（990）到清雍正八年（1730）之间，宁波府五县也曾有过两次蝗灾："开禧三年（1207）慈溪大蝗，飞蔽天日，集地厚四五寸，禾稼一空。继食草木，亦尽。至冬犹未衰，邑遣人捕之，且焚且瘗，经春乃灭。"

境态学或生态学（ecology）的知识告诉我们，限制蝗虫分布的首要气候条件便是湿度，世界上主要的蝗患地带，都是比较干燥的区域。我国东南各省太潮湿了，所以蝗虫不喜欢来，因此也就不必有八蜡庙或刘猛将军庙。[24]就庙的本身说，它原是民间迷信的产物；个别的八蜡庙，除了点缀农村景观（rural landscape）之外，并无其他的地理学价值。但是一旦把所有的庙都按上了地图，再通过境态学的媒介作用，却可以把迷信和科学拉到一起。

利用原始资料来创造地图，便是现代地理学研究的主要精神，也是地理学家对地理学所可能做的最好贡献；而方志中正充满着可用以创制地图的原料。

至元十九年（1282）大都、燕南、燕北、河间、山东、河南六十余处皆蝗，食苗稼草木俱尽。所至蔽日，碍人马，不能行；填坑堑皆盈。饥民捕蝗以食，或曝干而积之；又尽，则人相食。（万历《河间府志》卷五）

道光十六年（1836）五月蝗，是月二十四日飞蝗蔽空而过，数日蝗孽生，几遍郊野。知县陈步莱于六月初一日在新市设厂收买，奉文每斤十文；恐收之不尽，乃捐资倍价。二十余日，遗种剿绝，竟获有秋。（《任县志》卷七）

嘉靖三十九年（1560），飞蝗蔽天，日为之不明，禾稼殆尽。县南郑家庄高家庄居民，鸣锣焚火，掘地当之；须臾蝗积如山。无分男女，尽出焚埋，两庄独不受害。（《怀柔县新志》卷二）

顺治四年（1647）秋七月十五日飞蝗从西南来，所至禾稼立尽，并及草木；山童林裸，蝗灾无甚于此者。五年蝗复起，民蒸蝗为食，饿死者无数。六年南山被蝗处饥民作乱，攻破桃花堡。州城闭门，登陴守御，会蔚州屯田兵备率军丁击破之。余党聚于南山，知州王汝楫申请巡抚设法招谕；既而斩其渠冯鳌孙贵等六人，众始解散。（《保安州志》卷一）

在蝗灾地区的边缘部分，或偶有蝗灾发生而并不严重的地带，八蜡庙便不受重视。有些被附设于其他的庙宇里，有些更临时抱佛脚地借别的现成神庙代替一下。这些我们也可以从方志的记载中分别出来。

> 嘉靖八年（1529）秋，蝗入境。伤禾，官民以祷以捕，遂得息。是岁冬，知州乔迁俯顺民情，改喜雨亭为八蜡庙。（安徽《广德州志》）

> 八蜡神，部仪祭于先农，不另立坛祠。（四川《南部县志》）

蝗灾的爆发在地方上是大事情，方志必然会逐一加以记录，不敢马虎，因此都是可靠的。我们利用这些编年的记录，尚可求出各地蝗灾发生的季节及频率。今试以河北省的大名县为例，再加以说明。这个"大名鼎鼎"的县，正接近我国蝗患区的中心，《大名县志·祥异》（卷二六）对于蝗灾有很明细的记录。从公元53年到1929年之间，共有80条蝗灾的记录。现在选择其中宋、元、明、清四代比较完整的，列为下表，便可计算出北宋是每隔7.6年发生一次蝗灾；元代是每隔6.7年发生一次；明代是每隔9.3年发生一次；清代约为每隔13.8年发生一次。这四段统计期限，合计为736年，其间共发生蝗灾73次，故总平均为每隔10年发生一次。

表 26　河北省大名县蝗灾记录

宋	元	明	清
982	1265	1375	1667
1006	1271	1434	1671
1016	1296	1441	1672
1017	1302	1442	1693
1028	1309	1456	1740
1033	1310	1458	1752
1072	1324	1528	
1074	1326	1536	
1076	1327	1540	
1080	1329	1541	
1081	1330	1550	
1082	1332	1555	?
1083	1352	1561	
1102	——	1569	
1103	6.7	1583	
1104		1585	
——		1586	
7.6		1591	
		1605	
		1606	1856
		1610	1857
		1616	1904
		1620	1909
		1638	——
		1639	13.8
		1640	
		1641	
		1643	
		1644	
		——	
		9.3	

明代的最后数年，几乎是年年闹蝗灾，且灾区所被之范围甚广。我想崇祯的亡国，多少和蝗灾也有一点儿关联。试将记录的期限收缩到明代，再在华北平原找出记载较详的若干府志，又可做成相应的表。表27中的顺天府，便是现在的北京市。北京附近在明清两代，或从1373年到1891年的518年中间，总共爆发了72次蝗灾，平均每隔7.2年发生一次。其中，明代计43次，平均每隔6.3年发生一次。

从表27中可计算出华北平原明代各府蝗灾发生的频率，将此等数字按上地图，便可描绘出华北蝗灾爆发频率的分布概况（图32）。但在此必须注意一项事实，那便是所用行政区划的等级不同，所求得的频率必有差异。府包括了若干州县，辖区范围较大，其可能发生蝗灾的机会自然较州县为多。故利用府志记录所做成的蝗灾频率图，势必与利用州县志记录所做成的不同。利用后者所得的频率概较利用前者为低，故两种记录不可混用。

利用方志中的记录绘制此项频率图，要先经过慎重的选择、分析和修订，必要时还得参考其他的历史文献。换言之，此项研究工作需要很大的人力和很长的时间。但即使用表27所得的少数记录，大致也可画出如图32中的两条等频率线。其中A线所包围的地区，平均相隔不到10年便可能爆发一次蝗灾。在AB二线之间的地区，平均每隔10—15年要发生一次。显然，这样的地图太简陋了，尚未到可以正式发表的程度，而有待乎更多的发掘和研究来补充。

表 27 华北平原明代蝗灾发生之频率

武定府	青州府	泰安府	广平府	顺天府		永平府	登州府	沂州府	徐州府	陈州府	卫辉府	扬州府	庐州府
1512	1368	1417	1436	1373	1375	1374	1399	1440	1372	1440	1409	1456	1462
1524	1402	1457	1440	1416	1429	1440	1400	1441	1432	1464	1436	1491	1528
1525	1425	1460	1441	1430	1437	1447	1401	1477	1524	1508	1441	1529	1530
1526	1441	1512	1442	1440	1441	1449	1436	1492	1531	1513	1446	1536	1534
1529	1442	1527	1493	1442	1447	1491	1441	1493	1532	1514	1467	1583	1535
1531	1448	1528	1524	1448	1449	1495	1513	1527	1533	1519	1528	1589	1537
1535	1449	1529	1529	1473	1486	1513	1516	1528	1544	1520	1538	1590	1540
1536	1459	1530	1541	1491	1495	1519	1533	1541	1558	1525	1540	1616	1566
1541	1528	1531	1546	1501	1524	1522	1534	1545	1582	1582	1541	1617	1616
1546	1529	1542	1560	1527	1532	1523	1535	1555	1589	1587	1545	1618	1617
1549	1532	1549	1587	1541	1551	1524	1542	1559	1605	1616	1555	1639	1622
1556	1533	1555	1591	1557	1558	1529	1615	1565	1609	1617	1567	1640	1640
1560	1534	1559	1599	1560	1561	1533	1619	1583	1628	1620	1635	—	1641
1571	1536	1560	1600	1562	1569	1536	1621	1615	1632	1633	1638	15.3	1642
1583	1558	1569	1605	1587	1591	1537	1622	1616	1634	1634	1639		—
1594	1559	1587	1607	1592	1598	1538	1636	1617	1635	—	1640		12.9

续表

武定府	青州府	泰安府	广平府	顺天府	永平府	登州府	沂州府	徐州府	陈州府	卫辉府	扬州府	庐州府
1611	1560	1596	1611	1599	1542	1638	1634	1636	12.9	1641		
1616	1565	1616	1617	1606	1557	1639	1640	1637		1642		
1617	1569	1617	1618	1617	1558	1640	1641	1638		—		
1619	1582	1622	1627	1621	1559	—	—	1640		12.9		
1621	1583	1625	1638	1625	1560	12.6	10.6	1641				
1626	1605	1638	1639	1637	1561			—				
1637	1617	1640	—	1638	1562			12.8				
1638	1623	—	9.2	1639	1564							
1639	1626	9.7		1640	1568							
1642	1630			1641	1583							
—	1634			1642	1598							
5.0	1636			—	1606							
	1637			6.3	1616							
	1638				1636							
	1639				1640							
	—				—							
	8.7				8.6							

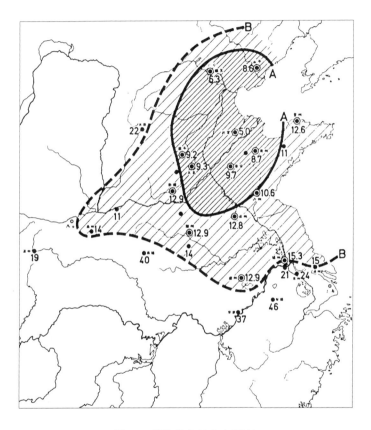

图 32　明代北方蝗灾之频率

（采自陈正祥著《中国方志的地理学价值》第41页，香港中文大学讲座教授就职讲演，香港中文大学出版，1965年。）

图32固然简陋，但若用以和表27比较，却又显得比较具体而易于明了。争论已久的方志性质，终于露出了一个分野。如果此时有人问我：方志到底是比较接近历史抑或地理？那么我将可以这样回答：方志在表27的阶段，还只是历史记录；但演变到图32的地步，便已成为历史地理。二者之间的关系，原来就非常微妙。

六、结论

综上所述，可见蕴藏在方志里的地理学资料是很丰富的。换言之，也便是方志的地理学价值是很高的；尤其是在中国文化地理和中国历史地理的研究方面。但过去中国的地理学界，对于方志并未加以应有的重视，更谈不到有计划的利用或研究。我想我们香港中文大学，应该对这个文化之矿（cultural mine）加以适当的注意。就我个人而言，将乐于利用我剩余的时间和生命，努力去发掘此一文化宝藏，利用从方志中挖出来的原始资料，来研究中国文化地理。

再者，就中国地理学的发展前途说，也只有利用自己的东西，配合现代地理学的方法，做出一些有启发性和创造性的研究，才会受到国际学术界的欣赏和重视。如果还抱着老办法和老观念，那么中国的地理学将永无抬头之日；而将来香港中文大学的地理系，也很难出人头地。

当然，发掘这个文化之矿，颇有一点像沙里淘金。一方面要费很大的人力和财力，绝不是个人的力量所可完成。再者，所可能挖到的东西，也不免夹带杂质，必须经过一番鉴别和提炼的功夫。所以我今后的研究计划，将是一边选择方志中的重要资料先予发掘，一边通过我自己的研究工作，来训练本大学的研究院学生。希望数年之后，能有较多的合格青年地理学家，来和我共同努力，整理这庞大的文化遗产，并使其能为全世界有关的学者所共同应用。

最后，我希望香港的文化界能对这个文化宝藏发生兴趣，即使只是一点点的兴趣；香港中文大学能将此项发掘工作，视为应尽的义务以及国际合作研究计划的一部分，即使是很小很小的一部分。

注释

1　区域研究是研究一个区域的地理、历史、文化、政治、经济、人口、产业、社会、宗教、民俗以及艺术等等，故在内容上颇和中国的方志相似。但欧美国家后起的区域研究或调查，比较富于实际性；换言之，它们多是应实际上的需要而产生的。近代的区域研究，着重于实地调查和测绘，主要目的在于提供区域设计、经济设计或为计划经济做参考；而此类设计的最终目标，在于求区域的发展。

2　陈正祥著《台湾地志》，敷明产业地理研究所研究报告第94号，分上、中、下三册，共1309页，台北市，出版年份为1959、1960及1961年。其英文节译本 *TAIWAN-An Economic and Social Geography, Research Report* No. 96, Fu-Min Geographical Institute of Economic

Development, in two volumes, 1,327 pages, Taipei, 1963, 1964. Chen Cheng-siang, *The Economic Development and Geographical Changes in Taiwan*, Hermann von Wissmann-Festschrift, 238—257, University of Tübingen, Tübingen, West Germany, 1962.

3　合连山五排和连州三排，共称八排，记载瑶族的风土人情。

4　据朱士嘉所编，1958 年增订出版的《中国地方志综录》，41 所较大图书馆所收藏的方志，合计为 7,413 种，109,143 卷，平均每种约 15 卷。连同重复者计算，共达 43,222 部。各大图书馆之中，北京图书馆有 5,038 部，科学院图书馆有 3,673 部，北京大学图书馆有 2,966 部。加上北京师范大学、民族学院以及故宫博物院等图书馆，北京一地所公藏的方志即达 15,706 部；而最近数年以来，复有相当数量的增加。北京无疑是全世界收藏方志的最大中心。

5　方志和正史中的若干部门，事实上很相似。例如方志中常见的形胜、疆域、山川、风俗等，多数包括在正史的地理志；户口、田赋、农事和物产等，相当于正史的食货志；坛庙、学校等属于正史的礼乐志；而祥异或灾异等则相当于正史的五行志。

6　《隋书·崔赜传》云："大业五年（609）受诏与诸儒撰《区宇图志》二百五十卷，奏之。帝不善之，更令虞世基、许善心衍为六百卷。"又《太平御览》（卷六〇二）引《大业拾遗记》："大业初，敕内史舍人豆卢威等三十余人，撰《区宇图志》五百余卷。又敕虞世基等续撰成八百卷。帝仍以部帙太少，重修为一千二百卷。"

7　从《太平寰宇记》和《太平御览》等书中，可知唐代定、莫、幽、涿、蓟、沧、贝、潞、辽、隰、灵、剑、汉、翼、悉、静、拓、恭、维、奉、黎、松、复、合、阆、梁、通、澧、邓、襄、扬、舒、光、升、宣、润、常、苏、严、睦、歙、明、处、温、饶、信、吉、虔、建、福、衡、道等州，皆修有图经。其实远至交趾，也已编有图经了。唐末崔致远《桂苑笔耕集·补安南录异图记》（卷十六）曾云："交趾四封，图经详矣。"

8　《括地志》为唐太宗的儿子魏王李泰命萧德言、顾胤等编撰，凡五百五十卷，记叙春秋以来郡国州县的沿革、山川、关津、故城、亭台、宫殿、祠庙、冢墓、寺观等，且兼及外夷，对于后世方志体例的形成方面，也具有相当的影响。该书已散佚，清代孙星衍有辑本。

    9　这里所提到的徐锴，曾著有《方舆记》一百三十卷。《玉海》（卷十五）《唐郡国志》："南唐徐锴等撰《方舆记》一百三十卷。纪郡国事迹，及程途远近甚详。"

    10　《通志·艺文略·图经》（卷六六）所载各路图经甚多，计有《京东路图经》九十八卷；《京西路图经》四十六卷；《河北路图经》一百六十一卷；《陕西路图经》八十四卷；《河东路图经》一百一十四卷；《淮南路图经》九十卷；《江北路图经》一百一十四卷；《两浙路图经》九十五卷；《荆湖南路图经》三十九卷；《荆湖北路图经》六十三卷；《川陕路图经》三十卷；《益州路图经》八十一卷；《利州路图经》六十三卷；《夔州路图经》五十二卷；《梓州路图经》六十九卷；《广东路图经》五十七卷；《广西路图经》一百零六卷；《福建路图经》五十三卷。再加上《开封府图经》十八卷，当时十八路一府合计有图经一千四百三十三卷。

    11　南宋所修的全国性总志，比较重要的计有范子长的《皇朝郡县志》、王日休的《九丘总要》、王象之的《舆地纪胜》、祝穆的《方舆胜览》以及王希先的《皇朝方域志》等。其中现存的仅有《舆地纪胜》和《方舆胜览》两书。

    12　宋代的许多州县记及风土记，例如王权的《汴州记》、宋敏求的《东京记》、吴机的《吉州记》、范致明的《巴陵古今记》、周衡的《湘中新记》、黄元之的《金陵地记》、王隐琔的《鄱阳县记》、王中行的《潮州记》、林世程的《重修〈闽中记〉》、郑熊的《番禺杂记》、田渭的《辰州风土记》、范致明的《岳阳风土记》、柳拱辰的《永州风土记》、胡融的《宁海土风志》以及宋祁的《寿州风俗记》等，内容实和方志相似。其中像《岳阳风土记》，便是记叙岳州所属四县的沿革、山川、寺观、台、古宅、风俗、度量衡、土质、气候和特产等。此外，某些以录或乘为名的，例如周必大的《吴郡录》、罗诱的《宜春传信录》、方凤的《金华游录》、魏羽的《吴会杂录》、高似孙的《剡录》，以及谢肇淛的《西吴枝乘》和于钦的《齐乘》等，也可说是方志的旁支，或和方志相接近的著述。

13　明神宗万历四十二年甲寅（1614）《满城县志》张邦政序曰："今天下自国史外，郡邑莫不有志。"

14　其时清廷的势力，尚未及于新疆，故初期的地图测绘工作，西到哈密而止。乾隆先后平定准噶尔及天山南路，同时派员随军测绘，远及克什米尔。到乾隆四十七年（1782），乃完成《钦定皇舆西域图志》。这是清代有关新疆的最主要的一部志书。

15　清朝敕撰的《大清一统志》，先后修了三次。初次完成于乾隆八年（1743），凡三百四十二卷；第二次完成于乾隆四十九年（1784），增加为四百二十四卷；最后完成于道光二十二年（1842），再增为五百六十卷；也就是现在所称的《嘉庆重修一统志》，因其记事到嘉庆二十五年（1820）为止。先述京师及各省，次述新疆、蒙古、西藏及西域藩属，再次为朝贡诸国。《嘉庆重修一统志》凡例："旧志原成于乾隆八年，续成于乾隆四十九年。"

16　在修《大清一统志》以前，贾汉复曾在顺治十七年（1660）撰《河南通志》五十卷，分列三十余门，曰：图考、建置、沿革、星野、疆域、山川、风俗、城池、河防、封建、户口、田赋、物产、职官、公署、学校、选举、祠祀、陵墓、古迹、帝王、名宦、人物、孝义、列女、流寓、隐逸、仙释、方伎、艺文、杂辨。其后在康熙六年（1667）又修《陕西通志》，分门亦相似；而清初诸府县志，多奉为法式。《沧州志例》云："康熙间开馆修《明史》，特命督抚，各修省志，其成式一以贾中丞秦豫二志为准。雍正间，《一统志》历久未成，复诏各省纂修通志，仍以前式。"

17　《中国地震资料年表》，中国科学院地震工作委员会历史组编，上下两册，1,653页，1956年出版。另一册为《历史上之中国地震》，中国科学院地球物理研究所出版，系根据上述资料年表整理编辑而成。

18　我根据阅读方志的记录，曾编制中国樟树的分布地图。其北限从西南斜向东北，颇和一月平均气温 0℃的等温线及全年降水量 800毫米的等降水量线吻合。樟树是南方很普遍的热带和亚热带树种，在秦岭—淮河连线以南分布甚广；事实上，在山东半岛乃至辽东半岛的南端以及西藏自治区南边，也可见樟树。偏南省区，樟树的种类甚多，广东、广西都有超过一百种，而云南更有接近二百种。

19　冯承钧翻译的《马可波罗行纪》，其第 101 章标为"用石作燃料"，曾云："契丹全境之中，有一种黑石，采自山中。如同脉络，燃烧与薪无异，其火候且较薪为优。"

20　唐宋时代的汴河，大致是经过河阴、荥泽、管城、原武、阳武、中牟、祥符、开封、陈留、雍邱、襄邑、宁陵、宋城、谷熟、下邑、酂、永城、临涣、符离、蕲、灵璧、虹、临淮、盱眙等二十四县。老汴河所流经的县份，从雍丘（今河南杞县）向东，稍有不同，即雍丘、考城、宁陵、宋城、虞城、砀山、萧县、徐州。南朝梁陈时代顾野王所撰的《舆地志》，便曾经记载："汴水自荥阳受睢水，东至陈留彭城，南入泗水。"

21　参阅陈正祥《中国历史与文化地理图册》上册，国际研究中国之家出版，1979 年。

22　蝗虫属于直翅目（Orthoptera），组成一个总科，称为蝗总科（Acridoidea）。我国所发现的蝗虫则属菱蝗科（Tetrigidae）、蜢科（Eumastacidae）及剑角蝗科（Acrididae）等三科；而尤以 Acrididae 科为主，已知的约有三百多种。在 Acrididae 科之中，又以斑翅蝗亚科（Oedipodidae）为最多。其危害农作物，大约有 60 种；危害性较大的种类有东亚飞蝗（Locusta migratoria manilensis）等。东亚飞蝗的主要发生地系分布于华北平原和淮河流域，以禾本科植物为主要食料。徐光启所著的《农政全书》（1630），便曾指说蝗虫发生在"幽涿以南，长淮以北，青兖以西，梁宋以东……"换言之，也就是燕山以南、长江以北、沂蒙山地以西及太行山和伏牛山以东的地区。

23　关于刘猛将军的传说颇多，互有出入。据《永年县志》所载："刘猛将军庙在城内东南隅，雍正二年知府王允玫建。总督李维钧《将军庙碑记》：庚子仲春，刘猛将军降灵自序，吾乃元时吴川人，吾父为顺帝时镇江西名将，吾后授指挥之职，亦临江右剿除江淮群盗。返舟凯还，值蝗孽为殃，禾苗憔悴，民不聊生。吾目击惨伤，无以拯救，因情极自沉于河。后有司闻于朝，遂授猛将军之职，荷上天眷念愚诚，列入神位。将军自述如此。乙亥年沧、静、青县等处飞蝗蔽天，维钧时为守道，默以三事祷于将军，蝗果不为害。甲辰春事闻于上，遂命江南、山东、河南、陕西、山西各建庙；并于畅春园择地建庙。将军之神力赖圣主之褒敕而直行于西北，永绝蝗蝻之祸，其功不亦伟欤。"

24　此外如温度、降水和土壤的含盐量，亦足以影响蝗虫的发育及活动。就东亚飞蝗说，蝗卵的起点发育温度为15℃，蝗蝻的起点发育温度为18℃；但至少有30天的日平均温度超过25℃，才能够完成发育和生殖。一地如有20天的日平均温度低于 −10℃，或有5天的日平均温度低于 −15℃，蝗卵便不能安全越冬。中国七月份平均24℃的等温线，大体上同东亚飞蝗分布的北限符合。

再就降水对于飞蝗的影响说，多雨的环境能直接抑制或延缓飞蝗的发育，间接有利于病菌的繁殖，足以减低其虫口密度；而强度大的降雨，对幼蝻也有机械的杀伤作用。

图31中的一个次要分布现象，是华北和江苏北部的沿海地带没有蝗神庙。这是因为土壤内含盐量太高的缘故。因蝗卵在含盐量太高的土壤内不能进行吸水，已吸水的蝗卵在春季盐分上升时亦可能因失水过多而延缓发育甚至干瘪。据试验结果，在30℃的恒温条件下，未吸水蝗卵在土壤含盐量大于0.35％时，便不能孵化。以黄海沿岸而言，凡土壤含盐量大于1.2％的地区，概不见东亚飞蝗的分布。